D1700755

DR. MED. VET.
WOLFGANG BECVAR

Naturheilkunde für **Hunde**

DR. MED. VET.
WOLFGANG BECVAR

Naturheilkunde für **Hunde**

GRUNDLAGEN
METHODEN
KRANKHEITSBILDER

KOSMOS

Mit 50 Schwarzweißzeichnungen von Rainer Benz (1, S. 210), Marianne Golte-Bechtle (27), Eva Hohrath (3, S. 113, 161, 204), Angela Paysan (13, S. 42, 47, 48, 132, 167, 168, 171, 172, 200, 207, 216, 217, 248) und Schwanke & Raasch (6, S. 23, 27, 31, 37o, 231, 232) sowie 2 Schwarzweißaufnahmen des Autors.

Die Zeichnungen auf Seite 37u, 40, 89 und 105 wurden nach Fotos von Dr. Helga Brehm angefertigt, die folgenden Zeichnungen nach Vorlagen und Skizzen vom Autor: S. 31, 37o, 59 bis 67, 75, 87, 103, 115, 127, 139, 155, 179, 213.

Umschlag von eStudio Calamar unter Verwendung eines Farbfotos von Juniors Bildarchiv.

Bibliografische Information Der Deutschen Bibliothek
Die Deutsche Bibliothek verzeichnet diese Publikation in der Deutschen Nationalbibliografie; detaillierte bibliografische Daten sind im Internet über http://dnb.ddb.de abrufbar.

Alle Angaben in diesem Buch erfolgen nach bestem Wissen und Gewissen. Sorgfalt bei der Umsetzung ist indes dennoch geboten. Der Verlag und der Autor übernehmen keinerlei Haftung für Personen-, Sach- oder Vermögensschäden, die aus der Anwendung der vorgestellten Materialien und Methoden entstehen könnten.

2. Auflage 2003
© 1994, 2003, Franckh-Kosmos Verlags-GmbH & Co., Stuttgart
Alle Rechte vorbehalten
ISBN 3-440-09817-6
Lektorat: Angela Beck
Herstellung: Kirsten Raue
Printed in Czech Republic / Imprimé en République tchèque

Inhalt

Vorbetrachtungen zur Naturheilkunde _____ 11

Das Wesen von Krankheit und Heilung _____ 15

Die Naturheilverfahren beim Hund _____ 20

Zum Aufbau dieses Buches _____ 21
   Die Beschreibung der Naturheilverfahren im einzelnen _____ 21

Phytotherapie (L) _____ 22
   Bitterstoffe _____ 24
   Gerbstoffe _____ 24
   Schleimstoffe _____ 25
   Scharfstoffe _____ 25
   Ätherische Öle _____ 26
   Saponine _____ 28
   Weitere Wirkstoffe _____ 28

Homöopathie (L) _____ 29
   Die Potenzwahl _____ 33
   Die Dosis _____ 34
   Die homöopathische Arznei _____ 35
      Die Arzneiformen _____ 36
   Schüßler-Salze (L) _____ 39

Bach-Blüten-Therapie (L) _____ 42
   Die Herstellung der Bach-Blüten _____ 44

Die sanfte Wirkung der Bach-Blüten _____ 45
Die praktische Anwendung _____ 46
Therapiebeispiele _____ 49

Massage (L) _____ 52

Wickel und Umschläge (L) _____ 54
   Kalte Wickel _____ 54
   Heiße Wickel _____ 54
   Auflagen, Kompressen, Pflaster _____ 55

Akupressur (L) _____ 57

Reiki (L) _____ 62
   Wie wirkt sich Reiki aus? _____ 63
   Die Praxis _____ 64
   Wie lange, wie oft Reiki? _____ 64

Bewegungstherapie (L) _____ 65

Farbtherapie (L) _____ 67

Musiktherapie – Heilen mit Klängen (L) _____ 72

Magnetfeldtherapie (F) _____ 75

Akupunktur (F) — 77

Neuraltherapie (F) — 78

Enzymtherapie (F) — 79

Ozontherapie (F) — 81
Was bewirkt Ozon? — 82
Die Anwendung — 82

Vorbeugung — 83
Vor der Anschaffung — 83
Die Fütterung — 83
Menschliche Zuwendung — 84
Hundegerechte Sauberkeit — 84
Die Bedeutung der
geopathogenen Zonen — 84

Die Krankheitsbilder — 86
Die Vorgehensweise — 86
Die Augen — 87
  Die Symbolik — 87
  Der geistige Aspekt — 88
  Die Ursachen — 88
  Die Krankheitsbilder — 89
    Augenlider — 90
    *Lidbindehaut
    (Konjunktiva)* — 91
    Tränenapparat — 94
    Hornhaut — 95
    Linse — 98
    Augenhintergrund — 100
Die Ohren — 101
  Die Symbolik — 101
  Der geistige Aspekt — 102
  Die Krankheitsbilder — 102

Mundhöhle und Rachen — 108
  Die Symbolik — 108
  Der geistige Aspekt — 109
  Die Krankheitsbilder — 110
    Mundhöhle — 110
    Zähne und Zahnfleisch — 113
    Rachen — 117
Die Nase — 119
  Die Symbolik — 119
  Der geistige Aspekt — 120
  Die Ursachen — 120
  Die Krankheitsbilder — 120
Die Atemwege — 124
  Die Symbolik — 124
  Der geistige Aspekt — 124
  Die Ursachen — 125
  Die Krankheitsbilder — 125
    Husten — 125
Herz und Kreislauf — 130
  Die Symbolik — 130
  Der geistige Aspekt — 131
  Die Krankheitsbilder — 131
    Schock — 137
    Blut — 139
Der Magen — 143
  Die Symbolik — 143
  Der geistige Aspekt — 144
  Die Ursachen — 144
  Die Krankheitsbilder — 144
Der Darm — 151
  Die Symbolik — 151
  Der geistige Aspekt — 152
  Die Ursachen — 152
  Die Krankheitsbilder — 153
    Durchfall — 153
    Verstopfung — 158
    Würmer — 161
    Bauchfell — 162
    *Analbeutel und Zirkumanal-
    drüsen* — 163
Die Leber — 164
  Die Symbolik — 164
  Der geistige Aspekt — 165
  Die Ursachen — 165

Die Symptome	166
Die Krankheitsbilder	166
Die Bauchspeicheldrüse	170
Die Symbolik	170
Der geistige Aspekt	170
Die Krankheitsbilder	171
Die Harnorgane	174
Die Symbolik	174
Der geistige Aspekt	175
Die Ursachen	176
Die Krankheitsbilder	176
Nieren	176
Harnblase	180
Die männlichen Geschlechtsorgane	185
Die Symbolik	185
Der geistige Aspekt	186
Die Krankheitsbilder	186
Hoden	186
Geschlechtstrieb	188
Penis	189
Vorsteherdrüse	190
Die weiblichen Geschlechtsorgane	191
Die Symbolik	191
Der geistige Aspekt	191
Die Krankheitsbilder	192
Äußere Genitalien	192
Gebärmutter	193
Zyklus	195
Gesäuge	197
Rund um die Geburt	198
Die Welpen	201
Der Bewegungsapparat	202
Die Symbolik	202
Der geistige Aspekt	202
Die Krankheitsbilder	203
Skelett	203
Knochenbrüche	206
Gelenke, Sehnen, Bänder, Muskeln	208
Wirbelsäule und Gehirn	215
Haut und Haarkleid	222
Die Symbolik	222

Der geistige Aspekt	222
Die Ursachen	223
Die Krankheitsbilder	223
Juckreiz	224
Hautausschlag	225
Haarausfall	229
Hautpilz	230
Ektoparasiten	232
Ektoparasitenbehandlung und -prophylaxe	233
Endoparasitenbehandlung und -prophylaxe	233
Allergien	234
Die Infektionskrankheiten	238
Die Symbolik	238
Die Krankheitsbilder	240
Staupe	240
Ansteckende Leberentzündung, Hepatitis contagiosa canis (HCC)	240
Stuttgarter Hundeseuche, Leptospirose	242
Katzenseuche des Hundes, Parvovirose	242
Zwingerhusten, Kennel Cough	243
Herpes-Virus-Infektionen	244
Tollwut, Lyssa, Rabies	245
Das alternative Impfprogramm für Hunde	246
Vergiftungen	246
Krebs, Tumoren	247
Die Symbolik	247
Die alternative Krebstherapie	248
Altern und Tod	250
Hundecharaktere und -typen	254
Ignatia	255
Nux vomica	255

Lycopodium	255	Calcium phosphoricum	258
Sulfur	256		
Phosphor	256		
Pulsatilla	256	**Anhang**	259
Sepia	257	**Abkürzungen**	259
Natrium muriaticum	257	**Glossar**	259
Graphites	257	**Literatur**	262
Acidum phosphoricum	257	**Nützliche Adressen**	263
Platinum	258	**Register**	265
Calcium carbonicum	258		

*Meinen lieben geistigen Freunden
in großer Dankbarkeit gewidmet.*

Dr. Wolfgang Becvar wurde in Linz geboren, studierte in Wien Veterinärmedizin und war von 1975 bis 1989 als praktischer Tierarzt in Deutschland und Österreich tätig.

Von 1988 bis 1994 war er Dozent an der Akademie für Tiernaturheilkunde in Bad Brahmstedt und betrieb eine naturheilkundlich ausgerichtete Tierarztpraxis in Eibiswald, Österreich.

Zur Zeit lebt Dr. Wolfgang Becvar zurückgezogen in Kanada und setzt sich intensiv mit den Konflikten der Mensch-Tier-Beziehung auseinander.

Vorbetrachtungen zur Naturheilkunde

Immer mehr Menschen nehmen die diversen naturheilkundlichen Methoden für ihre Genesung in Anspruch, in vielen Fällen jedoch ohne zu erahnen, welche Ideen und Kräfte dahinterstecken. Und trotzdem wächst das Vertrauen in die Naturmedizin, weil die oft überwältigenden Erfolge ganz klar für sich sprechen.

Mitunter besteht eine unbegründete Hemmschwelle, die Naturheilverfahren auch bei den Haustieren zu versuchen, weil man sich nicht vorstellen kann, daß es gerade auf diesem Gebiet immer wieder Parallelen zwischen Mensch und Tier gibt. Hier fehlt es eben noch verbreitet an der notwendigen Aufklärung.

Das vorliegende Buch wurde gerade für jene – im speziellen Hundehalter und -liebhaber – geschrieben, die noch zögern, die wunderbar sanften Heilmethoden, die in diesem Buch angeführt sind, auch ihrem Tier angedeihen zu lassen. Andererseits sollen sich aber auch jene davon angesprochen fühlen, die schon Selbsthilfeerfahrung haben, und im besonderen auch Tierärzte und Tierheilpraktiker, die sich auf diesem Gebiet weiterbilden und neue Erfahrungen schöpfen wollen.

Die angebotenen, sicherlich wertvollen Anregungen sind nach dem neuesten Wissensstand der praxisgerechten Heilerfahrung zusammengestellt.

Die angewandte Naturheilkunde für Tiere war schon den alten Ägyptern ein wertvoller Begriff, galten doch etliche Tiere wie die Katze, das Krokodil, der Falke oder die Kuh – je nach Kulturepoche – als heilig. Diese Gottheiten besaßen teilweise Heilkräfte und wurden deshalb auch verehrt. Hunde hatten es in diesem Kulturkreis zwar nie zu ähnlicher Verehrung gebracht, wohl aber der mit ihnen verwandte Schakal.

Ärzte der Pharaonenzeit heilten die entsprechend für würdig befundenen Tiere mit reinigenden Säften und Tinkturen, verordneten über viele Tage zubereitete Salben und Mixturen, deren geheime Rezepte sie hüteten wie ihren Augapfel.

Im Mittelalter und auch später noch waren es die Bader und Kurpfuscher, die sich, mit – oft zweifelhaften – Tierarzneien durch die Lande ziehend, einen mehr oder weniger ruhmreichen Namen machten. Dabei wurden nicht nur Kräuter und Mineralien verarbeitet, sondern auch alles mögliche »niedere Getier«, wie Eidechsen, Schlangen, Insekten oder Schnecken, auf höchst obskure Weise zubereitet.

Mit der Entdeckung des homöopathischen Heilprinzips durch den Arzt und Apotheker SAMUEL HAHNEMANN (1755–1843) erlangte auch die Tierheilkunde einen wichtigen neuen Aspekt. Waren es doch schon die ersten Homöopathen des beginnenden 19. Jhs, die ihre Erkenntnisse auch bei Tieren umsetzten – im Sinne des wissenschaftlichen Experiments, jedoch ohne die gleichen entsetzlichen

Beweggründe zu verfolgen, wie heutzutage die Verfechter der vielen Millionen sinnloser Tierversuche. Den »Vätern« der Homöopathie war es von Haus aus ein Bedürfnis, so umfassend wie nur möglich zu agieren, erkannten sie doch rasch, daß das heilbringende Prinzip der Homöopathie allumfassend in der Natur vorhanden und auch bei Tieren wirksam ist.

Der Rückschlag, den die gesamte Naturmedizin durch die rasante Entwicklung der Antibiotika und Chemotherapeutika erlitt, konnte nur ein vorübergehender sein. Die Natur hat sich ihren unabschätzbaren Stellenwert in der Geschichte der Menschheit immer wieder zurückerobert. Das universelle Prinzip des Ausgleichs mündet immer wieder zwangsläufig in die unerschöpflichen Kräfte der Natur.

Mit der Renaissance der Naturheilkunde – zuvor war sie eben lange Zeit von der Schulmedizin ins Reich des Phantastischen verdrängt worden – wendet man sich auch wieder vermehrt der biologischen Tiermedizin zu. Praktisch alle am Menschen anwendbaren Heilverfahren sind auch beim Tier nutzbar, auch wenn es natürlich hinsichtlich der Rentabilität offensichtliche Einschränkungen gibt.

Das Weltbild hat sich in den vergangenen Jahren zwangsläufig ganz grundsätzlich zu wandeln begonnen. Einsetzend mit der sogenannten »Esoterikwelle« als notwendigem Gegengewicht zum rein materialistisch-mechanistischen Weltbild hat auch in der Medizin ein gewaltiger Umdenkprozeß begonnen.

Sich distanzierend vom mehr *un-bewußten Behandeln* von Krankheitssymptomen, die man allgemein als zu bekämpfende Feindbilder betrachtet hat, bewegt man sich zunehmend auf dem Weg der Erkenntnis, daß Kranksein mehr bedeutet, als irgendein lästiges Übel zu besitzen.

Mit zunehmendem Bewußtsein des Einzelnen steigt automatisch die Bewußtheit des Patientenguts, daß es auf dem Weg zur Heilung noch mehr geben muß, als einfach ein paar Pillen zu schlucken. Allmählich beginnen wir zu erkennen, daß Krankheit nicht so ohne weiteres vom Tisch zu fegen ist. Wir sind es gewohnt, mit unseren Problemen in ähnlicher Weise zu verfahren. Nur zeigt sich eben, daß viele ungelöste Probleme einen *Haufen* Probleme schaffen, der sich letztendlich als seelischer und körperlicher Ballast bemerkbar macht. Und dieser Ballast läßt sich nicht so ohne weiteres abschütteln. Man muß *aktiv* etwas dagegen tun.

In unserer so aufgeklärten Zeit wäre es ganz leicht, mit den vielen Möglichkeiten, die sich anbieten, den Problemhaufen wieder loszuwerden. Der Trend vieler Menschen geht aber nun in die Richtung, sich vermehrt der Natur zuzuwenden, ihr Heil in den ewig wirksamen Kräften der Schöpfung zu suchen. Das funktioniert nur dann, wenn wir die Natur nicht als etwas mißverstehen, was schrankenlos ausgebeutet und mit Füßen und Baumaschinen zertrampelt werden darf; sondern uns selbst erkennen als Teil dieser unendlichen Einheit, mit der wir auf ewig energetisch auf Gedeih und Verderb verbunden sind. Die unzählbar vielen Aspekte der Natur stellen makrokosmische Analogien unseres eigenen Mikrokosmos dar, derer wir uns im gegebenen Fall als Heilmittel bedienen dürfen.

Grundsätzlich hält das Naturreich – vielfach allerdings verborgen – das für jede Krankheit notwendige Heilmittel feil; wir brauchen nur danach zu suchen.

Gäbe es nicht das entsprechende Kraut oder Mineral, gäbe es auch nicht die korrespondierende Krankheit dazu.

Die sogenannten »primitiven« Naturvölker haben das Wissen um die geheimen Naturkräfte immer schon gepflegt und gehegt. Medizinmänner oder Schamanen vollbringen auch heute noch auf diese Weise oft wunderbare Heilungen. Wir sind dabei, diese Kräfte wiederzuentdecken. Der verbreitete Spruch, daß gegen jedes Leiden »ein Kraut gewachsen ist«, bestätigt sich immer wieder aufs neue.

Allerdings muß man mitunter für diese Entdeckung viel Leid auf sich nehmen. Ethnologen sprechen von der sogenannten »Einweihungskrankheit«, durch die der Suchende zum entsprechenden Heilmittel findet. Auf diese Art und Weise kamen Pfarrer KNEIPP zu seiner Wasserkur, DR. BACH zu seinen Blütenessenzen, und auch MARIA TREBEN wurde auf diese Weise in die Kräuterheilkunde eingeweiht.

Die Schätze der Naturheilkräfte sind sicher noch lange nicht alle bekannt. Immer wieder tauchen Erkenntnisse auf, die jedoch oftmals nur eine Wiederentdeckung – oder genauer eine Wiedererinnerung – uralter Heilmethoden darstellen. Nun gab man ihnen vielleicht einen neuen Namen oder verbesserte sie, um sie zeitgemäß auf unsere Kultur abzustimmen.

Wie auch immer, es muß uns endlich bewußt werden, wie unermeßlich reich uns die Natur immer wieder beschenkt (hat) und wie nachlässig und gedankenlos wir diese Geschenke mißhandelt haben. Nützen wir das uns verbliebene Potential im Gedenken daran, daß uns die Schöpfung kein wertvolleres Geschenk machen konnte als die alles heilende Apotheke aus der Natur!

Die Notwendigkeit medizinischer Alternativen ergibt sich einfach daraus, daß in sehr vielen Fällen das schulmedizinische Wissen allein nicht ausreicht, um tatsächlich Heilung im eigentlichen Sinne zu bewirken. Der Einsatz schulmedizinischer Praktiken ist selbstverständlich dann absolut unabdingbar, wenn die Selbstheilungskräfte des Patienten durch natürliche Heilverfahren allein nicht entsprechend unterstützt werden können. Lebensrettende Infusionen von Elektrolytlösungen, bei Schockzuständen oder drohender Austrocknung etwa, oder unumgängliche Operationen nach schweren Verletzungen sind weiterhin absolut Indikationen, die den Künsten der Schulmedizin vorbehalten sind.

Aber immer dann, wenn es lediglich darum geht, den »inneren Arzt« – und das ist bei den meisten Indikationen der Fall – zu unterstützen, wird uns der »Doctor naturalis« ein absolut zuverlässiger und gewissenhafter Helfer sein – ohne den Patienten zusätzlich zu belasten, wie es leider viele herkömmliche Medikamente tun.

Die Grenzen der allein zu verordnenden Naturheilmittel liegen dort, wo der Patient im Bereich seiner Selbstheilungskräfte erschöpft ist und diese nicht mehr anzuregen sind. Im Einzelfall sind das eventuell stürmische, lebensbedrohende Infektionskrankheiten oder den Patienten niederringendes Siechtum. Auch Krebs in bestimmten Stadien gehört dazu.

Andererseits gibt es keinen einzigen vernünftigen Grund, naturheilkundliche Verfahren vom Behandlungsplan auszuschließen. Schließlich war es die Natur jedesmal selbst, die sich trotz aller vom

Menschen geschlagenen Wunden regeneriert und geheilt hat. Also kommt aus der Natur selbst das größte Heilungspotential.

Die Naturheilverfahren, die in diesem Buch mehr oder weniger ausführlich dargestellt werden, sind so ausgewählt, daß sie teils mühelos vom medizinisch ungebildeten Laien, zum anderen wiederum nur vom geschulten Fachmann angewendet werden können. Im entsprechenden Fall ist dies bei der jeweiligen Therapie vermerkt.

Das Wesen von Krankheit und Heilung

Das Kranksein ist Erbgut dieses Planeten Erde. Krankheiten hat es immer gegeben und wird es immer geben, solange Leben existiert. Lediglich das Erscheinungsbild des Krankseins ändert sich im Wandel der Zeit, paßt sich den kulturellen und bewußtseinsmäßigen Gegebenheiten an. Es ist wahrlich töricht, dieses Potential an Krankheit zu leugnen, zu verdrängen oder gar zu bekämpfen. Jeglicher inkompetente Anschlag auf dieses Allgemeingut hat die logische Konsequenz, daß sich allein das *Krankheitsbild*, niemals aber der notwendige Umfang des Krankseins ändern wird, solange nicht das Bewußtsein entsprechenden Veränderungen unterzogen wird.

Vergleichen wir Krankheit mit einem zu knetenden Teig, in den wir mit beiden Händen hineingreifen: Die Masse des Teiges bleibt gleich, es ändert sich lediglich seine Form durch unser »Eingreifen«. Und doch – wir brauchen leider viel zu oft diesen lästigen »Zustand« des Krankseins, um uns auf uns und unsere eigentlichen Aufgaben zu besinnen. Es ist die notwendige Bremse, die uns vor noch größerem Schaden bewahrt.

Viele Attribute hat man der Krankheit schon verpaßt. Früher waren es teuflische Dämonen oder geheimnisvolle Tiere, die sie hervorriefen. Dementsprechend grausam waren auch die ärztlichen Eingriffe, um diese wieder auszutreiben. In unseren Tagen spricht die Psychosomatik vom »Spiegel« oder von der »Sprache der Seele« – dieser Seele, die noch niemand so recht gefunden hat und die doch alles Lebende durchströmt, auch unsere Tiere, gilt es zu be-greifen.

Jedes Zeichen oder Symptom des Körpers warnt uns vor weiteren Schritten, die wir konsequent gegangen sind, um letztendlich krank zu werden. Mit kriminalistischer Genauigkeit führen uns diese Signale zu jenem Punkt, wo all unser Leid einmal angefangen hat. Wie im Märchen könnte man jeder Krankheitsentstehung das »Es war einmal« oder »Es begann« voranstellen.

Körperliches Leiden beginnt – auch bei unseren Tieren – oberhalb der physischen Ebene, im Bereich der Gefühle, Emotionen und Gedanken. Können Tiere denken und fühlen? In ähnlicher Weise wie der Mensch erlebt das Tier seinem Entwicklungsstand gemäß ähnliche emotionale und mentale Muster, nur mit *anderer* Bewußtheit. Das tierische Bewußtsein beschränkt sich vornehmlich auf das Sein und das Erleben des Moments. Die animalische Seele hingegen »erkennt« ihren persönlichen Stellenwert im Schöpfungsplan und hat sich im allgemeinen der Hingabe erklärt. Es sind lediglich die tierischen Reaktionen, die uns Menschen verunsichern, weil wir die Sprache der Tiere verlernt haben.

Dieses angepaßte Bewußtsein ermöglicht es dem Tier überhaupt, mit dem

Menschen einigermaßen zurechtzukommen, weil es andernfalls daran zerbrechen würde. Denken wir zum Beispiel an einen Kettenhund. Hätte er den gleichen Bewußtseinsgrad wie ein angeketteter Mensch – er würde diese Schmach der Unfreiheit nur wenige Tage überleben.

Nicht selten lebt das Tier, das sich in der Gemeinschaft mit einem Menschen befindet, die Denk- oder Verhaltensstrukturen seines Besitzers oder Pflegers aus, quasi auf der Projektionsebene. Es wird spiegelbildlich zu dem, was der Mensch unbewußt in es hineinprojiziert oder gar verabsäumt, *selbst* zu leben.

Krankheit beginnt also im allgemeinen auf einer eher unbewußten Ebene, im Verborgenen, und wenn wir es nicht schaffen, das Problem, den Konflikt auf der seelisch-geistigen Ebene zu lösen, verdichten sich diese unerlösten Energien zum körperlich sichtbaren und spürbaren Symptom, im schlimmsten Fall zum Schmerz. Dadurch wird uns der fehlerhafte Aspekt in unserem Leben bewußt gemacht. Und genau dort zeigt sich das Warnsignal zunächst, wo der Körper seine konstitutionellen Schwachpunkte hat.

Sitzt die Schwäche beispielsweise im Magen, wird sich zugefügtes Leid oder Kränkung oder Ärger genau in diesem Bereich bemerkbar machen. Der Arzt diagnostiziert dann vielleicht eine Gastritis oder gar ein Magengeschwür. Dieses Krankheitsbild weist also darauf hin, daß eine ganz bestimmte Thematik, nämlich die Reaktion auf gewisse Emotionen, nicht richtig entwickelt wurde. Der Magen ruft um Hilfe: »Ändere deine Einstellung zu bestimmten Gefühlen!«

Ganz falsch wäre es nun, die Magenschmerzen mit irgendwelchen schmerzlindernden Präparaten zu bekämpfen und den gefühlsmäßig irritierten Magen allein seinem Schicksal zu überlassen. Der schmerzliche Aspekt würde übergangen und sich eine neue Umgebung suchen, den Dünndarm vielleicht... So wandern die Warnlichter oftmals hin und her und werden als »neue Krankheiten« fehlinterpretiert.

Krankheitssymptome sind Botschaften des Körpers an unseren Verstand oder unsere Gefühlswelt, daß wir uns mit der Ursache derselben auseinanderzusetzen haben und der Angelegenheit unverblümt auf den Grund gehen müssen.

Der Hund, der uns wochen- oder monatelang mit heftigem Juckreiz am ganzen Körper zur Last fällt, will uns nur darauf aufmerksam machen, daß er sich in seiner Haut nicht so recht wohl fühlt. Und so liegt es auch hier an uns, zu prüfen, warum es denn dem Hund nicht so gut geht. Ist es das Futter oder einfach unser Benehmen dem Hund gegenüber, das ihm nicht behagt?

Jedes Lebewesen für sich ist ein Individuum (= das Unteilbare) und erhält sich als einmaliges originales Energiefeld, das mit allem, was es umgibt, auf sehr vielen Ebenen energetisch verbunden ist. Diese Energie kann sich positiv, förderlich, konstruktiv auf die Umwelt auswirken oder auch negativ, zerstörerisch.

Allein der freie Wille, der auch unseren Tieren eigen ist, entscheidet letztlich, in welche Richtung diese Energien freigesetzt werden. Kommunikation untereinander ist auf allen Bewußtseinsebenen möglich; doch führt sie nur dann zu einem für alle Beteiligten befriedigenden Ergebnis, wenn Habgier, Egoismus und Selbstsucht aus dem Spiel bleiben. Die erwähnten Eigenschaften, gepaart mit Ängsten und anderen lebensverneinenden Vorstellungen, sind vielfach die Basis für das Kranksein.

Nicht die Krankheit gilt es zu behandeln, sondern das kranke Individuum. Das forderte bereits HIPPOKRATES 400 v. Chr. von seinen Schülern. Auch PARACELSUS, HAHNEMANN und BACH betonten immer wieder, wie wichtig es ist, das Ganze zu sehen und nicht nur Teile davon. Man ist nicht »da oder dort« krank, vielmehr ist es so, daß, wenn ein Teil des Körpers erkrankt, sehr wohl der ganze Körper negativ mitschwingt, also in Mitleidenschaft gezogen ist.

Gesundheit ist somit unter anderem als in sich harmonisches Gefüge von Körper-Seele-Geist zu definieren, das sehr empfindlich auf störende Reize reagiert. Vergleichbar mit einem Klavier, das, wenn es nicht richtig gestimmt ist, Mißtöne erzeugt. Dieses All-eins-Sein bezieht selbstverständlich die gesamte Schöpfung mit ein. Sobald sich das Individuum aus der Einheit zurückzieht, läuft es Gefahr, uneins mit sich und der Umgebung und somit un-heil, also krank zu werden.

Die Beweggründe des Krankwerdens sind vielfältiger Natur. Landläufig werden dafür Mikroorganismen, Viren, das schlechte Wetter oder verdorbene Speisen verantwortlich gemacht. Trotzdem ist Krankheit ihrem Wesen nach »hausgemacht«. Infolge des immer und überall wirksamen Resonanzgesetzes kann man davon ausgehen, daß alles, was ein Individuum jemals in seinem Leben an Gefühlen, Gedanken oder Handlungen in die Welt setzt, auf den Verursacher in irgendeiner Form zurückwirkt.

Sobald also ein Individuum – egal ob Mensch oder Tier – sich in irgendeiner Weise zum Ausdruck bringt, sind die Reaktionen aus der Umwelt bereits fest einkalkuliert. Anders ausgedrückt: Für jedwede Energieform, die wir schaffen und in unsere Umwelt einfließen lassen, haben wir voll und ganz die Verantwortung zu tragen. Kurz: Alle unsere Gedanken, Gefühle oder Handlungen haben die entsprechenden Folgen für uns und unsere Umwelt.

Unsere Hunde sind unsere Partner mit entsprechend eigenständigem Gefühlsleben und eigenen Vorstellungen ihrer persönlichen Verwirklichung. Freilich reagieren sie auch auf unsere Gedanken und Emotionen und spiegeln bis zu einem gewissen Grad unsere Bedürfnisse wider. Diese Verantwortung für das Tier sollten wir uns voll und ganz bewußt machen und etwaige Konsequenzen, die sich daraus ergeben, einkalkulieren.

Unsere Haustiere stehen leider viel zu oft im Brennpunkt menschlicher Konflikte und sind dadurch sehr verunsichert, zumal sie selbst im Begriff sind, ihre Seelenpotentiale zu entwickeln. Daraus ergibt sich logischerweise ein Spannungsfeld, das wir als völlig unerwartete Reaktionen erleben, wenn dann beispielsweise ein Hund überraschend zubeißt, der bis dato als »harmlos« galt.

Da es im Grunde keine Zufälligkeiten gibt, ist es auch niemals Zufall, in welchem Bereich und wie stark ein Organismus mit Symptomen reagiert. Die »Botschaften des Körpers« erfolgen gezielt und verraten alles, auch wenn es nicht immer leicht zu deuten ist. Das Studium der Organsprache ist insofern faszinierend, als es einen ganz exakt in den Bereich des ungelösten Konflikts führt, ohne Umschweife und ungeschminkt.

Die Kenntnisse über die Symbolik der Krankheitsbilder, wie sie ja auch in diesem Buch erläutert werden, erleichtern den Umkehr- und Lernprozeß ungemein. Haben wir die Wurzel, die Causa des Konflikts erkannt, tun wir uns viel leichter, der Krankheitsentstehung auf den

Grund zu gehen und der Versöhnung, der Heilung, zuzustimmen.

Heilung im wahrsten Sinne des Wortes ist immer abhängig von entsprechender Bewußtseinsbildung. Auch unsere Hunde besitzen eine bestimmte Form von Bewußtsein, mit dem sie sich in ihrer kleinen Umwelt entfalten und entwickeln können – soweit wir das als Hundehalter eben zulassen können oder wollen. Auch das, also die Hundehaltung, hängt von unserem persönlichen Bewußtsein ab. In der Tierhaltung spiegelt sich die geistige Haltung des Tierhalters wider. Es ist auch niemals Zufall, welcher Hund uns zufällt. Seine Charaktereigenschaften, sein ganzes Wesen haben sehr viel mit uns selbst und unserer persönlichen geistigen Entwicklung zu tun. Nicht zufällig entwickelt sich mitunter diese typische phänomenologische Ähnlichkeit zwischen Herr und Hund, wenn man wesensmäßig einander sehr ähnlich ist...

Unbestreitbar bestehen zwischen Mensch und Tier enge Wechselwirkungen; gerade Hunde reagieren auf menschliche Regungen sehr sensibel. Andererseits dürfen wir nicht übersehen, daß auch wir »so weit entwickelte« Menschen sehr wohl aus den Verhaltensweisen und Reaktionen von Tieren lernen können. Das Bewußtsein des Tieres hat zwar noch nicht den gleichen Grad wie das des Menschen erreicht, ist aber sehr wohl auf persönliche Weiterentwicklung programmiert.

Bewußtseinsbildung ist somit mit einem aktiven Lernprozeß verknüpft, was weiter bedeutet, daß auch der Heilungsprozeß mit einer veränderten subjektiven Sichtweise verbunden ist. Nur wenn man den Lernauftrag der Krankheit versteht, kann man heil werden. Das Heilmittel selbst kann nur dann als Heilsvermittler seinen eigentlichen Zweck erfüllen, wenn das Individuum bereit ist, die Faktoren, die zur Krankheit geführt haben – falsches Denken und Handeln, Gefühlsblockaden und Ängste –, als Irrtum zu erkennen und einen anderen Weg zu beschreiten.

Aufgrund seines Bewußtseins und des freien Willens hat auch der Hund bis zu einem gewissen Grad zu wählen, welche Richtung er in seinem Leben einschlägt. Im Verein mit dem Menschen gelingt das leider nur teilweise oder gar nicht, und daraus resultiert oft das, was wir als Verhaltensstörungen, Unberechenbarkeit oder Neurosen bezeichnen. Ein derart fremdbestimmter Hund wird sich niemals so richtig entfalten können und nur eine Karikatur seiner selbst bleiben.

Wenn also unser Liebling, wie immer er heißt und aussieht, ständig krank ist, müssen wir uns schon ernsthaft fragen, wie weit wir selbst wohl daran beteiligt sind. Falsches Verständnis für tierische Reaktionen oder mißgedeutete Tierliebe können ebenfalls krankmachend sein.

Wenn man heil werden will, muß man dafür bereit sein. Das heißt vor allem bereit sein für Veränderungen. Das ist ja der eigentliche Zweck der Krankheit, die uns nur aufzeigen will, daß es so nicht mehr weitergehen kann.

Wir Menschen neigen allerdings dazu, zuerst alles um uns verändern zu wollen, damit es uns wieder besser geht. So funktioniert das aber nicht. Zunächst müssen wir etwas *in uns* verändern, unsere Geisteshaltung, damit das Entsprechende auch im Außen geschieht.

Wie wir bereits wissen, ist das Wohlergehen unserer Tiere zu einem Großteil von unserer Geisteshaltung, unseren Stimmungen abhängig. Damit liegt Verantwortung in unserem Verhältnis zu den

Tieren begründet, und somit sollten wir noch viel mehr auf die Psyche des Tieres eingehen. Einerseits neigen wir dazu, viele tierische Reaktionen zu vermenschlichen, andererseits sind wir blockiert, wenn wir mal mit einer für uns völlig unverständlichen Reaktion seitens des Tieres konfrontiert werden.

Wir können unseren Tieren viel Leid und Krankheit ersparen, wenn wir lernen und begreifen, richtig auf ihre eigentlichen Bedürfnisse einzugehen und einen tatsächlich artgerechten Lebensrahmen zu schaffen. Das Wohlergehen ist schon mal die Grundvoraussetzung für ein gut funktionierendes Immunsystem – die solide Basis für Gesundheit. Stimmt das Immunsystem, ist der Organismus ausgeglichen und widerstandsfähig genug, um den Anschlägen auf seine Gesundheit Paroli zu bieten. Seelisches Wohl, eine liebevolle Umgebung und gutes Futter sind die besten Voraussetzungen für stabile Gesundheit.

Nachdem also Krankheit ihren Ursprung nicht auf der materiellen, sondern der seelisch-geistigen Ebene hat, bedarf es oftmals Heilmittel, die ebenfalls auf dieser feinstofflichen Ebene wirksam werden. Die Naturheilkunde bietet diesbezüglich viele wunderbare Möglichkeiten, ohne den Organismus zusätzlich zu belasten, wie es die meisten schulmedizinischen Präparate tun. Diese sind von grob-materieller und oft destruktiver Natur und schaden daher mehr, als sie helfen können. Ein Arzneimittel, dessen Entwicklung über Tausende von Tierleichen im Tierversuch gegangen ist, kann niemals im eigentlichen Sinne »heilbringend« sein. Todbringende Substanzen können logischerweise niemals förderlich für das Leben, respektive die Genesung sein.

Die Heilmittel der Naturmedizin – Arzneipflanzen, tierische Stoffe, Mineralien, Flüssigkeiten – enthalten, vereinfacht ausgedrückt, in sich verborgen die Heilsprinzipien in »verschlüsselter« Form. Die Aufgabe des wahrhaftigen Heilers ist es, dieses Geheimnis zu lüften und in entsprechend verarbeiteter Form auf den Kranken zu übertragen. In Analogie zu den Krankheitsaspekten in Mensch, Tier und Pflanze hat also das Reich der Natur die Heilaspekte entwickelt. Man kann es auch so ausdrücken: Wenn dem Patienten »etwas fehlt«, hat er als Mikrokosmos die Möglichkeit, sich das fehlende Prinzip als Heilmittel aus dem Naturreich (= Makrokosmos) einzuverleiben.

Biologische Heilverfahren gehen grundsätzlich den Weg, den Patienten zu reharmonisieren, ihn wieder »ins rechte Lot zu versetzen«, wo er sich rundum glücklich und zufrieden, also mit einem Wort gesund fühlt. Neben den Arzneimitteln können oftmals auch solche Methoden nützlich sein, die blockierte Energien zum Fließen bringen, wie die Akupressur oder Akupunktur, Reiki oder einfache Massagen.

Die Naturheilverfahren beim Hund

Die Therapiemöglichkeiten, die in diesem Buch aufgezeigt werden, dienen allesamt dazu, den optimalen Gesundheitszustand unserer Hundepatienten zu erzielen. Dazu gehören selbstverständlich auch immer wieder begleitende Maßnahmen, die die Änderung äußerer Umstände und der Einstellung des Hundebetreuers einschließen. Das Ganze kann nur stimmen, wenn auch die einzelnen Teile zueinander in Harmonie stehen.

Der Grundgedanke bei der Erstellung dieses Buches ist zeitlos richtungsgebend für Laien und Fachleute. Immer schon war es letztendlich die Idee, die Philosophie der Naturkräfte, die den Ausschlag für Veränderungen im Bewußtsein gegeben hat. Das Wesen der Naturmedizin ist uralt und hat sich über alle Zeit und gegen jede Gegenbewegung hinaus durchgesetzt. Der Weisheit letzter Schluß liegt in den ewig gültigen Naturgesetzen, die wir uns zunutze machen dürfen, um uns und anderen zu helfen. Das ist das Wort Gottes: »Macht euch die Erde untertan.« Von Raubbau war keine Rede.

Die beschriebenen Naturheilverfahren sollen keineswegs fachlich orientierte bzw. notwendige tierärztliche Maßnahmen außer Kraft setzen. Sie mögen jedoch aufzeigen, welche wunderbaren Möglichkeiten sich grundsätzlich alternativ zu erstarrten und wenig hilfreichen Behandlungsschemen anbieten. Für welche der Heilmethoden sich der Einzelne letztlich entscheidet, bleibt einzig und allein seinem Wissen und seiner Intuition überlassen. Das Gefühl, zu welchem Gebiet man sich hingezogen fühlt, wo man Sicherheit spürt, sollte ausschlaggebend sein für die Wahl der Methode.

Der Leser möge das Buch als Anregung, als wertvolle Ergänzung oder einfach als Ratgeber betrachten, in dem man im Bedarfsfall nachsehen kann. Unbedingt notwendige schulmedizinische Maßnahmen, wie lebensrettende Infusionen oder Operationen, sowie der unerläßliche Ausgleich von Mangelzuständen mit Vitaminen, Mineralstoffen, Spurenelementen und ähnlichem dürfen trotz aller Euphorie nicht unterlassen werden.

Es wäre jedoch wünschenswert, wenn sich auch in den Kreisen der dogmatischen Schulmedizin allmählich der Gedanke durchsetzte, daß ein vernünftiges Sowohl-als-auch dem Patienten mehr Nutzen bringt als starre Ansichten über längst widerlegte unterdrückende oder gar destruktive Maßnahmen, wie »fiebersenkende Mittel«, »Wegbrennen von Warzen«, »Curettage« oder gar »vorbeugende Operationen«.

Krankheitssymptome zu unterdrücken bedeutet quasi das gewaltsame Ausschalten durchaus sinnvoller physiologischer Körperreaktionen auf einen krankmachenden Reiz. Das kann, auf lange Sicht gesehen, katastrophale Folgen, etwa eine Rückvergiftung, nach sich ziehen.

Zum Aufbau dieses Buches

Einem bestimmten Schema folgend, wurde der besseren Übersichtlichkeit wegen dieses Buch so gestaltet, daß man zu den einzelnen Krankheitsbildern leicht die dazu empfohlenen Naturheilverfahren überblicken kann. Bei der Beschreibung der Krankheitsbilder selbst wurde darauf geachtet, die geistigen Aspekte, die zu der jeweiligen Erkrankung führen können, aufzuzeigen.

Es ist meiner Meinung nach ganz wichtig, daß sowohl der Tierbehandler als auch der Tierbesitzer etwas über die eigentlichen Hintergründe der Erkrankung erfahren, weil nur so alle Mißverständnisse und Faktoren ausgeräumt werden können, die zur Krankheit geführt haben.

Die Beschreibung der Krankheitsbilder entspricht in etwa der Reihenfolge »von Kopf zu Fuß« und »von innen nach außen«.

Die angeführten Therapieformen verstehen sich selbstverständlich nur als Empfehlungen, als Hinweise, wie natürliche Heilverfahren angewendet werden können. Kein starres Therapieschema liegt hier vor, weil ja die Naturheilkunde grundsätzlich individuell zu verstehen und anzuwenden ist. Was sich für den einen Patienten als heilsam erweist, ist für den nächsten in einem ähnlich gelagerten Fall vielleicht unzweckmäßig. Wie schon einmal betont, sollte man sich auf diesem Gebiet von seinem »guten Gefühl« leiten lassen. Es ist doch offensichtlich so, daß sich sowohl der Tierhalter als auch der Therapeut ohnehin mehr von der einen oder anderen therapeutischen Möglichkeit angesprochen fühlen.

Die Beschreibung der Naturheilverfahren im einzelnen

L Diese Heilmethoden können auch vom Laien gefahrlos allein oder unterstützend angewandt werden.
F Die Therapieempfehlungen richten sich an den/die in der speziellen Therapieform ausgebildeten Fachmann/frau.

Phytotherapie (L)

Die Kräuterkunde ist eine uralte Heilweise, die schon in der Antike einen ihrer Höhepunkte verzeichnete und damals die vornehmlich animistische Schulmedizin beherrschte. Das Geheimnis der Heilpflanzen wurde in den verschiedenen Kulturkreisen und philosophischen Denkmodellen auf unterschiedlichste Weise interpretiert. Die Heilkräfte der Pflanzen wurden dabei jeweils verschieden genutzt, und der Experimente gab es unzählige, bis der gesamte Charakter eines Exemplars einigermaßen definiert werden konnte.

Waren es zunächst die ayurwedischen Ärzte Indiens, die ganz vorsichtig versuchten, die Seele aus den Kräutern für sich zu gewinnen, galten die Pflanzenkörper bei den alten Ägyptern teilweise als Inkarnationen hoher Geistwesen. Die Schule des PARACELSUS brachte insofern eine Innovation, als man sich daran machte, das »Arcanum«, also das Geheimnis aus jeder Pflanze, zu erlösen.

HIPPOKRATES, der Vater der Schulmedizin, wies bereits darauf hin, daß nicht Krankheit als solche, sondern das kranke Wesen eines Menschen zu behandeln sei. Seine Kräuterrezepte waren weit über das Altertum hinaus gültig.

GALENIUS, der römische Arzt mit Wohnsitz in Pergamon (Kleinasien), war der erste Kräuterarzt, der die pflanzlichen Substrate in der Weise zubereitete, daß unangenehmer Geschmack und Nebenwirkungen auf ein Minimum reduziert werden konnten. Er verordnete seinen Patienten Elixier und Sirup, weil er der Meinung war, daß man »solch bitteres und herbes Pflanzenwerk« dem einfachen Menschen nicht so ohne weiteres zumuten könne.

Seine Entdeckung von der Zubereitung von Pflanzenstrukturen auf dem »Umgehungswege« ging in die Geschichte ein als die sogenannten Galenischen Präparate (Galenica). Es sind jene Darreichungsformen, mit denen auch heute noch die Kräuterheilkunde arbeitet:

- Elixier,
- Extrakt,
- Dekokt (Abkochung),
- Infus (Aufguß),
- Sirup,
- Liniment,
- Pasta und
- Salbe.

Die pflanzlichen Drogen, also jene Pflanzenteile, die in frischem oder getrocknetem Zustand entsprechend aufbereitet werden, kommen in den verschiedensten Darreichungsformen aus der Apotheke. Im allgemeinen werden hierfür jene Pflanzenteile verwendet, in denen die sogenannten Wirkstoffe am meisten angereichert sind.

Die Pflanzen entwickeln im Laufe ihres Lebens verschiedene Stoffwechselprodukte, die wir grob in Wirkstoffe und Ballaststoffe einteilen. Diese sind das vorläufige Evolutionsprodukt einer sich immer in Entwicklung befindlichen Pflanzengattung. Je »höher« sich diese Gruppe von Pflanzen entwickelt hat, desto heilsamer werden ihre »Odkräfte«; sie haben sich von der Gift- zur Heilpflanze entwickelt.

Wie wir alle wissen, bedarf die Anwendung von Giftpflanzen zu Heilzwecken noch gewisser Vorsichtsmaßnahmen und spezieller Verarbeitungsprozesse. Die Heilpflanzen jedoch, die sich aus dem giftigen Bereich zurückgezogen haben, bieten sich uns zweifelsfrei dar.

Wirkstoffe und Ballaststoffe gemeinsam entfalten ihre optimale Heilkraft. Die vielen Versuche der Pharmaindustrie, lediglich mit den extrahierten Wirkstoffen zu arbeiten, führten zu verfälschten Ergebnissen und zur unvollständigen Ausnutzung im Organismus des Patienten. Die zuvor als unnötig klassifizierten Ballaststoffe erhöhen die arzneiliche Wirksamkeit oft um mehr als das Hundertfache.

Die Summe der Wirkstoffe einer Pflanze enthält alle chemisch analysierbaren Inhaltsstoffe, die den Arzneicharakter einer Pflanze ausmachen. Anders ausgedrückt: Die chemische Zusammensetzung einer Heilpflanze entspricht ihrem Charakterbild auf materieller Ebene. Die feinstoffliche Seele der Pflanzen werden wir bei den Bach-Blüten noch kennenlernen.

Die erwähnten Ballaststoffe geben der Pflanze die nötige Struktur und »schützen« so das Arcanum vor zu vorschnellem »Entdecktwerden« durch Unbefugte. Nüchtern ausgedrückt: Der Schutzmantel der Ballaststoffe garantiert letztlich die optimale Resorption der Wirkstoffe an der richtigen Stelle.

Eine grobe Einteilung der Wirkstoffe mag die Anwendung der Heilkräuter etwas vereinfachen:

Pflanzen werden in der Naturheilkunde in vielfältiger Weise genutzt.

Bitterstoffe

Ihre Aufgabe im Körper ist es, das gesamte System des Verdauungstrakts, der in der Mundhöhle beginnt und im Bereich des Afters endet, zu stimulieren. Nach Aufnahme bitterstoffhaltiger Drogen werden reflektorisch über die entsprechenden sensiblen Nervenendigungen des Zungengrundes chemische Reize freigesetzt, die an den konsekutiven Erfolgsorganen – das sind die Speichel-, die Magen-Darm-, die Bauchspeicheldrüse, die Leber – zur vermehrten Ausschüttung der dort gebildeten verdauungsfördernden Säfte führen.

Die wünschenswerten Effekte sind zunächst eine bessere Einspeichelung des gekauten Nahrungsbreis, ein leichteres Gleiten der abgeschluckten Bissen durch die Speiseröhre, die konzentrierte Durchsaftung und enzymatische Aufbereitung im Magen-Darm-Trakt und somit eine optimale Aufschließung, Auswertung und Resorption der Nahrungsbestandteile. Bitterstoffe wirken auf diesem Weg appetitanregend und grundsätzlich verdauungsfördernd. Dadurch wird nebenbei auch noch einer unnötigen Ablagerung von Stoffwechselballast im Bindegewebe vorgebeugt.

Außerdem wirken die Bitterstoffe fiebersenkend, indem sie das Fieberzentrum im verlängerten Mark regulieren – aber nur insofern, als ein Überschießen verhindert wird. Fieber ist ja grundsätzlich eine ganz nützliche und durchaus wünschenswerte Reaktion des Körpers auf schadbringende äußere Einflüsse.

Bitterstoffhaltige Arzneien werden immer dann angezeigt sein, wenn es gilt, den Appetit und die Verdauung zu fördern:

- während oder nach einer fieberhaften Erkrankung (in der Rekonvaleszenz),
- im Zuge einer alimentären Verdauungsstörung,
- bei Blähungen, Verstopfung,
- bei Leberstau.

Die Bitterstoffdrogen verabreicht man am zweckmäßigsten kurz vor einer Mahlzeit, also 10 bis 15 Minuten vorher. So lange braucht die Reflexbahn, bis sie sich »aufgebaut« hat. Denken wir doch an den Aperitif, den wir vor einem Festessen zu uns nehmen. Auch er soll unseren Appetit auf das folgende üppige Mahl steigern und Verdauungsstörungen vorbeugen.

Beispiele: Enzianwurzel, Tausendgüldenkraut, Kalmus, Wermut.

Gerbstoffe

Im Zusammenhang mit der Lederherstellung, der Gerberei, ist uns allen der Effekt der Gerbstoffe geläufig. Sie besitzen die spezifische Fähigkeit, mit den Eiweißkörpern an der Oberfläche der Haut und der Schleimhäute komplexe Verbindungen einzugehen. Dadurch entstehen grobmolekulare Produkte im Sinne einer Ausfällung, die dann ähnlich einer undurchdringlichen Schutzschicht diese Grenzflächen überziehen. Das verhindert einerseits das weitere Vordringen von Krankheitserregern in den Organismus, und andererseits fördert dies die Wundheilung durch Substratverbindungen mit Blutbestandteilen.

Gerbstoffe im Bereich verletzter Haut und Schleimhaut bilden einen Schutzfilm, der die weitere Keimentwicklung hemmt und die Resorption toxischer Substanzen verhindert. Sowohl auf den äußeren wie auch an inneren Körperoberflächen erlangt man dadurch eine zusammenziehende, adstringierende Wirkung im Sinne einer Antisepsis und Austrocknung. Die überreizten Haut- und Schleimhautdrüsen werden nämlich ebenfalls beruhigt, wodurch die übermäßige Sekretion – etwa der Darmdrüsen bei Durchfall – eingestellt wird.

Die Wirkung der Gerbstoffe nochmals auf einen Blick: adstringierend, desinfizierend, antiseptisch, austrocknend, insgesamt heilungsfördernd bei
- schlecht heilenden Wunden,
- oberflächlichen Geschwüren und Schrunden,
- nässendem Ekzem,
- Entzündungen des Verdauungskanals (z.B. der Mundschleimhaut), Durchfall, Hämorrhoiden.

Beispiele: Eichenrinde, Tormentill (Blutwurz), Tannin, Heidelbeere, Schwarzer (Russischer) Tee.

Gerbstoffe sind in vielen Holzarten, aber auch in Früchten vorhanden. Sie werden als Dekokt mit Wasser aufgekocht.

Schleimstoffe

Bei den sogenannten Mucilaginosa handelt es sich um hochmolekulare, stickstoff-freie und chemisch indifferente Kohlenhydrate, die in Verbindung mit Wasser quellen und zähflüssige Lösungen bilden. Auf wunde und gereizte Haut bzw. Schleimhaut aufgebracht, bilden die Schleimstoffe einen reizlindernden, schützenden (einhüllenden) Film, der das irritierte Gewebe beruhigt und vor weiteren Läsionen behütet. Schleimmittel sind auch wichtige Nahrungsersatzmittel bei schwerwiegenden Magen-Darm-Erkrankungen und in der nachfolgenden Periode einer evtl. notwendigen Diät.

Die Indikationen:
- Entzündungen im Verdauungstrakt,
- auswurffördernd und entzündungswidrig bei Erkrankungen der Atemwege,
- wundheilend.

Um den in diesem Falle unerwünschten Effekt der zumeist gleichzeitig vorhandenen Gerbstoffe zu neutralisieren, werden die Schleimstoffdrogen im allgemeinen für mehrere Stunden mit kaltem Wasser angesetzt. Danach kann bei Bedarf erwärmt werden.

Beispiele: Eibisch, Wilde Malve (Käsepappel), Lein, Isländisches Moos (Flechte), Reis- oder Haferschleim.

Scharfstoffe

Die Scharfstoffe galten von alters her als die »zündenden Elemente« in der Kräutertherapie. Ihre Auswirkungen auf die damit in Berührung kommenden Körperteile sind von »unvergeßlicher« Einprägsamkeit. Wir brauchen uns nur an die Wirkung einer Überdosis Pfeffer oder Paprika in einer Speise erinnern: »Es brennt wie Feuer.«

Diese Wirkung der Scharfstoffe beruht auf einer heftigen Reaktion seitens der Schmerz- und Thermorezeptoren im Bereich der Sinneszellen der Haut und Schleimhaut. Genau hier entfalten die Scharfstoffe eine Aura des mehr oder weniger schmerzhaften Reizes und einer Temperaturerhöhung. Das kann sich unter Umständen bis zur Auslösung einer heftigen lokalen Entzündung steigern.

Die oftmalig zu beobachtende Fernwirkung ermöglicht es, auch tiefliegende oder chronische Prozesse zu aktivieren, zumal auch die örtliche Durchblutung gefördert wird und dadurch Schadstoffe aus dem Gewebe schneller abtransportiert werden. Somit ergibt sich als weitreichende Indikation die Reaktivierung chronischer, indolenter Krankheitsprozesse vornehmlich im Muskel- und Bindegewebe. Ein in sich erstarrtes System, wie es uns z. B. bei einer chronischen Gelenksentzündung begegnet, bedarf manchmal eines relativ starken Reizes, um wieder erweicht und aufgelöst zu werden.

Die Scharfstoffe wirken somit
- erweichend, mitigierend (verteilend), auflösend,
- sie reaktivieren alte Prozesse,
- sie erwärmen und fördern die Ableitung bzw. Resorption abgelagerter Krankheitsprodukte.

Die »Scharfeinreibung«, die meist mittels einer Salbe, einer Tinktur oder eines Liniments erfolgt, sollte jedoch nicht unbedingt mit viel Kraftaufwand geschehen. Dadurch werden nämlich die abgelagerten Schadstoffe und dort angesiedelten Keime noch mehr in der Umgebung verteilt. Die Folge wäre, daß dann auch gesundes Gewebe zerstört wird bzw. keimhaltige Gewebssäfte erst recht auf eine größere Fläche verteilt werden. Vorsichtig sollten die Scharfstoffe aufgetragen und leicht einmassiert werden. So erreicht man den besten Effekt.

Die speziellen Indikationen:
- Abszesse und Phlegmonen,
- chronische Entzündungen im Bereich der Muskeln, Gelenke, Sehnen und Sehnenscheiden, Schleimbeutel,
- Verhärtungen im Bereich des Bindegewebes.

Ganz allgemein kann man nach Anwendung der Scharfstoffe mit allmählicher Schmerzreduktion und Erleichterung rechnen.

Beispiele: Senf, Kalmus, Ingwer, Knoblauch.

Ätherische Öle

Ihre »flüchtigen« (ätherischen) Eigenschaften entfalten diese Substanzen am besten in Verbindung mit erwärmtem Wasser. Sie sind nicht wasserlöslich und verdampfen allmählich, wenn man sie mit entsprechend warmem Wasser in Verbindung bringt. Ihre wirksamen Einzelsubstanzen heilen auf verschiedene Weise, etwa im Zusammenhang mit einer Duftlampe, die man im Raum aufstellt, oder als Inhalationstherapie bei Atemwegserkrankungen.

Die Anwendung der ätherischen Öle hat man im Begriff der Aromatherapie zusammengefaßt. Aufgrund ihrer hervorragenden fettlöslichen Eigenschaften werden diese Substanzen ganz leicht über die Haut und Schleimhäute resorbiert, und ihre heilenden Informationen beeinflussen im Sinne einer Fernwirkung das gesamte Bioenergiesystem des Individuums.

Aber nicht nur über die Haut und die Atemwege werden die ätherischen Öle aufgenommen, auch der Magen-Darm-Trakt oder die Nieren resorbieren einzelne Bestandteile, die dann über Blut und Lymphe zu ihrem Wirkungsort gelangen.

Viele dieser Öle konzentrieren ihre

Wirkung auf blockierte Energien und lösen so Verkrampfungen sowohl im körperlichen als auch im mentalen Bereich. Andere beheben Disharmonien im funktionalen Geschehen, wie wir sie z.B. bei Asthma, Bronchitis oder Verdauungsproblemen vorfinden. Je nach ihrer Art wirken sie beruhigend, entspannend, krampflösend oder auch anregend, desinfizierend, auswurffördernd usw.

Freunde der Aromatherapie wissen um die wohltuende Wirkung der ätherischen Öle schon lange Bescheid. Aber auch unsere Tiere reagieren darauf ganz wunderbar, wenn sie natürlich auch nicht konkret darüber berichten können. Die Anwendung in der Veterinärmedizin konzentriert sich auf die Bereiche:

- Ausgleich psychischer Spannungen,
- die Inhalationstherapie, vornehmlich bei hartnäckigen Atemwegserkrankungen,
- die äußerliche Anwendung gegen Ektoparasiten,
- Harnwegsinfektionen.

Im ersten Fall kommt die Duftlampe zur Anwendung. Hier setzt man gewöhnlich Melisse, Sandelholz, Flieder, Rosenöl oder Gewürzmischungen ein.

Zur Inhalationstherapie bereitet man Wasser mit 90 °C und fügt z.B. die Öle von Thymian, Eukalyptus, Kamille, Lavendel, Cajeput, Latschenkiefer, Heublumen oder Fichtennadeln zu.

Bevor man den Hund inhalieren läßt, sollte man selbst prüfen, ob die Konzentration stimmt. Beim Einatmen darf kein unangenehmer Hustenreiz ausgelöst werden. Am besten eignet sich ein gemeinsames Stelldichein unter einer großen Decke, wo man den Hund 2mal täglich für etwa 10 Minuten inhalieren läßt.

Die Anwendung ätherischer Öle gegen Flöhe, Läuse, Zecken u.a. erfordert eine Wassertemperatur von 60 °C. Eine Mischung von Eukalyptusöl und Rosmarinöl zu gleichen Teilen, alle paar Tage *gegen* den Strich ins Fell vorsichtig einmassiert, hält die meisten Fellbewohner ab.

Hinweis: Die Inhalation ätherischer Öle und die Homöopathie vertragen sich nicht so gut. Als Faustregel mag gelten, daß zwischen der Einnahme eines homöopathischen Mittels und der Inhalation 4 Stunden Zwischenzeit anzusetzen sind.

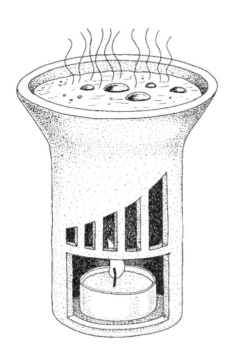

Die Duftlampe ist ein wichtiger Bestandteil der Aromatherapie.

Saponine

Darunter versteht man glykosidische Pflanzeninhaltsstoffe, die chemisch definiert zwar keine Seifen sind, sich aber in Verbindung mit Wasser wie Seifen verhalten. Im Körper entfalten sie grundsätzlich eine reinigende Wirkung, was sich in einer vermehrten Drüsensekretion am stärksten bemerkbar macht. Durch die Anregung der Drüsentätigkeit werden vermehrt Giftsubstanzen und Schleimstoffe ausgeschieden.

In der Praxis macht man sich die Saponine vornehmlich zunutze als
- Expektorantien (auswurffördernde Mittel): Primel, Veilchen, Seifenkraut, Königskerze, Süßholz,
- Diuretika (harntreibende Mittel): Zinnkraut, Dornige Hauhechel, Goldrute.

Weitere Wirkstoffe

Neben den bisher angeführten therapeutisch nutzbaren pflanzlichen Wirkstoffen kommen noch viele andere in Betracht; bei einigen ist die exakte Wirkungsrichtung noch gar nicht restlos erforscht.

Erwähnenswerte Wirkstoffe wären noch: Alkaloide, Enzyme (Fermente), Glykoside, Harze, Kohlenhydrate, Vitamine und Wachse.

Sie alle sind letztendlich in ihrem exakt dosierten Zusammenspiel ausschlaggebend für die medizinische Wirkung der Droge. Das Ganze wirkt besser als nur Teile davon.

Der qualitative Gehalt der Inhaltsstoffe variiert natürlicherweise immer wieder. Dieser ist abhängig von den jährlich schwankenden Wetterverhältnissen, der Sorgfalt beim Sammeln der Kräuter, vom Trocknen und Lagern der Drogen und schließlich von der richtigen Zubereitung (siehe Galenica, Seite 22).

Während es im allgemeinen keine Probleme macht, Pflanzenfressern die Heilkräuter im Rohzustand zu verabreichen, sind da unsere Hunde schon wesentlich zurückhaltender. Es gilt ja zu bedenken, daß sie geschmacklich ganz anders orientiert sind. Den Hunden gibt man daher zweckmäßigerweise sogenannte standardisierte Spezialpräparate in Form von Tropfen, Dragees, Kapseln oder Zäpfchen. Auch Tees oder Mazerate (kalt angesetzte Lösungen) werden noch angenommen.

Homöopathie (L)

Allein mit der Chemie der Kräuter – mit deren Komponenten die Phytotherapie arbeitet – ist ihre Heilkraft noch lange nicht erschöpft. Die wirksamen Stoffwechselfaktoren greifen hauptsächlich in den materiellen Stoffwechsel von Mensch und Tier ein und heilen somit im wesentlichen auf der organisch-funktionellen Ebene des Lebewesens.

Viele Alchemisten des auslaufenden Mittelalters versuchten, hinter die Geheimnisse der Natur zu kommen. Den »Stein der Weisen« galt es zu finden. Doch ihnen fehlte der Schlüssel dazu: das homöopathische Prinzip. Dem genialen SAMUEL HAHNEMANN (1755–1843) ist es zu verdanken, daß mit der Homöopathie der Naturwissenschaft gleichsam ein Quantensprung gelang.

Der Arzt, Apotheker, Chemiker und Pharmakologe, der zugleich ein sehr kritischer Forscher mit großem Verständnis für das Leid seiner Zeitgenossen war, lebte selbst den Großteil seines Lebens in materiell bescheidenen Verhältnissen. Trotz vieler widriger Umstände gelang es dem großen Humanisten HAHNEMANN durch seine Arbeiten ganz unmißverständlich, der Medizin und der Naturwissenschaft eine neue Denkrichtung zu geben.

Sein seelischer Kummer beim Anblick gequälter Patienten, die alle möglichen drastischen schulmedizinischen Behandlungsmethoden der damaligen Zeit über sich ergehen lassen mußten, drängte ihn geradezu, diesem »abscheulichen Unfug« eine Absage zu erteilen. Aderlässe, kräftiges Purgieren, Schröpfen, Klistiere, Arzneigaben von Quecksilber, Kupfer und Antimonium rissen kranke Menschen oftmals in einen qualvollen Tod – so wie es nach dem heutigen Stand der schulmedizinischen Errungenschaften und unter dem Deckmantel der Unerläßlichkeit die Anhänger der Strahlen- und Chemotherapie tun.

HAHNEMANNS großes Verdienst bestand zunächst darin, daß er sich kompromißlos selbst in den notwendigen Findungsprozeß mit einbezog und dabei von wahrem Mitgefühl erfüllt war und nicht von medizinischer Profilierungssucht.

Sprachbegabt wie er war, übersetzte er im Laufe seines Lebens an die 12 000 Seiten fremdsprachiger Literatur. Bei der Übersetzung der Arzneilehre von CULLEN aus dem Englischen wurde er stutzig. Dort las er sinngemäß, daß die Chinarinde aufgrund ihrer magenstärkenden Wirkung imstande sei, das Wechselfieber zu kurieren. Das »schmeckte« dem kritischen Hahnemann ganz und gar nicht, und er entschloß sich, diesen »Irrtum« zu überprüfen. Also nahm er einfach selbst »einige Quentchen gute China« ein, und das mehrere Male. Er staunte nicht schlecht, als er exakt jene Symptome am eigenen Leib verspürte, die denen des Wechselfiebers ähnlich waren.

Diese Beobachtung faszinierte ihn derart, daß er fortfuhr, weitere Arzneien an sich selbst zu prüfen. Und das Erstaunliche trat ein: Die durch die Arznei hervorgerufenen Symptome verschwanden jedesmal recht bald und ohne Nachwirkung, sobald er diese absetzte. Intuitiv spürte der Meister, daß er einem großen Geheimnis auf die Spur gekommen war.

Allmählich bezog er auch seine Familie in diese Arzneiprüfungen ein, dann seine engeren Freunde, Kollegen und Studenten. Eine Welle der experimentellen Arzneiforschungen auf höchst persönlicher Erfahrungsebene breitete sich durch die deutschen Lande aus. 1796 veröffentlichte HAHNEMANN die ersten konkreten Erkenntnisse dieser Arzneiprüfungen im »Hufeland-Journal«, einer Ärztefachschrift, die damals viel gelesen wurde. Die Kernaussage seiner Feststellungen ist eines der Fundamente homöopathischer Präzision: »*Similia similibus curentur*«, was soviel bedeutet wie: »Ähnliches kann durch Ähnliches geheilt werden.«

Das Wörtchen *kann* hat in dieser Aussage eine tiefere Bedeutung, als es auf den ersten Blick erkennen läßt. Damit schränkt namlich HAHNEMANN wohl vorausschauend ein, daß die homöopathische Heilmethode nichts Absolutes, also zwingend Endgültiges darstellt!

Das Simile-Prinzip, wie es auch genannt wird, vermittelt eine völlig neue Betrachtungsweise heilender Naturkräfte. Krankheit wird in diesem Sinne mit einem Stoff behandelt, der imstande ist, für sich allein diese Krankheit in ähnlicher Weise am gesunden Menschen hervorzurufen.

Hier wurzelt auch der Begriff Homöopathie, der dem Griechischen »homoion pathos« (ähnliches Leiden) entlehnt ist. Der Homöopath begegnet der Krankheit also mit einer Arznei, die zuvor an gesunden Menschen oder Tieren auf ihre besonderen Eigenschaften geprüft worden ist.

In den Arzneimittelprüfungen erhält man logischerweise einen repräsentativen Querschnitt über den Charakter einer Arznei – das Arzneimittelbild. Dieses wird letztlich zum notwendigen Vergleich mit den vorhandenen Symptomen des Patienten – dem Krankheitsbild – herangezogen. Entspricht nun dieses Krankheitsbild ähnlicherweise dem vergleichbaren Arzneimittelbild, das man in der Arzneimittellehre wiederfindet, ist man auf das Simile gestoßen, das die ähnliche (richtige) Arznei darstellt.

HAHNEMANN hatte jedoch beobachtet, daß die grobsinnliche Arznei bei den einzelnen Arzneiprüfern ganz unterschiedliche Reaktionen auslöste. Die für alle beteiligten Personen abgewogene Menge führte teilweise zu Vergiftungserscheinungen, während andere kaum etwas oder gar nichts wahrnahmen. Im nächsten genialen Arbeitsschritt verringerte der Meister folglich die Dosis und unterzog die einzelnen Ausgangsmaterialien einer peinlichst genau vorgeschriebenen mechanischen Prozedur.

Unaufgeklärte oder vorurteilsbehaftete Unwissende sehen darin auch heute noch eine archaische Spielerei von verträumten Spinnern. Quantenphysik und Thermochemie haben aber schon längst bewiesen, daß dieses Ritual immense feinstoffliche Energien aus Materie freisetzt.

Die Ausgangsstoffe für homöopathische Arzneien sind Pflanzen, Mineralien, tierische Bestandteile, Flüssigkeiten; aber auch Krankheitsprodukte (Nosoden), potenzierte Organpräparate, Lebensmittel oder chemische Stoffe der Industrie. Sie alle werden nach genau vorgeschriebenen Maßgaben des Homöopathischen Arzneibuchs hergestellt.

Die homöopathischen Arzneistoffe werden also nicht nur verdünnt, um sie aus dem mehr oder weniger giftigen Bereich zu erlösen, sondern auch nach

Vorschrift bearbeitet. Dadurch erhalten sie eine gewisse Dynamik, die letztendlich die konkrete Arzneiwirkung ausmacht!

Verfolgen wir aber zunächst die einzelnen Arbeitsschritte vom Rohstoff bis zur fertigen Arznei. Die Ausgangsmaterialien werden je nach ihrer Löslichkeit zu folgenden Substanzen verarbeitet:

Essenz: Frisch gepreßter und mit Alkohol konservierter Pflanzensaft.

Tinktur: Getrocknete, pulverisierte Pflanzenteile oder gequetschte tierische Substanzen werden mit Alkohol versetzt.

Lösung: Lösliche Salze oder Säuren in Wasser oder Alkohol.

Verreibung (Trituration): Unlösliche Mineralien, Wurzeln, Samen etc. werden mindestens eine Stunde lang mit Milchzucker verrieben.

Durch diese Verarbeitungsmöglichkeiten erhält man die flüssige Urtinktur oder feste Ursubstanz. Beide erhalten das Symbol ⌀.

Ausgehend von der Urtinktur bzw. Ursubstanz, die oftmals noch keine arzneiliche, sondern höchstens Giftwirkung aufweist (z. B. Eisenhut, Tollkirsche, Quecksilber, Arsen), beginnen erst anschließend die eigentlichen homöopathischen Arbeitsschritte: 1. das Verdün-

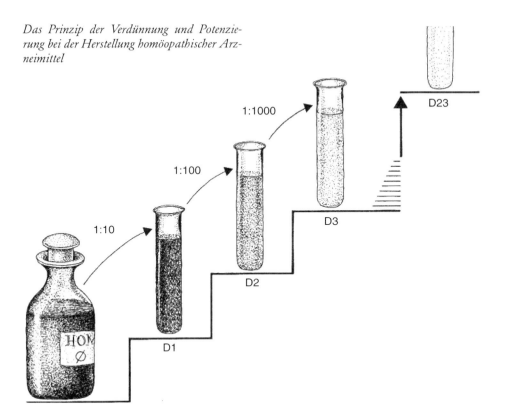

Das Prinzip der Verdünnung und Potenzierung bei der Herstellung homöopathischer Arzneimittel

nen und 2. das Verreiben fester bzw. Verschütteln flüssiger Substanzen.

Das Verdünnen entfernt den Stoff aus seinem giftigen Milieu. Das Verreiben und Verschütteln verändert die Energie des Stoffs in der Weise, daß er einer immer »innewerdenderen«, aussagekräftigeren Heilkraft zugeführt wird. Diesen Vorgang nennt man auch Potenzieren. Nach jedem Verdünnungsschritt wird die Arznei in der oben angeführten Weise bearbeitet und somit potenziert. So erhält man die entsprechende Potenz.

1. Schritt: 1 Teil (z. B. 1 mg oder 1 ml) ∅ wird mit 9 Teilen Wasser, Alkohol oder Milchzucker verdünnt. Das ergibt eine Verdünnung von 1:10.

2. Schritt: Jetzt wird die Arznei 10mal geschüttelt, am besten auf einer derb-festen Unterlage, bzw. mindestens eine Stunde lang in einem Mörser mit Milchzucker verrieben. So erhält man die D1 (D = Dezimale).

3. Schritt: 1 Teil D1 wird nun mit 9 Teilen Wasser, Alkohol oder Milchzucker verdünnt, das ergibt eine Verdünnung von 1:100.

4. Schritt: Wieder wird die Arznei wie unter 2. bearbeitet. Es folgt daraus die D2.

5. Schritt: Die D2 wird wiederum im Verhältnis von 1:10 verdünnt, das ergibt die Verdünnung 1:1000, usw.

Was sagt nun die jeweilige Potenz konkret aus? Potentia (lat.) = Kraft, Können. Wie schon erwähnt, wird durch den Vorgang des Verdünnens die Arznei Schritt für Schritt ihrer materiellen Belastung enthoben. So wird sie immer ungiftiger, bis ab einer für jeden Stoff typischen Verdünnung der giftige in den heilenden Pol umschlägt.

Schon PARACELSUS erklärt uns: »Allein die Dosis macht das Gift!« So gesehen steckt in jedem Stoff dieser Erde sowohl das Gift wie auch das Heilmittel. Beides trug im antiken Griechenland denselben Namen: Pharmakon. Im Falle von Quecksilber reichen schon wenige Zehntel Milligramm aus, um uns gesundheitlich zu schaden. Bei Alkohol oder Nikotin liegt dieser kritische Wert wesentlich höher. Viele von uns machen diesbezüglich täglich freiwillig ihre Arzneiprüfungen!

Der ursprünglich mehr oder weniger giftige Stoff – der für sich eine ähnliche Krankheit hervorrufen kann wie die, die er auch heilen kann – wird durch jeden Potenzierungsschritt energetisch verändert. Seine ursprünglich krankmachenden Eigenschaften kehren sich in heilbringende um (biologischer Umkehreffekt). Somit wird eine Arznei, ganz gleich woher sie kommt, auf eine höhere Energieebene und zugleich auf ein erlöstes Bewußtsein gehoben. Dieses veränderte Bewußtsein ist imstande, das Krankheitspotential aufzulösen, eben im Sinne der phänomenologischen Ähnlichkeit.

Je öfter wir die Arznei potenzieren, desto feinstofflicher und um so geistiger wird sie. Im Bereich der D23 (Lohschmidtsche Zahl) verläßt die Arznei den »Boden der Realität«, denn von nun an befindet sich kein einziges Molekül der ursprünglichen Substanz mehr in unserem Heilmittel. Was »wirkt« also noch in den homöopathischen Hochpotenzen?

Jeder Organismus, jede einzelne Zelle, jedes Teilchen stofflicher Materie »strahlt« aufgrund seiner Energie Information an seine Umgebung ab. Diese Information wird von seiner Umgebung registriert bzw. gespeichert und erfährt möglicherweise eine Reaktion.

Im Falle der potenzierten homöopathischen Arzneimittel wird die heilbringende Information im Alkohol, Wasser oder Milchzucker gespeichert und löst nach der Einnahme im Patienten eine Reaktion aus. Diese Reaktion bewirkt im Organismus eine Umstimmung oder Regulation im Sinne einer Wiederherstellung der optimalen Verhältnisse, wie sie eben vor Ausbruch der Krankheit bestanden.

Bis zur D23 befindet sich also die heilbringende Information des Arzneimittels noch im materiellen Bereich, so daß damit auch mehr materielle, also akute Erkrankungen angesprochen werden. Darüber hinaus liegen die eher geistigen Prozesse, die zu meist chronischen Leiden führen.

Das homöopathische Prinzip, das uns in versteckter Form tagtäglich begegnet, kann auch so verstanden werden, daß solcherart potenzierte Energien grundsätzlich das Schwingungspotential des Organismus anheben, also etwas, das, wie wir oft sagen, unsere Stimmung »hebt«. So gesehen stellt die homöopathische Behandlungsmethode eine Möglichkeit dar, eine Transformation, eine Anhebung auf eine höhere Bewußtseinsebene und somit eine Heilung im wahrsten Sinne des Wortes zu erreichen.

Die ganz feinen Reize der homöopathischen Information sind es schlußendlich, die die krankhaft veränderten Lebensprozesse im Körper im Sinne eines Regulativs wieder umzustimmen vermögen, sie den biologisch zweckmäßigen Vorgängen eingliedern. Im gegebenen Fall werden alle notwendigen Körperreserven mobilisiert und das Immunsystem zur Selbstheilung angeregt.

Somit zeichnen sich aber auch ganz klar die Grenzen homöopathischer Behandlung ab: Ein Organismus, der z.B. durch langes Siechtum schon zu sehr geschwächt ist, ist nicht mehr in der Lage, auf solch umstimmende Reize zu reagieren.

Die Potenzwahl

HAHNEMANN selbst arbeitete lange Zeit seines Lebens mit **C-Potenzen**. Die C30 war angeblich seine Lieblingspotenz. In diesem Fall wird die Arznei bei jedem Verdünnungsschritt im Verhältnis 1:100 verdünnt (C = Centesimale) und an die zwanzig Mal verschüttelt.

Gegen Ende seines arbeitsreichen Lebens, das HAHNEMANN nach dem Tod seiner ersten Frau an der Seite der Französin Henriette in Paris verbrachte, entwickelte er zukunftsweisend die **LM-Potenzen**. Sicher nicht zufällig gerieten diese zunächst in Vergessenheit und wurden erst nach dem Zweiten Weltkrieg »wiederentdeckt«.

Ausgehend von der C3, wird diese 50 000fach verdünnt und mehreren Bearbeitungsschritten unterzogen. So erhält man die LM I. L steht für das römische 50, M für das römische 1000.

(Andere Autoren beharren auf den »Q-Potenzen«. Das Q steht hierbei für das lateinische »quinquaginta milia« = 50 000.)

Im nächsten Schritt wird die LM I wiederum 50 000fach verdünnt, potenziert, so erhält man die LM II usw.

Oberflächlich orientierte Homöopathen messen der Potenzwahl keine besondere Bedeutung zu. Die Praxis spricht aber eine deutliche Sprache der Exaktheit Natürlich gibt es diesbezüglich viele Feinheiten, die aufzuzählen an dieser Stelle nur Verwirrung schaffen könnte. So

beschränke ich mich hier auf eher allgemein gut nachvollziehbare Richtlinien, die sich im homöopathischen Alltag immer wieder bewährt haben.
- Akute, vorwiegend organische Krankheiten sprechen im allgemeinen ganz gut auf Tiefpotenzen (Ø bis D8) an, die man zumeist 3mal täglich verordnet. In lebensbedrohlichen Fällen können sie auch viertel- oder halbstündlich gegeben werden.
- Subakute oder funktionelle Störungen benötigen meist mittlere Potenzen (D12 bis D20), 1- bis 2mal täglich.
- Chronische Leiden verlangen meist Hochpotenzen ab D30, die seltener gegeben werden.
- Probleme, die tief ins Seelisch-Geistige reichen, brauchen schon mal eine Höchstpotenz, das ist z. B. eine C1000.

Grundsätzlich gilt folgende **Faustregel bei der Potenzwahl**: Die Höhe der Potenz steigt mit der Dauer der Erkrankung und der psychischen Belastung.
Beispiel: Eine frische Verletzung, etwa eine Prellung, erfordert Arnica D6, vielleicht 3- oder 4mal täglich, je nach Bedarf. Die gleiche Verletzung, möglicherweise nie behandelt, aber immer wieder Schmerzen bereitend, wird nach Monaten doch noch therapiert. In diesem Fall erhält der Patient zwar das gleiche Mittel (gleiche Ursache), aber eine höhere Potenz, etwa Arnica D30 oder D200.

Es ist im Grunde völlig egal, wie lange das auslösende Ereignis zurückliegt; die Homöopathie verfolgt den Fall bis zu seinen Ursprüngen und räumt gründlich auf!

Wichtig: Niemals stur auf eine Potenz festlegen! Die Homöopathie ist eine völlig individuelle Heilmethode ohne Dogma!

Die Dosis

Die Dosis richtet sich einerseits nach der Größe des Hundes, andererseits nach der jeweils individuellen Reaktionslage.

So erhält ein **Welpe** oder ein **Hund einer Zwergrasse** 1 bis 2 Globuli oder Tropfen oder 1/4 Tablette oder eine ganz kleine Messerspitze der Trituration;

ein **Hund mittlerer Größe** 2 bis 3 Globuli oder Tropfen oder 1/2 Tablette oder eine kleine Messerspitze der Trituration;

ein **großer Hund** 4 bis 5 Globuli oder Tropfen oder 1 bis 2 Tabletten oder eine große Messerspitze der Trituration pro Gabe.

Reagiert unser Patient grundsätzlich überempfindlich oder ist er gar ein Allergiker, verringern wir wegen der veränderten Reaktionslage individuell die Dosis und wählen im allgemeinen eine höhere Potenz. So vermeiden wir zumeist die **homöopathische Erstreaktion**.

Was ist darunter zu verstehen?

Homöopathie ist eine Form der Reiztherapie, die regulativ in die körperlichen Erhaltungssysteme (Regelkreise) eingreift und in höheren Potenzen auch die Psyche im positiven Sinne zu verändern vermag. Am ehesten reagiert der Organismus natürlich auf jenes homöopathische Arzneimittel, das seiner momentanen vegetativen Situation und Gemütslage am ähnlichsten entspricht (»Simile«). Das falsche Mittel, also die inadäquate Information, wird vom Organismus nicht angenommen.

Hat man jedoch das »richtige« Mittel, in diesem speziellen Fall die Potenz aber zu tief (grobstofflich) oder die Dosis zu hoch gewählt, so kann es zu einer vorübergehenden Erstverschlimmerung der Symptome kommen. Diese ist meist von nur kurzer Dauer: wenige Stunden nach Tiefpotenzen, mehrere Stunden nach Hochpotenzen.

Verschlimmert sich allerdings das gesamte Krankheitsbild, verfällt also der Patient zusehends, war das Arzneimittel falsch. In diesem Fall muß man schleunigst die Behandlung korrigieren.

Beispiel: Ihr Hund leidet unter heftigem schaumigem Erbrechen. Sie geben 5 Globuli Ipecacuanha D3. Binnen kürzester Zeit setzt für etwa eine halbe Stunde noch heftigeres Erbrechen ein. Anschließend erholt sich das Tier rasch wieder, das Erbrechen ist vorbei.

Was war geschehen? In diesem Fall hätten wahrscheinlich 2 oder 3 Globuli genügt; vielleicht war auch die Potenz zu tief. In einem späteren Wiederholungsfall wissen Sie bereits, daß Sie dann die Potenz höher, etwa bei der D30, ansetzen müssen.

Die Erstreaktion verläuft mitunter »spektakulär« und ist für den Patienten kurzfristig etwas belastend. Heilreaktionen sind jedoch auf dem gesamten Gebiet der Naturheilkunde bekannt. Letztendlich sind sie der Indikator dafür, daß das Heilmittel greift, also wünschenswerte Veränderungen im Körper ausgelöst hat.

Zur besseren Orientierung über den Behandlungserfolg soll das **Heringsche Gesetz der Heilung** erwähnt werden: Heilung verläuft immer von
- innen nach außen,
- oben nach unten,
- jetzt zu früher.

Anhand der jeweiligen Entwicklung des Heilungsverlaufs kann jedermann für sich überprüfen, ob er mit seinem Arzneimittel auf dem richtigen Weg ist oder nicht.

Beispiele:
- Eine chronische Bronchitis bei Dackel »Hermann« heilt nach mehreren Gaben von Arsenicum album D12 über ein vorübergehendes Ekzem am Innenschenkel aus.
- Eine etwas schmerzhafte Schwellung am Oberarm wandert nach Rhus toxicodendron D6 über den Ellbogen Richtung Unterarm und verschwindet dann allmählich.
- Die Hündin »Blanca« hatte vor 2 Jahren eine schmerzhafte Ohrentzündung (Otitis externa). Damals wurde über längere Zeit mit Penicillin und Cortison behandelt. Die Entzündung im Ohr verschwand dann auch allmählich. Monate später setzt eine rezidivierende, also immer wiederkehrende Blasenentzündung (Zystitis) ein. Auch diese wird dann jeweils mit Antibiotika behandelt, kommt aber bei jeder Gelegenheit (z. B. naßkalte Tage) wieder. Im Verlauf der homöopathischen Behandlung kann es nun durchaus vorkommen, daß sich die Patientin über eine akute Otitis, die eben damals antibiotisch unterdrückt wurde, endgültig ausheilt. Der Heilungsprozeß ist rückläufig im Sinne der Chronologie.

Je chronischer und vielschichtiger ein Krankheitsprozeß ist, desto länger dauert der offensichtlich wahrnehmbare Umstimmungsprozeß. Obwohl die homöopathische Energie binnen 3 Minuten den gesamten Körper »durchflutet« hat, benötigen eben die chronischen Leiden eine gewisse Zeit, bis subjektiv eine Besserung eintritt. Sie sind ja auch nicht in 1 oder 2 Tagen entstanden. Gerade dann sind Fingerspitzengefühl und Geduld notwendig. In unübersichtlichen, verschachtelten Fällen ist es verständlicherweise ratsam, sich einem ausgebildeten Homöopathen anzuvertrauen.

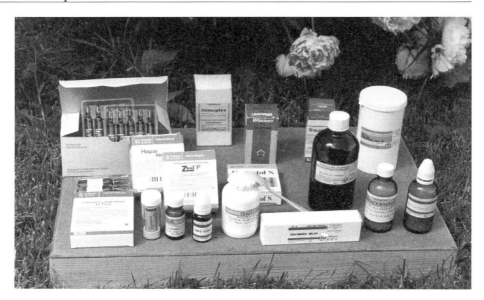

Homöopathie kann mit vielen anderen Therapiemethoden, auch schulmedizinischen, kombiniert werden. Eine Synthese wird zuweilen zweckmäßig sein.

Achtung!
- Nach längerer Cortisonbehandlung muß man einen Zeitraum von etwa 2 Wochen abwarten, bis die homöopathischen Arzneimittel wirksam ansprechen.
- Homöopathische Arzneien sollen niemals mit einem Metallöffel eingegeben werden. Das Metall verzerrt nämlich den Schwingungscharakter des Mittels.

Die homöopathische Arznei

Praktisch alle homöopathischen Arzneien – weltweit gibt es knapp über 2000 – wurden im Verlauf der bereits erwähnten Arzneimittelprüfungen an gesunden Menschen auf ihre Wirkung geprüft. Zur Feststellung des Arzneimittelbildes sind also keinerlei wie immer geartete grausame Tierversuche notwendig.

Bei manchen Arzneien werden auch lediglich die empirischen Erfahrungsberichte der Toxikologie oder Erlebnisse der Naturvölker herangezogen. Okoubaka, eine Rindendroge aus Westafrika, wird beispielsweise von den Einheimischen löffelweise nach jeglicher Art von Vergiftung eingenommen. Hier erübrigt sich eine weitere Prüfung.

Die Arzneiformen

- Dilution (dil., Tropfen)
- Trituration (trit., Verreibung)
- Tablette (tbl.)
- Globuli (glob., Streukügelchen)
- Ampulle (amp.)

Homöopathie 37

Links:
Homöopathische Arzneispezialitäten

Rechts:
Homöopathische Arzneien: Globuli, Tabletten, Ampullen

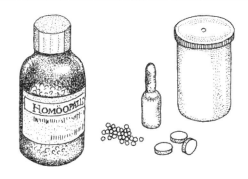

- Extern-Tinktur (Tct. ext., zum äußerl. Gebrauch)
- Unguentum (ungt., Salbe)
- Injectabila (inject., Injektionsflaschen)

Grundsätzlich können alle homöopathischen Arzneien, auch die Ampullen und Injectabila, über den Mund eingegeben werden. Über die Mundschleimhaut wirken sie sehr gut. Andere Möglichkeiten bestehen darin, sie zu injizieren, über die

Unten:
Tropfen werden auf die Zunge oder seitlich davon, etwa auf die Mundschleimhaut, gegeben.

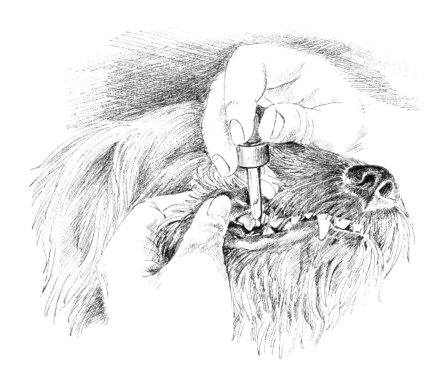

Haut einzumassieren oder über dem Kopf zu versprühen. Eine Verstärkung der Wirkung ergibt sich mitunter in Verbindung mit Akupressur oder Akupunktur. In diesem Falle werden die Arzneien auf die entsprechenden Punkte aufgebracht.

Im Sinne HAHNEMANNS erfolgt die **Wiederholung der Gabe** erst bei Bedarf, also wenn die Heilung stillsteht oder rückläufig wird. Es bringt keinerlei Nutzen, die Arznei »aus Sicherheitsgründen« länger als nötig zu geben.

In jedem Fall sollte man mit sowenig Mitteln wie möglich auskommen. Jede eingenommene Arznei setzt einen Reiz, auf den sich der Organismus einstellt. Werden viele Reize zugleich aufgenommen, ist die Reizbeantwortung unklar, der Heilungseffekt verwischt.

Um es dem Laien oder »fahnenflüchtigen« Schulmediziner zunächst zu erleichtern, sich mit der Materie Homöopathie auseinanderzusetzen, hat die biologische Heilmittelindustrie sogenannte **Komplexmittel** entwickelt. In ihnen sind mehrere Arzneien zumeist in Tiefpotenzen enthalten. Sicher gut für den Einsteiger, weil er aufgrund der Bandbreite der Mittel eine gewisse Sicherheit verspürt.

Die Gefahr bei »blinder« Anwendung dieser Komplexmittel besteht jedoch darin, daß die Trefferquote mitunter einem Lotteriespiel gleicht, wenn zwar die Indikation gegeben, aber nicht das exakt passende Mittel enthalten ist. Die Individualität verliert an Bedeutung.

Ohne Basiswissen ist es unmöglich, sich mit der Homöopathie ernsthaft auseinanderzusetzen. Diesbezüglich weiterführende Literatur wird am Ende dieses Buches erwähnt. Die zwei wichtigsten Grundlagen sind die Arzneimittellehre, eine alphabetische Auflistung der homöopathischen Arzneien, und das Symptomenverzeichnis (Repertorium), ein Nachschlagewerk für körperliche und geistige Symptome.

Sie bilden den Leitfaden zur Mittelfindung. Sie sind die Indizien, nach denen man das Krankheitsbild klären kann. Es wäre also blanker Unsinn, sie zu unterdrücken, will man anschließend nicht im Dunkeln tappen. Wie schon erwähnt, sind die Symptome als wichtige Zeichen des Körpers zu verstehen, als Signale der Dringlichkeit einer Änderung in der Lebensführung – vergleichbar mit dem rot blinkenden Warnlämpchen eines Geräts, das lediglich anzeigt, daß irgendwo im System ein Defekt aufgetreten ist, der das ganze Gerät gefährden kann. Es bringt überhaupt nichts ein, nur das lästig blinkende Lämpchen zu entfernen.

Zur Mittelfindung ziehen wir sinngemäß die »auffallenden, sonderlichen, charakteristischen und eigenheitlichen Zeichen des Körpers« (HAHNEMANN) heran. Sie führen uns letztendlich in den Bereich des individuellen Krankheitsbildes. Dieses vergleichen wir im Sinne des Ähnlichkeitsprinzips mit dem Arzneimittelbild in der Arzneimittellehre. Das Repertorium hilft uns bei einiger Übung auf der Fährtensuche nach dem Simile.

Müssen mehrere Arzneien verabreicht werden, ist zu berücksichtigen, daß diese nicht gleichzeitig und auf jeden Fall in verschiedenen Potenzen angeboten werden. So kann sich das Energiesystem des Körpers gezielter auf die angebotenen Informationen einstellen.

Beispiel: Jagdterrier »Brutus« erhält aufgrund einer diagnostizierten Leberschwäche Lycopodium D12 2mal täglich und dazu Berberis D4 3mal täglich. Die entsprechenden Globuli oder Tropfen werden im Abstand von 5 bis 10 Minuten gegeben.

Unseren Hunden kann man im Grunde alle homöopathischen Arzneiformen anbieten. Tropfen mit Alkoholgehalt werden naturgemäß am wenigsten akzeptiert. Dieses Handicap kann man jedoch umgehen. Die Tropfen ins Trinkwasser zu geben oder überhaupt mit Wasser zu verdünnen und mit einer Plastikspritze in den Mund zu spritzen, läßt sich ebenfalls vertreten. Eine andere Möglichkeit ist, die Tropfen aufs Futter zu verbringen; nach einer halben Stunde ist der Alkohol verdunstet. Auch die Globuli, Tabletten oder die Trituration kann man bei Bedarf in etwas Wasser auflösen.

Achtung! Die Tropfen und Injectabila müssen vor Gebrauch geschüttelt werden, damit die Arznei wieder ihre volle Dynamik erhält.

Geistig orientierte Hundebesitzer stellen die Arznei in die Nähe des Hundeplatzes, ohne sie einzugeben. Die Information wird auch über Distanz vom Energiekörper des Tieres angenommen. Eine positive Grundeinstellung wirkt in jedem Fall förderlich auf den Genesungsprozeß unserer Patienten!

Schüßler-Salze (L)

Der »kleine Bruder« der Homöopathie soll nicht unerwähnt bleiben. Es ist dies die »Therapie mit biochemischen Funktionsmitteln nach Dr. Schüßler«, kurz auch als »Therapie mit den Schüßler-Salzen« bekannt.

Dr. med. SCHÜSSLER (1821–1898) lebte im Raum Oldenburg und war zunächst eifriger Homöopath. Aufgrund seiner Erkenntnisse über die außerordentliche Wichtigkeit der Anwesenheit verschiedener anorganischer Salze im Organismus »reduzierte« er die Homöopathie auf die »Zwölf biochemischen Funktionsmittel«. Der fast nicht zu bewältigende Umfang von etwa 2000 homöopathischen Mitteln und seine Überzeugung hinsichtlich der Zellphysiologie und -pathologie bewogen ihn, sich ganz diesem Thema zu widmen. Seinen inzwischen mehrfach bestätigten Erkenntnissen zufolge gründet sich Gesundheit auch auf das Vorhandensein exakt im Verhältnis zueinander ausgewogener Mineralsalze, die den physiologischen Zellstoffwechsel überhaupt erst ermöglichen. Bestimmte Zellverbände haben sich zu bestimmten Geweben und Organen zusammengeschlossen und üben jeweils somit ganz spezifische Funktionen aus. Um diese Funktionen – und damit die Gesundheit – sinnvoll aufrechtzuerhalten, ist eben das Vorhandensein spezieller Funktionsmittel (anorganische Salze) notwendig.

Ein Mangel oder ein Mißverhältnis einzelner Salze führt über kurz oder lang zu einer Dysfunktion im zellulären Bereich, die, wenn sie ein gewisses Maß überschritten hat, körperlich erkennbar zur Krankheit führt.

SCHÜSSLER hat 12 dieser lebensnotwendigen Salze, die sowohl im Blut als auch in den Körperzellen enthalten sind, beschrieben. Nach seinem Tod wurden noch 12 sogenannte »Biochemische Ergänzungsmittel« gefunden. Diese sind zuweilen zusätzlich zu den Schüßler-Salzen notwendigerweise hinzuzufügen.

Wie wirken die Schüßler-Salze? Im Prinzip könnte man definieren, wie »substitutionelle Homöopathie«. Zwar kann Homöopathie an sich von außen Fehlendes *nicht* ersetzen, da sie ja lediglich förderlich auf die Regelmechanismen einwirkt. Doch der Grundgedanke der

Tabletten werden nach Möglichkeit auf den Zungenrücken gelegt; danach wird das Maul des Tieres eine Zeitlang mit sanftem Druck verschlossen gehalten.

Schüßler-Therapie ist der, daß der kranken Zelle, die nicht mehr imstande ist, grobmolekulare Substanzen aufzunehmen, feinmolekulare (eben homöopathisierte) Stoffe angeboten werden.

Die bis zur D6 oder D12 verriebenen Salze beheben durch ihre massive Zufuhr einerseits den Mangel, andererseits regen sie die sich regenerierende Zelle an, von sich aus die benötigten Elemente wieder vermehrt aus dem Blut zu resorbieren.

Im übrigen verweise ich auf entsprechende Literatur, z.B. von HICKETHIER, wo die Schüßler-Therapie umfangreich beschrieben ist. An dieser Stelle genügt eine kurze Auflistung der einzelnen Salze und ihrer Indikationen:

1. Calcium fluoratum: Knochen- und Zahnerkrankungen, Karies, Beschwerden an der Wirbelsäule, Verhärtungen im Bindegewebe und in Drüsen; unterstützend bei Tumoren.

2. Calcium phosphoricum: Vielfach in Kombination mit Calcium fluoratum bei Knochen- und Zahnproblemen; bei nervösen Störungen und dem damit verbundenen Juckreiz; bei Schwäche und Rekonvaleszenz; bei oberflächlichen Entzündungen.

3. **Ferrum phosphoricum:** Eisenmangelanämie, Infektanfälligkeit; frische Wunden, Blutungen, Verletzungen; Erkrankungen der Jungtiere; Katarrhe mit serösen Schichten.
4. **Kalium chloratum:** Hauptmittel bei Katarrhen verschiedener Organe und Schleimhäute (weißliche Sekretion); evtl. bei Impfreaktionen und nach Verbrennungen.
5. **Kalium phosphoricum:** Erschöpfungszustände, Nervosität, Schlaflosigkeit, (Herz-)Muskelschwäche, kräfteraubende Infektionskrankheiten.
6. **Kalium sulfuricum:** Chronische Entzündungen mit evtl. eitrigen Absonderungen; rheumatische Gelenkschmerzen; fördert grundsätzlich Entgiftungs- und Ausscheidungsprozesse.
7. **Magnesium phosphoricum:** Eines der wichtigsten Krampfmittel; Neuralgien, Koliken, Migräne.
8. **Natrium chloratum (muriaticum):** Ein »wäßriges Mittel«, es reguliert den Wasserhaushalt; Ausschwitzungen aller Art; nässendes Ekzem; Abmagerung, Appetitlosigkeit; Tränen- und Speichelfluß; Nervenschwäche.
9. **Natrium phosphoricum:** Reguliert den Säurehaushalt im Körper. Hyperacide Gastritis, Neigung zur harnsauren Diathese und den damit verbundenen Komplikationen wie Nierengries, Nieren-, Blasen- und Gallensteinen.
10. **Natrium sulfuricum:** Fördert die Entwässerung und Entschlackung; nässende Hautausschläge, Pilze, Ödeme, rheumatische Beschwerden.
11. **Silicea:** Unterstützt die Funktionen von Haut, Haaren und Krallen; härtet Knochen und festigt das Bindegewebe; Drüsenentzündungen und -verhärtungen, Narben; akute und chronische Entzündungen mit Eiterung, Fisteln.
12. **Calcium sulfuricum:** Vornehmlich alte und eitrige Prozesse, Abszesse; regt den Stoffwechsel an.

Die Schüßler-Salze werden in Tablettenform angeboten; üblich sind die Potenzen D6. Ausnahmen stellen die Salze 1, 3 und 11 dar – sie sollten wegen ihrer besseren Bioverfügbarkeit in der D12 gegeben werden.

Die Dosis richtet sich nach der Aktualität des Falles. 3- bis 6mal täglich 1/4 bis 2 Tabletten reicht bei unseren Hunden vollkommen aus; in dringenden Fällen kann auch halbstündlich gegeben werden. Werden die Tabletten nicht angenommen, können sie auch zerdrückt oder in etwas Wasser gelöst angeboten werden.

Achtung! Magnesium phosphoricum sollte im akuten Fall, also bei schmerzhaften Krämpfen oder Koliken, in möglichst heißem Wasser zu 2 bis 4 Stück auf einmal gelöst, in kurzer Zeit gegeben werden. So erhielt dieses Salz auch die Zusatzbezeichnung »Heiße Sieben«.

Nach den Anweisungen SCHÜSSLERS ist es vorteilhaft, während einer Kur nur ein oder höchstens zwei Salze gleichzeitig zu verordnen, wobei diese dann im täglichen Wechsel gegeben werden.

Zu den Mineralsalzen 1 bis 11 sind auch die entsprechenden Salben erhältlich. Eine Kombination von innerer und äußerer Anwendung ist oftmals recht sinnvoll.

Bach-Blüten-Therapie (L)

Die Idee, mit Blütenessenzen zu heilen, ist uralt. Viele Völker der Erde erkannten schon lange vor unserer Zeitrechnung die den Pflanzen innewohnende seelische Kraft. Bestimmte Pflanzen wurden, ähnlich den Tieren, in verschiedenen Kulturkreisen geheiligt. Da fällt uns spontan die Lotusblüte der Buddhisten, der Papyrus der alten Ägypter oder die Rose der Rosenkreuzer ein. Viele Indianerkulturen Nordamerikas präparierten Blütenessenzen mit Hilfe des Wassers und der Sonne, um gewisse Zustände von Reinheit und Glückseligkeit zu erlangen.

Die ätherischen Strukturen der Blütenpflanzen waren es auch, die den großartigen englischen Arzt Dr. EDWARD BACH aus dem finsteren Labor des Londoner Bakteriologischen Instituts in die unberührte Natur Südenglands hinaustrieben. BACH (1886–1936) gelang es dank seiner grenzenlosen Naturverbundenheit, gepaart mit fast übersinnlichen Begabungen, das Geheimnis der Blütenkräfte für die westliche Zivilisation wiederzuentdecken.

Er, der viele Jahre seines Lebens in Wales verbrachte, wurde überwiegend durch die keltische Tradition inspiriert. Nach der üblichen schulmedizinischen Ausbildung drängte es BACH bald – über den notwendigen Umweg der Homöopathie – in eine ganz andere, für die damalige Medizin völlig neue Richtung, die ihm nicht nur viel Anerkennung, sondern auch herbe Kritik einbrachte. Seine einfache Methode war den hochwissenschaftlichen Kapazitäten viel zu »primitiv«.

Die intensive Auseinandersetzung mit der damals hochaktuellen Bakteriologie und Immunologie – es war die Zeit von ROBERT KOCH und LOUIS PASTEUR – ließ den aufmerksamen BACH erkennen, daß die Anhäufung bestimmter Bakteriengruppen im menschlichen Darm nicht nur Krankheiten prägt, sondern auch den typischen Habitus und besondere Charaktereigenschaften. Aus diesen Darmbakterien hergestellte Suspensionen befreiten

Ackersenf (Mustard) für Frohgemut, Sinnfindung

viele Menschen von ihren langwierigen Leiden.

Die nächste Station BACHS war seine kritische, aber intensive Beschäftigung mit der Homöopathie. Ausgehend von der Vorstellung, daß dem menschlichen Darm eine wichtige Schlüsselrolle beim Funktionieren des Immunsystems zukommt, potenzierte BACH die Suspensionen der Darmbakterien seiner Patienten und schuf so die sehr bekannt gewordenen Bach-Nosoden. Die Heilerfolge nahmen weiter zu; BACH führte zwei völlig überlaufene Arztpraxen im Zentrum Londons.

Ungeachtet seines materiellen Erfolges spürte der Arzt im Grunde seiner Seele, daß es adäquat zu diesen »Nosoden-Persönlichkeiten« ein Äquivalent im unerschöpflichen Reich der Natur geben müsse. Er beobachtete die Menschen sehr genau und fand nach und nach heraus, daß es letztlich deren Gemütszustände waren, die zu Leiden führten oder diese nachhaltig beeinflußten.

Immer öfter zog es den berühmten Arzt hinaus in die Natur – zunächst in die Londoner Parks, dann nach Wales und Sussex. Er experimentierte viel auf homöopathischer Basis, aber noch hatte er den Schlüssel zu seiner höchst persönlichen Therapie nicht gefunden.

Im Jahre 1928 brach BACH endgültig mit seiner Vergangenheit, vernichtete Utensilien wie Spritzen und Medizinfläschchen, verbrannte seine Aufzeichnungen über seine bisher geleistete Arbeit und kehrte London den Rücken. Viele seiner Kollegen und Freunde hielten ihn für verrückt, gab er doch sein gesichertes Einkommen und eine luxuriöse Praxis auf.

Dem unbändigen inneren Drange folgend, durchstreifte er während der näch-

Edelkastanie (Sweet Chestnut) für das Durchhalten in schwierigsten Nöten

sten Jahre die Landschaften von Südengland und Wales, wo er sich am wohlsten fühlte und sich für die letzten Jahre seines Lebens niederließ. BACH, der ein mitfühlender Freund aller Menschen und der gesamten Schöpfung war, entwickelte enorme feinfühlende Eigenschaften.

Die ersten 19 Blüten fand der Eingeweihte auf dem Wege der Intuition: Ohne ins verträumte Schwärmen zu geraten, beschrieb er genau Aussehen und Standort der jeweiligen Blütenpflanzen. Wenn er die Blütenblätter auf seine Lippen oder Zunge legte, verspürte er oft schon ihre heilende Aura.

Den zweiten Abschnitt der restlichen 19 Blüten mußte der Heiler auf ganz andere Weise »erleben«. Oftmals verspürte er die entsprechenden negativen körperlichen oder seelischen Zustände an sich selbst, oder er litt stunden- und tagelang *vor* Eintreffen seiner Patienten an deren Symptomen.

So wie andere großartige Naturheiler oder Schamanen ging er, der auch Vegetarier war, mit großer Demut in das Naturreich hinaus, um die entsprechende Pflanze für gewisse Gemütszustände zu suchen. Dabei achtete er darauf, nur Pflanzen »höherer Ordnung« anzunehmen, also solche, die ungiftig sind und wild wachsend nicht zum menschlichen oder tierischen Verzehr ausersehen sind.

All dies war BACH nur aufgrund seiner umfassenden selbstlosen Liebe zu allen Geschöpfen Gottes möglich. Seine Briefe und seine Aufsätze, z. B. »Ihr leidet an Euch selbst« oder »Heile Dich selbst« u.v.a. sind Zeugnis einer grenzenlosen Liebe und Weisheit.

Bis in den Herbst 1935 war sein System der 38 Blütenessenzen komplett, und wohlweislich schulte er seine Mitarbeiter in allen Bereichen. Im November 1936 schied BACH friedlich aus diesem Leben, und sein Werk wird nach seinen Anweisungen in seinem Haus »Mount Vernoun«, in dem das Englische Bach-Center seinen Sitz hat, fortgeführt.

Die Herstellung der Bach-Blüten

Die an einem schönen Maimorgen in der Sonne glitzernden Tautropfen auf den Blumen weckten in BACH die Idee, daß darin die Seelenkraft der Pflanze enthalten sein müßte. Er kostete davon und verspürte sofort eine Wirkung auf sein Gemüt. Zunächst sammelte er die Tautropfen von den Blüten in kleinen Fläschchen und behandelte damit seine Patienten.

Den Bedürfnissen der Patienten entsprechend entwickelte er bald das sehr einfache und doch so wunderbare System der **Sonnenpotenzierung**. Die in der Vollreife stehenden Blüten werden – ohne sie mit den Fingern zu berühren – gepflückt und in eine Schüssel mit klarem Quellwasser gelegt, bis die Wasseroberfläche damit bedeckt ist. Die Schüssel mit den Blüten läßt man dann für einige Stunden an einem wolkenlosen Tag in der Sonne stehen. Bewölkte oder regnerische Tage eignen sich keinesfalls zur Herstellung der Essenzen.

Was geschieht? In den 4 bis 6 Stunden an der Sonne übertragen die Blüten ihre astrale Kraft, ihr Seelenpotential auf das Wasser, und die Strahlen der Sonne potenzieren diese Energie auf höchste Bewußtseinsebenen.

Die Blüten bestimmter Bäume und Sträucher, die schon sehr früh im Jahr erscheinen, zu einer Zeit, wo die Sonne noch nicht so kräftig ist, werden nach der **Kochmethode** präpariert: Der blühende Zweig des Baumes wird für etwa eine halbe Stunde mit ca. 2 l Wasser auf dem Holzfeuer gekocht. Auch das Holz hat die Kraft der Sonne vieler Jahre in sich gespeichert. Beim Verbrennungsprozeß »entläßt« das Holz diese Sonnenenergie wieder.

Die nach beiden Methoden gewonnene Essenz wird anschließend abgeseiht, mit Weinbrand (Brandy) versetzt und in Vorratsflaschen, sogenannte »stock bottles«, abgefüllt. Nach BACHS Anweisungen werden die Blütenessenzen im englischen Bach-Center auch heute noch genauso hergestellt und in alle Welt verschickt.

Wein (Vine) für Rücksichtnahme und das liebevolle Führen Schwächerer

Immer wieder taucht die Frage auf, ob es möglich ist, die Blütenessenzen auch selbst herzustellen. Das ist unter den erwähnten Bedingungen ohne weiteres möglich. Es hat sich jedoch gezeigt, daß die selbstpräparierten Essenzen allein bei ihrem Hersteller zur entsprechenden Wirkung gelangen! Hingegen ist die Energie der Pflanzen an den original von BACH beschriebenen Plätzen für die Allgemeinheit von Nutzen, weil es sich offensichtlich um energetisch sehr positive Orte handelt.

Die sanfte Wirkung der Bach-Blüten

EDWARD BACH war davon überzeugt, daß Disharmonien, Verzerrungen und Blockaden im Gemütsbereich zu Krankheit führen und somit unser Lebensglück verhindern. In seinen bereits erwähnten Schriften hat er sehr anschaulich und einfühlsam dargestellt, wie sehr sich der Mensch mit negativen Denk- und Gefühlsmustern selbst im Wege steht und seine Lebensenergien blockiert. Die moderne psychosomatische Medizin trifft im Grunde die gleiche Aussage wie BACH und baut viele ihrer Modelle auf der Psychoneuroimmunologie auf, deren Vorreiter BACH zweifellos war.

Das System der 38 Blüten (genaugenommen sind es 37 und das Wasser einer Heilquelle) bezieht nur wild wachsende Bäume, Sträucher oder Blumen ein, die sich im Laufe der Evolution »besondere« seelische Eigenschaften zugelegt haben. Bach selbst nennt sie die »happy fellows of the plants«, weil sie in der Lage sind, den Menschen frei zu machen und fröhlich zu stimmen.

Anders ausgedrückt haben diese speziellen Pflanzen im Laufe ihrer Entwicklung charakteristische Seelenqualitäten »erarbeitet«, die analog die menschlichen Seelenpotentiale in ihrer reinsten, höchsten Form widerspiegeln. Sie sind die »Ritter der menschlichen Tugenden« und jederzeit bereit, uns in jenen Bereichen seelischer Nöte zu helfen, wo wir selbst nicht mehr weiterkommen.

Die sehr feinstoffliche Energie der Blüten – es handelt sich um Informationen höchsten Grades – vermag ganz sanft und subtil ins menschliche und auch tierische Bewußtsein einzudringen und dort vorhandene »verquere« Denkmuster und gefühlsmäßige Blockaden aufzulösen. Die dadurch eventuell entstandene »Krankheit schmilzt hinweg wie Schnee an der Sonne« (BACH).

Ganz konkret ist es ja die »Brücke« zwischen dem alten, gefühls- und instinktbetonten Stammhirn und dem viel jüngeren, rational ausgerichteten und verstandesmäßigen Großhirn, die ständig konfliktmäßig blockiert ist.

Wir ertappen uns häufig dabei, wenn wir »gegen unser Gefühl« gehandelt haben und dadurch Probleme in die Welt setzen. Vielfach sind wir durch Ängste und Vorstellungen blockiert und verbauen uns deshalb viele Möglichkeiten, glücklich und zufrieden zu sein. Und genau auf dieser Ebene entfalten die Bach-Blütenenergien ihre Kräfte und vermitteln harmonisierende Informationen, »überfluten und reinigen die Kanäle zwischen unserer Persönlichkeit und unserem höheren Selbst« (BACH). Aus Charakterschwäche wird Charakterstärke, aus Untugend Tugend.

Auch unsere Tiere, das wissen wir schon, besitzen Charaktereigenschaften und Gefühlsmuster, die nicht immer harmonisch gelebt werden (können). Und gerade sie sind es – so wie kleine Kinder –, die vorurteilsfrei und ohne die Hemmschwelle des begrenzenden Verstandes ganz ausgezeichnet auf diese feinstofflichen Energien reagieren.

So wie alle Geschöpfe des Universums haben auch die Tiere den inneren Drang zur persönlichen Weiterentwicklung und Vervollkommnung. Für entsprechende Hilfen, wie eben die Blütenenergien, sind sie sehr dankbar, und es ist herrlich anzusehen, wie »gierig« manche Tiere nach ihren Bach-Blüten sind.

Die praktische Anwendung

Es besteht einerseits die Möglichkeit, sich die erforderlichen Blüten beim Tierarzt, Tierheilpraktiker oder in der Apotheke zusammenmischen zu lassen oder sich anhand entsprechender Literatur selbst eine Mischung herzustellen.

Am ehesten versteht man die Philosophie der Bach-Blüten, wenn man sie selbst mal einige Zeit eingenommen hat und ihre umstimmenden, harmonisierenden Energien am eigenen Leib verspürt hat. Auf weiterhelfende Literatur wird am Schluß des Buches hingewiesen.

Üblicherweise unterscheidet man zwei grundlegende Anwendungsmöglichkeiten:
● Die Wasserglasmethode: Für kurzfristige Behandlungen vorübergehender, akuter Zustände reicht es aus, wenn man einige Tage lang die nötigen Essenzen mit etwas Wasser über mehrere Stunden verteilt nimmt (gibt). Nötigenfalls kann auch direkt aus der Stock-Bottle genommen (gegeben) werden.
● Für längerfristige Behandlungen richtet

man sich ein Medizinfläschchen her, am besten sind die Augentropffläschchen (zu 20, 30, 50 oder 100 ml). In dieses füllt man zu 3/4 Quellwasser oder stilles Mineralwasser oder energetisch gereinigtes Leitungswasser und dazu 1/4 guten Weinbrand oder Obstessig. Anschließend fügt man pro 10 ml Flüssigkeit 1 Tropfen der benötigten Essenz(en) zu.

BACH empfiehlt, einer Mischung nicht mehr als 6 Essenzen zugleich beizufügen. Lediglich in Ausnahmefällen – etwa beim ersten Einstieg in die Blütentherapie – kann es schon mal nötig sein, mehr als 6 Essenzen zu verordnen. Im Gegensatz zu den handpotenzierten homöopathischen Arzneien ist es in diesem Fall nicht nötig, das Fläschchen vor Gebrauch zu schütteln. Die Blütenmischung ist sofort gebrauchsfertig und kann überallhin mitgenommen werden.

Auf das Fläschchen klebt man schließlich ein Etikett mit dem Namen des Patienten und der verwendeten Blüten (oder den entsprechenden Nummern) und der Menge und Häufigkeit der Gabe.

Die Dosis beträgt je nach Größe des Hundes 2 bis 4 Tropfen pro Gabe, und das 2- bis 4mal täglich. In Ausnahmezuständen kann bedenkenlos auch öfter gegeben werden.

Die Bach-Blütenessenzen können mit jeder anderen Therapieform kombiniert werden, da sie ja eine rein geistige Informationsübertragung darstellen und somit sich keinerlei chemische Wechselwirkungen ergeben.

Natürlich werden im Sinne der seelisch-geistigen Reinigung klärende Prozesse aus den tieferen Schichten des Unterbewußtseins freigesetzt, so daß man mitunter mit körperlichen oder seelischen Reaktionen in der einen oder anderen

Geißblatt (Honeysuckle) für das Loslassen vergangener Geschehnisse

Weise rechnen muß. Im Zuge dieser Klärung und Öffnung kann es schon mal zu einem vorübergehenden Symptom kommen, das zwar momentan unangenehm sein kann, aber i. a. keiner besonderen Behandlung bedarf. Ein leichter Durchfall oder Schnupfen zeigt in diesem Fall lediglich an, daß sich der Körper von Giftstoffen bzw. unnötigem Ballast befreit.

Wenn nötig, greifen wir zu den berühmten Notfalltropfen: In einer lebensbedrohenden Situation – zwei Fischer waren in Seenot geraten – entwickelte Bach die sogenannten »Rescue remedy« oder Erste-Hilfe-Tropfen. Sie sind oftmals lebensrettend und klären Situationen, in denen Schock, Angst, Panik und Schmerz (seelischer oder körperlicher Art) im Vordergrund stehen.

Ihre Zusammensetzung ist in der Stock-Bottle Nr. 39 bereits einsatzbereit zu beziehen: Cherry Plum, Clematis, Impatiens, Rock Rose und Star of Bethlehem. In das Medizinfläschchen kommen davon 2 Tropfen pro 10 ml. Zusätzlich gibt es für die äußerliche Anwendung die Rescue Creme, die neben den 5 Blüten eine weitere, und zwar Crab Apple (die »Reinigungsblüte«) enthält.

Der Einsatzbereich der Notfalltropfen ist schier grenzenlos. Hier die wichtigsten Indikationen:
- Unfälle jeder Art, Verletzungen (auch äußerlich), also jedes körperliche und/oder seelische Trauma;
- Verbrennungen, Insektenstiche und deren Folgen;
- Allergien;
- akute Entzündungen und Infektionen;
- Magen-Darm-Krämpfe, Koliken;
- Angst, Unruhe, Nervosität, Schreck, Kummer, Panikzustände;
- zur Entspannung vor dem Tierarztbesuch, vor Ausstellungen oder vor Reisen überhaupt;
- neugeborene Welpen mit Lebensschwäche u.v.a.m.

Die Notfalltropfen können im Ernstfall alle paar Minuten gegeben werden. Eine Überdosierung gibt es, so wie auch bei den anderen Blütenessenzen, *nicht*! Ihre Anwendung entbindet natürlich nicht von einer eventuell notwendigen tierärztlichen Hilfe, erleichtert und beschleunigt aber in jedem Fall den Heilungsproreß.

BACHS Grundgedanke war, daß praktisch jeder Haushalt die Blütenessenzen

Wegwarte (Chicory) für Annehmen und vorurteilsfreie Liebe

als »Hausmittel für alle Fälle« vorrätig haben sollte. Diese Idee hat sich leider nicht so leicht verwirklichen lassen, da die sanitätsbehördlichen Bestimmungen hier Einwände geltend machen. Da keinerlei arzneiliche Wirkung in den Bach-Blüten nachweisbar ist – woher denn auch, wenn es sich doch um feinstoffliche Informationen handelt –, werden sie rechtlich nicht als Arzneimittel geführt. Das bereitet den vom materialistischen Weltbild Geleiteten noch etwas Kopfzerbrechen...

Die Notfalltropfen sollte man trotzdem

immer bei sich haben, um sich selbst oder anderen rasch und gefahrlos helfen zu können, wenn »Not am Mann« ist.

Die Dauer einer Bach-Blüten-Therapie richtet sich selbstverständlich streng nach den individuellen Gegebenheiten, der Bereitschaft, die innere Transformation zu einem veränderten Bewußtsein anzunehmen, und vielen anderen Aspekten. Je unbewußter das Problem, je tiefer es sitzt und je länger der disharmonische Zustand andauert, desto länger dauert natürlich die Therapie.

Erst wenn man den Konflikt endgültig bereinigt hat, sich das Problem nicht mehr als solches stellt, ist es Zeit, die entsprechende Blüte abzusetzen, vielleicht eine andere zu wählen. Immer wieder kommen während einer Blüten-Therapie »neue«, im Grunde aber alte, unterdrückte oder verdrängte Konflikte hervor und zwingen zu einer Umstellung der Therapie.

Therapiebeispiele

Die Boxerhündin »Hera« ist sehr ängstlich, und jedesmal wenn Frauchen sich erlaubt, allein – also ohne sie – auszugehen, wird sie ganz nervös, drängelt sich ständig um Frauchens Beine, und manchmal ist es auch schon vorgekommen, daß »Hera« einen »Heulkrampf« bekommen hat. Geräuschempfindliche Nachbarn hatten sich diesbezüglich schon beschwert.

Überhaupt steht »Hera« ganz gern im Mittelpunkt, erbittet sich mehr oder weniger penetrant Aufmerksamkeit und hat es gar nicht gern, wenn man sie längere Zeit nicht gebührend beachtet. Beim Spazierengehen ist »Hera« voller Ungeduld, zieht mal hierhin, mal dorthin und kann es kaum erwarten, bis sie ihre Hundewiese erreicht hat. Sollte Frauchen sich erlauben, Bekannte anzusprechen oder einen Blick in eine Auslage zu werfen, nimmt ihr »Hera« das sehr übel und zerrt und knabbert ständig an der Leine. Unter Nachdruck bellt sie auch manchmal.

Im Verein mit ihren Verehrern und Rivalinnen drängt sie sich dem stärksten Rüden auf und zieht ständig die Aufmerksamkeit auf sich. Andere Hundedamen drängt sie unsanft weg.

Wir erkennen hier drei typische Wesenszüge:
- die Angst, allein zu bleiben;
- das unstillbare Bedürfnis, ständig im Mittelpunkt zu stehen;
- die Ungeduld.

Drei Blüten stehen uns für diese Seelenaspekte zur Verfügung:
- Mimulus (Gefleckte Gauklerblume),
- Heather (Schottisches Heidekraut),
- Impatiens (Drüsentragendes Springkraut).

»Hera« bekommt ihre Blütenmischung so lange, bis die jeweiligen Zustände geklärt sind, also bis sie eine angstfreie, ungezwungene, geduldige und aufmerksame Hundedame wird.

Wenn das Tier seine Blüten »nicht mehr mag«, dann verweigert es eines Tages deren Einnahme oder zeigt sonst irgendwie an, daß es momentan keinen Bedarf an weiteren feinstofflichen Informationen hat!

Der 12 Jahre alte Schäferhundmischling »Bello« hat über viele Jahre sein Vorrecht als »Beschützer« in seiner Familie genossen und hat nun beschlossen, sich zur »wohlverdienten Ruhe« zurückzuziehen. Er hat viel gekämpft und »seine« Leute vor allerhand Gefahren bewahrt. Nun ist er müde, wirkt uninteressiert und manchmal etwas grantig und möchte nur noch seine Ruhe haben.

Um ihn ein bißchen aufzumuntern, schafft die Familie einen jungen Schäferhund an, ein Temperamentsbündel, das neuen Schwung in die Familie und auch für »Bello« bringen soll. Der »Neue« soll bei »Bello« in die Lehre gehen.

Doch »Bello« reagiert – für die Menschen – völlig unerwartet. Er zieht sich verbittert zurück, versteht die Welt nicht mehr und kann und will mit den neckischen Spielchen seines jungen Artgenossen absolut nichts anfangen. Wenn ihm jener zu nahe kommt, knurrt er ihn an und fletscht auch manchmal die Zähne. Sonst liegt »Bello« teilnahmslos auf seinem alten schäbigen Bett und versucht, soviel wie möglich zu schlafen.

Die neue, völlig ungewohnte Situation verursacht allseits Spannungen, die meisten in »Bello« selbst. Seine Muskeln entlang der Wirbelsäule verkrampfen und verhärten sich, er bekommt Schmerzen und hinkt deshalb auch zeitweise.

Bello kann mit folgenden Blüten geholfen werden:
- Water Violet (Sumpfwasserfeder) hilft »Bello«, sich dem jungen Hund zu öffnen, raus aus der selbstgeschaffenen Isolation.
- Willow (Gelbe Weide) befreit »Bello« von seinem Groll; langsam wird er begreifen, daß niemand ihm weh tun wollte, sondern – im Gegenteil – ihm ein bißchen Freude und Abwechslung verschafft werden sollte.
- Wild Rose holt »Bello« aus seiner Apathie, gibt ihm Lebensfreude und Fröhlichkeit zurück.
- Olive läßt »Bellos« Lebensgeister neu aufleben, erneuert seine Kräfte und hilft ihm, sich zu entspannen. Neuer Schwung und Interesse am Leben kehren zurück.
- Walnut (Walnuß) hilft, die neue Situation leichter anzunehmen.

Der »Neue« bekommt, falls er Anpassungsschwierigkeiten hat:
- Walnut (Walnuß), die Blüte der Veränderung, des Neubeginns, um sich der neuen Umgebung schneller anzupassen.
- Impatiens, um seine Ungeduld zu zügeln, weil »Bello« noch nicht so schnell reagiert, wie er es gerne hätte.

Somit ist beiden Hunden – und auch den Familienmitgliedern – gedient, und man erspart sich unnötigen Streit und Hader, welche eben eine Neuerung oft mit sich bringt, wenn man die näheren Begleitumstände nicht versteht.

Die Verabreichung der Bach-Blüten kann auf verschiedene Weise erfolgen:
- Am üblichsten ist die perorale Gabe mit dem bereits erwähnten Augentropfer oder zumindest in den Bereich der Lefze. Die Tropfen brauchen ja nicht geschluckt zu werden.
- Die Tropfen können auch über das Futter oder Trinkwasser verabreicht werden.
- Manchmal ist es zweckmäßig, die Bach-Blüten äußerlich aufzubringen und ganz leicht einzumassieren. Das können die entsprechenden schmerzenden Stellen sein, die Punkte der Akupressur oder Akupunktur oder einfach im Bereich der Chakren (diese werden im Rahmen der Farbtherapie näher erläutert). Allergische Geschehen und andere krankhafte Prozesse an der Haut unterstützt man neben der inneren zusätzlich mit einer äußeren Behandlung.
- Trickreiche Hundebesitzer oder -züch-

ter versprühen die Blütenessenzen mittels eines Zerstäubers über den Köpfen ihrer Hunde (Kindergärtnerinnen wenden diese Methode manchmal bei Problemkindern an).

● Wie bei den homöopathischen Arzneien bereits erwähnt, reicht oftmals auch das Nahebringen des Fläschchens an den Stammplatz des Tieres aus, um eine Wirkung zu erzielen. Auf nicht zu große Entfernung, maximal 20 cm, strahlt die Blütenenergie durch das Fläschchen hindurch auf seinen Empfänger.

Es ist sicher nicht unwichtig, zu erwähnen, und das möchte ich an dieser Stelle eindringlich festhalten, daß es mitunter ratsam ist, den Hundebesitzer in eine homöopathische oder Bach-Blüten-Therapie mit einzubeziehen. Ein völlig harmonisches Zusammenleben ist nur möglich, wenn alle Beteiligten »die gleiche Sprache sprechen«. Es kann nie schaden, mit unserem Hund gemeinsam Konflikte aufzuarbeiten, unter denen er genauso leidet wie wir und die er womöglich für uns ausleben muß.

Massage (L)

Die Massage zählt zu den mechanischen Hautreizmitteln und wird von alters her zur Belebung und Erhöhung des körperlichen Wohlbefindens eingesetzt. PLINIUS D. Ä. berichtet schon darüber, daß es im Rom der Antike üblich war, sich mindestens einmal wöchentlich auf den Massagetisch der »Heres« zu legen.

Das Massieren mit den Händen bewirkt auf zunächst grobstofflicher Ebene einen Energieaustausch und eine Stoffwechselanregung im entsprechenden Gebiet. Die Konsequenzen sind eine beschleunigte Bindegewebsentschlackung und Reinigung vornehmlich über die Lymphe und die Venen; die vermehrte Durchblutung bringt neuen Schwung in blockierte Gewebsbezirke. Das entspannt und befreit von Stauungen auf körperlicher wie auch auf seelischer Ebene. Der Zellstoffwechsel im massierten Gebiet reaktiviert sich, unnötige Ballaststoffe werden durch die verstärkte Gewebsdurchsaftung abgeführt, Schmerzen werden gelindert.

Der Massierte entledigt sich dadurch vieler Verspannungen und Verhärtungen, er wird »weich«. Der Wärmeeffekt der manuellen Massage bringt den gesamten Organismus auf ein höheres Energieniveau, er hat das Gefühl der »Befreiung« von alten Mustern. Im weiteren regt eine Ganzkörpermassage den gesamten Kreislauf, die Atmung, die Verdauung und das Nervensystem an.

Grundsätzlich ist jeder von uns dazu imstande, mit etwas Gefühl sich oder andere zu massieren; allein das alltägliche Frottieren nach dem Duschen mit einem Badetuch vermittelt uns ein angenehm prickelndes Gefühl. Die Belebung, die wir dabei erfahren, hängt mit der »Weckung der Lebensgeister« zusammen.

Allgemein nützlich ist die Massage zur Klärung nicht-eitriger Prozesse in den Bereichen Haut, Unterhaut, Sehnenscheiden, Schleimbeutel, Muskeln, Gesäuge. Speziell beim Hund ergeben sich folgende Indikationen:
- Verspannungen und Verkrampfungen entlang der Wirbelsäule und der Extremitäten; auch Fehlhaltungen sowie Unbeweglichkeit nach längeren Transporten (Reisen) oder nach der Abnahme von Gipsverbänden;
- Unterkühlungen (z. B. durch Nässe) und Schockzustände;
- Entzündungen im Bereich der Muskeln, Sehnen(-scheiden), Schleimbeutel, Bänder und Gelenke;
- Entzündungen und Verhärtungen im Bereich des Gesäuges, der Hoden;
- Lähmungen, z. B. der Muskeln oder des Darms, der Blase.

Auch eine rektale Massage (im oder durch den Mastdarm) ist möglich, etwa um den gelähmten oder verstopften Enddarm zu mobilisieren oder um die prall gefüllte Vorsteherdrüse (Prostata) auszumassieren. In diesen Fällen bereitet man den Enddarm durch ein leichtes Klistier vor (das kann beispielsweise Paraffinöl oder terpentinfreie Schmierseife sein).

Der schmerzlindernde, entspannende Effekt ist das erste, was das Tier nach der

Massage wohlig registriert. Alle zellulären und seelischen Strukturen sind gelockert, und die Selbstheilungskräfte des Körpers können sich ungehindert entfalten.

Die Massage kann mit bloßen trockenen oder geölten Händen und dem entsprechenden Körpergefühl geschehen, aber auch mit einem Handtuch oder Lappen. Ganz lustig finden es manche Hunde, wenn man sie mit langem Stroh oder Heu einreibt.

Beobachten Sie Ihren Hund, wie er sich nach einem Wasserbad kräftig abschüttelt und sich dann mehrmals »grunzend« in der Wiese wälzt; oder im Schnee. Findet der Hund bei dieser Gelegenheit einen verwesten Vogel oder anderes Aas, dann ist sein Lebensglück komplett. Auf diese Weise findet er zu seiner Selbstidentifikation zurück, nachdem er sich ein paarmal in dem für ihn herrlich duftenden Aas gewälzt hat.

Die kombinierte Massage mit den Händen und einer Hundebürste oder einem Striegel führt zumeist zu einem unbeschreiblichen Glücksgefühl, weil hier mehrere Komponenten berücksichtigt und befriedigt werden: Körperkontakt, evtl. vorhandener Juckreiz wird gestillt, zudem Entspannung, Loslassen. Außerdem hat der Hund das befriedigende Gefühl, daß er in der Gemeinschaft akzeptiert wird – und dies wirkt sich natürlich förderlich auf das harmonische Zusammenleben des Hundes mit uns Menschen aus.

Wickel und Umschläge (L)

Diese Form der Therapie vereinigt chemische, mechanische und thermische Reizstimulation in einem und gestattet vielfach eine intensivere Tiefenwirkung als die Massage allein. Diese durch alle Gewebsschichten penetrierende Effizienz macht Wickel und Umschläge zu einem wesentlichen und einfach anzuwendenden Bestandteil der Naturheilkunde. Immer wieder greift man, auch im schulmedizinischen Bereich, auf diese von jedem Laien leicht zu praktizierenden Methoden zurück.

Sinn und Zweck dieser milden Reiztherapie ist je nach Bedarf
- Kühlung oder Erwärmung,
- Schmerzlinderung,
- Abbau einer Entzündung und der damit verbundenen Schwellung,
- Fiebersenkung,
- Wundheilung und Heilung von Hautausschlägen,
- Regulierung des vegetativen Nervensystems.

Trotz der Einfachheit dieser Methoden sollte man einige Dinge berücksichtigen, um nicht weiteren Schaden anzurichten. Zunächst gilt es zu klären, ob kalte oder heiße (warme), ob nasse oder trockene Anwendungen angebracht sind. Individuell werden thermische Reize sehr unterschiedlich empfunden. Prüfen Sie daher vorher, ob Ihr Hund mit Ihrem Hilfsangebot einverstanden ist!

Wie sieht nun die Praxis aus?

Einzelne Körperteile werden in ihrem gesamten Umfang mit einem feuchten Leinentuch und einem trockenen Wolltuch umwickelt. **Prießnitz-Wickel** bestehen aus einem möglichst groben Leinen- und einem Wolltuch, **Kneipp-Wickel** beinhalten zwischen diesen beiden Tüchern noch ein trockenes Baumwolltuch.

Bezüglich Wirkung und Indikation bestehen zwischen den beiden keine Unterschiede. Durch das dazwischenliegende Baumwolltuch geschieht beim Kneippwickel das Abdunsten langsamer und gleichmäßiger.

Der Wickel besteht also aus:
1. einem groben Leinentuch, das als *nasses* Tuch angelegt wird (eigentliches Wickeltuch),
2. beim Kneipp-Wickel einem einfachen luftdurchlässigen Baumwolltuch (Zwischentuch), das das nasse Tuch bedeckt und auch das äußere Wolltuch um wenige Zentimeter überragt,
3. einem Woll- oder Flanelltuch als Abschlußtuch.

Kalte Wickel

Sie werden in frischem, kaltem Wasser zubereitet:
- Der wärmeentziehende kalte Wickel ist

recht naß, bleibt nur kurze Zeit liegen und wird nötigenfalls erneuert vom
- wärmestauenden kalten Wickel, der stark ausgewrungen wird und bei beginnender Dunstbildung (erkennbar am deutlich wahrnehmbaren Geruch der Haut) nach ca. 45 bis 75 Minuten abgenommen wird.
- Der schweißtreibende kalte Wickel wird sehr stark ausgewrungen und bleibt bis zur eingetretenen Schweißbildung liegen.

Anwendung: Fieberhafte Erkrankungen, lokale Entzündungsgeschehen im Bereich der Muskeln, der Lymphgefäße, der Haut und Unterhaut; Prellungen, Verrenkungen, Verstauchungen, Blutergüsse, Gelenksentzündungen und -ergüsse – alle im mehr akuten Stadium.

Eventuelle Zusätze: Essigwasser im Verhältnis 1:1; Lehmwasser (pulverisierten Lehm bis zur Dickflüssigkeit im Wasser aufschwemmen).

Heiße Wickel

Sie werden in heißem Wasser angewärmt und danach gut ausgewrungen. Sie bleiben so lange liegen, wie sie noch als warm empfunden werden (ca. 40 Minuten).
Anwendung:
- als beruhigender Leibwickel bei Entzündungen des Eierstocks, des Eileiters oder der Gebärmutter;
- Entzündungen und Schmerzen im Bereich des Darms, der Leber, der Nieren und der Harnblase;
- Koliken in diesen Organen;
- chronische Entzündungen der Muskeln und Sehnen, Arthritis und Arthrose;
- Abszesse und Phlegmonen.

Eventuelle Zusätze: Die Wirkung der heißen Wickel erhöht sich oftmals durch Zusatz von ätherischen Ölen, wie etwa Kamillenöl, Koniferenöl, Latschenkiefernöl. Die heilende Information der ätherischen Öle wird in Kombination mit feuchter Wärme schneller und effizienter in den Organismus eingeschleust.
Ähnlich verhält es sich mit einem Zusatz von Heublumenabsud: Eine Handvoll Heublumen mit ca. 2 l Wasser 1/2 Stunde kochen, abseihen und den Wickel in die Brühe tauchen. Haferstrohabsud wird ebenso zubereitet.

Auflagen, Kompressen, Pflaster

Ganz allgemein versteht man darunter das Auflegen eines kalten oder warmen feuchten Tuches auf einen Körperteil, wobei das Ganze mit einem Wolltuch bedeckt wird. Ein Leinentuch der notwendigen Größe wird in kaltes (ca. 18 °C) oder warmes (ca. 40 °C) Wasser getaucht, gut ausgewrungen, mehrfach zusammengefaltet und aufgelegt. Darüber legt man ein Woll- oder Flanelltuch.
Kalte Auflagen werden erneuert, sobald sie warm sind; warme werden entfernt, sobald sie kalt werden. Die Indikationen sind ähnlich denen der Wickel.

Der Kartoffelsack: Die Kartoffeln werden in der Schale gekocht, heiß in Leinen- oder Baumwollsäckchen gefüllt und darin zu einem Brei gepreßt. Darüber kommt wieder ein trockenes Tuch. Dies hilft vor allem bei Magen-Darm-Krämpfen, Schwellung der (Ohr-)Speicheldrüsen, Entzündung der Analbeuteldrüsen.

Die Leinsamenkompresse: Eine Handvoll Leinsamen wird unter ständigem Rühren zu einem dicken Brei gekocht. Dieser wird sodann dick auf ein Leinentuch aufgestrichen und eingeschlagen aufgelegt; das trockene Tuch kommt wie immer darüber. Eignet sich gut bei kleinen Hautübeln wie Abszeß- und Furunkelreifung, Zahnschmerzen, Kieferhöhleneiterung, Analbeutelentzündung.

Die Sauerkrautauflage: Sauerkraut wird direkt auf die entsprechende Körperstelle gelegt und umwickelt. Die Auflage wird halb- bis einstündlich erneuert. Statt des Sauerkrauts kann man auch den Saft verwenden. In diesem Fall wird ein mit der Brühe getränkter Leinenlappen aufgelegt. Hautabschürfungen und Brandwunden, Verbrühungen und oberflächliche Entzündungen sind hier die Indikationen.

Die Lehmpackung: Ist die Haut unverletzt, kann man zur Not auch gewöhnlichen Lehm oder Töpferton verwenden. Ansonsten legt man gereinigte und feinst gemahlene Heilerde auf. Diese wirkt herrlich kühlend, reinigend, ausleitend und entzündungshemmend sowie abschwellend.

Heilerde wird mit oder ohne Essigzusatz in kaltem oder auch heißem Wasser zu einem dicken Brei verrührt. Dieser Brei wird dick auf einen Leinenlappen gestrichen oder auch direkt auf die entsprechende Körperstelle aufgetragen. Man kann kleinere Körperregionen, aber auch größere, ja sogar den ganzen Körper in Lehm einpacken. (Viele Bauern in den österreichischen Alpen stecken auch heute noch ihre Schweine in eine komplette Lehmpackung, wenn diese Rotlauf haben.)

Darüber folgen gewöhnlich ein sauberer Verband und eine trockene warme Umwicklung. Nach 2 bis 3 Stunden wird die Heilerde – je nach örtlicher Hitzeentwicklung – trocken und fällt beim Abnehmen gut ab.

Heilerde ist vielseitig anwendbar: alte, schlecht heilende Wunden, Insektenstiche und deren Folgen, juckende Ekzeme, oberflächliche Geschwüre, Entzündungen im Bereich der Venen und Lymphgefäße. Heiße Lehmpackungen unterstützen den Heilvorgang bei chronischer Gelenksentzündung, Rheuma und Wirbelsäulenerkrankungen.

Das Honigpflaster: Honig wird wie Salbe auf einen Leinenlappen gestrichen, auf die kranke Stelle gelegt und mit einem wollenen Tuch verbunden. Das Pflaster wird etwa 2stündlich erneuert. Hilfreich bei Weichteilrheumatismus und Bindegewebsablagerungen.

Bei Geschwüren wird ein Honigpflaster aus gleicher Menge Honig und Mehl 3- bis 4mal täglich ca. 5 bis 10 Minuten unter Zusatz von etwas Wasser bereitet. Dieses Pflaster wird auf die Wunde gelegt, die damit nicht nur gekühlt, sondern auch gereinigt wird.

Der Breiumschlag (Kataplasma): Heißer Brei wird in ein Leinentuch gewickelt und unter einem Wolltuch auf die kranke Stelle aufgebracht. Vor der Abkühlung wird er wieder entfernt.

Heißer Kartoffelbrei vermag Abszesse und Furunkel zum Reifen zu bringen.

Die zerkleinerten Wurzeln vom Beinwell *(Symphytum)* werden für etwa 10 Minuten in 1 l Wasser zu einem Brei verkocht. Damit angelegte warme Umschläge helfen bei Erkrankungen im Bereich der Knochen und der Knochenhaut.

Akupressur (L)

Die »Akupunktur des kleinen Mannes« ist ohne besondere medizinische Vorkenntnisse auch vom Laien anzuwenden; man braucht lediglich ein bißchen Fingerspitzengefühl und Vertrauen in die eigenen Fähigkeiten.

Während die Akupunktur eine ziemlich chinesische Angelegenheit sein dürfte, hat sich die Akupressur bei vielen Kulturvölkern beliebt gemacht, weil sie eben einfach anzuwenden ist. Ägypter, Inkas und Maya hatten sie in ihre Heilverfahren eingebaut.

In der Veterinärmedizin führt die Akupressur noch ein Schattendasein, obwohl – richtig verstanden und angewandt – damit sehr gute Heilerfolge zu erzielen sind.

Das Wesen der Akupressur ist leicht zu erklären: Bestimmte Punkte auf der Haut werden durch Fingerdruck stimuliert und so Kraftlinien gereizt, die dann am zugehörigen Erfolgsorgan einen bestimmten Effekt auslösen. Anders ausgedrückt werden per Fernwirkung energetische Blockaden in Geweben und Organen gelöst, somit das elektrische Potential gehoben und die Leitfähigkeit der Zellen im erkrankten Gebiet reaktiviert. Der Aufbau eines elektromagnetischen Feldes per »Knopfdruck« ist schon ein interessantes Phänomen und zeigt, wie komplex verwoben die Kraftfelder des Organismus sind.

Der Druck wird entweder mit dem Daumen oder dem Mittelfinger ausgeführt. Um das richtige Gefühl dafür zu bekommen, drückt man zunächst an sich selbst in der Hautfalte zwischen Daumen und Zeigefinger. Der Druck muß fest, aber ohne Schmerz sein.

Es sind immer beide Akupressurpunkte gleichzeitig zu stimulieren, z.B. der rechte und der linke »Blase 1«. Die Zeit, die pro Druckpunkt benötigt wird, hängt von der jeweiligen Indikation ab: 1 bis 2 Minuten wirken schmerzstillend und krampflösend, ca 3 Minuten hingegen anregend.

Akute Zustände bedürfen 3mal täglich, chronische Leiden bis zu 6mal täglich einer Behandlung.

Die Aussage der Akupressur kann durch Aufbringung eines ätherischen Öls, einer homöopathischen Arznei oder der notwendigen Bach-Blüten ergänzt und verstärkt werden. So werden gleichzeitig zwei Informationen an den Ort des Geschehens übertragen.

Die Akupressurpunkte sind aus den Abbildungen deutlich zu ersehen.

Beispiele

- Die Hündin »Asta« leidet an einer akuten Zystitis (Blasenentzündung): Cantharis D6 auf Blase 1, Druck für etwa 1 Minute, 3mal täglich.
- Der Münsterländer »Astor« kränkelt ständig dahin, sein Immunsystem ist schwach: Echinacea D4 auf Milz 2, ca. 3 Minuten lang, 3mal täglich.
- Eine chronische Verstopfung macht dem Bernhardiner »Leo« schwer zu schaffen: Opium D12 auf Dickdarm 2, ca. 3 Minuten lang, 6mal täglich.

Die Akupressurpunkte beim Hund

- **B 1** Blase 1; links: etwas seitlich und unterhalb des Ohrrandes; rechts: 2 fingerbreit hinter dem hinteren Ohrrand
- **B 2** Blase 2, oberhalb des 4. Lendenwirbels
- **Ba 1** Bauchspeicheldrüse 1, am vorderen Ende des Brustbeins
- **Ba 2** Bauchspeicheldrüse 2, am hinteren Ende des Brustbeins
- **Di 1** Dickdarm 1, im Winkel des Rippenbogens
- **Di 2** Dickdarm 2, zwei bis drei Fingerbreit vor dem Hüftgelenk
- **Di 3** Dickdarm 3, am Bauchansatz der Kniefalte
- **Dü 1** Dünndarm 1, unterhalb des M 1
- **Dü 2** Dünndarm 2, schräg oberhalb des M 3
- **E 1** Eierstock 1, etwas vor und unterhalb von N 2
- **E 2** = P 1, Eierstock 2, identisch mit Prostata 1, über dem 1. Kreuzwirbel
- **G** Gallenblase, direkt neben Le 2
- **HZ 1** Herz 1, am vorderen Ende des Schulterblattknorpels
- **HZ 2** Herz 2, nur links, an der Brustwand in Höhe des Ellenbogens
- **Ho** Hoden, in der Mitte der Kniefalte (innen)
- **L 1** Lunge 1, am vorderen Rand des Schulterblattes, halbe Höhe
- **L 2** Lunge 2, am hinteren Ende des Schulterblattknorpels
- **L 3** Lunge 3, oberhalb des letzten Brustwirbels
- **Le 1** Leber 1, unterhalb von L 2
- **Le 2** Leber 2, halbe Höhe des hinteren Schulterblattrandes
- **M 1** Magen 1, hinter dem Unterkieferwinkel
- **M 2** Magen 2, unmittelbar vor dem Schultergelenk
- **M 3** Magen 3, zwei bis drei Fingerbreit hinter und unter dem Ellbogen
- **Mi 1** Milz 1, nur links, in der Mitte zwischen letzter Rippe und Hüfthöcker in Höhe der Lendenwirbel-Querfortsätze
- **Mi 2** Milz 2, nur links, entlang des Rippenbogens, ca. Körpermitte
- **N 1** Niere 1, hinter dem Ohransatz
- **N 2** Niere 2, unterhalb von B 2 in Höhe des Lendenwirbel-Querfortsatzes
- **P 1** = E 2, Prostata 1, über dem 1. Kreuzwirbel
- **P 2** Prostata 2, unterhalb von Di 2

Die Akupressurpunkte an der rechten Körperseite

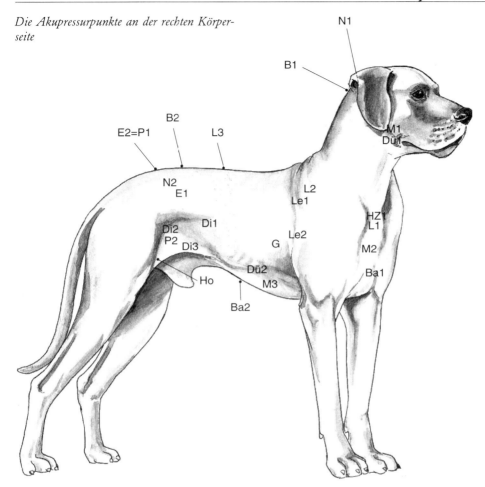

Als Orientierungshilfe mag folgende Faustregel gelten: **Punkt 1** ist der schmerzstillende, entspannende, **Punkt 2** der anregende, stimulierende, **Punkt 3** der krampflösende (z. B. Dickdarm).

Ist nur ein Punkt vorhanden (z. B. Hoden), dann entscheidet einzig und allein die Dauer der Behandlung über die Wirkung. Die durch die Akupressur übertragene Information ist im akuten Geschehen in 3 Minuten, bei chronischen Leiden in 6 Minuten am Erfolgsorgan wirksam.

Vor und nach der Behandlung sollte man sich die Hände unter klarem Fließwasser waschen, um keinerlei negative Energien, die ja durch Krankheit immer entstehen, aufzunehmen.

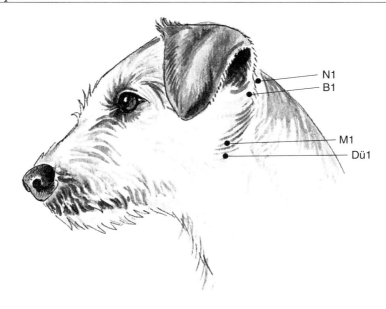

Die Akupressurpunkte im Kopfbereich:
B1 Blase 1, seitlich unterhalb des Ohres
Dü1 Dünndarm 1, unterhalb des M1
M1 Magen 1, hinter dem Unterkieferwinkel
N1 Niere 1, hinter dem Ohransatz

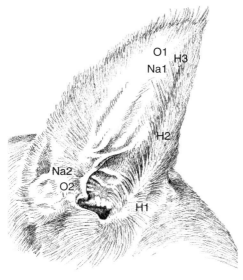

Die Akupressurpunkte am Ohr:
H1 Hals 1, am vorderen Ende der Ohrmuschel
H2 Hals 2, am aufsteigenden Vorderrand der Ohrmuschel (vor dem Knick)
H3 Hals 3, vor O1
Na1 Nase 1, unmittelbar unter O1
Na2 Nase 2, unmittelbar über O2
O1 Ohr 1, in der Mitte des oberen Ohrrandes
O2 Ohr 2, am hinteren Ende der Ohrmuschel

Die Akupressurpunkte an der linken Körperseite (wie rechts, wenn nicht anders eingetragen)

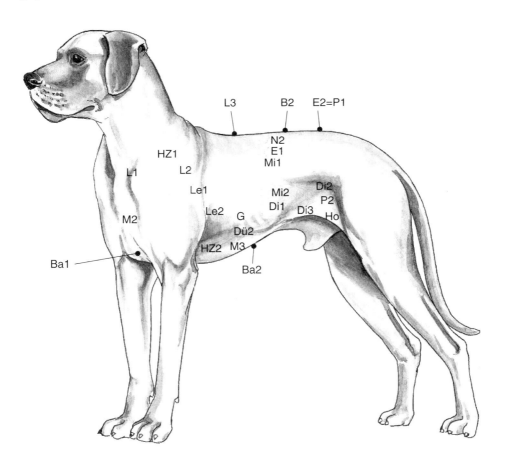

Reiki (L)

Die wahrscheinlich älteste Art zu heilen ist das Auflegen der menschlichen Hand auf die schmerzende Körperstelle. Wir alle tun es ganz automatisch, wenn wir uns in irgendeiner Form verletzen oder jemandem tröstend über den Kopf streichen. Es gehört zum Geburtsrecht eines jeden Menschen, daß er mit seinen Händen heilende Energien übertragen kann, wenn er nur will!

Aber wohlgemerkt: Nicht der Mensch heilt mit seinen *eigenen* Energien – sondern er stellt sich lediglich als Kanal, als Vermittler einer kosmischen, göttlichen Energie dar, die immer und überall vorhanden ist. In der Fachsprache definiert man diese Fähigkeit als Heilmagnetismus. Voraussetzung für diesen gnadenvollen Akt ist nun mal das Bekenntnis zur Demut, nicht der Schöpfer dieser Heilenergien zu sein, und zum anderen ein gewisses Potential an bedingungsloser Nächstenliebe.

Viele selbsternannte »Heiler« gibt es heute, die alle für viel Geld wenig erreichen. Nur wenn die Motivation, aus einem inneren Bedürfnis heraus zu helfen, stimmt, kann die Bemühung von bleibendem Erfolg gekrönt sein.

Lange bevor der Mensch die Heilkräfte der ihn umgebenden Natur entdeckte und zu nutzen begann, hatte er diese Fähigkeit des Heilens kunstvoll entwickelt, oftmals in Verbindung mit rituellen Tänzen oder Gesangsrezitationen. Heute sind diese »unsichtbaren« Energien mit speziellen Apparaten sicht- und meßbar; einen wichtigen Beitrag hierfür liefert auch die Kirlian-Fotografie, die den Energiekörper und dessen Abstrahlung – die Aura – sehr schön darstellen kann.

Das Wunderbare ist, daß man bezüglich dieser Heilenergien niemals an einen bestimmten Ort gebunden ist; jedoch gibt es sogar viele Orte der Kraft auf dieser Erde, wo diese Phänomene noch verstärkt auftreten und manchmal zu den bekannten Wundern führen.

Das Auflegen der Hände erfordert keine universitäre oder wissenschaftliche Ausbildung. Je »einfacher«, also unverbildeter und hingabefähiger ein Mensch ist, desto leichter wird ihm dies gelingen. Das entsprechende Einfühlungsvermögen und der unumstößliche Glaube an seine eigenen Fähigkeiten reichen als Grundvoraussetzungen für die Anwendung von Reiki vollkommen aus.

Verschiedene Richtungen haben sich aus dieser Erkenntnis heraus entwickelt. Im 19. Jahrhundert gab es etliche Strömungen, die sich mit diesen Phänomenen ernsthaft auseinandersetzten. Allen voran der Wiener MESSMER.

Reiki (sprich: reeki) geht auf den japanischen christlichen Mönch und Universitätsprofessor DR. USUI zurück, der zu Beginn dieses Jahrhunderts während einer 21tägigen Fastenzeit auf einem Berg in diese Heilweise eingeweiht wurde.

Reiki wird heute weltweit unterrichtet bzw. in Seminaren angeboten und ist in 3 Graden zu erreichen. Diesbezüglich verweise ich wieder auf entsprechende Literatur. An dieser Stelle möchte ich nur kurz das System darstellen:

Reiki wird am Unterarm oder Unterschenkel in der gleichen Weise ausgeführt.

1. Grad Reiki: Man wird für Reiki vorbereitet, gereinigt und erhält die erste Einweihung in bezug auf den richtigen Umgang mit den Heilenergien.
2. Grad Reiki: Auf dieser Ebene erlernt man auf der Basis weiterer Einweihungen die Fähigkeit der Fernheilung mittels spezieller Symbole.
3. Grad Reiki: Die Ausbildung zum Meister und Lehrer.

Unsere Tiere sprechen im allgemeinen sehr gut auf Reiki an. Es kann auch mit vielen anderen Heilverfahren kombiniert werden und ist, wie schon erwähnt, keinesfalls orts- oder zeitgebunden. Ist das Fell zu dick oder das Bein im Gipsverband – all das spielt keine Rolle. Reiki, das auch »universelle Heilkraft« bedeutet, dringt durch alle scheinbaren Hindernisse hindurch.

Wie wirkt sich Reiki aus?

Zunächst mal reinigend, sowohl auf den Patienten, aber auch im Behandler selbst, weil ja die Energien durch ihn hindurchfließen – sanft belebend oder beruhigend, je nachdem, in welcher Situation sich der Patient befindet; entkrampfend, entspannend, schmerzstillend überall dort, wo Energien blockiert sind.

Die übertragenen Heilenergien »wissen« ganz genau, was sie wo zu tun haben; der Behandler braucht sich also in keiner Weise auf irgend etwas zu konzentrieren. Er muß sich nur »durchlässig« machen, frei von Konventionen und eigenen Vorstellungen. Wir können also getrost darauf vertrauen, daß die Od-Kräfte ganz automatisch den richtigen Ort erreichen und wirksam werden.

Die Praxis

Je nach Bedarf ist eine Ganzkörper- oder Teilbehandlung möglich.

Die **Ganzkörperbehandlung** ist natürlich nur dann möglich, wenn unser Hund »mitspielt«. Bei sehr lebhaften, temperamentvollen Tieren wird man die Behandlung in mehrere Etappen aufteilen. Man geht üblicherweise nach folgendem Schema vor:
- Kopf
- Hals
- Schulter
- Oberarme
- Unterarme
- Vorderpfoten
- Brust
- Bauch
- Becken
- Brustwirbelsäule
- Lendenwirbelsäule
- Schwanzwurzel
- Oberschenkel
- Unterschenkel
- Hinterpfoten

Wir verwenden dabei immer *beide* Hände, die man vorher mit klarem Wasser gewaschen hat. Niemals den Körperkontakt unterbrechen! Entlang der Wirbelsäule legen wir die Hände etwas seitlich davon und nicht direkt darüber.

Läuft der Hund davon, hat er genug oder möchte einfach nur mal eine Pause machen. Manche Tiere spüren die Heilenergie so stark, daß sie sich kurzfristig »überladen« fühlen.

Die **Teilbehandlung** ist dann angesagt, wenn lediglich ein kranker oder schmerzender Körperteil geheilt werden soll. So reicht es beispielsweise bei einer Schleimbeutelentzündung im Bereich des Ellbogens vollkommen aus, dort die Hände für einige Minuten aufzulegen.

Wie lange, wie oft Reiki?

Im Zuge der Ganzkörperbehandlung reichen 2 Minuten pro Stelle aus. Die örtliche Behandlung, bei schmerzhaften Prozessen etwa, bedarf mindestens 3 bis maximal 6 Minuten. Eine längere Prozedur bringt energetisch nichts mehr und ist überflüssig.

Einmal am Tag ist Reiki für den ganzen Organismus gut. In lokal auftretenden Akutfällen kann Reiki mehrmals täglich, ohne Beschränkung, übertragen werden.

Da es sich um eine rein geistige Therapieform handelt, kann es bei Reiki klarerweise keine »Überdosierung« geben.

Bewegungstherapie (L)

Die Bewegungstherapie ist – neben der Atemtherapie – die billigste Möglichkeit der Regeneration. Sie kostet nämlich nichts; außer der Überwindung, sich ein bißchen anzustrengen, respektive seine Bewegungen zu forcieren oder zu koordinieren.

Unsere Hunde sind von Natur aus Lauftiere (Jäger), die erst im Verlauf der Domestikation und Zivilisation durch den Menschen viel von ihrem ursprünglichen Laufpensum eingebüßt haben. So mancher Stadthund »darf« höchstens 3mal täglich im abgasdicken, stockenden Verkehr auf winzigen Grünflächen für kurze Zeit »sein Geschäft verrichten«. Miniaturschoßhündchen werden die meiste Zeit herumgetragen und dürfen Gottes Erdboden gerade noch zum Verrichten der Notdurft betreten.

Andere armselige Kreaturen sitzen die meiste Zeit in irgendeinem Auto herum oder hängen ihr Leben lang an einer Kette, womit sich ihr Horizont auf ein Minimum beschränkt. (Ob da der Besitzer einen »Weitblick« hat?) »Viel Bewegung an frischer Luft« – das war die Parole aller großen Naturheilärzte. Bewegung macht frei, fördert alle Stoffwechselvorgänge im Körper und regt die Tätigkeit der Drüsen an. Die Durchblutung erhält frischen Aufwind, und die Kapazität der Lungen kann sich voll entfalten. Bewegung fördert den Appetit und belebt die Sinne. Die Liste der Vorteile ließe sich noch lange fortführen.

Bewegung hat nur einen einzigen Nachteil: Sie kostet Zeit. Und die wird immer knapper, weil viele andere Dinge wichtiger geworden sind: Timing, Business, Cash. Die Leidtragenden sind oftmals unsere Kinder und die Heimtiere.

Bewegungsmangel macht unfrei, lustlos, träge und phantasielos. Fettansatz und andere Stoffwechselprobleme sind die Folge davon, ganz zu schweigen von den Nachteilen für den gesamten Bewegungsapparat, den Kreislauf und die Drüsentätigkeit. Das Bewegungsdefizit reduziert die Lebensqualität und den Erfahrungsschatz. Unbeweglichkeit behindert den persönlichen Fortschritt. Man wird zur wandelnden Statue.

Bewegung als Therapieform kann auf 2 verschiedene Arten durchgeführt werden:

Aktive Bewegungstherapie im Sinne von langsam geförderter Bewegung des Patienten, ein Trainingsprogramm in der Rekonvaleszenz, etwa nach Unfällen oder Knochenbrüchen. Ohne den Rekonvaleszenten zu überfordern, erhält er ein allmählich sich steigerndes Laufpensum verordnet. Das verhindert vornehmlich den Kräfteverfall und den Muskelschwund.

Eine andere Indikation sind überfütterte, fettleibige Hunde, verbunden mit der entsprechenden Reduktionsdiät.

Passive Bewegungstherapie erwartet vom Ausübenden ein bißchen Gefühl fürs Körperliche. Das konsequente Beugen und Strecken von Gelenken oder die Bewegung von gelähmten Körperteilen sollte nur nach vorheriger Absprache mit einem Fachmann durchgeführt werden. Dadurch wird zu frühes oder zu massives Bewegen verhindert. Rotationen (Drehungen) im Gelenk müssen sehr sorgfältig durchgeführt werden, um keine Schäden an der Gelenkkapsel oder den Bändern zu verursachen.

Insgesamt beugt man so einer Versteifung des Gelenks oder Verhärtung von Bändern und Sehnen vor. Nicht zu vergessen ist die Belebung der Muskelspindeln und Nervenfasern.

So wie bei der Massage, die man parallel zur Bewegungstherapie einsetzen kann, erfahren alle Zellen eine Stoffwechselaktivierung und vermehrte Sauerstoffzufuhr. Dadurch werden die Zellstrukturen besser ventiliert und entgiftet. Zugleich werden durch fortgesetzte Bewegung alte, verbrauchte Muster aus dem körperlich manifesten Gedächtnis entfernt, und man wird offen für das Neue!

Achtung: Bei Abwehrbewegungen des Hundes muß man die Übung sofort reduzieren oder gegebenenfalls ganz abbrechen. Ihr Hund sollte immer das Gefühl haben, daß Sie ihm etwas Gutes tun und keineswegs zusätzliche Schmerzen zufügen wollen.

Farbtherapie (L)

Die Farbe eines Stoffes hängt von seiner individuellen Fähigkeit ab, das Sonnenlicht zu absorbieren und an seine Umgebung wieder abzustrahlen. Die Atomgitterstruktur entscheidet letztlich, welche Lichtwellen absorbiert und welche reflektiert werden.

Farben sind, wie Gerüche oder Klänge, Informationen, die in der körperlichen und seelischen Zellstruktur Reaktionen auslösen können und – je nach Situation – als angenehm oder unangenehm empfunden werden. Das heißt, abhängig von unserer momentanen Reaktionslage fühlen wir uns von einer bestimmten Farbe angesprochen oder meiden sie. Dementsprechend kleiden wir uns oder richten unsere Wohnung ein. Und je nach unserer Stimmungslage können Farben beruhigen oder Aggressivität auslösen.

Die Chakren beim Hund

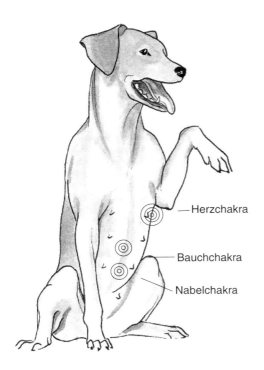

- Herzchakra
- Bauchchakra
- Nabelchakra

Wurzelchakra

Die verschiedenen Botschaften des Lichts macht man sich im Rahmen der Farb- oder Lichttherapie zunutze. Es sind aber nicht nur unsere Augen, die auf Farben reagieren, sondern ebenso unsere Energiezentren (Chakren).

Darunter dürfen wir rotierende Energiewirbel im feinstofflichen Körper verstehen, die die verschiedensten Farben erzeugen. Über diese Chakren erhält das Lebewesen ununterbrochen feinstoffliche, kosmische Energien, ohne die Mensch und Tier gar nicht existieren könnten. Andererseits werden Energien an den Kosmos zurückgegeben.

Bei Anwesenheit einer krankhaften Störung sind diese Chakren mehr oder weniger blockiert, und das Resultat ist dann Unwohlsein bis hin zum Schmerz. Viele Krankheiten können schulmedizinisch gar nicht diagnostiziert werden, weil es sich eben um Blockaden der feinstofflichen Chakren handelt!

Der Mensch besitzt – gemäß seiner bisherigen Entwicklung – 7 Haupt- und einige Nebenchakren, über die er ständig mit kosmischen Energien versorgt wird.

Unsere Heimtiere, so auch der Hund, weisen 4 Hauptchakren auf:

Wurzelchakra: Es befindet sich am Ende des Kreuzbeins, am Schwanzansatz. Ihm werden die Harn- und Geschlechtsorgane zugeordnet. Zusammen mit dem »Erdleiter«, dem Schwanz selbst also, übernimmt es die Verbindung mit der Mutter Erde, von der das Tier auch wichtige irdische Informationen erhält. Ist dieses Energiezentrum gestört oder fehlt gar der Schwanz (durch Kupieren), gehen dem Tier wertvolle Informationen seitens der Erdkräfte verloren. Die Folgen können sein: Orientierungslosigkeit und Instinktschwäche, Gleichgewichtsstörungen, Probleme mit den Hinterbeinen und im Beckenbereich.

Nabelchakra: Es liegt knapp vor dem Nabel. Seine Hauptaufgabe ist die ununterbrochene Verbindung mit dem Lebensstrom, der alle Lebewesen untereinander verbindet. Verdauung und Fortpflanzung liegen in seinem Wirkungsbereich, ebenso das Immunsystem (Milz).

Bauchchakra: Wir finden es am Bauch, am hinteren Ende des Brustbeins. Das »Sonnengeflecht«, wie es auch heißt, verbindet das Lebewesen mit dem Lebensatem. So ist dieses Zentrum für die Atmung zuständig, das Zwerchfell ist das nächste Erfolgsorgan, ebenso der Magen, die Leber und die Bauchspeicheldrüse.

Herzchakra: Es ist an der linken Brustwand, direkt über dem Herzen des Hundes gelegen. Es steht für Liebesfähigkeit, Kommunikation und Intuition. Das Herzchakra bestimmt den Herzrhythmus, sendet Impulse ans Zentralnervensystem, reguliert die Funktion der Schilddrüse und der Hypophyse (Hirnanhangsdrüse), welche beide eine zentrale Funktion im Zusammenspiel der Hormondrüsen haben. Grobe Disharmonien im Bereich des Herzzentrums haben zur Folge, daß z.B. Kommunikations- oder andere Verhaltensstörungen manifest werden.

Die Chakrentherapie, also die Pflege dieser Energiezentren, kann nun auf verschiedene Weise erfolgen, beispielsweise mittels Reiki oder Bach-Blüten oder eben durch Farben. Wie funktioniert das nun?

Die Wellen des jeweiligen Lichts stimulieren und synchronisieren die Ströme der betroffenen Energiewirbel und machen sie wieder offen für den notwendigen

Energieaustausch: Klare, reine kosmische Energie kann in den Körper einfließen, verbrauchte Energie wird über das Chakra abgegeben.

Neben der Chakrentherapie ist es üblich, erkrankte Körperstellen direkt mit Licht zu bestrahlen, um etwa einen Wärmeeffekt zu erzielen. In diesem Falle nutzt man also zusätzlich den korpuskulären Charakter des Lichts, der eine gewisse Tiefenwirkung aufweist.

Tiere reagieren recht unterschiedlich auf Farben, am besten jedoch, wenn diese intensiv leuchten. Die Therapie mit Farbkarten, wie sie zum Teil beim Menschen angewandt wird, ist beim Hund ineffizient. Am besten eignen sich für die Chakrentherapie farbige Glühlampen, die man im Abstand von 20 cm vom jeweiligen Energiezentrum postiert. Das oder die Chakren werden dann jeweils für 10 Minuten bestrahlt.

Will man sich die Tiefenwirkung des Lichts zunutze machen, setzt man die sogenannten Bestrahlungslampen ein, um die betroffene Körperstelle für 10 bis 15 Minuten zu behandeln.

Rotlicht: Rot wird dem Wurzelchakra zugeordnet, es ist die Farbe des Feuers und der Erde. Die Elemente der Urgewalten sind es, die alles Leben geben und auch wieder nehmen. Mit »beiden Beinen« im Leben stehen heißt, sich mit allem Irdischen auseinandersetzen und sich den physikalischen Gesetzen unterwerfen.

Indikationen: Gleichgewichts- und Kreislaufstörungen, unvollkommene Entwicklung, Hypotonie, allgemeine Muskelverspannung und -verhärtung, Dackellähme, Rheuma, Anämie.

Rotlicht hat die intensivste Tiefenwirkung und erzeugt Wärme und Hyperämie (verstärkte Durchblutung des bestrahlten Bezirks). Dadurch wird ein intensives »Aufräumen« in den tieferen Gewebsschichten eingeleitet, Schadstoffe werden rasch abgeführt und Drüsen zur Sekretion angeregt.

Im Sinne der Bestrahlungstherapie setzen wir Rotlicht ein bei eher chronischen Katarrhen der Nase und -nebenhöhlen sowie von Kehlkopf, Luftröhre und Bronchien, Nierenentzündung, Entzündung der Muskeln, Sehnen und Gelenke, nässenden Ekzemen oder Mittelohrentzündung.

Gelbes Licht: Es wird dem Nabelchakra zugeordnet. Gelb ist die Farbe des Frohsinns und der Heiterkeit, alles Leben ist in Fluß und leicht – wie ein Blatt sollten wir uns in diesem Fluß treiben lassen. Unser Verständnis für die »Leichtigkeit des Seins« liegt darin verborgen. Gelb ist die Farbe des Intellekts und Verstehens, daß alles, wie es ist, eine tiefere Bedeutung hat. Lernaufgaben werden leichter gemeistert.

Indikationen: Lern- und Entwicklungsprobleme, Lebensverneinung, Enttäuschungen, Depressionen, Heimweh. Auf körperlicher Ebene sind es Darmlähmungen, Fruchtbarkeitsstörungen, Nieren- und Blaseninsuffizienz, Prostataleiden, Magenerkrankungen, bösartige Erkrankungen des Blutes (z.B. Leukose, Leukämie), Immunschwäche.

Gelbes Licht hat ebenfalls einen durchdringenden Effekt und erzeugt »wohlige« Wärme. Zur Bestrahlung setzen wir es ein bei eitrigen Katarrhen der oberen Atemwege, Entzündungen im Bereich Gehirn-Rückenmark, Knochenerkrankungen (z.B. Osteomyelitis), Hautpilz und -flechten, Augenerkrankungen.

Orangelicht: Es setzt sich aus Gelb und Rot zusammen und wird dem Bauchchakra zugeordnet. Somit vereinigt die Farbe Orange auch die Eigenschaften beider Komponenten und vermittelt Herzensgüte, Wärme und Verständnis für die Dinge des Lebens und seine verschiedenen Qualitäten. Orange fördert die Vitalität, den Appetit (auch aufs Leben) und »macht neugierig«.

Indikationen: Störungen seitens der Leber und der Bauchspeicheldrüse, Anämie, Lustlosigkeit, Erkrankungen der Lunge (Emphysem, Asthma), Immunschwäche, Gesäugeerkrankungen.

Grünes Licht: Die Farbe des Herzchakras hängt mit den rhythmischen Aktivitäten – Herz und Lunge – zusammen. Grün hat somit einen regulierenden Effekt auf den Herzrhythmus und die Atemfrequenz. Grün wirkt grundsätzlich beruhigend, und nicht umsonst ist es die Grundfarbe der Natur, in der wir uns täglich bewegen (sollten). Diese Farbe sensibilisiert für das Feine, für die Ästhetik und macht transparenter für ätherische Kräfte.

Indikationen: Herz- und Kreislaufstörungen, Atemnot, Hypertonie, gutartige Geschwulsterkrankungen und Geschwüre; chronische Entzündungen im Bereich der Muskeln, Sehnen und Gelenke, Ekzeme der Haut, Erkrankungen des Zentralnervensystems.

Blaulicht. Im Stirnchakra des Menschen sitzt das sogenannte »dritte Auge«, das innere Sehorgan, das uns weit über unser normales irdisches Bewußtsein hinausschauen läßt. Es entspricht der Intuition, über die wir Weisungen zu unserem richtigen Verhalten vernehmen.

Organisch entspricht ihm die Zirbeldrüse, ein winziges Organ, das dem Hirnstamm vorne aufsitzt. Verbildung und kopflastiges Vernunftsdenken trüben und verschleiern diese innere Optik und verhindern so oftmals eine spirituelle Sichtweise. Nur im Kopf zu Hause zu sein bedeutet zugleich Verlust von »innerer Schau«: Wir sind dann zusehends auf Äußerlichkeiten angewiesen, weil wir die Wahrheit in unserem Innern nicht mehr wahrnehmen können oder wollen.

Auch unsere Heimtiere haben durch menschliche Ein- und Übergriffe viel von diesen Fähigkeiten eingebüßt. Ihr Fehlverhalten klassifizieren wir dann oft als Instinktmangel oder Zuchtdepression.

Die Farbe Blau bringt uns und unsere Tiere wieder zur eigenen Mitte, klärt die Daseinsform und schärft die Intuition. In diesem Fall sowie bei innerer Unruhe, Ängstlichkeit, »Instinktverlust«, Verdummung u. ä. wenden wir die Ganzkörpertherapie an, das heißt, der Hund wird in seiner Gesamtheit dem Blaulicht ausgesetzt; so beruhigt es auch stürmische Tiere.

Lokale Anwendungen: Blau beruhigt auch lokale Entzündungen, Warzen, Überbeine, Abszesse, Furunkel, Hautpilz und Haarausfall; Hoden- und Eierstockentzündungen, auch solche der Analbeuteldrüsen; Erkrankungen des Zentralnervensystems (z.B. Gehirnerschütterung); Entzündungen im Bereich der Augen und Ohren.

Violettes Licht: Violett ist die Synthese aus Blau und Rot und die Farbe des Scheitelchakras beim Menschen. Diesem wird die Fähigkeit zur Entwicklung der Spiritualität zugeordnet, es steht für Weisheit und umfassende kosmische Liebe. Violett ist die Farbe der Heilung, der inneren Ruhe und Ausgeglichenheit im Bewußtsein, daß alles gut ist, wie es ist.

Wir tauchen das ganze Tier in violettes Licht, um grundsätzlich alle Heilungsvorgänge zu fördern. Dadurch erreicht man außerdem Schmerzlinderung, Ausgeglichenheit und umfassendes Verständnis für den gesamten Lebensprozeß.

Weitere Indikationen: Schlaflosigkeit, Unruhe, Angstzustände, Depressionen. Auf körperlicher Ebene eignet sich violettes Licht hervorragend bei Entzündungen der serösen Häute, also des Brust- und Bauchfells, der Gelenke sowie im Bereich Gehirn-Rückenmark (z.B. Gehirnhautentzündung).

Ultraviolette Strahlen: Die – leider brüchige – Ozonschicht der Stratosphäre bewirkt, daß das lebensfeindliche UV-Licht der Sonne ungefiltert auf die Erde trifft. Nur Spuren davon sind notwendig, um am Prozeß der Photosynthese mitzuwirken.

Heute wissen wir, daß eine Überdosis der UV-Strahlen zumindest Hautkrebs und Erbschäden verursacht.

Zu therapeutischen Zwecken werden UV-Strahlen über künstliche Sonnen erzeugt und in kleinen Dosen am Patienten eingesetzt. In der Haut des so Bestrahlten entsteht ein Mediatorstoff, der im Sinne einer Umstimmungstherapie wirksam wird.

Indikationen: Akute und chronische Ekzeme der Haut, Akne, Furunkel und Eiterpusteln; Nagelpilz, Seborrhoe, Krampfadern; Rachitis, Osteomalazie. Bestrahlt wird maximal 3 Minuten, bis zu 6mal täglich.

Eine Ganzkörperbehandlung mit beispielsweise blauer oder violetter Belichtung genügt einmal täglich. Die Chakrentherapie kann 2mal täglich durchgeführt werden.

Musiktherapie – Heilen mit Klängen (L)

Wenn wir einen Ton vernehmen, horchen wir auf. Ein harmonischer Dreiklang erfreut unser Herz. Einzelne Töne haben nie den gleichen Effekt wie Akkorde. Farben und Klänge vermitteln eines gemeinsam: Sie übertragen Schwingungen, die vom menschlichen und tierischen Organismus nach dem Resonanzprinzip individuell aufgenommen und beantwortet werden.

Töne und Klänge – ob sie als häßlich oder wunderschön empfunden werden, ist rein subjektiv – besitzen grundsätzlich die Fähigkeit, das Zellgitter zum Schwingen zu bringen, und lösen dadurch bestimmte Reaktionen aus. Das geistige Potential wird dabei genauso zum Schwingen gebracht wie die körperlichen Strukturen.

Der Aufenthalt im Konzertsaal oder vor einer guten Stereoanlage verändert das Schwingungsmuster im Körper des Zuhörers derart, daß dieser zunächst eine Gemütsveränderung durchmacht. Setzt man diese Muster gezielt zu therapeutischen Zwecken ein, verändert sich über das Gemüt auch der körperliche Zustand. Dadurch werden auch subtile Heilreaktionen ausgelöst, die, ähnlich wie die Bach-Blütenenergien, Informationen freisetzen, um blockierte Energieströme freizumachen.

Musikalische Klänge werden nicht nur über das Ohr wahrgenommen, sondern »erschüttern« den ganzen Körper, wobei vornehmlich spezifische Sinneszellen in der Haut und den Muskelspindeln mitreagieren. Diese transformieren die Botschaften mittels elektromagnetischer Schwingungen in die Tiefe und erreichen so die Erfolgsorgane.

Bestimmte Komponisten haben, vielleicht nicht ganz unbewußt, Musik für Tiere geschrieben: JOHANN SEBASTIAN BACH, GEORG FRIEDRICH HÄNDEL, WOLFGANG AMADEUS MOZART, ROBERT SCHUMANN. Aber auch moderne Popklassiker zählen dazu: die BEATLES, BOB DYLAN, CAT STEVENS.

Manche Hunde bevorzugen allerdings fernöstliche Klänge wie tibetanische Klangschalen oder einfach das Leiern von Gebetsmühlen.

Blas- und Marschmusik sowie die Richtung der Zwölftonmusik lösen bei den Hunden keinerlei Heileffekt aus. Jazz stiftet höchstens Verwirrung in Hundeohren.

Einige konkrete Beispiele mögen dem Leser ein bißchen Einblick in diesen ungewohnten Bereich schenken. Für manche mag das ein bißchen verrückt klingen; aber gerade auf diesem Gebiet ist das Unmögliche mit großer Wahrheit verknüpft.

- Musik von MOZART harmonisiert scheinträchtige Hündinnen und tröstet sie darüber hinweg, daß sie diesmal »leer ausgegangen« sind.
- GEORG FRIEDRICH HÄNDEL stimuliert

Wohltuende musikalische Klänge werden von den meisten Hunden gerne angenommen.

die Libido bei beiden Geschlechtern und sollte dort aufspielen, wo sich diesbezüglich »nichts tut«.
- Ist unser Freund von Heimweh und Depressionen befallen, hilft ihm J. S. BACH wieder auf die Sprünge. Ebenso im Falle von Infektionskrankheiten und während der Rekonvaleszenz.
- Die BEATLES wecken die Lebensgeister im Trauerfall und bei Liebeskummer.

Das Abspielen von leiser Musik kann auch während der Farbtherapie vonstatten gehen oder in Verbindung mit Reiki. Somit erfährt der Organismus eine Harmonisierung auf mehreren Ebenen gleichzeitig.

Magnetfeldtherapie (F)

Das elektrische Potential der Zelle reguliert deren Leitfähigkeit. Ist diese stark verändert oder herabgesetzt, wird die Zelle anfälliger gegenüber »Stromschwankungen«, und somit steigt auch die Anfälligkeit gegenüber Krankheitserregern, deren Toxinen und gegenüber Allergenen.

Im allgemeinen entscheidet das richtige Ionenverhältnis im Bereich der Zellmembran über das »Wohlergehen« der Zelle. Sind nun größere Zellbezirke »irritiert«, besteht die Gefahr der Degeneration und des Absterbens (Nekrose). Die Folge sind offensichtlich chronisch-degenerative Erkrankungen mit schlechten Heilungsaussichten.

Mit Hilfe der in den letzten 3 Jahrzehnten entwickelten Magnetfeldtherapie ist es möglich geworden, auf der Basis von pulsierenden Magnetfeldern in Kupferröhren eine Heilmethode zu entwickeln, die erstaunliche Ergebnisse brachte. Dabei geht man von der Idee aus, daß diese Magnetfelder die verzerrte Eigenresonanz der geschädigten Zellen neu modulieren und sie somit wieder auf

Die Magnetfeldtherapie überträgt ideale Schwingungsmuster nach dem Resonanzgesetz.

ihre ursprüngliche ideale Eigenfrequenz einstellen.

Die hilfreiche Konsequenz dieses Verfahrens zeigt sich in einer Stabilisierung der Membranpotentiale und Induktion des normalen Energiehaushalts in der Zelle. Somit steht einer Regeneration des Zellverbands nichts mehr im Wege, und die reibungslose Informationsübertragung reaktiviert die Normalfunktion des kranken Gewebes oder Organs.

Dazu gesellt sich eine verbesserte Sauerstoffversorgung, die wiederum eine höhere Verbrennungsaktivität gewährleistet. Eine derart stimulierte Zelle hat die besten Voraussetzungen zur Selbstheilung.

Die Magnetfeldtherapie ist selbstverständlich nur einigen Spezialisten vorbehalten, sollte aber keinesfalls außer acht gelassen werden.

Die Anwendungsbereiche: Erkrankungen des Stütz- und Bewegungsapparates, Wirbelsäulensyndrome, Arthritis, Arthrose, Neuralgien, Myalgien, Lahmheiten unbekannter Ursache, Knochenbruch, Sehnenriß, Wundheilung, Herz- und Kreislauferkrankungen, Stoffwechselerkrankungen auf der Basis von Drüseninsuffizienz, spezifische Augenerkrankungen u. a.

Die Magnetfeldtherapie läßt sich sehr gut mit der Lichttherapie und Reiki kombinieren.

Akupunktur (F)

Vor bereits 6000 Jahren haben tibetanische Priester versucht, mittels Bambusspitzen verschiedene Krankheiten ihrer Hausrinder zu heilen. Im alten China wurde diese Methode dann für den Menschen »verfeinert«; aus den Bambusspitzen wurden mit der Zeit silberne und goldene Nadeln. Vor wenigen Jahrzehnten hat sich die Akupunktur auch im Westen durchsetzen können, zumal ihr sogleich spektakuläre Heilungserfolge beschieden waren.

Viele Naturheilärzte setzen die Akupunktur laufend in ihrer Praxis ein, oft in Kombination mit anderen Naturheilverfahren, wie etwa der Homöopathie. Doch ist eine exakt angewandte Akupunktur durchaus in der Lage, auch *ohne* Begleiter die schwierigsten Fälle zu klären.

Das Heilungsprinzip der Akupunktur stützt sich zum einen auf das Erkennen und Beschreiben der den ganzen Körper überziehenden und durchdringenden Meridiane. Darunter versteht man voneinander unabhängige und doch sich gegenseitig beeinflussende Kraftlinien, die von den bereits beschriebenen Chakren gespeist werden. Nun ist man in der Lage, mit speziellen feinen Nadeln an ganz bestimmten Punkten Reize zu setzen, die entlang den erwähnten Meridianen Impulse freisetzen, die

- im Zentralnervensystem psychische und hormonale Reaktionen auslösen,
- das vegetative Nervensystem physiologisch regulieren und
- das sinnvolle Zusammenspiel aller Drüsen steuern.

Das berühmte Drehen der Akupunkturnadel, die man nur so weit einstechen darf, bis man auf »herben« Widerstand stößt, hat also mehrere und ganz umfassende Effekte:

Über das System Hypothalamus – Hypophyse werden die notwendigen neuro-hormonalen Kanäle geöffnet, um Impulse durchzulassen, die zum ersten die entsprechenden Drüsen und zum zweiten die Orte der Immunkörperbildung stimulieren. Daneben erscheinen sogenannte »Prä-Bilder« auf der Großhirnrinde, die zu psychischen und physischen Handlungen, verbunden mit den zugehörigen Emotionen, führen.

Über die entsprechende Hormonausschüttung und die Bahnen des peripheren Nervensystems werden die entsprechenden Meridiane mit heilenden Informationen »aufgeladen« und reharmonisiert. Für sie ist es dann ein leichtes, diese Informationen ans Erfolgsorgan weiterzuleiten. Das bedeutet in letzter Konsequenz eine Dezentralisierung des Heilungsvorganges und eine kooperative Abstimmung auf das Nachbargebiet, das noch störungsfrei ist.

Anwendungsgebiete: Erkrankungen des Blutes: Anämie, Leukose; Immunschwächeerkrankungen, degenerative Erscheinungen am Bewegungsapparat; Anregung der übergeordneten Hormondrüsen, z.B. Hypophyse, Schilddrüse; Blockaden im Vegetativum und damit verbundene Organinsuffizienzen; Erkrankungen des Zentralnervensystems, auch psychischer Natur.

Neuraltherapie (F)

Ausgehend von der Erkenntnis, daß der Körper von Meridianen und Kraftfeldern besetzt ist, kann man darauf schließen, daß er, ähnlich wie die Erde, ein elektromagnetisch pulsierendes Kraftwerk darstellt; vergleichbar mit einem Stabmagnet, dessen Plus-Pol der Kopf und dessen Minus-Pol die Füße sind (das gilt für die nördliche Halbkugel; im Bereich der südlichen Hemisphäre ist es umgekehrt).

Solange dieses Kraftfeld unangetastet bleibt, fühlt sich das Individuum gesund. Treten Störungen auf, werden Regelmechanismen in Gang gesetzt, die diese Störungen auszugleichen versuchen. Ist der Schaden jedoch manifest, reichen die Selbstregulierungskräfte nicht mehr aus oder erlahmen sie, versucht der Körper, diesen Teil zu isolieren.

Solche Abstoßungs- bzw. Reparationsvorgänge zeigen sich sodann als Abszedierung oder als Narbenbildung. In der Medizin spricht man dann von einer Herderkrankung oder einem Störfeld. Diese Bezirke stören das Wohlbefinden derart, daß sich daraus Rezidive oder immer wieder auftretende schmerzhafte Prozesse entwickeln.

Diese Herde oder Störfelder sind zumeist nicht auf den ersten Blick zu erkennen, ziemlich therapieresistent und oftmals Anlaß für gehäufte Krankheitsanfälligkeit. Zumeist handelt es sich um Eiterherde im Bereich der Zähne oder Mandeln, Abszesse in der Leber, in der Niere oder in einem Gelenk, Vernarbungen in inneren Organen oder in der Haut, Amputationsnarben u. ä.

Die betroffenen Gebiete verhalten sich wie Fremdkörper und strahlen negative Energien in ihre Umgebung ab, die mittels der Meridiane auch entfernt liegende Bereiche beeinflussen können. So kann es also durchaus geschehen, daß eine Narbe am Unterschenkel einen ständigen Schmerz im Schultergelenk provoziert. Eitrige Zähne werden immer wieder im Zusammenhang mit einer Herzmuskelentzündung beobachtet. Die beste Therapie ist unvollkommen oder versagt, wenn diese Störfelder nicht ausgeschaltet werden. Die operative Entfernung der Unruhestifter ist die eine Möglichkeit.

Mit Hilfe der Neuraltherapie eröffnet sich jedoch eine Alternative, durch die ein durch eine Operation eventuell neuerlich provoziertes Störfeld verhindert wird. Das Prinzip dieser Therapie besteht darin, daß der Störherd mittels eines Lokalanästhetikums neutralisiert und somit ausgeschaltet wird. Die von ihm ausgehenden negativen Ströme kommen zum Erliegen, bzw. jetzt erst ist der Herd für biologische Heilverfahren zugänglich.

Die dazu verwendeten Präparate sind zumeist Procain, Lidocain oder Novocain. Das betreffende Areal wird umspritzt; der Effekt dieser Injektion, die bei Bedarf täglich wiederholt werden kann, ist zumeist verblüffend. Jahrelang quälende schmerzhafte Prozesse verschwinden schlagartig, obwohl alle vorher angewandten Behandlungsversuche fehlgeschlagen sind. Die Neuraltherapie läßt sich sehr gut kombinieren mit der Homöopathie und der Enzymtherapie.

Enzymtherapie (L)

Enzyme (Fermente) sind definitionsgemäß Biokatalysatoren (niedermolekulare Eiweißkörper oder Kohlehydrate), die, ohne selbst dabei verändert zu werden, Stoffwechselvorgänge im Organismus steuern und beschleunigen. Die Enzyme bleiben also während des Stoffwechselprozesses stabil; ohne sie wäre alles Leben ein »träger Fluß«. Sie sind somit für die Lebenserhaltung unerläßlich (essentiell). Der gesamte Energieumsatz wäre ohne die enzymatische Tätigkeit undenkbar.

Die Entstehung der Enzyme ist wiederum an andere hochmolekulare Spaltungsprozesse gebunden und erfordert eine ständige Zufuhr ihrer notwendigen Bausteine, der Aminosäuren und Spurenelemente. Unterbleibt diese in ausreichendem Maße, verlangsamen sich die Ab- und Umbauprozesse, der Stoffwechsel ist nur unvollständig oder kommt zum Erliegen. Das führt naturgemäß zu Stauungen in der Endstrombahn im Kapillargebiet. Prof. Enderlein hat dafür den Begriff der Stausucht (Endobiose) geprägt.

Eine weitere Konsequenz ist eine empfindliche Störung des Säure-Basen-Gleichgewichts im Blut und in allen anderen Körpersäften. Trägheit, Unlust und Müdigkeit sind die ersten Anzeichen dieser Stausucht. Dazu gesellen sich in der Folge Verdauungsstörungen, Herz- und Kreislaufprobleme und schließlich manifeste Organerkrankungen in vielen Bereichen.

Im letzten Akt dieses Trauerspiels kann auch noch Krebs auftauchen. Dieser ist ja nicht zuletzt auch auf einen Mangel an bestimmten Enzymen und einen Säureüberschuß zurückzuführen.

Die Zufuhr von Enzymen bzw. ihrer Bausteine ist das Wesen der Enzymtherapie. Blockierte Fermentsysteme, wie sie bei chronisch-degenerativen Erkrankungen überall anzutreffen sind, stimuliert man am besten mit potenzierten Enzympräparaten. Das führt generell zur Belebung des Zellstoffwechsels; mit frischer Energie ist die Zelle in der Lage, all ihre ursprünglichen Funktionen wieder aufzunehmen.

Enzympräparate werden von verschiedenen biopharmazeutischen Firmen angeboten. Sie werden bei den jeweiligen Krankheitsbildern erwähnt.

Ein herausragendes Präparat möchte ich an dieser Stelle kurz vorstellen. Es handelt sich um Terrakraft (Trebiosan) von der Fa. Sanco. Dieses flüssige Enzympräparat wird aus Weintraubenkernen hergestellt und wirkt bei Mensch und Tier auf recht vielfältige Weise:

- Stimulierung des Immunsystems (wird auch bei Krebs eingesetzt);
- Regulierung von Magen-Darm-Störungen, Appetitmangel;
- Hauterkrankungen: Ekzeme, Hautpilz, Allergien, Sonnenbrand;
- Geriatrie: macht alte Krieger wieder munter;
- Rheuma, (Poly-)Arthritis; Geschwüre und schlecht heilende Wunden;
- Erkrankungen der Leber und Milz.

Terrakraft wirkt entzündungshemmend, schmerzstillend, entgiftend, aufbauend, stoffwechselfördernd. Es wird auch von unseren Hunden gern angenommen, weil es völlig geruch- und geschmacklos ist. Die Dosis: 2- bis 3mal täglich 1 bis 2 Eßlöffel ins Trinkwasser oder auf das Futter oder auch eingegeben. Bei entsprechender Indikation auch äußerlich als Umschlag oder zum Betupfen anzuwenden.

Dazu gehören in gewisser Weise auch die sogen. »Organpräparate«. Das sind potenzierte homöopathische Spezialitäten, welche aus Organen gesunder Schlachttiere gewonnen werden. Solche Organpräparate sind zuweilen unerläßlicher Bestandteil einer homöopathischen Therapie, um einem insuffizienten Organ zur Regeneration und ursprünglichem Energieinhalt zu verhelfen. Im Sinne der biodynamischen Regulation erfährt damit das erkrankte Organ wertvolle Impulse zur Selbstheilung und kann somit seiner ursprünglichen Aufgabe wiederum gerecht werden.

Ozontherapie (F)

Spätestens seit der weltweiten Entdeckung des Ozonlochs und dessen Erörterung in den Medien weiß hierzulande jedermann, daß es Ozon gibt. Dieses farb- und geruchlose Gas ist chemisch ein zu dreiwertigem O_3 oxydierter Sauerstoff.

An sich ist Ozon ein ganz nützliches Naturprodukt; betrachten wir nur einmal alte Ansichtskarten von Erholungsdörfern mit dem Werbeslogan: »...in herrlicher ozonreicher Luft gelegen«. Dieses Prädikat getraut sich heute wohl kaum ein Fremdenverkehrsmanager mehr anzubieten, ohne seinen Job zu riskieren. Gerade die sonnigen Höhenlagen und Berge fernab der Großstädte sind es, die vom durch Industrie und Autoabgase gebildeten Ozon am meisten betroffen sind. Die Folgen des überreichen Ozonsegens aus der Stadt sind u. a. eine chronische Reizung der Atemwege und die Förderung diverser Hauterkrankungen.

Ozon (O_3) wird unter natürlichen Bedingungen in der Erdatmosphäre aus dem dort befindlichen zweiwertigen Sauerstoff (O_2) unter Einwirkung der ultra-

Geräte für die Ozontherapie

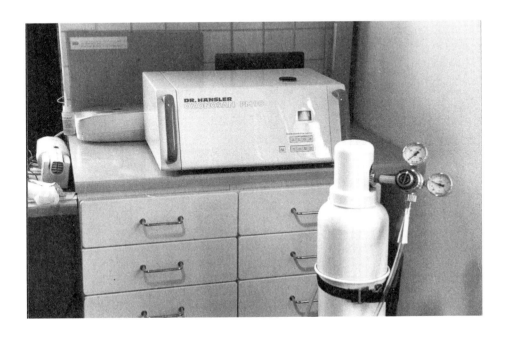

violetten Strahlung der Sonne produziert. Da die entstandenen Ozonmoleküle nun aber für sich in der Lage sind, UV-Strahlen zu absorbieren, dient diese natürliche Ozonschicht als wichtiger Filter für die Sonnenstrahlen. Dabei wird der für die Erdbewohner schädliche UV-Anteil abgeschirmt.

Viele Störfaktoren sind in der Lage, diese Ozonschicht – zumindest teilweise – zu zerstören: diverse Gase, Staub- und Rußpartikelchen. Die Folge ist, daß sich der Anteil der UV-Strahlen, die den Erdboden erreichen, erhöht und dadurch unangenehme Reaktionen an Mensch, Tier und Pflanzen auftreten: Hautkrebs, Augenschäden, Zahnkaries, unphysiologisches Knochenwachstum, Riesenwuchs bei Pflanzen.

Die O_3-Moleküle verdienen nicht zu Unrecht ihren Beinamen als »aggressive« Moleküle: Auf Menschen und Tiere wirken sie giftig bis tödlich, sie töten Bakterien schneller als Chlor!

Ozon ist eines der stärksten Oxydationsmittel und ist in der Lage, auch hochmolekulare Substanzen abzubauen. Es wird eingesetzt zur Trinkwasseraufbereitung oder zur Reinigung von Abwässern. Die Industrie filtert damit schwefelhaltige Abgase. Die Textilindustrie benutzt Ozon als Bleichmittel.

Das in der Medizin angewendete Ozon wird aus reinem medizinischem Sauerstoff in einem eigens hierfür konzipierten Gerät hergestellt.

Was bewirkt Ozon?

Ozon wirkt
- bakterizid (gegen gram-negative Keime);
- viruzid (gegen unbehüllte DNS-Viren);
- es tötet Spinnen;
- es aktiviert die Oxydationsvorgänge in den Zellen und fördert somit alle notwendigen Verbrennungsabläufe;
- die Erythrozyten (roten Blutkörperchen) werden »aktiviert«, was eine Neubelebung, eine Auffrischung des gesamten Patienten nach sich zieht.

Die Anwendung

Die äußerliche Applikation des Ozongases kommt am häufigsten zum Einsatz bei nässendem Ekzem, nicht-eitrigen Hauterkrankungen, Schorf und zur Wundbehandlung (allerdings nur, wenn gramnegative Erreger beteiligt sind).

Per intravenöser Injektion in den Blutkreislauf eingebracht, hilft Ozon (etwa im Rahmen der Eigenblutbehandlung), folgende Krankheiten zu lindern: Allergien (Asthma, allergisches Ekzem), Immunschwächezustände (Infektanfälligkeiten), Wundheilungsstörungen.

Die Ozonbehandlung kann 2mal täglich durchgeführt werden. Nach jedem 3. Tag ist eine 1tägige Pause einzulegen.

Vorbeugung

Bestgemeinte Therapieversuche bleiben unvollkommen oder müssen zwangsläufig versagen, wenn ganz einfache, aber naturgemäß wichtige Punkte im Umfeld und in der Lebensführung des Hundes nicht beachtet werden.

Daher nochmals zusammenfassend einige Denkanstöße, wie Sie Ihrem vierbeinigen Freund und auch sich selbst das Leben erleichtern können.

Vor der Anschaffung

Bevor Sie sich einen Hund kaufen, überlegen Sie gründlich, zu welchem Zweck Sie ihn wollen und ob Sie genügend Platz und Zeit dafür aufbringen können.

Sprechen Sie sich mit Ihrer Familie und Ihren Nachbarn ab, um späteren Ärger tunlichst zu vermeiden. Hunde laufen gern und haben einige völlig hundespezifische Angewohnheiten, die nicht immer mit unserem Reinlichkeitswahn vereinen lassen. Sie riechen mitunter, besonders wenn sie naß werden, sie bevorzugen Misthaufen und Aasplätze, schnüffeln gern an den Hinterteilen anderer Hunde und stehlen schon mal einen Festtagsbraten vom Tisch.

Wenn das und vieles andere mehr für Sie Anlaß zum Bösesein ist oder Sie nicht die Zeit oder Lust haben, Ihrem Hund die täglich notwendige Bewegung auf Spaziergängen und beim Toben zu verschaffen, vergessen Sie Ihren Hundewunsch.

Die Fütterung

Berücksichtigen Sie bitte das individuelle Bedürfnis, die Fütterungsgewohnheiten und das Futter betreffend. Ganze Bibliotheken sind bereits über das Wie und Was der Hundespeisen geschrieben worden. Letztendlich zeigt sich jedoch, daß nur die auf das Einzelwesen optimal eingestellte Fütterung richtig ist: Was »Harras« mit Gier verschlingt und ihn groß und stark macht, kann bei »Rex« Ekel und vielleicht sogar Verdauungsstörungen auslösen.

Wir alle wissen, daß der Hund als Fleischfresser konzipiert ist. Das heißt aber nicht, daß er sich ausschließlich von Fleisch ernährt. In freier Wildbahn besteht der Großteil seiner Beute aus Pflanzenfressern. Hat er sich mal zu ihren Eingeweiden »vorgearbeitet«, findet er dort Grünzeug, und auch das frißt er liebend gern.

Übrigens – Innereien sind kein Fleisch. Ihre alleinige Verfütterung kann mit der Zeit zu schweren Verdauungs- und Entwicklungsstörungen führen.

Etwa ab dem 7. Lebensjahr gilt es, die Fleischration (Eiweiß vom toten Tier) allmählich zu verringern und durch Eiweiß vom lebenden Tier (Magerkäse, Hüttenkäse, Quark, Acidophilus- oder Bifidusmilch) zu ersetzen. Dadurch beugt man Leber- und Nierenerkrankungen im Alter vor. Zuviel Fleisch belastet nämlich den allmählich sich erschöpfenden Stoffwechsel zu sehr.

Menschliche Zuwendung

Das soziale Umfeld, die seelische Hygiene, also der liebevolle und verständnisvolle Umgang mit unserem Schutzbefohlenen darf ebenfalls nicht vernachlässigt werden. Das schönste Halsband und das teuerste Futter werden zur Nebensache, wenn sich unser Hund unglücklich, weil unverstanden, ausgeschlossen, mißhandelt fühlt.

Der Hund *braucht* den Menschen (im Gegensatz zur Katze, die auch ohne uns ganz gut zurechtkommt). Infolgedessen empfindet er es als absolute Strafe und Demütigung, irgendwie, irgendwo – etwa in einer Garage oder einem Kellerloch – dahinvegetieren zu müssen. Auch der Zwinger darf keine ständige Bleibe sein, weil auch er das Isolationsgefühl nährt und die ursprünglichen Verhaltensmuster des Hundes als Rudeltier durcheinanderbringt. Der Hund ist nun mal von Gesellschaft abhängig und muß in der Isolation zwangsläufig seelisch verkümmern und neurotisch werden.

Hundegerechte Sauberkeit

Versuchen Sie, den Hund Hund sein zu lassen und nicht nach menschlichen Bedürfnissen »zurechtzubiegen«. Wenn die Pudeldame »Fiffi« wöchentlich mit Deoshampoo gebadet wird, mag das für ihre Besitzerin vielleicht adrett und nützlich sein, weil Teppiche und Polstermöbel sauber bleiben und sie sich auf jeder Gesellschaft mit ihrem »sterilen« Hündchen zeigen kann.

Für »Fiffi« selbst ist diese Prozedur allerdings eine Katastrophe, weil sie dadurch ständig ihre Identität verliert. Zu häufiges Baden beseitigt nicht nur den vor Krankheitserregern schützenden Hautfilm, sondern beraubt sie auch ihres so tollen Eigengeruches, aufgrund dessen sie in Gesellschaft von ihresgleichen akzeptiert und verehrt wird. Das wöchentliche Bad hat »Fiffi« zu einem für andere Hunde undefinierbaren »Neutrum« degradiert!

Die Bedeutung der geopathogenen Zonen

Darunter versteht man überall auf der Erde vorkommende Kraftfelder, die auf verschiedene Weise entstehen und mit deren Auswirkungen sich die Wissenschaft der Radiästhesie auseinandersetzt.

Der sensible Radiästhet ist in der Lage, diese Energien mittels verschiedener Werkzeuge zu »muten«. Dazu gehören beispielsweise die Wünschelrute (aus biegsamem Holz, Metall, Kunststoff) und das Pendel. Heute werden auch schon spezielle elektronische Geräte angeboten. Manche »spüren« einfach durch ihre Hände hindurch.

Wie auch immer – auch die moderne Baubiologie nimmt sich vermehrt dieser Phänomene an, weil die »Erdstrahlen«, wie sie im Volksmund einfach genannt werden, Mensch und Tier erheblich beeinflussen können.

Was versteht man konkret unter geopathogenen Zonen?

Wasseradern: Fließendes Wasser erzeugt ein Energiefeld, das, auch wenn es sich tief unter der Erde befindet, an der Erdoberfläche gemutet werden kann.

Hartmann-Gitternetz: Dieses überzieht als Globalgitternetz die ganze Erde in den Richtungen Nord-Süd und Ost-West.

Curry-Gitternetz: Jenes überzieht die Erde in den Zwischenhimmelsrichtungen (also NW-SO usw.). Das Globalgitternetz ist für die Erhaltung des Erdmagnetismus unerläßlich.

Tektonische Verwerfungen: Darunter versteht man ganz allgemein Verschiebungen und Brüche innerhalb der Erdkruste.

Die erwähnten Kraftfelder, die nun in solchen Bereichen entstehen, sind nicht grundsätzlich schädlich, wirken sich aber bei vielen Menschen und Tieren gesundheitsschwächend aus. Eine jahrelange »Verstrahlung« kann die beste Konstitution untergraben. Entscheidend ist letztlich die *Dauer* der Belastung.

In der Natur gibt es Strahlensucher und Strahlenflüchter: Der Mensch und der Hund gehören zu letzteren, während z.B. Katzen oder Wassergeflügel zu den Suchenden zählen.

Wird nun ein Mensch oder ein Hund durch irgendwelche äußeren Umstände gezwungen, den Großteil seines Lebens an einem solch belasteten Platz zu verbringen – meist ist es der Schlaf- oder Arbeitsplatz –, muß man mit gesundheitlichen Schäden oder deren Verkomplizierung rechnen. Da gibt es Beispiele genug, wo Menschen oder auch ganze Familien trotz bester ärztlicher Behandlung dahinsiechen.

Wohl gibt es individuelle Unterschiede, was die Empfindlichkeit betrifft. Nachgewiesenermaßen betroffene Orte sollten jedoch gemieden werden. Sogenannte »Abschirmungsgeräte«, wie sie teuer verkauft werden, helfen nicht immer. Einzig und allein Kristalle (z.B. der Bergkristall) können die Wirkung der Strahlen etwas lindern, indem sie sie umlenken.

Zu den in der Natur vorkommenden Strahlen gesellt sich in unserer technisch so perfekten Zeit der Elektrostreß oder Elektrosmog. Heimcomputer, Fernseh- und Videogeräte, Küchengeräte, Fax, Kopierer, Funk, Telefon, Kabel und Steckdosen, Überlandleitungen, Sicherungskästen usw. haben Besitz von uns ergriffen. Die Folgen sind Unruhe, Nervosität, Schlaflosigkeit, Neurosen und gesundheitliche Belastungen.

Ein Hund, der zu Füßen seines Herrn in einem solchen Kabelwirrwarr seinen Platz zugewiesen bekommt, kann möglicherweise zum Neurotiker oder zumindest zum »Zappelphilipp« werden.

Die Krankheitsbilder

Die Vorgehensweise

1. Der besseren Übersichtlichkeit wegen werden die in diesem Buch erwähnten Krankheitsbilder nach dem Schema »Kopf zu Fuß« geordnet. Wenn möglich, werden die Richtungen »von oben nach unten« und »von vorne nach hinten« eingehalten.

2. Zu Beginn erfolgt zunächst die »Übersetzung« aus der Organsprache. Anhand der Symbolik gilt es zu erkennen, welch tieferer Sinn sich hinter der Funktion eines Organs oder Gewebes verbirgt. Die rein oberflächliche Betrachtung der Körperfunktionen reduziert die biologischen Vorgänge auf mechanistische Abläufe.

3. Der geistige Hintergrund, die »Idee« einer Erkrankung, führt uns in den Bereich des klaren Überschauens und Erkennens der Zusammenhänge, die zur Krankheit geführt haben. Wir lernen Verständnis und Zustimmung zu den Lernaufgaben, die im wesentlichen den »Sinn« einer Erkrankung ergeben.

4. Das äußere mögliche Erscheinungsbild am Tier steht als nächstes im Vordergrund. Wir versuchen als Betrachter zunächst einmal, einen groben Überblick über die vorhandenen Veränderungen am Tier (Symptome) zu bekommen. Dazu bedarf es einer erweiterten Beobachtungsgabe; nehmen Sie sich ein bißchen Zeit, um begreifen zu können.

5. Versuchen Sie, aus der Summe der Phänomene ein komplettes verwertbares **Krankheitsbild** (KHB) zusammenzustellen. Dazu zählen der Vollständigkeit halber noch folgende Punkte:
- Wo und was kann ich an meinem Hund konkret beobachten (Lokalisation, Ort der Beschwerde)? Z.B.: »Benno« schüttelt in letzter Zeit öfter den Kopf und kratzt sich häufig am rechten Ohr.
- Wie mag das Tier die Veränderung wohl empfinden (z.B. schmerzhaft, brennend, juckend)? Dies ist beim Tier natürlich schwieriger zu objektivieren als beim Menschen. In unserem Beispiel besteht wahrscheinlich Juckreiz.
- Was sind wohl die Ursachen, die auslösenden Faktoren? Dies ist vom Laien oft nicht festzustellen. Nach fachmännischer Untersuchung stellt sich heraus: »Benno« hat Ohrmilben.
- Gibt es möglicherweise Bedingungen, unter denen sich die Symptome verändern bzw. verbessern oder verschlechtern (Modalitäten)? In unserem Beispiel zeigt »Benno« an kühlen Tagen eine Erleichterung, d.h. kaum Juckreiz.

6. Nun vergleichen Sie Ihre gesammelten persönlichen Beobachtungen mit den im Buch vergleichsweise ähnlich beschriebenen Krankheitsbildern. Sehen Sie im Kapitel »Die Ohren« nach. Dort finden Sie dann, für jedermann leicht nachvollziehbar, die Beschreibung des objektivierbaren Befundes, die Diagnose und die Therapievorschläge.

7. Diese Therapievorschläge sind so ausgewählt und zusammengestellt, daß sie die Entscheidung erleichtern:
L: Diese Heilverfahren können auch vom Laien gefahrlos – zumindest unterstützend – angewandt werden.
F: Hierbei handelt es sich um Heilmethoden, die den dazu ausgebildeten Fachleuten vorbehalten sind.

8. Es ist natürlich klar, daß mehrere Heilmethoden kombiniert werden können, wenn es sinnvoll erscheint. Es wird im einzelnen auch immer wieder darauf hingewiesen.

9. Nochmals möchte ich betonen, daß es sich bei den angebotenen Heilverfahren um *Vorschläge* handelt und nicht unbedingt um endgültig bindende Maßnahmen! Das weite Feld der Möglichkeiten zu heilen bietet uns die Freiheit der Entscheidung, gemäß unserem Gefühl und unserer Intuition das Richtige auszusuchen. Der Erfolg der gewählten Maßnahmen spiegelt sich stets im zunehmenden Wohlbefinden unserer Patienten wider.

Setzen wir den Leitspruch HAHNEMANNS an die Spitze unserer Entscheidungen: Aude sapere! Was soviel heißt wie: Wage, selbständig zu denken!

Die Augen
Die Symbolik

Das Auge als Sinnesorgan ist vermittels seiner fein abgestimmten Optik in der Lage, Lichtstrahlen zu bündeln und, je nach deren Intensität, ein buntes (Tag-)

Die Anatomie des Auges

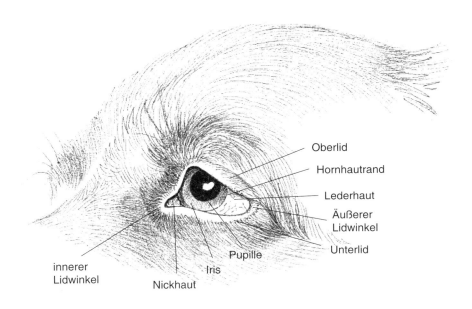

Bild oder graues Hell-Dunkel- (Dämmerungs-, Nacht-) Bild zu vermitteln. Die mehrfach gefilterten und optisch »zurechtgerückten« Bilder aus der Umgebung gelangen mittels des Nervus opticus (Sehnerv) zu den entsprechenden Sehfeldern in der Großhirnrinde.

Hier entwickelt der Betrachter ein subjektives Bild seiner Umgebung. Dieses entscheidet über seine persönliche Orientierung als Subjekt in einer objektiven Welt. Dies löst Emotionen und Handlungen aus, die für das Individuum Konsequenzen haben: Zum einen die ganz persönliche, für das Individuum charakteristische Reaktionsweise, die überlagert wird vom kollektiven Handlungsmuster, das, für die Art typisch, speziell in dieser Situation gilt.

Die Augen formen das Weltbild, sie begrenzen unsere Sichtweise oder erweitern sie, je nachdem, wie wir sie einsetzen. Sie helfen dem Individuum, sich in der unmittelbaren Umgebung zu orientieren, und schärfen die Einsicht, so oder so zu reagieren.

Hundeaugen haben einen Aktionsradius von 25 bis 30 Metern, innerhalb dessen sie scharf sehen. Bis etwa 100 Meter können sie noch Details wahrnehmen, aber nicht mehr konkretisieren.

Die Farbempfindung ist von Rasse zu Rasse verschieden. Einige sehen auch Schwarz-Weiß (Samojeden, Neufundländer), andere nur in ihrem persönlichen Farbspektrum. Jagdhunde sind beispielsweise auf Braun fixiert, Schäferhunde auf Grün und Gelb.

Der geistige Aspekt

Ganz allgemein könnten die Hintergründe für Augenkrankheiten sein:
- Das Individuum hat etwas für seine Persönlichkeitsentwicklung Wichtiges auf seinem bisherigen Lebensweg übersehen oder hat absichtlich weggesehen, wo es notwendig war, eine Korrektur vorzunehmen (Weit- oder Kurzsichtigkeit, Akkomodationsprobleme, Hornhauterkrankungen).
- Verdunklung des Gesichtsfeldes aufgrund anderer übermächtiger Persönlichkeiten bzw. Unvermögen, die »lichten« Seiten des Lebens wahrzunehmen (Erblindung, Grauer Star).
- Reizzustände (Entzündungen) am Auge erklären sich durch Umwelteinflüsse, die das Individuum in seiner Betrachtungsweise irritieren und verunsichern. Das Individuum hat Probleme, klar zu trennen, was gut oder schlecht für es ist.
- Aufgezwungene Verhaltensmuster führen zu Netzhauterkrankungen.
- Grüner Star: Das Individuum wird am persönlichen Ausdruck gehindert.

Die Ursachen

Das Auge als Grenzobjekt bzw. verbindendes Sinnesorgan zwischen der rauhen Umwelt und dem hochspezialisierten Gehirn ist zum einen vielerlei Gefahren von außen ausgesetzt. Aber auch innere Erkrankungen können auf die Augen übergreifen.

Äußere Ursachen:
- thermische Reize: Kälte, Hitze, Wind;
- aktinische (Strahlen-)Reize: Sonnenlicht, UV-Strahlen, Ozon;

- Verletzungen durch Grannen, Glas- oder Metallsplitter, Krallen, Zweige, Staub, Schläge u. ä.;
- allergische und infektiöse Reize: Pollen, Staub, Bakterien, Viren, Parasiten;
- Sehmuskelschwäche;
- chemische Reize: Verätzungen.

Innere Ursachen:
- Augenerkrankungen als Begleitsymptom einer Allgemeininfektion (Staupe, H.C.C.);
- Stoffwechselkrankheiten und Mangelzustände (Grauer Star in Verbindung mit Eiweißstoffwechselstörung; Nachtblindheit durch Vitamin A-Mangel);
- Übergreifen raumfordernder Prozesse (Tumoren) aus dem Schädelbereich (Gehirn, Kiefer);
- Erbmängel können zu Blindheit führen.

Die Krankheitsbilder

Viele Augenerkrankungen sind schon äußerlich in der Umgebung wahrnehmbar durch
- Ausfluß, der frisch oder eingetrocknet sein kann (wäßrig-serös, schleimig-grau oder eitrig-gelb),
- Sekretrinnen, wenn der Ausfluß schon lange andauert,
- Farbveränderungen am und im Auge,
- Lage- und Formveränderung des gesamten Augapfels,
- Lichtscheu,
- verändertes Benehmen.

Augensalbe oder Augentropfen werden so in den Bindehautsack verabreicht.

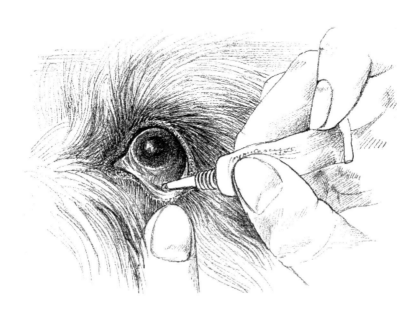

Die Sehkraft des Tieres kann jeder Laie ganz einfach überprüfen, indem er das Tier zum Beispiel gegen ein Hindernis führt und seine Reaktionen beobachtet: Unsicherheit, Ängstlichkeit, Anrennen, Tolpatschigkeit u.a. sprechen oft für eine Veränderung des Sehvermögens. (Als weitere Ursachen kommen noch Störungen des Gleichgewichtsorgans oder anderer Bereiche des Zentralnervensystems in Betracht.)

Entzündungen im Augenbereich äußern sich mitunter sehr schmerzhaft oder verursachen Juckreiz, der das Tier zu Abwehr- und Kratzbewegungen veranlaßt. Im Zuge von Verletzungen am Auge oder fortgeschrittener Entzündung kann zusätzlich Blut aus dem Auge treten.

Zur genauen Abklärung des Falles ist im allgemeinen ein/e Fachmann/frau zu Rate zu ziehen. Gerade die Augendiagnostik bedarf großer Erfahrung, und um Spätschäden zu vermeiden, sollte der Gang zum Tierarzt nicht gescheut werden.

Augenlider

Sie schützen die Augen weitgehend vor Verletzungen und verteilen mittels ihres Lidschlages die überaus wichtige Tränenflüssigkeit über die Hornhaut, was diese vor der Austrocknung bewahrt. Am Lidrand sitzen Talgdrüsen, die sogenannten Meibomschen Drüsen, deren Sekret (»Augenbutter«) die Reibung zwischen den Lidern und der Lidbindehaut verringern soll.

Verletzungen der Lider müssen meist genäht werden, will man spätere Komplikationen wie unvollständigen Lidschluß, Narbenzug u.dgl. vermeiden. Auffälligstes Symptom einer Verletzung ist eine Lidschwellung. Diese wiederum kann aber auch hervorgerufen werden durch eine Entzündung des Augenlids (Blepharitis) oder der Bindehaut (Konjunktivitis), ein Lidödem (Flüssigkeitsansammlung) infolge Herzinsuffizienz, infektiöser oder allergischer Ursachen oder auch Mineralstoffmangel (Kalzium, Natrium).

Symptome: Das ganze Auge wirkt mehr oder weniger verquollen, Ausfluß kann dabeisein, vielleicht auch Blut. Blinzeln und Lichtscheue (Photophobie) kommen bei starker Reizung noch hinzu, auch Tränenfluß ist möglich. Die betroffenen Hunde sind mitunter sehr unruhig, reiben das Auge ständig mit der Pfote oder an Gegenständen. Sind große Schmerzen vorhanden, gibt es heftige Abwehrbewegungen, wenn man das Auge untersucht.

Therapie:
- Heiße Schwellungen versorgt man gut mit kalten Kompressen, die man in kaltem Augentrosttee oder Eibisch-Mazerat tränkt.
- Kalte Schwellungen benötigen warme Kompressen, die man mit warmen Aufgüssen von Augentrost, Zinnkraut oder Goldrute bereitet.

Die Kompressen können mehrmals täglich, bei geschlossenen Lidern, aufgelegt werden.

Zusätzlich helfen homöopathische Mittel:
- Arnica D6 oder Bellis perennis D4 nach Verletzungen.
- Euphrasia D4 beruhigt ganz allgemein schmerzhafte Reizzustände am äußeren Auge,
- Mercurius sol. D12 bei beginnender Eiterung und vornehmlich nächtlichen Schmerzen.
- Hepar sulfuris D12 folgt, wenn die

Eiterung schon länger andauert. Dazu kommt oft Kälte- und Berührungsempfindlichkeit, das eitrige Sekret kann nach altem Käse riechen.
- Psorinum D30 kann als Zwischengabe in verschleppten Fällen die Heilung beschleunigen.
- Graphites D12 gibt man bei honigartigen Absonderungen und sehr trockenem Lidrand.
- Acidum nitricum D12 ist bei Blutungsneigung angebracht.

Das geschwollene Lid kann mehrmals täglich mittels eines mit Erste-Hilfe-Tropfen getränkten Wattebausches behandelt werden.
Auch Reiki, öfter am Tag, kann ganz hilfreich sein und den Schmerz lindern.

Hordeolum (Gerstenkorn) ist eine hirsekorn- bis erbsengroße Abszeßbildung im Bereich der Meibomschen Drüsen, die sehr schmerzhaft ist.

Chalazion (Hagelkorn) ist eine kleine, harte Schwellung besagter Drüsen infolge chronischer Entzündung.

Therapievorschläge:
- Heiße Kompressen mit Aufgüssen von Wilder Malve oder Zinnkraut beschleunigen das Reifen und die Resorption des Prozesses.
- Pulsatilla D12 und Echinacea D4 räumen mit dem Gerstenkorn auf.
- Hepar sulfuris D12 und Staphisagria D12, alle 12 Stunden im Wechsel, empfehlen sich bei Hagelkorn.

Lidbindehaut (Konjunktiva)

Sie ist eine Schleimhaut, die die Innenfläche der Lider und die Vorderfläche der Lederhaut überzieht. So entsteht ein halbringförmiger spaltförmiger Hohlraum, der Bindehautsack. Durch die Bindehaut wird das reibungslose Gleiten und Bewegen des Augapfels unter den Lidern möglich. Ihr Sekret enthält viele Immunzellen und hat Einfluß auf Menge und Zusammensetzung der Tränenflüssigkeit. Die ebenfalls von ihr gebildete Nickhaut (3. Augenlid) schützt den Augapfel zusätzlich und beteiligt sich an der Verteilung der Tränenflüssigkeit.

Die häufigsten Erkrankungen in diesem Bereich stellen die diversen Entzündungen dar, die nach verschiedenen Gesichtspunkten eingeteilt werden:
- Der primäre Bindehautkatarrh ist eine eigenständige Erkrankung, hervorgerufen durch Reize (mechanisch, thermisch, infektiös, aktinisch) aus der Umwelt.
- Der sekundäre Bindehautkatarrh ist die Folge einer anderen übergreifenden Erkrankung.
- In der Zeitqualität differenziert man zwischen akutem und chronischem Bindehautkatarrh.
- Eine weitere Differenzierung kann nach den auslösenden Ursachen und dem Aussehen erfolgen (z.B. Konjunktivitis catarrhalis, purulenta, sicca, follicularis etc.).

Die Bindehautentzündung (Konjunktivitis) hat oft ein ganz verschiedenes Aussehen, und gerade das mag uns an dieser Stelle als Betrachter interessieren und zur richtigen Therapie führen. Die gesunde Lidbindehaut erscheint uns blaßrosa, glatt und glänzend.
- Weiß wie Porzellan stellt sie sich bei Blutarmut, wie etwa im Falle von Blutungen oder Anämie und auch beim Kreislaufkollaps dar.

- Gelblich zeigt sie sich bei Lebererkrankungen oder Zerfall der roten Blutkörperchen, man spricht dann vom Ikterus (Gelbsucht).
- Grau verwaschen wirkt die Bindehaut in Verbindung mit Vergiftungsgeschehen.
- Livid (bläulich-rot) ist die Farbe im Zuge von Kreislaufinsuffizienz und von Durchblutungsstörungen.
- Zyanotisch (schmutzig-blau) veränderte Bindehaut ist ein sehr bedenkliches Zeichen, weil aufgrund hochgradiger Sauerstoffarmut die Gefahr des Ablebens besteht.
- Rot in verschiedenen Schattierungen wird die Bindehaut im Stadium der Entzündung. Daneben erkennt man oft eine verstärkte Injektion, also ein deutlicheres Hervortreten der Blutgefäße.

Zur Beurteilung der Entzündung betrachten wir also die Farbe der Bindehaut und des evtl. vorhandenen Sekrets:

1. Seröser (wäßriger) oder seromucöser (mit etwas Schleim vermischter) Augenausfluß, mitunter reichlich Rötung und Schwellung der Bindehaut, Lichtscheue: **akuter Bindehautkatarrh.**

Therapie
- Kalte Kompressen mit Augentrost.
- Aconitum D30 heilt eine Entzündung, wenn in der Vorgeschichte kalter Wind, Luftzug (z.B. nach einer Autofahrt) oder ein Fremdkörper auftaucht.
- Belladonna D30 bei Katarrh infolge von grellem Licht und intensiver Sonnenbestrahlung oder anderer Noxen, die grundsätzlich mit einer Überreizung einhergehen. Auffallend ist die Heftigkeit der Entzündung und die Lichtscheue. Die Bindehaut ist relativ trocken und verursacht dadurch heftige Schmerzen und Unruhe.
- Apis D4: Die Lider sind auffallend geschwollen und stark berührungsempfindlich, weil das Tier unter stechenden Schmerzen leidet. Das Tier ist sehr unruhig und hat auffallend wenig Durst.
- Allium cepa D4 hat reichlich Tränensekret und zusätzlich scharfen Nasenausfluß im AMB. Die mitunter allergisch bedingte Konjunktivitis bessert sich im Freien und an der kühlen Luft.
- Euphrasia D4 ist eines der wichtigsten Mittel der akuten Konjunktivitis, auch wenn diese allergisch bedingt ist. Der reichliche und zeitweise heftig überschießende Tränenfluß ist scharf und teilweise schleimig. Auch aus der Nase des Patienten kommt dickes, schleimiges Sekret.
- Euphorbium D4 hilft in Verbindung mit starkem Juckreiz und Trockenheitsgefühl, was den Hund dazu veranlaßt, daß er ständig das Auge mit der Pfote oder am Boden reibt. Zugleich besteht ein starker, schleimiger Schnupfen mit heftigem Niesreiz.
- Sabadilla D6 hilft, wenn sich der Tränenfluß bei der Bewegung im Freien und im Licht verschlimmert.
- Gut ist auch die mehrmalige Anwendung von Augentropfen, die folgendermaßen zusammengesetzt sein können: Belladonna D30 und Euphrasia D4. Sie werden in den unteren Bindehautsack eingebracht.
- Ein lauwarmes Augenbad mit den Bach-Blüten Crab Apple, Holly und Impatiens beschleunigt den Heilungsprozeß. Ebenso Reiki oder die Bestrahlung mit Gelbem Licht.

2. Schleimiges, mitunter recht zähes Sekret, mäßig gerötete und verdickte, grob gefaltete Lidbindehaut sind die Anzeichen eines **chronischen Bindehautkatarrhs**. Er entwickelt sich aus der nicht geheilten akuten Form oder ist oft Begleitsymptom einer Allgemeinerkrankung oder vergesellschaftet mit anderen Prozessen im Bereich des äußeren Auges. Aufgrund des lange bestehenden Ausflusses zeigt sich mit der Zeit eine Sekretrinne und eventuell ein Lidrandekzem.

Therapie
- Warme Kompressen mit Augentrost.
- Arnica D6 oder D30 im akuten bzw. chronischen Stadium, wenn eine Verletzung und damit eventuell ein Bluterguß im Lidbereich vorliegt.
- Rhus toxicodendron D6 hat Nässe und Kälte im AMB. Auffallend sind die Lichtscheue, der Juckreiz und die schleimig-eitrige scharfe Absonderung. Das Auge kann total verschwollen sein.
- Mercurius solubilis D12 tritt recht dramatisch in Erscheinung: Lider und Lidrand sind geschwollen, dazwischen quillt Schleim und Eiter hervor. Auch die Hornhaut kann mit entzündet sein. Licht ist unerträglich, das Augenlid wird deshalb krampfhaft verschlossen. Der Tränenfluß ist scharf und hinterläßt oberflächliche Erosionen.
- Argentum nitricum D12 läßt die Bindehaut scharlachrot erscheinen, der Ausfluß ist mild und eitrig.
- Pulsatilla D12 ist ein wichtiges Mittel bei vielerlei Erkrankungen im Bereich des äußeren Auges. Auffallend ist das Bedürfnis, ständig die Augen zu reiben, weil ein trockenes, brennend-stechendes Gefühl besteht. Der reichliche meist gelb-grünliche Ausfluß verstärkt sich im warmen Zimmer. Mitunter ist zugleich ein Gerstenkorn (siehe dort) vorhanden.
- Graphites D12 hat ähnliche Erscheinungen, die Tränen sind jedoch scharf. Helles Licht wird nicht vertragen. Oft vergesellschaftet mit einem trockenen Lidekzem.
- Petroleum D12 sieht auf den ersten Blick ähnlich aus, aber meist in Kombination mit einem schuppigen Lidrandekzem.
- Lycopodium D12: Die gerötete Bindehaut sieht aus »wie ein Stück rohes Fleisch«. Die Eiterabsonderung kann reichlich sein. Es besteht eine besondere Überempfindlichkeit gegenüber Licht.
- Sulfur D30 bietet sich oftmals in jenen Fällen an, wo schon antibiotisch vorbehandelt wurde. Der Lidrand ist auffallend gerötet. Das Auge brennt, die Tränen sind scharf, und es besteht Lichtscheue.
- Das Augenbad mit den Bach-Blüten, Reiki und die Bestrahlung mit Gelblicht gelten hier genauso wie beim Akutfall.

3. Gelb-eitriger Ausfluß, der die Wimpern verklebt, Lidschwellung und starke Lichtscheue sowie gestörtes Allgemeinbefinden mit Fieber deuten auf die **eitrige Bindehautentzündung**. Der Prozeß erfaßt mitunter auch das Lid und die Hornhaut. Eiterbakterien nach viralen Infektionen und auch Pilze werden dafür verantwortlich gemacht.

Therapie
- Warme Augenbäder mit Eibisch werden als sehr wohltuend empfunden.
- Echinacea D4 regt ganz allgemein auch die Immunzellen am Auge an.
- Kalium bichromicum D12 ist bekannt

für seinen zähen gelben Schleim. Auch die Augenlider sind geschwollen und brennen. Mitunter besteht gleichzeitig ein Hornhautgeschwür mit Substanzverlust.
- Hepar sulfuris D12 ist charakterisiert durch Schmerz-, Kälte- und Berührungsempfindlichkeit. Das Auge selbst ist noch dazu lichtempfindlich.
- Argentum nitricum D12 wurde schon erwähnt.
- Die Gelblichtbestrahlung bringt auch hier Linderung.

4. Anhaltende chemische und mechanische Reize, wie Rauch, Staub, Zugluft, Insekten u. ä., führen über die chronische Entzündung hinaus zu einem deutlich sichtbaren Anschwellen der Lymphfollikel an der Innenfläche der Nickhaut. Man erkennt stecknadelkopfgroße, glasige Knötchen in diesem Bereich, die Bindehaut ist gerötet, juckt, und es entleert sich serös-schleimiges Sekret mit dem vermehrten Tränenfluß. All diese Erscheinungen ergeben das Bild des **Follikelkatarrhs**.

Therapie
- Eine warme Kompresse mit Calendula- und Echinacea-Tinktur (im Verhältnis 1:1 gemischt), auf 1:5 verdünnt, mehrmals aufgebracht, wirkt primär abschwellend.
- Die bewährten homöopathischen Mittel sind Argentum nitricum D12, Rhus toxicodendron D12, Sulfur D30, Psorinum D30 und Tuberculinum D30. Die letzten 3 Mittel werden nach konstitutionellen Anlagen verordnet (siehe S. 254).
- Die Gelblichtbestrahlung wird ebenfalls empfohlen.

5. Bei Jungtieren mancher Hunderassen beobachtet man mitunter einen Nickhautvorfall mit vermehrtem Tränenfluß. Diese Vorwölbung des 3. Augenlids ist Leitsymptom der **Nickhautdrüsenhyperplasie** und betrifft vornehmlich Boxer, Rottweiler, Collies, Spaniel, Malteser und Zwergpudel.

Therapie
- Um die oft notwendige Operation zu umgehen, kann man konsequente Gelblichtbestrahlungen versuchen. Nach 2 bis 3 Wochen kann Ausheilung eintreten.

Tränenapparat

Er besteht aus dem tränenabsondernden Teil (der im oberen Lidbereich angesiedelten Tränendrüse, den Tränendrüsen der Bindehaut und der Nickhautdrüse) sowie dem tränenabfließenden Teil (den Tränenpünktchen, die in die Tränenröhrchen und diese wiederum in den Tränensack münden. Aus diesem zieht der Tränennasengang in die Nasenhöhle).

Die salzhaltige Tränenflüssigkeit enthält bakterizide, viruzide und auch fungizide Stoffe und schützt die Hornhaut vor Austrocknung. Die mittels Lidschlag über die Hornhaut in den inneren Augenwinkel beförderte Flüssigkeit fließt dann über den beschriebenen Weg in den Tränennasengang ab und mündet größtenteils in der Nähe der Nasenlöcher. Abflußbehinderungen auf diesem Wege müssen mechanisch, d.h. mittels spezieller Sonden, geklärt werden.

Ein **Mangel an Tränenflüssigkeit** durch Unterfunktion der diversen Tränendrüsen birgt die Gefahr der Austrocknung der Hornhaut und Bindehaut und kann zu schweren entzündlichen Veränderungen (siehe Keratokonjunktivitis sicca) in diesen Bereichen führen.

Therapie
- Das homöopathische Organpräparat Glandula lacrimalis (Wala) 2mal wöchentlich und Natrium muriaticum D30 (oder höher) können hier Abhilfe schaffen.
- Zusätzlich empfiehlt es sich, mehrmals täglich eine 0,5%ige Kochsalzlösung auf die Hornhaut aufzubringen, um diese vor der Austrocknung zu schützen.
- Dazwischen sind auch Vitamin-A-Tropfen oder -Salben gut, vor allem, wenn schon Hornhautdefekte bestehen.
- Unterstützend denken wir wieder an die Gelblichtbestrahlung, die die Drüsentätigkeit anregt.

Übermäßiger Tränenfluß (Epiphora) wird natürlich auch als unangenehm empfunden und sollte nicht unberücksichtigt bleiben, da es durch Abwehrmaßnahmen seitens des Tieres zu Verletzungen oder Infektionen kommen kann.

Therapie
- Euphrasia D4 nach Wind und Luftzug.
- Staphisagria D12 nach grellem (Sonnen-) Licht.
- Apis D4 bei allergischer Reaktion.

Ein eventuell entzündlich veränderter und dadurch verengter Tränenkanal führt zum Tränenstau, dadurch zur bakteriellen Ansiedlung und schließlich zur **Dacryocystitis (Tränensackentzündung)**. Sie ist meist mit einem chronischen Bindehautkatarrh vergesellschaftet und durch eine Schwellung unter dem inneren Augenwinkel zu diagnostizieren.

Therapie
- Warme Kompressen mit Augentrost sind hilfreich.
- Euphrasia D4: Der scharfe Ausfluß ist klebrig und zähflüssig. Die Absonderung aus der Nase ist dünn und nicht scharf.
- Hepar sulfuris D12: Aus dem Tränensack entleert sich, vornehmlich auf Druck, eitriges Sekret. Das Tier ist an dieser Stelle äußerst berührungsempfindlich.
- Mercurius solubilis D12: Ebenfalls etwas eitrig, das Tier ist vor allem nachts sehr unruhig,
- Stannum metallicum D12, D30: Die gelblichen Absonderungen kommen schubweise zum Vorschein und verursachen heftigen Juckreiz.
- Die Bestrahlung mit gelbem Licht kann auch in diesem Fall zum Einsatz kommen.

Hornhaut

Die durchsichtige Hornhaut (Cornea) des Auges ist wie ein Uhrglas in die Lederhaut eingepflanzt und enthält keine Blutgefäße. Sie wird mittels Diffusion aus der Umgebung (Randschlingennetz, Tränenflüssigkeit und Kammerwasser) versorgt und ihr Zustand ist somit abhängig vom entsprechenden Flüssigkeitsangebot.

Die Oberfläche der gesunden Hornhaut ist glatt und glänzend. Aufgrund ihrer exponierten Lage ist sie naturgemäß gefährdet durch **Verletzungen**. Je tiefer diese die Hornhaut schädigen, desto dramatischer sind die Folgen. Metall- oder Glassplitter, Krallen, Zweige und Nadeln können die Hornhaut mehr oder weniger durchdringen. Von der oberflächlichen Abschürfung bis zur perforierenden Hornhautwunde ist alles möglich. Im letzteren Fall kann das Auge »ausrinnen«, was schwerste Komplikationen im Augeninneren auslöst. Besonders gefürchtet sind rasch einsetzende Infektionen, die das ganze Auge erfassen können.

Kleine Hornhautdefekte heilen im allgemeinen rasch ab. Größere Defekte bedürfen meist einer chirurgischen und medizinischen Versorgung, andernfalls entwickelt sich eine unangenehme Entzündung oder gar ein Geschwür.

Therapie
- Augenbad mit Calendula- und Echinacea-Tinktur (1:5 verdünnt) im Verhältnis 1:1. Dadurch ist ein eventuell vorhandener Fremdkörper leichter zu entfernen.
- Staphisagria D30 sollte das erste Mittel gleich nach Erkennen der Verletzung sein.
- Belladonna D30 bereinigt eine einsetzende Entzündung und löst einen eventuell vorhandenen schmerzhaften Lidkrampf.
- Arnica D6 empfiehlt sich bei oberflächlichen Verletzungen, z.B. infolge eines Schlages, und wenn vielleicht ein Bluterguß im vorderen Augenbereich zu erkennen ist.
- Die guten Notfalltropfen beruhigen, innerlich und äußerlich angewandt, das Gemüt und den »bösen« Insult.

Gelangen chemische Stoffe ans Auge, löst das eine **Verätzung** aus. Säure verursacht eine oberflächliche Gerinnung.

Therapie
- Sofort spülen mit 2%igem Borwasser oder der Tinktur (1:5 verdünnt) von Bellis perennis (Gänseblümchen).
- Mehrmaliges Bestrahlen mit Gelblicht.

Lauge führt zu einer Verflüssigung des Zelleiweißes und zu tiefen **Nekrosen.**

Therapie
- Eine Spülung mit 3%iger Milchsäure oder Kefirmilch wird empfohlen.

Als Nachbehandlung in beiden Fällen empfiehlt sich das Einbringen von Vitamin-A-Tropfen oder -Salbe ins Auge sowie eine homöopathische Behandlung mit Ubichinon comp. (Heel), 2- bis 3mal wöchentlich 1/2 Ampulle.

Eine Trübung der Hornhaut läßt den Verdacht einer **Hornhautentzündung (Keratitis)** aufkommen. Sie läßt sich weiter differenzieren in eine akute oder chronische, nicht-eitrige oder eitrige, oberflächliche oder tiefe Keratitis. Daneben gibt es noch einige speziell definierte Formen, deren Beschreibung der Fachliteratur entnommen werden kann.

Von den vielfältigen Ursachen sollen nur einige hervorgehoben werden:
- Anomalien der Lider und dadurch unvollständiger Lidschluß, Einrollen der Wimpern nach innen;
- Verletzungen aller Art;
- Chemische Insulte;
- Strahlen (UV, Röntgen);
- Ozon;
- Vitamin-A-Mangel;
- Vitamin-B-Mangel;
- Zinkmangel;
- Autoimmunkrankheiten;
- Infektionen (Staupe, H.C.C.);
- aus der Umgebung übergreifende Prozesse.

Im **akuten Stadium** muß man mit heftigen Schmerzen rechnen, vermehrtem Tränenfluß, Lichtscheue und parallel dazu einer Bindehautentzündung. Das Tier ist zumindest irritiert und versucht, mit der Pfote den (vermeintlichen) Fremdkörper zu beseitigen.

Im **chronischen Zustand** fehlt die Heftigkeit der Symptome größtenteils, es zeigt sich mitunter eitriger Ausfluß, eine Trübung der Hornhaut mit einsprossenden Gefäßen und im schlimmsten Fall ein **Hornhautgeschwür (Ulcus).**

Zur Klärung und Therapieeinleitung ist ein/e Fachmann/frau unbedingt notwendig! Auf alle Fälle gilt es zu retten, was noch zu retten ist.

Therapie der akuten Keratitis
- Ist die Ursache eine Verletzung, dann siehe dort.
- Aconitum D30 nach kaltem Wind; der Ausfluß ist klar und spärlich.
- Belladonna D30 nach Strahleneinwirkung; das Auge ist trocken, die Bindehaut rot und entzündet.
- Apis D30 paßt gut im allergischen Geschehen. Die Bindehaut ist hochgradig geschwollen, das Tier wirkt ruhelos.
- Euphrasia D4 bei starkem Tränenfluß.
- Ferrum phosphoricum D12 für nervöse, unruhige Patienten. Die Lider sind geschwollen, es besteht starker Tränenfluß.

Therapie der chronischen Keratitis
- Mercurius bijodatus D30 ist ein gutes Mittel bei der nichteitrigen chronischen Keratitis.
- Arsenicum album D30 hat sich immer wieder bewährt bei chronischen Augenerkrankungen, wo der Patient ein kränkliches Äußeres aufweist. Er ist abgemagert, riecht unangenehm und trinkt Wasser nur in kleinen Schlucken, obwohl er sehr durstig ist. Der Brennschmerz zeigt sich auch in ausgesprochener Lichtscheu, die Tränen sind wundmachend, die Augenlider geschwollen.
- Mercurius solubilis D30 hat ebenfalls die Lichtscheu und die scharfen Tränen im AMB, doch erkennt man schon deutlich die Eiterbildung. Die Bindehaut ist im allgemeinen mit beteiligt, die Lider werden krampfartig geschlossen.

Die Keratokonjunktivitis sicca wurde schon bei den Erkrankungen des Tränenapparats erwähnt. Ursache hierfür ist eine ein- oder beidseitige Erkrankung (oder Rückbildung) der Tränendrüse(n) oder eine Anomalie im Lidbereich. Aber auch eine chronische Schädigung durch Bakterien, Gifte oder Vitamin-A-Mangel können dafür verantwortlich gemacht werden.

Auf der matten Hornhaut haftet ein zähes, pappiges, grau-weißes Sekret, die Bindehaut ist gerötet und faltig verdickt. Die Nasenöffnung der betroffenen Seite zeigt sich trocken, rissig und verkrustet. Lichtscheu, Lidkrampf und Beeinträchtigung des Allgemeinverhaltens sind die Folge. Schließlich kann sich noch ein Ulcus dazugesellen.

Die begleitenden Maßnahmen wurden bereits beim Tränenapparat erwähnt (Seite 94). Wichtig ist auch das oftmalige Eintropfen von Euphrasia-D4-Augentropfen. Zincum metallicum D30 stellt sich als bewährte Indikation dar.

Das Hornhautgeschwür (Ulcus corneae) entwickelt sich i.a. im Anschluß an eine tiefergehende Verletzung oder eine bakterielle Infektion. Es durchläuft mehrere Stadien, und zurück bleibt dann meist eine sichtbare Narbe.

Therapie
- Spülungen mit Echinacea-Tinktur (1:20 mit abgekochtem Wasser verdünnt) verhindern eine weitere Verschlechterung.
- Argentum nitricum D30 bereinigt eitrige Geschwüre; das Auge wirkt trocken.
- Kalium bichromicum D30 zeigt im AMB ein klar abgegrenztes Geschwür mit nur wenig Eiter.
- Sulfur D12 im Anschluß an medikamentöse Unterdrückung der Augenerkrankung. Die Bindehaut ist stark gerötet, der eitrige Ausfluß reichlich.

Die Heilung unterstützt ganz allgemein das Enzympräparat Coenzyme (Heel), 2mal wöchentlich 1/2 Ampulle. Erkrankungen mit Substanzverlust heilen besser, wenn man ein Organpräparat zusätzlich gibt, etwa Cornea suis (Heel).

Die komplette Weißtrübung der Hornhaut bezeichnet man als **Leukom**. Dieses entsteht infolge eines größeren Substanzverlustes auf der Hornhaut. Diese »Mattscheibe« führt zu einer kompletten Sichtbehinderung an dem betroffenen Auge.

Therapie
- Augenbäder mit der Eleutherococcus-Tinktur (1:20 mit abgekochtem Wasser verdünnt) helfen der Hornhaut, sich zu regenerieren. Die Inhaltsstoffe des Eleutherokokk-Strauchs (Taiga-Wurzel, Teufelsbusch) wirken, ähnlich wie die der Echinacea (Roter Sonnenhut), aktivierend auf das Immunsystem.
- Conium D12 oder Croton D6 sind bewährte homöopathische Arzneien beim Leukom.
- Unterstützend empfiehlt sich 2mal wöchentlich Citrokehl (Sanum-Kehlbeck), je 1/2 Ampulle.

Linse

Sie besteht aus den konzentrisch angeordneten Linsenfasern und der Linsenkapsel. Das eiweißreichste Organ des Körpers enthält keine Blutgefäße und Nerven und wird vom Kammerwasser aus durch Diffusion und Osmose versorgt. Als wesentlicher Bestandteil des optischen Apparates übernimmt sie die scharfe Bildeinstellung. Zu diesem Zweck ist sie an kontraktilen Faser- und Muskelelementen aufgehängt.

Die gesunde Linse ist schwach rötlich und durchsichtig. Das teilweise oder gänzliche Undurchsichtigwerden der Linse wird gemeinhein als **Grauer Star (Katarakt)** bezeichnet. Star leitet sich von »Starren« ab. Die Bezeichnung Katarakt ist ein Relikt aus der Zeit, als man noch annahm, daß die Trübung im Bereich der Pupille auf einen Flüssigkeitserguß zurückzuführen wäre. Als Ursachen kommen in Frage:
- eine Eiweißstoffwechselstörung aufgrund übermäßiger Fleischfütterung über viele Jahre hinweg;
- Folgen von Augenkrankheiten (Entzündung der Ader- oder der Netzhaut);
- Hormonstörungen, z.B. seitens der Schilddrüse oder der Nebennierenrinde;
- Auswirkung von Strahlen (Röntgen) oder Ozonbelastung;
- altersbedingte Insuffizienz des Linsenstoffwechsels.

Die **Cataracta juvenilis, der Jugendstar**, erscheint bei ansonsten gesunden Tieren in jugendlichen Jahren, besonders bei Spaniels und Terriern. Dies führt meist zur Erblindung und bedarf frühzeitig einer homöopathischen Behandlung: Silicea D30 sowie Coenzyme (Heel), Lens suis (Heel-Organpräparat) und Citrokehl (Sanum-Kehlbeck), jeweils 2mal wöchentlich 1/2 Ampulle.

Die **Cataracta senilis, der Altersstar**, entwickelt sich meist unbeachtet, der Besitzer merkt nur mit der Zeit, daß der Hund schlechter sieht. Sie tritt etwa ab dem 8. Lebensjahr auf, meist beidseitig, und geht i. a. mit einer Verkalkung der Linsensubstanz einher.

Therapie
Neben der Berücksichtigung der oben angeführten Ursachen und Beseitigung oder Behandlung derselben versuchen wir homöopathisch eine Umstimmung herbeizuführen:
- Causticum D30: Ein kälteempfindlicher Patient, der nebenbei auch zu Muskelrheuma und Neuralgien neigt. Die Augen sind trocken und lichtscheu.
- Naphthalin D12: Wird bei sehr mürrischen Hunden mit einem ausgeprägten »Dickschädel« empfohlen.
- 2mal wöchentlich 1/2 Ampulle Ubichinon (Heel) unterstützt die homöopathische Behandlung, ebenso das Organpräparat Lens.
- 3mal täglich 1 EL vom Enzympräparat Terrakraft rundet das Programm ab.

Eine ganz andere Entstehungsgeschichte hat der **Grüne Star (Glaukom)**, der zu den gefährlichsten Augenerkrankungen überhaupt zählt. »Glaukos« bedeutet im Griechischen blaugrün schimmernd, funkelnd. Einst hielt man den grünen Star für die bösartige Form des grauen Stars. Zusammengefaßt handelt es sich bei diesem Syndrom um eine mehr oder weniger akute Erhöhung des inneren Augendrucks mit entsprechend dramatischen Folgen.

Als Primärglaukom bezeichnet man jede Drucksteigerung mit ihren Folgeerscheinungen, bei der ein offensichtliches anatomisches Abflußhindernis des Kammerwassers nicht unbedingt vorliegen muß. Es entsteht aus sich selbst, ohne vorhergehende Augenerkrankung.

Das Sekundärglaukom entsteht im Zusammenhang mit einer anderen Augenerkrankung, z.B. im Anschluß an eine Linsenluxation, und wird oftmals vom Grundleiden verdeckt.

Die **Symptome** variieren mit dem Grad des Druckanstieges, seiner Dauer und den Ursachen. Folgende Erscheinungen kommen in Betracht:

Das Allgemeinbefinden ist beeinträchtigt; das Tier ist traurig, scheu, zuckt zusammen, wenn man es berühren will. Es versucht ständig, am Auge zu reiben, zwinkert viel und ist lichtscheu. Es besteht ein klarer Ausfluß, die Lidspalte ist evtl. vergrößert, die Bindehaut gerötet und vermehrt durchblutet. Die Hornhaut ist evtl. rauchig trüb, die Iris wirkt samtig verwaschen. Die Pupille ist weit und ohne Reaktion, der Augapfel erscheint vergrößert und hart.

Im schlimmsten Fall kommt es zu irreversiblen Schäden der Netzhaut und des Sehnervs, das Tier erblindet (absolutes Glaukom).

Therapie
- Primäres Glaukom: Der behandelnde Tierarzt wird möglicherweise versuchen, den Parasympathicus zu stimulieren mit Acetylcholin 0,5%ig, direkt aufs Auge, oder Pilocarpin 0,5- bis 2%ig oder Physostigmin 0,5%ig, injizieren. Homöopathisch kann Nux vomica D200 jeden 2. Tag gegeben werden; auch diese Arznei reguliert

den Druck im Auge. Zusätzlich wird noch die Magnetfeldtherapie gute Dienste leisten.
- Sekundäres Glaukom: Bezüglich der Ernsthaftigkeit und der komplexen Zusammenhänge muß die Behandlung dieser Erscheinung dem Tierarzt überlassen werden! Das gleiche gilt für das absolute Glaukom.

Augenhintergrund

Zum Abschluß wollen wir uns noch dem Augenhintergrund zuwenden, der dem medizinischen Laien zwar nicht zugänglich ist, für den die Naturheilkunde jedoch ebenfalls unterstützend eingesetzt werden kann.

Die Netzhaut (Retina) ist u.a. Sitz der Sinneszellen, die als Bestandteile des Sehpurpurs einerseits als Zapfen für das Form- und Farbensehen am Tage und andererseits als Stäbchen für das Dämmerungssehen zuständig sind. Dies wird ermöglicht aufgrund ihres Gehalts an verschiedenen Farbstoffen. Mehr in der unteren Hälfte des Augengrundes gelegen findet man die Papille des Sehnervs (Nervus opticus).

Der Augenheilkundige ist in der Lage, den Augenhintergrund mittels einer Augenlampe (Ophtalmoskop) auszuleuchten und Veränderungen festzustellen. Diese gehen i.a. mit einer mehr oder weniger starken Beeinträchtigung des Sehvermögens einher.

Eine **Netzhautblutung** hat ihre Ursachen in verschiedenen Bereichen, etwa nach einem Unfall oder im Verlauf einer Dicumarolvergiftung. Auch eine Leptospirose, wie sie beim Hund gar nicht so selten ist, kann der Verursacher sein. Die weiteren Komplikationen, die sich daraus ergeben können, sind Netzhautablösung, Erblindung und Glaukom.

Therapie
- Zunächst wird nach Abklärung das Grundleiden behandelt. Parallel dazu empfehlen sich warme Kompressen mit Arnica-Tinktur (1:20 mit abgekochtem Wasser verdünnt).
- Arnica D6 als homöopathische Arznei hilft vor allem dann, wenn der Auslöser eine Verletzung war.
- Bothrops lanceolatus (die Jaracara-Lanzenschlange) in der D200, 1mal wöchentlich einzusetzen im Falle einer Infektion oder Vergiftung.
- Die Magnetfeldtherapie ist auch hier hilfreich.

Die oben erwähnte **Netzhautablösung (Ablatio retinae)** ist natürlich problematisch; doch auch in diesem Fall hat die Naturheilkunde noch Chancen, das Krankheitsbild zu verbessern.
- Cinnamomum-Homaccord (Heel) ist aufgrund seiner Bestandteile in der Lage, die zur Ablösung führenden Sickerblutungen zu stoppen.
- Die Magnetfeldtherapie ist ebenfalls einzusetzen, um den Prozeß aufzuhalten.

Schwerwiegende Erkrankungen in den Bereichen von Hornhaut, Linse, Netzhaut oder Sehnerv können also zur **Erblindung** des Hundes führen. Zwar ist dieser nicht so sehr wie der Mensch auf die Augen als Orientierungsorgane angewiesen, weil er mit einem ausgezeichneten Geruchssinn ausgestattet ist. Trotzdem dürfen wir nicht vergessen, daß ständige Dunkelheit das Wesen und das Gemüt eines Tieres verändert. Es wird sich vielleicht zurückziehen, das Interesse an seiner Umgebung verlieren oder sogar innerlich vereinsamen.

Die körperlichen Funktionen sind zwar nicht beeinträchtigt, aber in einigen Bereichen wird der Hund vom Menschen noch mehr abhängig, als er es schon ist. Somit erscheint es mir wichtig, Augenleiden nie auf die leichte Schulter zu nehmen, sondern in jedem Fall einen fachmännischen Rat hinzuzuziehen.

Die Ohren

Die Symbolik

Der Schalltrichter – bestehend aus der Ohrmuschel und dem äußeren Gehörgang – empfängt die Schallwellen und leitet diese zur »Übersetzung« an die nachfolgenden Mechanismen des Mittel- und Innenohrs weiter. Daneben enthält das äußere Ohr Schutzvorrichtungen, um Störungen der inneren Ohrbereiche weitestgehend zu vermeiden.

Schmutz oder kleine Fremdkörper werden durch feinste Härchen und das bakterizide und fungizide Ohrenschmalz (Cerumen) aufgehalten und nach außen befördert. Zusätzliche Windungen und Vorsprünge im äußeren Gehörgang erschweren dem Eindringling ein Vorwärtskommen. Das letzte Hindernis stellt das Trommelfell dar, dessen Membran die eindringenden Schallwellen an die im Mittelohr sich befindenden Organe der Schallübertragung – Hammer, Amboß, Steigbügel – weiterleitet. Diese Gehörknöchelchen sind miteinander gelenkig verbunden und versetzen ihrerseits wiederum die Mechanismen des Innenohrs in Schwingungen.

Vom Mittelohr führt ein mit sensibler Schleimhaut ausgekleideter Gang – die Ohrtrompete oder Eustachische Röhre – zur Mundhöhle und endet exakt am Übergang derselben in die Rachenhöhle. Die Ohrtrompete sorgt für den notwendigen Druckausgleich bei Veränderungen der Höhenlage und beim Gähnen.

Über ein »Fenster« haben die Schallwellen nun das Innenohr erreicht, in dessen Hohlraum sich einerseits die Sinneszellen des Gehörnervs (Nervus acusticus) befinden, andererseits aber auch jene des Gleichgewichtsorgans. Hier finden wir also zwei wichtige Funktionsbereiche für die Orientierung im Raum.

Das Vorhandensein zweier Ohren ermöglicht prinzipiell den »Stereoempfang« aus zwei Richtungen und somit das umfassende und gerichtete Hören.

So bestehen für das Individuum grundsätzlich zwei Möglichkeiten, das Gehörorgan einzusetzen: oberflächlich in die Welt hineinzuhören, um dazuzugehören, oder genau hinzuhorchen, wenn es um einen ganz persönlich geht. Der Vestibularapparat mit seinen drei Bogengängen (dreidimensional ist unsere Welt) verhilft dem Individuum u. a. dazu, sich gemäß dem Gehörten zu orientieren.

Hunde hören um 25% »weniger« als der Mensch; doch sind sie in der Lage, die Laute exakter zu differenzieren. Ihr Empfang liegt in einem Frequenzbereich von 18 bis 25000 Hz (der des Durchschnitts-Menschen zwischen 12 und 16000 Hz), so daß sie Töne und Geräusche wahrnehmen können, die weit jenseits unseres menschlichen Fassungsvermögens liegen. Die sogenannte »Hundepfeife« in der Abrichtung macht sich diese Eigenschaften zunutze.

Andererseits könnte man sagen, Hunde besitzen die Fähigkeit, »ins Weltall« hineinzuhorchen. Auf diesen Frequenzen empfangen sie Botschaften, die es ihnen u.a. ermöglichen, sich über Hunderte von Kilometern zu orientieren.

Die alltägliche Lärmbelastung durch Autos, Radio und Fernsehen, Maschinen etc. empfinden Hunde noch weitaus gravierender als der Mensch. Großstadthunde erleiden deshalb wesentlich rascher Hörprobleme als Hunde auf dem Land.

»Wer nicht hören will, muß fühlen«, sagt uns eine alte Volksweisheit. Diese Aussage beruht auf dem kosmischen Gesetz von Ursache und Wirkung. Mitunter muß man schmerzlich erfahren, was man auch leichter hätte begreifen können, wenn man beispielsweise auf einen guten Rat gehört hätte.

Das Ohr verbindet alle Geschöpfe mit den Klängen des Universums, die zwar absolut nicht hörbar sind, jedoch ständig unsere astralen Ebenen durchströmen und so ebenfalls zu unserem Wohlempfinden und zu unserer geistigen Entwicklung beitragen. Wer »in sich hineinhorcht«, darf die innere Stimme vernehmen, von der wir wesentliche Impulse für unsere Lebensführung erhalten können.

Der geistige Aspekt

Das Individuum hat es versäumt oder gar abgelehnt, auf seine »innere Stimme«, seine ureigensten Bedürfnisse zu hören. Vielfach werden einem von außen die Ohren verschlossen oder gar »betäubt« mit Meinungen, Vorschriften oder unerfüllbaren Konventionen. Dann verschließt man sich auch gegenüber einem wohlgemeinten Rat oder zieht es vielleicht vor, sich vom Lebensprozeß abzutrennen und nur für sich allein zu sein. Da kann man dann leicht auch die Bitte eines Hilfesuchenden überhören.

Die Krankheitsbilder

Das **Blutohr** tritt häufig bei langohrigen Hunderassen auf und hat zwei Hauptursachen: Im Verlauf von Raufereien oder durch Schläge aufs Ohr oder durch viel Kratzen und Schütteln bei Otitis externa kann es vorkommen, daß Blutgefäße innerhalb der Ohrmuschel platzen und so einen Bluterguß (Hämatom) zwischen Ohrknorpel und Haut hervorrufen können.

Die gesamte Ohrmuschel ist heiß, hängt prall gefüllt herab und zeigt sich rot, später bläulich. Der Hund hält nach der betroffenen Seite den Kopf schief und versucht mitunter durch Scheuern an der Wand oder am Boden, den belastenden Fremdkörper loszuwerden.

Therapie
Keinesfalls darf man in diese Blutbeule hineinstechen oder sie gar aufschneiden, weil man so neue Blutungen und damit eine neuerliche Füllung provoziert. Außerdem wird dadurch die Infektionsgefahr erhöht.

Da ein solchermaßen irritiertes Ohr auch sehr schmerzhaft sein kann, ist die lokale Therapie behutsam durchzuführen.

Die weitere Ausbreitung eines sich bildenden Ohrhämatoms kann durch mehrmaliges Auflegen sehr kalter Wasserkompressen oder solcher mit Eiswürfeln verhindert werden. Ein bißchen beigemengte Arnica-Tinktur unterstützt den abschwellenden Vorgang. Oder die Notfalltropfen! Besteht das Othämatom schon längere Zeit, ändert sich der Behandlungsplan: Ganz vorsichtig wird das Ohr mit einer Salbe massiert, die Ringelblume (Calendula) und Weinraute (Ruta) enthält, je 15 g auf 100 g Salbengrundlage.

Die Eingabe von homöopathischen

äußerer Gehörgang 103

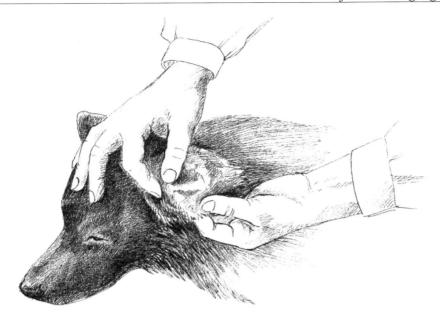

Bei der Untersuchung der Ohren achte man auf Beläge, Geruch, Farbe und (blutige) Kratzspuren.

Mitteln ergänzt: Arnica D6 nur zu Beginn des Geschehens, später wird sie abgelöst durch Ruta D6. Dazu bremst Cinnamomum-Homaccord (Heel) die Sickerblutungen.

Mit etwas Geduld läßt sich das Blutohr auf diese Weise behandeln. Es bleibt zwar eine kleine Unschönheit zurück, aber man erspart dem Patienten eine Operation.

Andere **Verletzungen** am Ohrrand, hervorgerufen durch Kämpfe und Raufereien – es kann auch mal ein Stacheldrahtzaun sein –, erfordern mitunter die Hilfe des Chirurgen, der die Wundränder wieder zusammennähen muß. Andernfalls bleibt zumindest ein Schönheitsfehler zurück.

In Kenntnis des vorangegangenen Geschehens versorgt man zunächst die Wunde mit Notfalltropfen oder verdünnter Arnika-Tinktur. Mit oder ohne chirurgische Versorgung eignet sich zur Nachbehandlung eine Salbe, die Ringelblume und Arnika enthält (z.B. Traumeel-Salbe von Heel).

Die **Entzündung des äußeren Gehörgangs (Otitis externa),** die auch auf die Ohrmuschel oder gar den Ohrrand übergreifen kann, stellt eine häufige und mitunter sehr unangenehme und langwierige Ohrerkrankung beim Hund dar. Aufgrund seiner besonderen anatomischen

Gegebenheiten – ein immer enger werdender gewundener Kanal, der blind endet – ist der Gehörgang vornehmlich bei langohrigen Hunderassen geradezu prädestiniert für Entzündungen aller Art. In diesem feuchtwarmen Hohlsystem kann sich allerhand ansammeln: Schmutz und Staub, Fremdkörper (Insekten oder Teile davon, Gräsergrannen), Milben, Bakterien und Pilze und überschüssiges Ohrenschmalz.

Je nachdem unterscheidet der Kliniker eine Otitis externa acuta, chronica, ceruminosa, purulenta, parasitaria oder mycotoxica.

Einiges an diesen Belastungen kann zwar das Ohrenschmalz klären – es hat auch bakterizide und fungizide Eigenschaften – und die nach außen gerichteten Bewegungen der Flimmerhärchen des Oberflächenepithels. Aber lange Ohren, geschwächte Hautsituation oder schlechte Ohrhygiene führen zur Überlastung des lokalen Abwehrmechanismus.

Dazu ist noch ein anderer Aspekt zu berücksichtigen. Das Ohr dient auch als entlastendes, entgiftendes »Ventil« des Körpers und kann im Bedarfsfall eine Ausscheidungsfunktion übernehmen. **Otorrhoe (Ohrfluß)** ist manchmal die Folge einer Insuffizienz der Leber oder der Nieren oder einer Unterdrückung bestehender Blasenschwäche (-entzündung).

Somit gilt es in jedem Falle abzuklären, ob es sich bei dem Geschehen um eine ursächliche Ohrerkrankung handelt oder ob es nicht doch eine innere Organschwäche anzeigt. Gerade die chronischen Ohrentzündungen liegen zumeist in einer angegriffenen Konstitution begründet und bedürfen einer gründlichen Klärung.

Zur Untersuchung des äußeren Gehörganges benötigt man eine Lichtquelle, am besten ein Otoskop, mit dessen Hilfe man die diversen Erscheinungen am besten beurteilen kann. Bei Verdacht auf Milbenbefall ist die Lampe erst nach dem Einführen einzuschalten, weil sonst die Milben sehr schnell verschwinden und für den Betrachter unsichtbar bleiben.

Je nach dem, was wir im Ohr entdecken, richtet sich die **Therapie.**

● Schmutz, Fremdkörper: Das Ohr riecht normal, das Ohrenschmalz ist vielleicht etwas vermehrt. Mit Olivenöl kann man vorhandene Beläge aufweichen und diese danach mit einer Pinzette oder einem Wattestäbchen entfernen; letzteres dabei nicht zu weit einführen. Besser den Flimmerstrom anregen, indem man 2mal täglich Calendula-Tinktur (1:1 verdünnt) ins Ohr einbringt und dann 1mal täglich reinigt.

● Zuviel Ohrenschmalzproduktion: Ebenfalls mit Calendula-Tinktur reinigen. Die gezielte homöopathische Konstitutionsbehandlung wirkt hier am besten (siehe Konstitutionsmittel, Seite 254). Akupressur: Ohr 2, mehrmals täglich für 1–2 Minuten, reguliert die Ohrenschmalzsekretion.

● Milben, die relativ häufig vorkommen, rückt man mit den ätherischen Ölen von Rosmarin und Eukalyptus im Verhältnis 1:1 gemischt und unverdünnt zu Leibe. Ein wenig davon bringt man 1mal täglich ins Ohr. Auch hier ist an die unterstützende homöopathische Konstitutionsbehandlung zu denken, weil eine diesbezügliche Schwäche auch andere Parasiten begünstigt. Ledum D200 gilt hier als allgemein umstimmendes Mittel. Man gibt alle 4 Wochen davon.

● Neigt das Tier grundsätzlich zum Parasitenbefall, mag ihm auch eine mehr-

äußerer Gehörgang

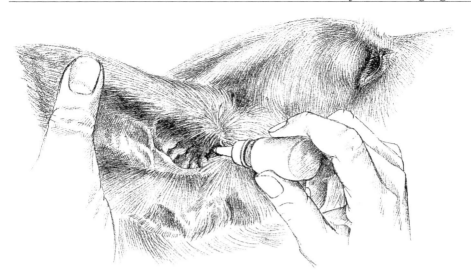

Ohrentropfen werden tief in den äußeren Gehörgang eingebracht und anschließend vorsichtig einmassiert.

mals im Jahr angesetzte mehrwöchige Kur mit der Bach-Blüte Crab Apple helfen, die das Prinzip der Reinheit verkörpert.
● Der Gehörgang ist mit schwarz-braunen Sekretmassen belegt, die Milben sind als helle, bewegliche Punkte zu sehen. Der Juckreiz mag das Tier zum Kratzen verleiten, was zusätzliche Beschwerden bringen kann. Psorinum D200 vierzehntägig kann dann sehr hilfreich sein.

Eine **bakterielle Otitis** erkennt man am hellbraunen Sekret und an der zum Teil erheblichen Schmerzhaftigkeit. Die Patienten sind mitunter sogar in ihrem ganzen Wohlbefinden beeinträchtigt.

Die unverdünnte Echinacea-Tinktur wird zunächst mal zur Reinigung mittels Wattestäbchen eingesetzt. Bewährte homöopathische Arzneien sind:
● Hepar sulfuris D12: Heftige Schmerzen, verbunden mit großer Berührungsempfindlichkeit und Frösteln, charakterisieren dieses Krankheitsbild. Der Ausfluß kann nach altem Käse riechen. Zugleich bestehen auch noch andere Eiterungen oder Hautunreinheiten.
● Mercurius solubilis D12: Der Gehörgang ist erheblich geschwollen und sehr schmerzhaft, was sich nachts und durch Wärme verschlimmert. Der Ausfluß ist blutig, eitrig und übelriechend. Mitunter vergesellschaftet mit einer Mittelohrentzündung.
● Lycopodium D30 oder D200 hilft vornehmlich jenen Hunden, die diesem Arzneityp entsprechen (siehe die Typen, Seite 254). Bevorzugt ist die rechte Seite betroffen, zudem sind

diese Hunde recht geräuschempfindlich, vielleicht auch mürrisch und mißtrauisch. Der Ausfluß aus dem Ohr erscheint hell, dick und etwas blutig.
- Silicea D30 oder D200 entspricht wiederum dem dazu passenden Arzneityp, der in seiner Gesamtheit scheu, unsicher und eigensinnig wirkt. Die dünneitrige Absonderung aus dem Ohr riecht stickig und ist recht scharf, wundmachend. Wärme bessert in diesem Fall.
- Sulfur D30 oder D200: Diese Arznei paßt am besten zu ängstlichen, traurigen und gereizten Einzelgängern, die sich gern in der kühlen frischen Luft aufhalten. Der klebrig-eitrige Ausfluß ist praktisch geruchlos, wohingegen der Hund selbst unangenehm riechende Ausdünstungen haben kann. Im Vorbericht findet sich nicht selten eine medikamentöse Behandlung.
- Kreosotum D12 zeigt tiefgreifende geschwürige und blutende Veränderungen im Gehörgang. Das Ohr riecht eklig.
- Graphites D30 oder D200 drückt sich als nässendes oder trockenes Gehörgangsekzem aus, das auch hinter dem Ohr anzutreffen ist. Juckreiz und honigartige geruchlose Absonderungen sind typisch. Das Mittel paßt am besten zu trägen, gefräßigen, frostigen Naturen.
- Die Bach-Blüten Crab apple und Scleranthus klären derartige Ohrinfektionen innerhalb kurzer Zeit. Unterstützend setzen wir lokal Gelblicht bei Akutfällen ein, rotes Licht im chronischen Geschehen. Ozonisiertes Olivenöl, 2mal täglich ins Ohr getropft, mag bei bakterieller Otitis eine gute Hilfe sein.
- Ein grünlich-schleimiger Ohrfluß zeigt einen Pilzbefall an. Das geruch- und schmerzlose Ohr ist etwas gerötet. Frisch gepreßter Knoblauchsaft auf einem Wattestäbchen ist ein hervorragendes Pilzmittel.
- Pulsatilla D30 oder D200 mag hier ein gutes, konstitutionell umstimmendes Mittel sein, vor allem dann, wenn es sich um eine anschmiegsame, gutmütige, vielleicht etwas launische Hündin handelt.
- Kalium sulfuricum D12 gilt als bewährte Indikation bei der mykotischen Otitis. Typisch ist eine Verschlimmerung des Krankheitsbildes in der warmen Jahreszeit.
- Zur Unterstützung geben wir eine Zeitlang Crab Apple dazu.

Die **Entzündung des Mittelohrs (Otitis media)** ist eine zumeist eitrig verlaufende Erkrankung im Bereich der Paukenhöhle, die sich u. U. auch auf die Umgebung, also das Innenohr oder den äußeren Gehörgang, ausbreiten kann. Auffallend sind die Schmerzen, wodurch der Kopf meist schief getragen und nur wenig bewegt wird. Die Körpertemperatur kann erhöht sein, das Allgemeinbefinden ist sicherlich beeinträchtigt, der Appetit wechselt und wird geringer. Das Hörvermögen läßt nach, und das kranke Ohr ist sehr berührungsempfindlich.

In der Folge kann das Trommelfell aufgrund des ansteigenden Drucks platzen, dann entleert sich meist stinkender Eiter aus dem Gehörgang und verklebt die Haare im Muscheltrichter.

Die Ursachen sind oftmals Perforationen des Trommelfells durch spitze Fremdkörper, eine übergreifende eitrige Otitis externa oder Schläge, seltener sind es vom Rachen über die Eustachische Röhre aufsteigende Infektionen mit Eiterbakterien.

Die Mittelohrentzündung verläuft in verschiedenen Phasen und kann vom Diagnostiker aufgrund der Beobachtung des Trommelfells exakt für die Therapie abgeklärt werden.

Therapie
In der ersten Phase ist das Trommelfell stark gerötet, das Tier schüttelt heftig den Kopf, der noch nicht schief getragen wird.
- Belladonna D30 ist hier das Mittel schlechthin. Das Tier ist sehr unruhig, ängstlich und meidet das Sonnenlicht; überhaupt verschlechtert Wärme den Zustand.
- Chamomilla D4 kommt dann zur Anwendung, wenn die Schmerzen besonders heftig sind und das Tier mit nichts zu beruhigen ist. Wärme wird gut vertragen.
- Die Notfalltropfen und Holly helfen zusätzlich, das Leid zu lindern; ebenso die lokale Bestrahlung mit blauem Licht.
- Akupressur: Ohr 1, mehrmals tgl. für 1–2 Minuten.

Mit zunehmender Verdickung und Gelbwerdung des Trommelfells ändert sich das KHB in der oben beschriebenen Weise.
- Capsicum D6, wenn Berührung schmerzhaft ist; das Trommelfell sieht glasig aus. Die Umgebung des Ohres scheint geschwollen und fühlt sich heiß an.
- Calcium sulfuricum D12 stellt beim Hund eine bewährte Indikation zur Bereinigung einer Mittelohreiterung dar. Der Patient ist zudem recht kälteempfindlich.
- Hydrastis D12 wird dann gegeben, wenn gleichzeitig ein eitriger Katarrh im Rachen und in der Eustachischen Röhre besteht. Typisch ist der faulig anmutende Mundgeruch.

Insgesamt ist es von Vorteil, den Kopf in ein wärmendes Kopftuch einzuhüllen, sofern der Hund die Wärme verträgt.

Die eben beschriebenen Erkrankungen oder auch die **altersbedingte Verkalkung (Otosklerose)** des schalleitenden Apparates, also der beweglichen Elemente Hammer, Amboß und Steigbügel, führen zum allmählichen Verlust des Gehörsinns, zur **Taubheit**. Die ersten Anzeichen sind meist so zu deuten, daß der Besitzer meint, der Hund wird unfolgsam oder starrsinnig (wenngleich sich diese Aspekte nicht ausschließen).

Die Orientierung beim Laufen, vor allem im städtischen Verkehr, leidet darunter und erhöht die Unfallgefahr im Alter. Manche Tiere werden scheu, schreckhaft und unnahbar; vielleicht sogar etwas aggressiv, weil sie nicht mehr wie gewohnt reagieren können. In einzelnen Fällen wird der Hund sich zurückziehen und ist im wahrsten Sinne des Wortes »unansprechbar«.

Die Folgen dieser Verkalkung kann man mit dem homöopathischen Organpräparat Funiculus umbilicalis (Heel) zu lindern versuchen (2mal wöchentlich 1/2 Ampulle).

Einen ähnlichen gehörverbessernden Effekt bietet die Akupressur. Eine zeitweilige Stimulation des Ohr-2-Punktes für jeweils 3 Minuten lichtet die akustischen Blockaden. Bei zunehmendem Gehörverlust spielen wir unserem Hund 2mal in der Woche Musik von G. F. HÄNDEL vor. Seine Musik »erweicht« sich verhärtende Strukturen.

Mundhöhle und Rachen

Die Symbolik

In der Gruppe der Fleischfresser (Carnivoren) nimmt der Hund neben der Katze eine Sonderstellung ein – er durfte treuer Weggefährte des ebenfalls fleisch-essenden Menschen werden. Um seinen Appetit auf eventuell vorbeilaufende Rehe oder Kaninchen zu zähmen, hat die Tiernahrungsmittelindustrie alles Erdenkliche unternommen, um den verschiedenen Geschmacksrichtungen der verwöhnten Hundegaumen gerecht zu werden.

Die ursprüngliche Nahrung des Hundes bestand aus zähen Pflanzenfressern, und deshalb wurde er von Mutter Natur mit entsprechend einsatzkräftigen Kauwerkzeugen ausgestattet. Diese zeigen sich zum einen als drohend-gefährlich bleckende Zähne, zum andern in den überaus kräftigen Kaumuskeln, die z.B. beim Mastino eine Kaukraft bis zu 1200 kg aufbringen können.

Die diversen Speicheldrüsen – unterm Ohr, im Kehlgang, in den Backen – liefern ein seröses oder seromuköses Sekret, den Speichel, dessen Aufgaben darin bestehen, die Mundschleimhaut feucht und schlüpfrig zu halten sowie den gekauten Bissen zu durchfeuchten und ihn für das anschließende Schlucken gleitfähig zu machen.

Nicht viel Zeit blieb den Vorfahren unserer heutigen Schoßhündchen, während sie ihre Beute verzehrten. Zu viele Anwärter waren noch in der Nähe, Wölfe etwa oder Bären, die den Hund in Zeitbedrängnis brachten. So wurde er zum »Schlinger«. Rasch mußte er seine Beute hinunterschlingen, so daß seine Zähne insgesamt weniger zum Kauen, als vielmehr zum »Reißen« gedacht sind.

Fühlt sich der Hund bedroht, zeigt er die Zähne; es ist dies ein Akt der überlebensnotwendigen Aggression und zugleich ein Symbol der Macht, mit dem der Hund anzeigt, wer der »Herr im Hause« ist. So mancher Hundebesitzer hat es seinerseits unterlassen, seinem Weggefährten rechtzeitig die Zähne zu zeigen; das mag ihn ein Hundeleben lang in die untergeordnete Rolle drängen.

Neben den Krallen vermag der Hund die Zähne zur groben Körperpflege einzusetzen, etwa um Flöhe oder ähnliches Getier zu liquidieren oder auftretenden Juckreiz zu stillen, verfilzte Haare oder Fremdkörper zu entfernen.

Die Zunge ist Sitz des Geschmackssinnes, dem die verschieden geformten und plazierten Geschmacksknospen angehören. Neben dem Geruchssinn entscheidet natürlich auch die Geschmacksprüfung, ob eine bestimmte Nahrung angenommen wird oder nicht. Auch das Trinken übernimmt die sehr bewegliche Zunge; der Hund schlabbert die Flüssigkeit in sich hinein.

Die Zunge übernimmt den Großteil der Wundversorgung; sie leckt den Speichel mit seinen keimtötenden Stoffen und reinigenden Enzymen auf die betroffene Stelle. Als Symbol des Friedens und zum Zeichen der ergebenen Freundschaft leckt der Hund seinem Menschenfreund die Hand – oder das Gesicht, je nach Geschmack.

Der – für menschliche Begriffe nur schlecht gekaute – Bissen wird hastig über den Zungengrund in den Rachen gedrückt und mittels des kompliziert funktionierenden Schlundkopfmechanismus abgeschluckt. Hinter dem Rachen, dem »Tor zur Unterwelt«, geht es im Normalfall nur noch abwärts, ohne Wiederkehr – es sei denn, die beförderte Portion war zu groß oder der Magen weigert sich, die Nahrung anzunehmen. Dann wird das Abgeschluckte wieder herausgewürgt oder erbrochen.

Im Bereich des Rachens liegen die Mandeln, in die Schleimhaut eingebettet. Als Lymphorgane kontrollieren sie alles, was – über die Mund- und Nasenhöhle kommend – an ihnen vorbeigleitet, filtern Bakterien, Viren und Toxine heraus und versuchen diese sogleich zu neutralisieren. Aufgrund einer übermäßigen Belastung durch die genannten Vektoren mögen sie manchmal heftig reagieren, was sie mit einer schmerzhaften, entzündlichen Schwellung (Tonsillitis) beantworten. Eine »routinemäßige« Entfernung der Mandeln, wie sie »der Einfachheit halber« beim Menschen praktiziert wird, bleibt dem Hund, Gott sei Dank, erspart.

Der geistige Aspekt

Womit habe ich mir die Zunge verbrannt? Was brennt mir auf der Zunge? Womit habe ich den Mund zu voll genommen? Woran kaue ich? Was will mir nicht schmecken? Was steckt mir im Hals?

So oder so ähnlich lauten die entsprechenden Fragen, die wir Menschen uns stellen, wenn wir in den genannten Bereichen erkranken. Aber auch unsere Hunde fühlen in den gleichen Situationen ähnlich wie wir, bringen es vielleicht noch direkter zum Ausdruck, was ihnen nicht behagt.

Beobachten wir doch einmal ganz einfach den Appetit und das Freßverhalten unserer Hunde: Ganz individuelle Eigenheiten treten hervor, sogar innerhalb des gleichen Wurfes. Besonnene Naturen verzehren ihre Mahlzeiten wesentlich gemächlicher als Hektiker. Allerdings hängt der Appetit noch von vielen weiteren Faktoren ab (siehe Verdauungsapparat, Seite 143), nicht nur vom Wesen des Tieres. Doch gerade beim Einzeltier, das man gut kennt, läßt sich oftmals am Appetit erkennen, wie ihm gerade zumute ist.

Erkrankungen der Zähne weisen, unabhängig vom Appetit, darauf hin, daß etwas im Aggressionsverhalten des Tieres nicht stimmt. Gerade der »Biß« im Leben ist es, der uns alle weiterbringt. Fehlt er, weil wir zu schwach oder zu unterwürfig sind, werden die Zähne krank, locker oder fallen sogar aus. Ein Zahnloser wirkt schutzbedürftig; niemand wird sich ihm zum Schutze anvertrauen.

Ein alter Hund hat seine Pfründe normalerweise schon im Kampf behauptet und für immer gesichert; er braucht seine Zähne nicht mehr unbedingt, um seinen Standpunkt in der Hundegesellschaft bissig zu vertreten. Zahnerkrankungen beim *Jungtier* sollten jedoch auf alle Fälle Anlaß zu der Frage geben, ob es sich in der Umwelt richtig durchsetzen kann und ob es womöglich falsch ernährt wird.

Schwindet das Zahnfleisch, hat der Hund kein selbstverständliches Vertrauen in seine Mitmenschen oder -hunde aufbauen können. Er wirkt nachgiebig und unsicher und leidet unter vielerlei Ängsten.

Die Krankheitsbilder

Die Mundhöhle wird nach außen durch die Lippen, die die Mundspalte bilden, begrenzt. Im hinteren Backenbereich sind die Lippen zu den Lefzen verlängert. Sie haben den Zweck, die Fläche der Schleimhaut und somit die Wärmeabgabe beim Hecheln zu vergrößern.

Das **Lefzenekzem** ist eine typischerweise bei langhaarigen Hunderassen auftretende Erkrankung. Ein nässendes Ekzem, hervorgerufen durch Eiter-Bakterien, dessen schmierige Beläge einen aashaften Geruch verbreiten. Genau in der Lefzenfalte nisten sich in kleinsten Verletzungen – etwa durch Knochen oder spitze Steine verursacht – die entsprechenden Keime ein. Aufgrund des die Bakterien fördernden feuchtwarmen Milieus in diesem Bereich hält sich das Ekzem mitunter recht hartnäckig.

Therapie
- Tägliche reinigende Bäder der betroffenen Lefze mit Echinacea-Tinktur (1:5 verdünnt) sind unbedingt notwendig.
- Hepar sulfuris D12 hilft gut, wenn der Hund frostig und stark berührungsempfindlich ist. Die Lefze ist wund und kann leicht bluten.
- Kreosotum D12 bei tiefen, blutenden, geschwürigen Veränderungen; der Geruch ist nicht so stark. Das Tier wirkt niedergeschlagen und ängstlich.
- Eine zusätzliche Begasung mit einem Ozon-Sauerstoff-Gemisch kann von Vorteil sein.

Der schmerzhafte Prozeß beeinträchtigt den Appetit. Grobes, hartes Futter ist ohnehin vom Speisezettel zu streichen, ebenso heißes oder würziges Fressen.

Mundhöhle

Mundgeruch ist eine üble Sache und stört den engeren Kontakt. Die verschiedenen »Duftnoten« ergeben sich typischerweise aus unterschiedlichen Gründen:
- aasartig: Lefzenekzem, Mundschleimhautentzündung, Zahnstein;
- widerlich: Rachen- und Mandelentzündung;
- faulig: Karies der Zähne;
- bitter-gärend: Gastritis.

Mundgeruch muß aber nicht unbedingt auf eine Krankheit hinweisen; gerade der Hund als Fleischfresser komponiert Gerüche aus seiner Nahrung, die teilweise als Speisereste zwischen den Zähnen steckenbleibt.

Der Ingwer, eine alte Gewürzpflanze aus Südostasien, vermag in der homöopathischen Form als Zingiber D 30 Mundgeruch zu beseitigen, vor allem auch dann, wenn er von einem gärenden Magen herrührt.

Die **Mundschleimhautentzündung (Stomatitis)**, auch unter dem Namen »Mundfäule« bekannt, kann begrenzt auftreten, etwa als Folge einer Verletzung, Verätzung oder Verbrühung, oder generalisiert die gesamte Mundhöhle erfassen, wenn sie das Symptom einer Allgemeinerkrankung darstellt, z.B. im Verlauf der Staupe oder Leptospirose.

Auch als Nebenerscheinung einer schweren Nierenentzündung mit Urämie (Harnstoffüberschuß im Blut) ist sie bekannt; in diesem Fall riecht der Hund sogar aus dem Maul nach Harn. Als weitere Verursacher können Zahnkaries, Zahnstein und Parodontose angeführt werden.

Die **Symptome** variieren, je nach den auslösenden Faktoren und der weiteren Entwicklung des Krankheitsbildes. Im allgemeinen beobachtet man

- Mundgeruch (Foetor ex ore);
- vermehrten und vielleicht verfärbten Speichelfluß mit eventueller Blutbeimengung;
- das vorsichtige Kauen wird drastisch eingeschränkt, größere Bissen fallen aus dem Mund wieder heraus;
- an den Lippen und an der Mundschleimhaut selbst sind vielfach Rötungen, Erosionen, Bläschen oder gar Geschwüre zu sehen.

Die **Therapie** richtet sich zunächst auf das mögliche Grundleiden (Zahnstein, Karies, Nieren, Fremdkörper etc.) und kann dann korrekt folgendermaßen aussehen:

Seitens der Phytotherapie bieten sich einige Kräuter zur reinigenden und desinfizierenden Mundspülung an:
- Echinacea-Tinktur bei bakteriellen Infektionen;
- Tormentill-Tinktur, wenn Blutungen dabei sind (beide jeweils 1:5 verdünnt).
- Salbeitee bewährt sich bei großflächigen Entzündungen, die auch in den Rachen hinabreichen;
- Eichenrindentee räumt mit Bläschen und Geschwüren auf;
- für die lokale Therapie der Stomatitis mit Warzenbildung soll noch der Lapislazuli erwähnt werden.

Die Homöopathie reicht folgende Mittel dar:
- Echinacea D 4 empfiehlt sich grundsätzlich als Basismittel, um die allgemeinen und lokalen Abwehrkräfte zu mobilisieren.
- Mercurius solubilis D 12 bei geschwollener Zunge, in der man den Abdruck der Zähne sieht. Auf der Mundschleimhaut selbst sitzen glasige Aphten, das Zahnfleisch ist geschwollen, voller Geschwüre und neigt zum Bluten. Reichlicher Speichelfluß und Mundgeruch laden nicht gerade zum Liebkosen ein. Manchmal ist zugleich eine Mandelentzündung vorhanden, dann ist der Appetit so ziemlich weg.
- Acidum nitricum D 12: Der leicht ärgerliche, starrsinnige und hinterhältige Hund muß seine Gehässigkeit auf diese Art und Weise »bezahlen« – Bläschen und Geschwüre überziehen seine Lippen und die Mundschleimhaut, das Zahnfleisch zeigt geschwürige Erosionen, die stark bluten. Mund und Rachen sind oft gleichzeitig betroffen und erstaunlich trocken; dafür besteht großer Durst.
- Kalium bichromicum D 30: Der außerordentlich trockene Mund und die gelb belegte Zunge weisen auffallende Geschwüre auf, die »wie ausgestanzt« aussehen. Beim Öffnen des Mundes sieht man viel zähen Schleim, der zum Hüsteln reizen kann. Der Patient selbst ist scheu und sehr empfindlich gegenüber Kälte.
- Hydrastis D 12 bei ebenfalls zähem, klebrigem Schleim aus dem Mund, der grünlich schimmert. Die Geschwüre im Mund und auf den Lippen sind hellrot. Der Hund ist kälteempfindlich und mag keine fremden Personen.
- Lachesis D 12: Hier stehen die rasch der Karies anheimfallenden Zähne im Vordergrund des Geschehens. Die Geschwüre sehen großflächig aus. Feste Nahrung kann besser geschluckt werden als flüssige. Das Tier ist etwas argwöhnisch und eifersüchtig, leicht gereizt und fletscht sehr schnell die Zähne.
- Borax D 30 ist bei einer gleichzeitigen Herpes-Virus-Infektion angesagt. Zunge und Schleimhaut sehen schwammig

aus, das Zahnfleisch ist auffallend geschwollen und blutig. Das erkrankte Tier benimmt sich für den Außenstehenden unkontrollierbar und schreckhaft.
- Belladonna D 30: Schon die Umgebung des Mundes ist auffallend warm, die Zunge hellrot, geschwollen und trocken. Aufgrund der Trockenheit des Mundes und des Rachens klingt das Bellen heiser. Es besteht großer Durst auf kaltes Wasser, das aber nur teilweise geschluckt wird.
- Sulfur jodatum D 6: Diese spezielle Indikation ergibt sich bei Stomatitiden, die im Verlauf von Infektionen wie Staupe, H.C.C. oder Leptospirose entstehen.
- Hepar sulfuris D 30: Angezeigt bei Rissen in der Mundspalte und relativ starkem, übelriechendem Speichelfluß. Bei geöffnetem Mund kommt einem eine Wolke »fauler Eier« entgegen, der Durst ist recht groß. Vornehmlich das Zahnfleisch ist geschwollen und blutet leicht. Das Tier ist auffallend traurig und schläft viel.

Wer keine Kräutertinkturen oder -tees zur Hand hat, kann Geschwüre und Blutungen auch mit den Notfalltropfen vorsichtig betupfen, das aber mehrmals täglich.

Um die Reize seitens der Fütterung so gering wie möglich zu halten, empfiehlt es sich, das Futter breiig, etwas angewärmt (auch das Wasser) und öfter in kleinen Portionen anzubieten.

In den Futterbrei kann man gerbstoffhaltige Drogen (gleichzeitige Mundhygiene) hineinschmuggeln, am besten vielleicht die gute Heidelbeer-Tinktur. So erspart man dem Hund die oftmalige für ihn lästige Mundspülung.

Wie bereits bemerkt, ist die Stomatitis vielfach vergesellschaftet mit einer **Zahnfleischentzündung (Gingivitis)**. Diese erscheint nur dann selbständig, wenn sie von den Zähnen ausgeht oder direkt durch chemische oder mechanische Reize ausgelöst wird.

Das Zahnfleisch im Bereich der betroffenen Zähne (Zahnstein, Parodontose) ist gerötet, schmerzhaft geschwollen und kann auch bluten. Verletzungen des Zahnfleisches heilen sehr schnell ohne Narbenbildung ab.

Die **therapeutischen Maßnahmen** ähneln zum Teil jenen im Falle der Stomatitis.
- Bepinselungen des Zahnfleischs oder einfach Spülungen unternimmt man mit verdünnter Echinacea- oder Tormentill-Tinktur.
- Die 1:3 verdünnte Heidekraut-Tinktur hat sich bei Entzündungen mit starker Blutungsneigung bewährt.
- Erinnern wir uns der homöopathischen Arzneien, die wir diesbezüglich bereits bei der Stomatitis erwähnt haben: Acidum nitricum, Lachesis, Borax und Hepar sulfuris.
- Die Akupressur ermöglicht es uns, über den Punkt Zahn 1 entzündungshemmend einzugreifen.

Bestimmte Hunderassen, wie etwa Boxer, Mastino, Spaniel, Pudel oder Terrier, neigen zu **Geschwülsten am Rande des Zahnfleisches, Epulis** genannt. Diese Zahnfleischwucherungen treten meist gleichzeitig an mehreren Stellen auf, bevorzugt in der Gegend des Eckzahns und an den Backenzähnen. Manchmal werden diese meist höckrigen Gebilde so groß, daß sie auch bei geschlossener Mundspalte sichtbar sind.

Ursache sind zumeist chronische Reizungen des Zahnfleisches aus den schon oben erwähnten Gründen. Die Konsistenz hängt ab vom Gewebe, aus dem sie erwachsen sind:
- weich – aus der Schleimhaut: Thuja D 30;
- mäßig hart – aus der Knochenhaut und dem Bindegewebe: Symphytum D 6 und Calcium phosphoricum D 12;
- hart – aus dem Knochen (evtl. in Verbindung mit einem Osteosarkom): Calcium fluoratum D 12 und Hekla Lava D 6.

Alle Homöopathika müssen über einen längeren Zeitraum gegeben werden.

Beschwerden durch Epulis treten erst im fortgeschrittenen Stadium auf, wenn es schmerzt oder geschwürig-blutig zerfällt. Dann setzen wir zusätzlich die unverdünnte Tinktur der Heidelbeere oder des Heidekrauts zur Bepinselung ein.

Unsere Behandlung erwirkt entweder einen Stillstand des Prozesses oder einen Rückgang, und im günstigsten Fall fällt das Epulis ab.

Zähne und Zahnfleisch

Krankheiten der Zähne sind beim Hund, ähnlich wie beim Menschen, zivilisationsbedingt. Er kaut an dem, was man ihm vorsetzt. Und das ist beileibe nicht immer das, was ihm gerecht wird. Das Gebiß des Hundes ist das eines Jägers. Dementsprechend kräftig und stabil ist es ausgebildet und braucht immer wieder Beanspruchung, um fest und gesund zu bleiben.

Der heute übliche Trend zu weichem Hundefutter in Dosen und in Wasser aufzuweichendem Trockenfutter entspricht

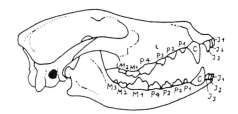

Das Gebiß.
Die Zähne werden in jedem Kieferast von vorn nach hinten gezählt:
Im Oberkiefer I1, I2, I3 (Incisivi, Schneidezähne); C (Caninus, Fangzahn); P1, P2, P3, P4 (Prämolaren, vordere Backenzähne, Lückenzähne); M1, M2, M3 (Molaren, Reißzähne).
Im Unterkiefer sind es nur zwei Molaren und somit 42 Zähne im bleibenden Gebiß.

lange nicht dem ureigensten Bedürfnis des Reißens und Kauens. Damit wird dem Hundegebiß seine eigentliche Aufgabe entzogen, es zieht sich gekränkt zurück, und es kommt zu Zahnfleischschwund, -entzündung, Parodontose.

Mit der Verweichlichung des Futters fehlen die notwendigen Reibungsflächen, die Zähne verharmlosen zu Attrappen und setzen Zahnstein an. Der Aggressionsabbau verlegt sein Tätigkeitsfeld nach innen und frißt den Zahn auf (Karies).

Die Anlage zu Zahnerkrankungen liegt in der individuellen Konstitution begründet; die oben erwähnten Faktoren untergraben diese und nagen an den Zähnen.

Die **Parodontose** umfaßt ein Entzündungsgeschehen, das sich im Bereich des Zahnfleisches, der Zahntasche, der Wurzelhaut und des Zahnzementes abspielt. Vornehmlich alte Hunde kleiner und mittlerer Rassen, also solche, die mit besonders vielen und guten Leckerbissen verwöhnt werden, sind davon betroffen.

Im Zahnfach sammelt sich mit der Zeit Eiter an, die Zähne lockern sich und fallen aus. Das wirkt sich nicht nur auf das Kauvermögen des Tieres aus, sondern auch auf dessen Selbstbewußtsein. Es verliert allmählich seine Waffen für den »Lebenskampf«. Entwaffnung macht unsicher.

Therapie
- Eine kombinierte Spülung und vorsichtige Massage des Zahnfleisches mittels einer mittelharten Zahnbürste rate ich dem wackeren Hundefreund. Es wird nicht immer gelingen, aber versuchen sollte man es trotzdem. Wir verwenden dafür die Echinacea-Tinktur, 1:5 verdünnt.
- Über mehrere Wochen geben wir Echinacea D 4, dazu im täglichen Wechsel Silicea D 12 und Natrium phosphoricum D 6 sowie Mucokehl-Tropfen (3 bis 4 pro Tag) und Citrokehl, 2mal wöchentlich, 1/2 Ampulle (beides von Sanum-Kehlbeck).
- Die tägliche Ozonbegasung kann erfolgversprechend sein.

Als **Zahnstein** definiert man die Ablagerung von Kalksalzen aus dem Speichel an der Seitenfläche der Zähne. Nicht nur ältere Hunde sind davon betroffen, wenn ständig zu weiches Futter angeboten wird. Die Zahnsteinbildung wird auch aufgrund konstitutioneller Schwäche gefördert. Das Tier riecht penetrant aus dem Mund, in hochgradigen Fällen, wo von einem Zahn kaum mehr etwas zu sehen ist, setzt starker Speichelfluß ein.

Sind mehrere Zähne stark befallen, leidet natürlich auch der Appetit und das gesamte Aussehen des Tieres darunter. Wenn der Zahnstein ins Zahnfach vordringt, hebt er den Zahn, meist unter Provozierung einer Parodontose, heraus, und weg ist er. Weitere Komplikationen sind Mundschleimhaut- und Zahnfleischentzündungen.

Therapie
Dicke Beläge von Zahnstein müssen mechanisch entfernt werden, entweder vom Fachmann/frau, oder die beherzten Hundebesitzer bemühen sich, den Zahnstein aufzulösen, indem sie mehrmals täglich dem Stein mit einer 20%igen Speisesoda-Lösung oder Obstessig (3%ig) zu Leibe rücken und anschließend versuchen, das Ganze mit einer harten Zahnbürste abzuschaben.

Um einer neuerlichen Zahnsteinbildung vorzubeugen, bieten sich folgende Möglichkeiten an:
- Das regelmäßige Zähnereinigen (mindestens 1mal pro Woche) mittels einer relativ harten Zahnbürste, die man mit Schlämmkreide oder Heilerde bestreicht.
- Dem Futter kann man hin und wieder etwas Speisesoda beimengen.
- Mindestens 1mal monatlich verabreichen wir das entsprechende homöopathische Konstitutionsmittel (siehe Seite 254) Calcium phosphoricum, Calcium fluoratum, Silicea, Lycopodium und Tuberculinum im Sinne der Umstimmung. Dens suis (Heel), der Zahn als Organpräparat, kann in jedem Fall dazugegeben werden.
- Mehrmals im Jahr eine Kur mit Crab Apple, der reinigenden Bach-Blüte.
- Die Umstellung auf feste, grobe Nahrung sollte zumindest in Erwägung

Zähne, Zahnfleisch

Bei der Untersuchung der Zähne achte man auf Zahnstellung, Anomalien, Zahnstein und Karies.

gezogen werden. Statt Schokolade bekommt der Hund ein Stück vom harten Hundekuchen oder »Hundestangerln«.

Die **Zahnkaries** oder **Zahnfäule** geht beim Hund von der Schmelzkappe aus und stellt einen von außen nach innen fortschreitenden Zerfall der Zahnsubstanz dar. Betroffen sind hauptsächlich die vorderen Backenzähne.

Über die **Ursachen** ist schon viel diskutiert worden. Ganz gewiß gibt es keine bestimmten »Karieserreger«, wohl aber »Förderer«, wie kohlenhydratüberschüssiges Futter (Teigwaren, Zucker), Belastung durch Erdstrahlen und Elektrostreß, das permanente Einatmen von Auto- und Industrieabgasen. Auch das Ozon gehört dazu.

Die Basis für den Prozeß bieten wieder einmal die konstitutionelle Belastung und die eingangs erwähnten Umstände inadäquater Hundehaltung. Vitamin- und Mineralstoffmangel sowie eventuell überstandene Infektionskrankheiten tun schließlich noch das ihre dazu.

Therapie

Es gibt Tierärzte, die sich auf dem Gebiet der Zahnheilkunde spezialisiert haben und hier außergewöhnliche Leistungen in

bezug auf die Reparatur kaputter Zähne erbringen. Aufgabe der Naturheilkunde ist es, den kariösen Prozeß aufzuhalten bzw. ihm vorzubeugen. Neben Vermeidung bzw. Ausschaltung der oben erwähnten Faktoren haben wir folgende Möglichkeiten:
- Kalium sulfuricum D 12, über längere Zeit gegeben – z.B. auch als Schüßler-Salz 6 –, ist in der Lage, den Zahnstoffwechsel günstig zu beeinflussen und die Karies aufzuhalten.
- Calcium phosphoricum D 6 und Calcium fluoratum D 12 im täglichen Wechsel (als Schüßler-Salze 1 und 2) haben sich grundsätzlich als die Konstitution unterstützend bewährt. Gerade beim Junghund, der eventuell Knochenwachstumsstörungen zeigt, soll man frühzeitig daran denken, diese beiden Arzneien hin und wieder kurmäßig über einige Wochen zu geben.
- Kreosotum D 12 sollte man bald geben, um einer sich rasch ausbreitenden Karies Einhalt zu gebieten.
- Staphisagria D 30 bietet ein ähnliches Bild der progressiven Karies, wo die Zähne rasch schwarz werden und zerfallen. Die dazu passende Hundenatur ist leicht beleidigt und gekränkt und voller Angst.

Zu den homöopathischen Einzelmitteln reichen wir der Vollständigkeit halber die Organpräparate Dens suis oder Pulpa dentis (Heel) 2mal wöchentlich 1/2 Ampulle. Das Enzympräparat Ubichinon (Heel), 1- oder 2mal die Woche, schaltet sich positiv in das Geschehen ein.

Im Bereich des Oberkiefers, nahe dem inneren Augenwinkel, sieht man zuweilen frisches oder eingetrocknetes eitriges Sekret, das aus einem kleinen Loch zu kommen scheint. Hierbei handelt es sich um eine **Zahnfistel**. Eine vom Zahnfach der Backenzähne ausgehende eitrige Osteomyelitis des Oberkiefers entleert sich durch einen Fistelkanal nach außen. Beschwerden treten nur vorübergehend nach dem Beißen harter Gegenstände, etwa Knochen, auf.
- Echinacea D 6 und Silicea D 12 für mehrere Tage sind hier die Mittel der Wahl.
- Die Staphylokokken-Nosode, 2mal wöchentlich 1/2 Ampulle, beschleunigt den Heilungsproceß ebenso wie Rotlichtbestrahlungen.

Mit spätestens 7 Monaten ist der Zahnwechsel beim Hund abgeschlossen. Nebst Anomalien in der **Zahnstellung** (Ober-, Unterbiß u.ä.) ist es durchaus einmal möglich, daß die Milchzähne nicht ausfallen und die nachstrebenden Ersatzzähne behindern oder neben diesen bestehen bleiben. Diese **persistierenden Milchzähne** sind oft nur ein Schönheitsfehler; manchmal stören sie jedoch auch den einwandfreien Biß des Tieres.

Um den Zahnwechsel zu fördern, ist es ratsam, homöopathisch zu unterstützen mit Calcium phosphoricum D 30 und Calcium fluoratum D 12 – und zwar so lange, bis der Fall geklärt ist.

Die Methode der Akupressur empfiehlt, 1mal täglich den Punkt Zahn 2 für 3 Minuten zu stimulieren.

Diesbezügliche Entwicklungsstörungen sprechen auch für die Anwendung der beiden Bach-Blüten Chestnut Bud (fördert grundsätzlich die Entwicklung) und Scleranthus (festigt Charakter und Zähne). Sie geben auch lockeren Zähnen den notwendigen Halt, ebenso wie Calcium phosphoricum D 12 und Argentum nitricum D 30.

Rachen

Entzündungen im Bereich des Rachenraumes werden unter dem Begriff **Angina** zusammengefaßt. Sind die dort liegenden Mandeln mit betroffen, spricht man von Angina tonsillaris oder Tonsillitis. Eiterbakterien können u. U. über die Eustachische Röhre (= Tuba auditiva) ins Mittelohr aufsteigen und hier eine Otitis media (siehe dort) provozieren.

Die **Ursachen** für Affekte des Rachens sind denen der Mundhöhle ähnlich:
- bakterielle und virale Infekte,
- übergreifende Prozesse aus der Umgebung (z. B. der Speicheldrüsen),
- Kälte (Fressen von Schnee oder Eis),
- steckengebliebene Fremdkörper,
- chemische Reize (Staub, Smog, Rauch),
- zu heißes Futter u. ä.

Junge Hunde erkranken häufiger, da ihr Selektionsvermögen noch nicht voll ausgeprägt ist und sie alles mögliche aufnehmen, was ihnen nicht gut tut. Die unmittelbaren Auswirkungen sind Schluckbeschwerden, Husten (mit oder ohne Würgen), heiseres Bellen, vermehrter Speichelfluß und vorsichtiges Kauen kleiner Bissen. Auch das Trinken reduziert sich. Manchmal reibt der Patient seinen Hals am rauhen Boden, als wolle er den vermeintlichen Fremdkörper loswerden.

Je nach dem Schweregrad der Halserkrankung verschlechtert sich der Appetit bis zur totalen Futterverweigerung; feste Bissen oder auch Wasser werden herausgewürgt. Futterteile können zu starkem Reizhusten führen. Die dazugehörigen Kehlgangslymphknoten sind zumeist schmerzhaft geschwollen; ist der ganze Hals geschwollen, tritt sogar Atemnot auf. Übler Mundgeruch ist auch oft dabei.

Wenn die Rachenmandeln mit reagieren, treten sie vergrößert aus ihren Schleimhauttaschen hervor. Will man sie untersuchen, gilt es zunächst die Zunge herunterzudrücken, evtl. mit einem Holzspatel, und dann den Rachen mit einer Lampe auszuleuchten. So erkennt man leicht die vergrößerten Mandeln, die entweder stark gerötet oder mit gelben Stippchen besetzt oder überhaupt total vereitert sind. In letzterem Stadium ist die Funktion der Mandeln völlig zusammengebrochen, ja, es besteht sogar Lebensgefahr, weil ein Mandelabszeß einerseits zu erheblichen Atemstörungen führen kann, andererseits sein Einbruch ins Blutsystem eine bedrohliche Sepsis hervorrufen kann. Ein sofortiger Tierarztbesuch ist unbedingt erforderlich!

Eine chirurgische Entfernung, wie sie beim Menschen viel zu oft und zu schnell vorgenommen wird, ist auch dann nicht notwendig, wenn die Mandeln immer wieder eitrig werden und sich so zum Störherd entwickeln. Sie beeinträchtigen ständig das Allgemeinbefinden und rufen an verschiedenen Körperstellen immer wieder Entzündungen hervor. Der geübte Naturarzt versteht es jedoch, solche Störfelder durch Umspritzen mit den dafür vorgesehenen Arzneien auszuschalten.

Therapie
Seitens der Kräuterkunde bieten sich verschiedene Möglichkeiten an, die Rachenentzündung zu sanieren:
- Eine Teemischung aus 15 g Eibischwurzel, 15 g Honigklee, 10 g Huflattichblättern, 10 g Süßholzwurzel und 15 g Leinsamen – davon läßt man den Hund 2- bis 3mal täglich trinken, oder man kann auch versuchen, mit einer Plastikspritze zu spülen.

- Dem Futter, das wohltemperiert und breiig angeboten wird, setzt man die Schleimdroge Isländisches Moos (10 bis 15 g) und Süßholzwurzel (5 bis 10 g) zu, um auch auf diesem Wege einen schleimhautreizlindernden, auswurffördernden und entzündungshemmenden Effekt zu erzielen.
- Heiße Wickel können, wenn sie vertragen werden, zusätzlich angelegt werden.
- Zeitaufwendig, aber sicher gut reizlindernd und auswurffördernd wirkt sich eine Inhalation mit Heublumen, Thymian-, Fichtennadeln- oder Koniferenöl 2mal täglich aus.
- Phytotherapeutische Spezialitäten, die Taiga-Wurzel, Große Kapuzinerkresse oder Primelwurzel enthalten, sollen der Vollständigkeit halber erwähnt werden. Sie wirken nicht nur entzündungshemmend, sondern steigern auch die Abwehrkräfte.

Auch die Homöopathie hat einige Arzneien parat:
- Aconitum D 30 im ersten hochfieberhaften Stadium, wenn der Auslöser kalter Wind oder etwa kaltes Wasser war. Der Husten ist spärlich, trocken und heiser; der Hals ist sehr berührungsempfindlich.
- Belladonna D 30: Die Mundhöhle und der Rachen erscheinen auffallend trocken und gerötet, dementsprechend trocken klingt auch der Husten, der wie bellend ausgestoßen wird. Das Schlucken, vornehmlich von Wasser, ist erschwert.
- Argentum nitricum D 12: Diese Arznei prägt die Chronizität des Geschehens. Auffallend ist das ständige Hüsteln und das heisere Bellen des Tieres. Dicker, zäher Auswurf begleitet die Angina, der zumeist abgeschluckt wird. Vornehmlich ängstliche und unsichere Patienten sind davon betroffen.
- Acidum hydrochloricum (muriaticum) D 12: Mundhöhle und Rachen erscheinen wund, trocken und mit einem zähen gelblich-weißen Schleim besetzt. Auf den Zähnen sitzen schmutzige Beläge, das Zahnfleisch ist entzündet, Blutungen und starker Speichelfluß runden das Bild ab. Der Mundgeruch ist faulig. Das ganze Tier wirkt hinfällig und müde.
- Kalium chloratum D 12: Kleine Geschwüre mit weißlich-grauen Belägen sind zu sehen, dicker weißer Schleim wird mühsam ausgehustet. Diese Arznei hilft auch im Falle einer chronischen Tonsillitis; auf den Mandeln sitzen weiß-graue Pfröpfe.
- Mercurius solubilis D 12 verschafft Abhilfe bei eitriger Angina, auch wenn die Mandeln mit erkrankt sind. Die Zunge zeigt Zahneindrücke; trotz Trockenheit des Halses besteht starker, übelriechender Speichelfluß. Die Lymphknoten im Kehlgang sowie alle Speicheldrüsen sind auffallend geschwollen und schmerzhaft. Vielleicht fällt noch eine nächtliche Unruhe auf.
- Hepar sulfuris D 12 ist ein wichtiges Mittel im Verlauf der eitrigen Mandelentzündung. Der schmerz- und berührungsempfindliche Hund neigt zum Zittern und »verläßt« seinen Herrn, um sich seinem Schmerz zu ergeben. Es besteht Abneigung gegen kaltes Wasser und Kälte überhaupt.
- Silicea D 12: Der chronisch entzündete Hals ist gerötet und wirkt bei näherem Hinsehen wie »gestrichelt«. Der Hund neigt überhaupt gern zu Erkältungskrankheiten, ist empfindlich gegen alles mögliche und ziemlich eigensinnig.

Die Schluckbeschwerden fallen teilweise massiv auf.
- Pulsatilla D 12: Trockener, krampfartiger Husten, der sich beim Liegen verschlimmert und dicken, zähen gelben Schleim produziert, kann nach »sträflichem« Genuß von Speiseeis oder Schnee entstehen. Das Schlucken kann von Würgen begleitet sein.
- Phytolacca D 6: Meldet sich manchmal mit Zähneknirschen. Dazu kommt ständiges Hüsteln, weil der Hals trocken ist, und das Unvermögen, härtere Bissen zu schlucken. Die Mandeln sind mitunter geschwollen und gerötet. Unser Patient schüttelt auffallend oft den Kopf.
- Hydrastis D 12: Hier verkompliziert sich das Geschehen mitunter zu einem aufsteigenden Tuben- und Mittelohrkatarrh. Zäher gelblicher Schleim läßt das Tier im Hals röcheln. Der Patient wirkt auffallend apathisch.

Daneben haben wir sogenannte konstitutionell bedingte Neigungen zu Anginen, die immer wieder mal dem Hund das Leben schwermachen. Hier kann das entsprechende Konstitutionsmittel hervorragend umstimmend dem Spuk ein Ende setzen: Lachesis (vornehmlich links), Lycopodium (vornehmlich rechts), Ferrum phosphoricum (mit Vorliebe im Sommer), Phosphor (nach Aufregung), Calcium carbonicum (häufig im Winter), Silicea (nach längerem Regenwetter), Argentum metallicum (nervöse, zornige Typen). Eine große Hilfe mag die interponierende Therapie mit Nosoden sein, um vor allem medikamentös unterdrückte Anginen endgültig auszuheilen: Tonsillitis-Nosode oder Tonsillarpfröpfe-Nosode oder Streptokokken-Nosode, eventuell im Wechsel.

Cerato und Scleranthus mögen in einer Mischung die Anfälligkeit gegenüber Anginen ebenfalls reduzieren. Die Magnetfeldtherapie unterstützt die Behandlung einer nicht-eitrigen Rachenentzündung und verhindert Rezidiven, ebenso die Rotlichtbestrahlung. Im Falle einer Eiterung kommt das Gelblicht zur Anwendung. Reiki hilft sicherlich auch bei der einfachen Halsentzündung heilungsfördernd und schmerzstillend.

Die Nase

Die Symbolik

Der Geruchssinn des Hundes ist derart gut ausgeprägt, daß er noch Gerüche aus bis zu 1200 m Entfernung wahrnehmen kann. Die Duftnoten, die der Hund bevorzugt, weichen dabei meist erheblich von denen ab, die der Mensch als angenehm beschreiben würde. So sind die Geruchskomponenten »aashaft« oder »blutig« und auch die für uns oft als widerlich empfundenen sexuell stimulierenden Duftnoten der Analbeuteldrüsen eine ausgesprochen anziehende Delikatesse in der Hundewelt.

Die Informationen, die über das Geruchsorgan Nase im Riechzentrum des Großhirns eintreffen, werden hier vielgestaltig umgesetzt, analysiert und lösen genau vorprogrammierte Reaktionen aus. Der Geruch frischen Blutes (eines verletzten Wildes etwa) aktiviert den Jagdinstinkt und macht sogar das müdeste Tier wieder munter.

Ähnlich verhält es sich mit den verschiedensten Sexualgerüchen, die »übersetzt« durchaus mit den Parfümen der Menschen verglichen werden können.

Die Hündin kann damit auf ganz differenzierte Weise signalisieren, in welchem Stadium ihres Zyklus sie sich befindet, ob sie deckbereit ist oder nur ein »Vorspiel« provozieren möchte.

Die gezielten Instinkthandlungen hängen eng mit den Botschaften zusammen, die der Hund über Gerüche empfängt. Sie sind es auch, die in exakter Weise die zwischenhundliche Kommunikation steuern. Bei Ablehnung eines »Gesprächspartners« wendet sich der Hund ab oder geht gar in Drohgebärde oder Kampfstellung über. Das kann auch in bestimmten Situationen geschehen, mit denen der Hund absolut nicht einverstanden ist (Autofahren, Platzwechsel).

Die Aversion kann sich bis zur Aggression steigern, die offen durch Angriff gelöst wird oder versteckt als Allergie (siehe dort) in Erscheinung tritt. Auch in diesem Fall unterliegt der Hund den kosmischen Gesetzen von Ursache und Wirkung. Andererseits ist es aber Aufgabe des betreuenden Menschen, in kritischen Situationen ausgleichend einzulenken und das Aggressionspotential so niedrig wie möglich zu halten.

Der geistige Aspekt

Worüber könnte mein Hund verschnupft sein? Nicht immer stimmt die Menschenwelt mit den ureigensten Bedürfnissen des Hundes – viel Auslauf in frischer Luft, grüne Wiesen, frisches Futter u. ä. – überein. Bestimmte Personen mögen sogar allergische Reaktionen auslösen, weil sie absolut nicht ins Schwingungsmuster des Hundes hineinpassen. Auch wenn sich der Hund durch unseren Ehrgeiz überfordert fühlt, kann es durchaus sein, daß er uns »etwas niest«.

Bestimmte Charaktere nehmen sich aus Überheblichkeit die Nase zu voll. Sie rümpfen die Nase, was einer mentalen Aufblähung gleichkommt.

Die Ursachen

Erkrankungen im Bereich der Nase stellen für den Hund richtiggehend tragische Ereignisse dar. Die Ebene des Wahrnehmens, der Orientierung und der Kommunikation ist erheblich gestört, was sich auch negativ auf das Instinktverhalten und Triebleben auswirken kann. Zwar vermögen der Gesichts- und der Gehörsinn einiges von diesem Manko auszugleichen, doch bleibt eine subtile Orientierungslosigkeit bestehen.

Zusammen mit dem Geruchssinn ist oft auch der Geschmackssinn gestört, so daß eine gewisse »Geschmacksverirrung« nur noch eine grobe Selektion zuläßt. So kann es sogar vorkommen, daß das Tier Nahrung zu sich nimmt, ohne unterscheiden zu können, was ihm wirklich guttut.

Die Auslöser für Erkrankungen im Bereich der Nase sind zumeist das Einatmen von Staub, Rauch, reizenden (Auto- und Industrie-)Abgasen, Pollen, kalter Wind und Luftzug, Begleitsymptome einer Allgemeininfektion, Allergien oder eingedrungene Fremdkörper (Gräsergrannen, Holzsplitter). Übergreifende Prozesse vom Auge oder Rachenraum können ebenso verantwortlich sein.

Die Krankheitsbilder

Ein feuchter, kühler Nasenspiegel bedeutet *nicht unbedingt*, daß der Hund gesund ist; und umgekehrt verweist ein trockener, warmer Nasenspiegel nicht unbedingt auf einen kranken Hund. Die für den feuchten Nasenspiegel verantwortlichen Drüsen im Bereich der Nasenöffnung produzieren grundsätzlich morgens und vormittags weniger Sekret als am Nachmittag und Abend; zur Zeit des Vollmondes wird mehr produziert als bei Neumond.

Treten in diesem Bereich über längere Zeit Störungen auf, wird der **Nasenspiegel trocken**, brüchig und rissig. In diesem Fall regen wir die Drüsentätigkeit an mit der homöopathischen Spezialität Atropinum compositum (Heel), 2mal wöchentlich 1/2 Ampulle. Den Nasenspiegel selbst pflegen wir mit Hamamelis-Salbe und stimulieren den Akupressurpunkt Nase 1 für 3 Minuten.

Das bekannteste Symptom der Nase ist selbstverständlich der **Schnupfen**, die **Rhinitis**. Die Erscheinungen im Bereich der Nasenhöhle sind vielfältig und dementsprechend auch die äußeren Zeichen, anhand derer wir die Erkrankung beurteilen:
- Der Nasenspiegel ist feucht, trocken, kalt, warm, rissig, verklebt, hat Erosionen.
- Die Umgebung der Nasenlöcher ist sauber, verkrustet oder gar blutig.
- Es besteht ein- oder beidseitiger Ausfluß: serös, schleimig, gelb-eitrig, blutig; geruchlos oder stinkend.
- Eventuelle Mitbeteiligung anderer Kopfschleimhäute, also Augen, Mundhöhle und Rachen, Ohren.
- Niesen, Husten.
- Ist der Schnupfen für sich allein entstanden, Begleitsymptom einer Allgemeininfektion (Staupe, Zwingerhusten) oder allergischer Natur?

Je nachdem, was wir sehen, hören und riechen, richten wir die **Therapie** aus:

- Im Sinne der Aromatherapie besteht die Möglichkeit, im Aufenthaltsbereich unseres Patienten eine Duftlampe aufzustellen und diese mit atemwegsreinigenden, lösenden ätherischen Ölen zu füllen: Lavendel, Kiefer, Fichtennadel oder Eukalyptus eignen sich hierfür am besten.
- Hartnäckigem Auftreten eines Schnupfens begegnet man eventuell zusätzlich mit einer Inhalation von Heublumen, Kiefern- oder Fichtennadelöl.
- Als Kräuterdrogen kommen Dragees oder Kapseln in Frage, die Kapuzinerkresse oder das Wohlriechende Veilchen enthalten.

In der Homöopathie orientieren wir uns, wie immer, nach dem Erscheinungsbild:
- Aconitum D 30: Nach Erlebnis mit kaltem Wind, also infolge einer Erkältung, ist dieser Schnupfen oft überhaupt das erste oder einzige Anzeichen. Aus der Nase kommt etwas wäßriges Sekret, vielleicht ist auch kurzes, trockenes Husten dabei.
- Belladonna D 30: Der Nasenspiegel ist meist trocken, und trotzdem rinnt es relativ klar aus der Nase. Auffallend ist die große Empfindlichkeit gegenüber Gerüchen aller Art, wie überhaupt der Patient relativ schreckhaft reagiert und auch im Schlaf sehr unruhig ist.
- Ferrum phosphoricum D 12 paßt gut zu unruhigen, nervösen Hunden, die leicht müde werden. Der wäßrige Nasenausfluß erscheint schubweise und kann Blut enthalten, wenn zugleich die unteren Atemwege erkrankt sind.
- Euphorbium D 6 stellt sich ganz klar dar durch den häufigen Niesreiz mit Reiben der Nase an der Pfote oder anderen Gegenständen bzw. durch kräf-

tiges Niesen. Der beständige Juckreiz in der Nase macht das Tier ganz nervös; der Ausfluß ist schleimig. Auch die Augen können juckend mit beteiligt sein (Nasenspray von Heel).
- Rhus toxicodendron D 12: Das häufige krampfartige Niesen bringt dünnen Schleim hervor, was sich durch Kälte noch wesentlich verschlimmert. Die Nasenlöcher sind wund. Das Tier fällt durch seine ausgeprägte Ruhelosigkeit auf.
- Croton tiglium D 12 zeigt eine auf Berührung empfindliche Nase, aus der zäher Schleim fließt. Der Hund zeigt sich nur ungern in der Öffentlichkeit.
- Luffa operculata D 6 mag mitunter allergischer Natur sein. Der klare bis weißliche Schnupfen tritt morgens verstärkt auf, wobei der Nasenspiegel außergewöhnlich trocken erscheint und mit Borken belegt sein kann. Der Hund läuft »wie ein geprügelter Hund« herum.
- Gelsemium D 12: Auch hier spielt vielfach eine allergische Komponente mit, die zur Zeit der Gräserblüte verstärkt zum Tragen kommt. Der Patient liegt viel herum; vor allem bei heißem Wetter ist nicht viel mit ihm anzufangen. Der Nasenausfluß ist wäßrig und etwas wundmachend.
- Kalium chloratum D 12: Das 4. Schüßler-Salz ist ein bewährtes Mittel für Schleimhautkatarrhe mit weißlich-grauen Absonderungen. Der Patient zeigt sonst keine Beeinträchtigung seines Wohlbefindens.
- Allium cepa D 4: Der typische wäßrige Fließschnupfen einer Erkältung, der kleine Wunden an den Nasenlöchern hinterläßt. Dieser Schnupfen bessert sich im Freien und in der kühlen Luft.
- Gnaphalium polycephalum D 6 heilt den serösen Schnupfen, der im Gefolge von Herpes-Virus-Infektionen auftritt.
- Mercurius solubilis D 12 ist eine wichtige Arznei, wenn der Schnupfen eitrig wird, vielleicht auch etwas blutig, und davon das Nasenloch verklebt ist. Aufgrund der starken Schwellung der Nasenschleimhaut ist mitunter Röcheln zu hören. Mercurius hilft auch gut bei beginnender Nebenhöhlenentzündung.
- Hepar sulfuris D 12: Dieser eitrige Schnupfen ist schon eher chronisch. Die Nase ist besonders berührungsempfindlich und verbreitet einen ekelhaften Geruch. Die Nasenöffnung ist deutlich wund und der Nasenspiegel rissig, leicht blutend.
- Hydrastis D 12 zeigt uns einen ausgesprochen dicken, weißlichen Schleim, der reichlich abgesondert wird. Sein Abfluß nach hinten führt nicht selten zu einer zusätzlichen Rachen- und Kehlkopfentzündung.
- Pulsatilla D 12 ist ein gutes Mittel für den fortgeschrittenen Schnupfen, der sein äußeres Erscheinungsbild ständig wechselt. Der Ausfluß ist meist gelbgrünlich, mild und manchmal mit etwas Blut vermengt. Typisch ist der Verlust des Geruchssinns und die Besserung des Zustandes an der kühlen, frischen Luft. Das Durstgefühl mag reduziert sein.
- Sulfur D 30: Es »brennt« in der Nase, was sich dadurch äußert, daß der Hund seine Schnauze zwecks Kühlung gern ins kühle Gras oder in den Boden steckt. Das Sekret ist von wechselnder Beschaffenheit und scharf.

Einen hartnäckigen Schnupfen heilt man schneller aus, wenn man zum entsprechenden homöopathischen Einzelmittel

1- bis 2mal wöchentlich eine Nosode zusätzlich verabreicht: Rhinitis-Nosode (nicht-eitrig) oder Sinusitis-Nosode (eitrig). Citrokehl (Sanum-Kehlbeck), in gleicher Weise gegeben, rundet die homöopathische Therapie ab.

Gerade der immer wiederkehrende oder allergische Schnupfen spricht sehr gut auf eine persönlich abgestimmte Bach-Blüten-Mischung an. Als Basistherapie mag folgende Kombination eine Hilfe sein:
- Beech (hebt die Toleranzschwelle);
- Crab Apple (unterstützt den Reinigungsprozeß, den ja ein Schnupfen letztendlich darstellt);
- Impatiens (lindert die Heftigkeit der Symptome).

Für die Akupressur bietet sich der Punkt Nase 2 an.

Der Akupunkteur sucht sich die Punkte Nase 6 bei der nicht-eitrigen, Nase 3 bei der eitrigen Rhinitis.

Reiki auf Nase und Stirnbein löst den Katarrh, auch wenn er schon in die Nebenhöhlen aufgestiegen ist.

Die Rotlichtbestrahlung setzen wir zur Linderung des einfachen Katarrhs ein; in der eitrigen Phase wechseln wir auf gelbes Licht.

Im chronischen Stadium mag auch die Magnetfeldtherapie angebracht sein; desgleichen die Ozontherapie, wenn die Nebenhöhlen mit beteiligt sind.

Nasenbluten (Epistaxis) tritt am häufigsten nach stumpfen Traumen, wie Schlägen oder Anrennen gegen ein Hindernis, auf. Auch diverse Formen der Rhinitis oder eventuell Geschwüre in der Nase können dafür verantwortlich gemacht werden.

In jedem Fall kann man kalte Kompressen anlegen, denen man Notfalltropfen zufügt. Diese sollten wegen der Blutungs- und evtl. Schockgefahr auch eingegeben werden.
- Im Verletzungsfall gibt man sogleich Arnica D 6.
- Phosphor D 12 kommt generell bei Blutungsneigung zum Einsatz.
- Kalium phosphoricum D 12 im Anschluß an Vergiftungen.
- Aurum jodatum D 12, wenn geschwüriger Zerfall der Nasenschleimhaut der Anlaß für Blutungen ist.
- Die Rhinitis-Nosode stillt konstitutionell bedingte Blutungen (»hämorrhagische Diathese«).

Die Blutung stillt ebenso ein Druck auf den Akupressurpunkt Nase 1 für 3 Minuten oder die Akupunktur auf Nase 5 – 5 Minuten lang.

Die Magnetfeldtherapie hat schon oft chronisches Nasenbluten bereinigt.

Citrokehl im Wechsel mit Sanuvis (beide Sanum-Kehlbeck) – das sind die potenzierte Zitronen- bzw. Milchsäure – erfüllen eine wichtige Funktion im Säure-Basen-Haushalt des Blutes und wirken zudem stabilisierend auf die Zellmembran der Blutgefäße.

Da eine solche permanente oder immer wiederkehrende Blutung gleichzusetzen ist mit »Verlust der Lebenskraft«, eignet sich auch eine bestimmte Bach-Blüten-Mischung ganz hervorragend, das Individuum zu reorganisieren und »abzudichten«: Centaury, Crab Apple, Hornbeam, Star of Bethlehem, Wild Rose und Olive. Die einzelnen Komponenten dieser Blütenkombination verhelfen dem Individuum zu Stabilität und Lebensfreude. Insgesamt wird das Tier wieder lebendiger und aktiv.

Die Atemwege

Die Symbolik

Die übergeordnete Bedeutung der Atemwege liegt darin, daß sie den überlebensnotwendigen Lebensatem aufnehmen, der eine wesentliche Energiequelle darstellt, durch die das Individuum auf feinstoffliche Weise genährt wird.

Es ist die Atemluft, mittels der alle auf diesem Planeten existierenden Lebewesen miteinander kommunizieren und so eine gemeinsame energetische Verbindung haben. Kein lebendes, atmendes Etwas ist somit völlig für sich allein, isoliert, sondern vibriert sinngemäß mit sämtlichem Bewußtsein dieser Erde auf einer bestimmten, verbindenden Schwingungsebene.

Die Atemluft durchströmt zunächst die Nase, wo sie auf ihre Verträglichkeit geprüft, gereinigt und erwärmt wird. Hinter dem Rachen zieht sie an den Stimmritzen des Kehlkopfs vorbei und fällt dann in die Luftröhre ab, bis sie die Lunge erreicht. Die Schleimhaut der großen und kleinen Bronchien, die schließlich in die Lungenbläschen (Alveolen) münden, bildet eine riesige Fläche für die von außen einströmenden Informationen. Das sind einerseits die Gase der Atmosphäre, Wasserdampf, Reizstoffe u. ä., andererseits feinstoffliche Informationen aus der Umgebung – Wahrnehmungen, die das Individuum zu bestimmten emotional gefärbten Reaktionen veranlassen.

Die eingeatmeten Gase – allen voran der Sauerstoff – lösen sich größtenteils im Blut, um am Zellstoffwechsel teilzunehmen. »Verbrauchte Luft«, allen voran Kohlendioxid, wird über die Lungen wieder ausgeatmet und steht somit den Pflanzen zur Verfügung, die ihrerseits den für uns lebensnotwendigen Sauerstoff als Stoffwechselprodukt abgeben.

Dieser ununterbrochene Stoffaustausch läuft auch auf geistiger Ebene ab. Ganz individuell differenzieren und entscheiden wir, welche Informationen aus der Umwelt wir letztlich inkorporieren, um uns damit auseinanderzusetzen. Im »Normalfall« betrifft diese Auseinandersetzung auf einer adäquaten Ebene Informationen, die unsere Persönlichkeit respektieren und fördern.

Hunde in der Menschengemeinschaft sind viel auf gute Kommunikation angewiesen, weil sie ja außerhalb ihres »Hundeverbandes« leben müssen und somit nur indirekt und leider oft verfälscht mit ihren persönlichkeitsfördernden Informationsmustern konfrontiert werden. Somit liegt es wiederum an uns Menschen, die Bedürfnisse des Hundes zu studieren und zu respektieren.

Der geistige Aspekt

Aufgrund der Entscheidungsfreiheit bleibt es der persönlichen Einstellung des Individuums überlassen, in welcher Weise es auf die ununterbrochen einströmenden Umweltreize reagiert. Diese Reaktion hängt wiederum stark von der individuellen Toleranz ab. Je mehr sich das Individuum öffnet, desto umfangreicher ist der Informationsfluß, desto größer aber auch der zu bewältigende Aufgabenbereich.

Holt sich nun die Persönlichkeit mehr als ihr gut tut (aus Angst, zuwenig zu bekommen oder aus Gier), bläht sie sich auf und ist im entscheidenden Moment nicht mehr in der Lage, rechtzeitig auszulassen, also genügend auszuatmen; so entwickelt sich der Asthmatiker. Andererseits gibt es Menschen, die ihr Tier mit Liebe geradezu erdrücken — dann bleibt jenem die Luft weg. Lehnt das Individuum Kommunikation grundsätzlich ab oder vermeidet es, sich mit bestimmten Lebensbereichen aktiv auseinanderzusetzen, entwickelt sich eine Allergie, die alle Bereiche der Atemwege erfassen kann.

Die Atmung ist Teil des rhythmischen Systems, das dem Lebewesen eine gewisse Synchronizität verleiht. Es bedeutet zugleich ein ständiges Nehmen und Geben. Hat die Persönlichkeit damit Schwierigkeiten — aus Angst oder Egoismus z.B. —, ist dieser Rhythmus gestört und löst Atemwegserkrankungen verschiedener Art aus.

Die Ursachen

Die auslösenden Faktoren für Erkrankungen der Atemorgane wurden im Prinzip schon im Kapitel »Nase« erwähnt. Neben den bekannten Infektionserregern kommen im vermehrten Maße Pilzbefall und Allergien in Betracht. Diese können mitunter recht hartnäckig verlaufen.

Allfällige Wegbereiter für chronische Infekte sind nicht selten harmlose Erkältungen, die nicht ausheilen oder falsch behandelt wurden. Dazu zählen wir außerdem die zunehmende Schadstoffbelastung aus der Umwelt. Gerade kleinere Hunde sind im städtischen Bereich durch Autoabgase besonders belastet. Statistiken zeigen, daß 20% der Stadthunde mehr oder weniger auffällig an Lungenkrebs erkranken. Herz- und Kreislauferkrankungen, Störungen der Leber- und Nierenfunktion, unterdrückte Hautkrankheiten — all dies kann sich ebenfalls negativ auf die Atemwege auswirken.

Die Krankheitsbilder

Der Hund tätigt im normalen Ruhezustand, abhängig von seiner Körpergröße, 10 bis 30 Atemzüge pro Minute.

Ist die **Atmung beschleunigt**, etwa im Falle von Angst, Aufregung, Fieber, Herzinsuffizienz, Anämie — so spricht man von Tachypnoe. Im Verlauf einer Vergiftung, z.B. einer Urämie infolge hochgradiger Niereninsuffizienz, oder bei Erkrankungen seitens des Zentralnervensystems (z.B. Sonnenstich), aber auch während des Schlafs sinkt die Atemfrequenz deutlich (Bradypnoe).

Unter **Dyspnoe (Atemnot)** versteht man einen Zustand krankhaft erschwerter Atmung, die meist mit deutlich wahrnehmbaren Geräuschen einhergeht.

Das **Hecheln** des Hundes ist ein beschleunigtes, kurzes und oberflächliches Atmen, das der Temperaturregulation durch Flüssigkeitsabgabe dient.

Husten

Das Leitsymptom einer Atemwegserkrankung ist der Husten. Die objektive Beurteilung des Hustens erfolgt nach bestimmten Kriterien, die nicht nur eine Diagnose ermöglichen, sondern auch den Leitfaden für die Therapie darstellen. So hören wir den Husten in verschiedenen Qualitäten:
- feucht, trocken, rauh;
- locker, quälend und schmerzhaft, krampfhaft;
- vereinzelt, stoßweise, anfallsartig;
- tagsüber, nachts, zu bestimmten Tageszeiten;
- besser oder schlechter bei Ruhe/Bewegung, Wärme/Kälte, beim oder nach dem Füttern oder Trinken.

Husten ist – wie das Niesen – eine durchaus zweckmäßige Reaktion des Körpers im Sinne eines Reinigungsprozesses, hervorgerufen durch diverse Reize entlang der Schleimhäute der Atemwege. Der Körper versucht also, sich auf diesem Wege von Fremdkörpern aller Art oder Schleimmassen zu befreien, und daher wäre es total konträr, dieses Symptom mit irgendwelchen hustendämpfenden Mitteln zu unterdrücken. Vielmehr gilt es, diese Befreiungsversuche zu steuern und zu fördern. Das breite Feld der Naturheilverfahren bietet hier viele Möglichkeiten.

Je nachdem, *wo* sich die reizenden Agenden befinden, kommt der Husten entweder von den oberen Atemwegen (Rachen, Kehlkopf, Luftröhre) oder von den unteren Atemwegen (Bronchien, Bronchioli, Alveolen, also aus dem Bereich der Lunge). Das abzuklären obliegt natürlich dem Fachmann.

Die Schleimhäute der Atemwege reagieren in unterschiedlichster Weise mit. Eine Mehrsekretion der dort ansässigen Drüsen führt zu einer mehr oder weniger beträchtlichen Schleimbildung. Wenn der Schleim sehr zäh ist, kann er zu beträchtlichen Atembeschwerden führen. Durch sehr starke Hustenstöße können auch mal kleine Blutgefäße platzen und so zu Blutungen führen.

Klinisch exakt differenziert man:
- Laryngitis oder Laryngotracheitis (Entzündung des Kehlkopfs oder/und der Luftröhre);
- Bronchitis oder Tracheobronchitis (Entzündung der Bronchien oder/und der Luftröhre);
- Bronchopneumonie oder Pneumonie (auf das Lungengewebe übergreifende Entzündung der Bronchien oder vorwiegend das Lungengewebe betreffend);
- Bronchiolitis oder Mikrobronchitis (Entzündung der kleinsten Bronchien und der Alveolen);
- Lungenödem – die Folge einer beständigen Insuffizienz der linken Herzkammer oder chronischer Bronchopneumonie oder einer Allergie;
- Lungenemphysem – infolge einer chronischen und/oder spastischen Bronchitis (Allergie) kommt es zu einer übermäßigen Erweiterung oder sogar Zerreißung größerer Alveolen-Bezirke. Die Lunge erleidet einen erheblichen Elastizitätsverlust, was zu einer Überlastung des Herzens führt;
- Lungentuberkulose – etwa 6% der Hunde sind davon betroffen;
- Lungenkrebs – die Statistik weist 20% der Stadthunde aus;
- Pleuritis (Brustfellentzündung).

Dazwischen gibt es vielfach fließende Übergänge und noch exaktere Diagnosen, deren Beschreibung den Rahmen dieses Buches sprengen würde. An dieser Stelle wollen wir uns wieder danach orientieren, was wir sehen und hören, und **daraus die Therapie** ableiten:

Rauher, trockener, kurzer Husten bedeutet ganz allgemein eine Entzündung, chemische oder mechanische Reize und Fremdstoffe im Bereich des Kehlkopfs, der Luftröhre oder der kleinen Bronchien. Nur wenig oder keine Schleimproduktion. Ziel der therapeutischen Maßnahmen sind Reizlinderung und Verflüssigung evtl. vorhandenen Schleims, der folglich leichter ausgehustet werden kann.
- Eine Teemischung mit Primelwurzel, Wohlriechendem Veilchen und Kamille zu je 10 g kann auf alle Fälle angeboten werden, 3 x tgl. 1 Tasse.

Die Untersuchung der Halsgegend: Gefühlvoll untersucht man auf schmerzhafte Schwellungen oder ob gar ein Hustenreiz auslösbar ist.

- Die Aromatherapie verbreitet mittels Duftlampe im Aufenthaltsraum des Hundes die ätherischen Öle von Thymian, Eukalyptus, Lavendel, Fichtennadel, Sandelholz.
- Zur Inhalation eignen sich die Öle von Heublumen, Eukalyptus, Kiefer.
- Warme Wickel (40 °C) mit Heublumenextrakt am Hals werden oftmals als angenehm empfunden.

Die Homöopathie stellt folgende Arzneien:
- Aconitum D 30: Der Kehlkopf ist sehr berührungsempfindlich und schmerzt beim Husten. Der trockene Husten löst Stiche und Gefühle der Enge in der Brust aus, die den Hund ängstlich erscheinen lassen. Kalter Wind erscheint im Vorbericht.
- Ferrum phosphoricum D 12: Nach Dr. Schüßler das Hauptmittel bei

beginnender Entzündung. Der heisere, trockene Husten tritt vornehmlich in der Bewegung auf, wobei er sich aber bei fortgesetzter Bewegung wiederum bessert. Lungen- und Brustfellentzündung sind ebenfalls im AMB zu finden.
- Phosphor D 30 zwingt häufig zum Hüsteln (Kitzelhusten), der Husten klingt rauh und trocken. Er verstärkt sich in der Kälte, beim Essen und Trinken; generell ein »nervöser« Husten. Konkrete Verschlimmerungszeit zwischen 21 und 23 Uhr.
- Hyoscyamus D 30: Eine krampfartige Steigerung des Phosphor-Hustens, der sich durch Trinken und im Liegen besonders verschlimmert. Mitunter besteht eine auffällige Abneigung, die Arznei zu nehmen. Der Patient ist mißtrauisch, u. U. sogar hinterhältig.
- Spongia D 6: Der Hund hustet und bellt auffallend rauh, zeigt mitunter sogar erhebliche Atemnot. Nach der Fütterung zeigt sich eine leichte Besserung.
- Die Mucokehl-Tropfen oder Tabletten (Sanum-Kehlbeck) sind eine wertvolle Unterstützung, weil sie zur Verflüssigung des wenigen Schleims beitragen.
- Je nach Lokalisation beruhigen wir über die Akupressur Hals 2 oder Lunge 2, jeweils für 1–2 Minuten.
- Die Akupunktur geht auf Kehlkopf 1 und Lunge 2.

Schmerzhaft quälender, krampfartiger Husten erscheint infolge spastischer Bronchitis, die in Asthma übergehen kann. Die Maßnahmen konzentrieren sich auf Lösung der Krämpfe und Förderung des Auswurfs des reichlich vorhandenen Schleims.
- Phytotherapeutisch bringen wir zusätzlich eine antiseptische Komponente ein: Die Aromatherapie benutzt die ätherischen Öle von Kamille oder Thymian, während sich zur Inhalation jene Komponenten von Wacholder oder Fichtennadeln besser eignen.
- Warme Brustwickel (40 °C) mit Heublumenextrakt mögen auch zur Anwendung kommen.
- Hustensäfte oder Dragees mit krampflösenden Kräuterextrakten sind leicht einzugeben. Sie sollten die eine oder andere Pflanzendroge enthalten: Primelwurzel, Wohlriechendes Veilchen, Efeu, Meerträubchen.
- Fencheltee hat sich als Hausmittel ganz gut bewährt.

Seitens der Homöopathie bieten sich an:
- Ipecacuanha D 6: Der sich im Anfall steigernde Husten klingt trocken, trotzdem wird reichlich Schleim, der gelegentlich etwas blutig sein kann, heraufgewürgt und kann Brechreiz auslösen. Mitunter vernimmt auch das Ohr des Laien ein grobes Rasseln in den unteren Atemwegen. Der Husten verschlimmert sich im warmen Raum.
- Cuprum aceticum D 30: Die krampfhaften Hustenanfälle bedrohen den Patienten mit Ersticken. Eine Besserung bringt kaltes Trinkwasser und leichte Bewegung an der kühlen frischen Luft.
- Bryonia D 6 bringt Erleichterung im Falle eines sehr schmerzhaften Hustens, der das Tier zum Zusammenkrümmen zwingt. Die Hustenanfälle treten vornehmlich am Morgen und frühen Vormittag auf und bessern sich im Ruhen. Der Patient wechselt oft seinen Platz und ist ärgerlich gereizt. Ein wichtiges Mittel bei Brustfellentzündung.

- Magnesium carbonicum D 30: Ein krampfhafter Husten mit Würgen und Erbrechen tritt uns entgegen, der sich durch Kälte und Liegen auf der kranken Seite verschlimmert. Typisch ist, daß sich der Husten im Laufe des Tages löst.
- Hedera helix D 6: Ein häufig gebrauchtes Mittel bei Bronchialasthma, Lungenemphysem und Laryngitis. Ein quälender Reizhusten wird von arger Atemnot begleitet. Bei warmem Wetter verschlimmert sich der Zustand.

Bellender Husten verlangt sinngemäß nach Belladonna D 30. Die trockenen, zum Teil krampfartigen Hustenanfälle klingen auffallend hohl und abgehackt. Vor allem Wasser kann nur erschwert geschluckt werden. Wärme verschlechtert den Zustand. Die wichtigsten Indikationen sind: Bronchopneumonie und Pneumonie auf der Basis von Allgemeininfektionen.

Feuchter, lockerer Husten bedeutet, daß der Krankheitsprozeß im positiven Sinne in Lösung und Heilung übergeht. Bronchien und Bronchioli sind auf dem Wege zur Freiheit. Die Behandlung unterstützt diesen Lösungsvorgang und sorgt für Keimreduzierung. Der Auswurf des Schleims soll gefördert werden.
- In die Duftlampe tropfen wir ätherische Öle: Kamille oder Koniferen.
- Für die Inhalation suchen wir Latschenkiefer-, Fichtennadel- oder Wacholderöl aus. Auch Salzwasserinhalationen sind möglich. Dazu bereitet man 10 g Meersalz auf 1 l Wasser.

Einige Homöopathika kommen sinngemäß zur Anwendung:
- Rumex D 6 bietet eine umfangreiche Indikationsbreite, so bei allen Katarrhen vom Kehlkopf bis in die kleinen Bronchien, bei Bronchialasthma und bei lästigem Reizhusten, der sich durch Begeben in kalte Luft erheblich verschlimmert. Auch während des Fressens kann Husten einsetzen.
- Corallium rubrum D 4: Typisch für dieses Mittel sind richtiggehende Salven von Hustenanfällen, die das Tier ins Freie treiben. Meist ist auch ein heftiger Fließschnupfen vorhanden, der durch gleichzeitigen Abfluß in den Rachen das Bild dramatisiert.
- Ammonium bromatum D 6: Dieser Reizhusten tritt verstärkt des Nachts auf und ist um so schlimmer, je wärmer der Raum ist. Das Erstickungsgefühl wird durch Schleimrasseln auf der Brust noch verstärkt. In Gesellschaft oft ein Stockschnupfen.
- Antimonium tartaricum (Tartarus emeticus) D 12 ist das Mittel für alte oder erschöpfte Patienten, die zu schwach sind, den reichlich vorhandenen Schleim auszuhusten. Ganz deutlich hört man das Schleimrasseln in der Brust. Kommt auch beim Lungenemphysem zur Anwendung.
- Lachesis D 30 wird gern im Falle von Lungenentzündung eingesetzt, die im Verlauf einer schweren Allgemeinerkrankung auftritt. Besonders die Gegend des Kehlkopfs ist sehr empfindlich, der Hund verträgt absolut kein Halsband; zudem wirkt er ängstlich und mißtrauisch und weicht der Hand aus.

Die Botschaft der Musik von W. A. MOZART oder BOB DYLAN wirkt sich im allgemeinen sehr positiv auf Atemwegserkrankungen aus.

Herz und Kreislauf

Die Symbolik

Alles Leben wird durch Rhythmen und Zyklen bestimmt. Nichts ist heute gleich, wie es gestern war, und doch wiederholt sich vieles, um dem Lebendigen die notwendigen Impulse zu vermitteln. Einige Rhythmen folgen einer gewissen Regelmäßigkeit, wie z. B. der Tag-Nacht-Rhythmus. Andere werden durch äußere Einflüsse moduliert (Nahrungsaufnahme).

Das Herz und das seine Impulse weitertragende Blutgefäßsystem beherrschen neben der Atmung den Lebensrhythmus, dem das Individuum zwangsläufig gehorchen muß, solange es sich im allgemeinen Lebensprozeß befindet. Das rhythmische Ein- und Ausatmen korrespondiert mit dem autonom arbeitenden Herzmuskel, der dafür sorgt, daß die Lebenskraft (Od) durch ständige Zirkulation des Blutes erhalten bleibt.

Das Blut als Träger dieses Ods bringt lebensnotwendige Informationen (Nährstoffe, Katalysatoren, Hormone, Sauerstoff u. a.) an jeden Ort des Körpers und befördert andererseits Abraumprodukte (Kohlendioxid, Stoffwechselmetaboliten, Giftstoffe) zu den Ausscheidungsorganen.

Dieser ununterbrochene persönliche Kreislauf fügt sich harmonisch in den großen Kreislauf der Natur ein. In letzter Konsequenz bestehen diesbezüglich Verbindungen und Abhängigkeiten zum Lauf der Planeten.

Das **Herz** ist in den meisten Kulturkreisen als das eigentliche Zentrum des Lebens angesehen worden; von ihm geht alle Kraft des Seins aus, viele Tugenden werden ihm zugeordnet. Manche Naturvölker haben das Herz im Verlauf kriegerischer Auseinandersetzungen ihren tapferen Gegnern aus der Brust geschnitten und gegessen, um sich deren Tapferkeit und Kraft anzueignen. Auch in unserer technisierten Zivilisation hat das Herz der Zeit entsprechende Attribute bekommen (Pumpe, Motor). Somit steht fest, daß das Herz als zentraler Mittelpunkt der Lebensenergien unersetzlich ist.

Die psychosomatische Medizin ordnet dem Herzen den Aspekt der Liebe zu. Kein anderes Organ des Körpers wurde je auf ähnliche Weise mit der Fähigkeit des Liebens und gegenseitigen Verstehens aufs engste verknüpft. Viele Sätze und Wörter im täglichen Sprachgebrauch verweisen uns darauf: mit herzlichen Grüßen, ein herzensguter Mensch, herzzerreißend, Herzenswärme, mit dem Herzen dabeisein, ein Herz wie ein Stein, hartherzig, herzlos, an gebrochenem Herzen gestorben u. v. a.

Die Botschaft des Herzchakras, das beim Hund an der linken Brust direkt über dem Herzen seinen Sitz hat, entspricht dem Bedürfnis, den Aspekt der Liebe zu leben und zu erleben. Da dieses Energiezentrum beim Hund auch das geistige Potential der Intuition, der Kommunikation und Liebesfähigkeit mit einschließt, kommt ihm diesbezüglich besondere Bedeutung zu. Herz und »Verstand« sind beim Hund eins, daher kennt er keine »falsche« Liebe. Er kann nur geben, was er momentan empfindet.

Liebe bedeutet, jedes Wesen der Schöpfung in seiner Einmaligkeit und Ursprünglichkeit zu erkennen, anzunehmen und zu fördern. Neid, Haß und Mißgunst sind die größten Feinde des Herzens.

Der geistige Aspekt

Im Falle einer Herzerkrankung stellt sich die Frage: In welchem Lebensbereich wurde der Liebe-Aspekt mißverstanden oder vielleicht gar nicht gelebt? Falsch interpretierte Liebe kann auf verschiedensten Ebenen zu Problemen führen.

Lieblosigkeit läßt das Herz verkümmern und setzt Herzrhythmusstörungen in die Welt. Wenn es gar verhärtet, ist Verkalkung (Arteriosklerose) die Folge. Egoistische, ständig fordernde Liebe läßt den Herzmuskel hypertrophieren, mitunter stellt sich der Herzinfarkt ein. Derjenige, der sich vor schmachtender Liebe verzehrt, muß damit rechnen, daß die Kraft seines Herzens zu sehr nachläßt, er bekommt eine Insuffizienz (des Herzmuskels, der Klappen). Klappenfehler mögen der Ausdruck falscher Sichtweise für die vielen Nuancen der Liebe sein. Von Liebe erdrückt werden bedeutet Angst und Enge, also Angina pectoris.

Der Blutkreislauf, der alle Gewebe umspült und ihre Betriebstemperatur erhält, ist zu einem Großteil von der Kraft des Herzmuskels abhängig. Die zweite Komponente, die hier Einfluß nimmt, sind die Spannung und der Druck, denen die Blutgefäße draußen in der Peripherie des Körpers ausgesetzt sind. Eine Insuffizienz im Bereich des Herzens bedingt somit eine zentrale Kreislaufschwäche, Probleme an den vom Herzen entfernten Blutgefäßen führen zur peripheren Kreislaufschwäche. Daneben spielen noch andere Faktoren mit, wie die Ernährung, die Muskelspannkraft, Bewegung und Ruhe und konstitutionelle Schwächen sowie psychische Gemütsverfassungen. Das sehr sensible System des Blutkreislaufs reagiert spontan auf innere und äußere Insulte wie Angst, Schock, Kälte, Wärme und Verletzungen körperlicher und emotionaler Natur und schützt so den Körper vor Verlust der Lebenskraft und -wärme oder Überhitzung usw.

Im Sinne des Kreislaufs sich erhalten bedeutet aber auch, daß wir alles, was wir je zu uns genommen, gespeichert und umgesetzt haben, wieder einmal ausscheiden, loslassen müssen, sobald es nicht mehr notwendig oder verbraucht ist. Das gilt für Nährstoffe genauso wie für geistige Nahrung, die wir in Form von Gefühlen, Ideen oder Konflikten verarbeitet haben. Andernfalls resultiert daraus das, was z.B. Prof. Enderlein als Stausucht oder Endobiose definiert hat. Gemeint ist eine Stauung und Verstopfung kleiner und kleinster Gefäße im Kapillargebiet mit Ballast, der das Individuum nur noch belastet. Die weiteren Folgen dieser Ausscheidungsprobleme sind Rheuma, Gicht, Steinbildung in den Kanälchen der Leber oder den Nieren oder in der Blase.

Die Krankheitsbilder

Die Differenzierung der einzelnen Herz-Kreislauf-Erkrankungen ist von genauen Untersuchungsmethoden und einiger Erfahrung abhängig und soll dem Kliniker vorbehalten bleiben. Für den interessierten Laien mag eine grobe Einteilung zur besseren Übersicht genügen. Bestimmte deutliche Anzeichen sind immer verdächtig für **Herzerkrankungen**:
- Schwächeanfälle und leichte Ermüdung, vor allem in der Bewegung und bei warmem, schwülem Wetter;
- Kollapsneigung, Schwindelanfälle;
- chronischer Husten mit zum Teil schmerzhaften Begleiterscheinungen, Dyspnoe, Atemnot bei Anstrengung;

- blasse oder bläuliche Kopfschleimhäute;
- mitunter scheinbar unmotiviertes Aufschreien, auch nachts;
- Schwellungen (Ödeme) an den Beinen;
- vergrößerter Bauchumfang aufgrund von Leber- und Milzvergrößerung, Bauchwassersucht;
- Abmagerung, Hervorwölbung von Brust(-bein) und Schulter;
- epileptiforme Krämpfe, Anfälle von Bewußtlosigkeit;
- ängstliches Benehmen, Schreckhaftigkeit psych. Depression;
- Phasen nächtlicher Unruhe.

Je nach ihrem Auftreten unterscheidet man Erkrankungen des Herzbeutels, des Herzmuskels, der Herzklappen, Herzrhythmusstörungen sowie Erkrankungen der Blutgefäße und des Blutes.

Die Normalfrequenz der Herzschläge beträgt beim Hund zwischen 80 und 120 pro Minute, je nach Körpergröße. Abweichungen davon beschreibt man in folgender Weise:
- Bradykardie (während des Schlafs normal): Eine deutliche Abnahme der Herzfrequenz im Verlauf von Vergiftungen oder Erkrankungen und Reizungen des Zentralnervensystems. Leberstau mit Gelbsucht führt ebenfalls zu einer Absenkung.
- Tachykardie: Beschleunigte Herzfrequenz bis hin zum Herzjagen tritt auf im Zuge psychischer Erregung, Angst und Freude, bei körperlicher Arbeit und nach Herumjagen. Pathologisch stellt sich Tachykardie ein im Fieber, während Infektionskrankheiten, Blutarmut, Eisenmangel, bei Herzinsuffizienz und Herzrhythmusstörungen.
- Arrhythmien: Darunter versteht man

Fingerhut (Digitalis purpurea)

Anomalien der Erregungsbildung und Reizleitung seitens der dafür verantwortlichen autonomen Rhythmuszentren im Bereich des Herzmuskels.

Die Erkrankungen des Herzens, oft auch als Herzfehler bezeichnet, können angeboren oder erworben sein. Insuffizienzen anderer Organe – Lunge, Leber, Nieren, Milz – wirken sich oftmals schädigend auf das Herz aus. Umgekehrt jedoch genauso, denken wir an die Stauungsbronchitis oder die Bauchwassersucht (Ascites). Darin zeigt sich deutlich, daß wir eine Erkrankung eben niemals für sich isoliert betrachten dürfen; alles hängt mit allem zusammen. So sind auch bei Kardiopathien jeweils andere Erkrankungen oder Organschwächen in Betracht zu ziehen und entsprechend umfassend zu therapieren.

Irreparable Herzfehler, wie z.B. Stenosen oder Insuffizienzen der Herzklappen, sind dazu angetan, die Leistung bzw. die Lebensfähigkeit des Tieres mehr oder weniger einzuschränken. In diesen Fällen bietet sich die Naturheilkunde geradezu zwingend an, um ein solches Individuum auf sanfteste Weise in seinem Lebensprozeß auf Dauer zu unterstützen.

Die hier angeführten Therapievorschläge zielen grundsätzlich darauf ab, die Lebensbedingungen für den Patienten zu verbessern. Sie sollten stets mit dem behandelnden Arzt abgestimmt werden.

Die sogenannten Herzglykoside finden sowohl in der phytotherapeutischen als auch in der homöopathischen Form ihre Anwendung. Sie verbessern grundsätzlich die Kontraktionskraft des Herzmuskels und somit die relative Wirtschaftlichkeit der Herzarbeit. Das bedeutet zugleich eine Erhöhung des Schlagvolumens und eine sinnvolle Abnahme der Herzfrequenz. So wird das Herz geschont und durch Erweiterung der Herzkranzgefäße zugleich besser durchblutet. Die Herzleistung wird auf natürliche Weise reguliert.

Um der bekannten Kumulation der giftigen Wirkstoffe aus dem Weg zu gehen (die Digitalis-Medikation ist ausschließlich Sache des Fachmannes), sollen an dieser Stelle lediglich die homöopathischen Indikationen erwähnt werden.

- Digitalis D 4: Nach der homöopathischen Umkehrregel ist der Rote Fingerhut in der Lage, alle Symptome, die er provoziert, auch wieder zu heilen. Dazu gehören vornehmlich Herzrhythmusstörungen, und zwar sowohl Tachykardie wie auch Bradykardie; aber auch Herzmuskelschwäche, Myokardiose und Zustände nach Herzinfarkt. Das Tier zeigt wechselnde Unruhe, und bei Betrachtung der Kopfschleimhäute vermag man eine leichte Blauverfärbung (Zyanose) wahrzunehmen. Jegliche Bewegung verschlimmert den Gesamtzustand.

- Scilla maritima D 3 besitzt digitalisähnliche Wirkung, jedoch mit Betonung auf Verlängerung der Diastole, also der Ruhephase (Ansaugphase) des Herzens. Von besonderer Bedeutung ist die harntreibende, entwässernde (diuretische) Wirkung von Scilla (synonym Urginea m.). Somit ergibt sich als praktisches Einsatzgebiet eine (evtl. altersbedingte) Herzschwäche mit sich daraus ergebenden Wasseransammlungen (Ödem) in verschiedenen Körperteilen (Lunge, Beine).

Eine intravenöse Strophantus-Injektion wird in lebensbedrohlichen Fällen von drohendem Herzversagen, Herzinfarkt oder Lungenödem notwendig sein. Die perorale Verabreichung dieses Glykosids ist daher unzweckmäßig. Andere Herzglykoside kommen beim Hund nicht zur Anwendung.

Homöopathische Mittel bei Herzerkrankungen:

- Crataegus D 1: Der weithin bekannte Weißdorn besitzt eine digitalis-ähnliche Wirkung auf den Herzmuskel, vermag Herzrhythmusstörungen aufzuheben und ist ein gutes Mittel beim schwachen oder verfetteten Altersherz. Zuweilen treten auch beim Hund Angina-pectoris-Anfälle auf, die ihn sich zusammenkrümmen lassen. Eine aufgrund der Herzmuskelschwäche auftre-

tende Stauungsbronchitis verursacht vornehmlich nachts Unruhe und quälenden, trockenen Husten.
- Laurocerasus D 4: Der Kirschlorbeer hilft in vielen Fällen einer kombinierten Herz-Lungen-Insuffizienz, wie sie oft beim alten oder lange Zeit überstrapazierten Hund vorkommt. Typisch ist eine immer wiederkehrende Zyanose der Kopfschleimhäute, verbunden mit Atemnot und krächzendem Reizhusten. Der Patient friert viel, verträgt aber andererseits keine Wärmeanwendungen. Bei chronischen Kardiopathien wird die Kombination mit Digitalis oder Crataegus empfohlen.
- Phosphor D 12 hat eine große Affinität zum Herzmuskel und zum Lungengewebe und wird daher sehr gut bei zusammenhängenden Störungen eingesetzt. Typisch sind nervöse Herzstörungen bei offensichtlich ängstlichen, leicht erschöpften Hunden. Herzrhythmusstörungen, Myokardose und Myokardfibrose werden als Indikationen angegeben.
- Arsenicum album D 12: Der typische Arsenpatient fällt durch seine fortschreitende Abmagerung, die an Verfall grenzende Schwäche und die ängstliche Unruhe auf, die vornehmlich nach Mitternacht stört. Herzkrämpfe lassen den Hund zeitweilig aufschreien; er mag nicht alleingelassen werden. Auffallend mag auch der Ekel vor dem gewohnten Fressen sein. Spezielle Indikationen sind chron. Entzündungen des Herzbeutels, des Herzmuskels und der Klappen.
- Apis D 30 vermag die Kraft des Herzmuskels zu steigern, vor allem wenn dieser durch Allergien geschwächt ist. Die daraus folgenden Ödeme in der Lunge, im Herzbeutel, im Brust- oder Bauchfell (Ascites) mit den entsprechenden Symptomen (Husten, Vermehrung des Bauchumfanges) werden dadurch geklärt.
- Kalmia D 12: Der Berglorbeer wird bei entzündlichen Geschehen des Herzmuskels (Myokarditis) eingesetzt. So auch bei Herzmuskelschäden infolge vorangegangener Infektionskrankheiten wie Grippe, Staupe oder H.C.C. Auf den linken Oberarm einschießende Herzschmerzen können sogar Lahmheiten verursachen. Im Speziellen auch anzuwenden bei Herzbeutelentzündung und Herzbeutelwassersucht.
- Spigelia D 6 hat ebenfalls diese ausstrahlenden Schmerzen, vom Herzen ausgehend in den linken Oberarm, die ein Reißen und Zucken desselben verursachen. Das Wurmkraut ist für akute und chronische Entzündungen seitens des Herzmuskels und der Herzklappen zuständig. Eine zusätzlich auftretende Atemnot und die Herzschmerzen lassen den Hund vornehmlich auf der rechten Seite liegen. Eine Verschlimmerung des Zustandes tritt durch Berührung oder Transport ein. Auch kalte Luft und Geräusche werden als unangenehm empfunden.
- Kalium carbonicum D 12 hat ähnliche Indikationen wie Spigelia, der Patient wirkt aber insgesamt schwächer und ängstlicher. Jegliche Anstrengung führt zu Herzbeschwerden und Atemnot. Bei chronischen Zuständen gesellt sich oft trockener, harter Husten dazu, der gegen Abend schlimmer wird. Das Tier leidet still vor sich hin.
- Lachesis D 30 stellt ein umfassendes Herzmittel dar, vornehmlich nach schweren Allgemeininfektionen Herzmuskelentzündung, -degeneration, Herzklappenentzündung, Angina pectoris

sind hauptsächlich zu erwähnen. Lachesis reguliert eine Hypotonie mit Schwächeanfällen, die Blutdrucksteigerung bleibt nach längeren Gaben konstant. Der typische Lachesis-Patient ist voller Launen, eifersüchtig und mißtrauisch. Am Morgen fühlt sich der Patient elend.

- Naja tripudians D 30 ist ein hervorragendes Herzmittel in allen Bereichen von Entzündungen, bei Herzarrhythmie, Koronarinsuffizienz, Klappenstenose, Blutdruckschwankungen und Herzinfarkt. Der Hund ist oft unansprechbar, niedergeschlagen und meidet Bewegung.
- Aurum metallicum D 30 bewährt sich bei Herzerkrankungen, die mit einer Verkalkung (Sklerosierung) einhergehen. Herzklopfen und Herzbeklemmung sind die Folge, das Tier kann in Panik geraten, es setzt starkes Hecheln und vielleicht sogar Winseln ein. Der Patient reagiert heftig auf Kleinigkeiten; am besten geht es ihm, wenn er sich im Freien bewegen kann.
- Arnica D 12 zeigt ebenfalls Komplikationen aufgrund der Herz- und Gefäßverkalkung im AMB. Beklemmende Gefühle und Angstzustände gesellen sich zu der Abneigung, berührt zu werden. Der Patient neigt zu Nasenbluten.
- Cactus D 6 bewährt sich in solchen Fällen, wo Herzattacken wie epileptiforme Krämpfe verlaufen können. Der Hund gebärdet sich wie im Verfolgungswahn, mitunter neigt er zu Blutungen aus der Nase oder aus anderen Körperöffnungen.
- Carbo vegetabilis D 6 gilt als wichtiges Mittel bei generalisierter Kreislaufschwäche und Kollapszuständen. Vor allem die Hundebeine sind auffallend kühl; der Zustand verschlimmert sich in feuchtwarmer Luft und abends. Die Kreislauferscheinungen sind oftmals mit Erkrankungen der Verdauungsorgane vergesellschaftet.

- China D 6 ist ebenfalls eine Arznei der großen Schwäche und Hinfälligkeit, wobei der Patient im Bereich der Sinnesorgane überempfindlich reagiert (Licht, Gerüche, Geräusche). Die periphere Kreislaufschwäche mit Schwindel und Kopfschmerz tritt in den Vordergrund. Des Nachts und durch Berührung tritt eine Verschlimmerung ein.
- Magnesium carbonicum D 12 reguliert Herz- und Kreislaufstörungen seitens des endokrinen Systems; vornehmlich wäre hier eine Überfunktion der Schilddrüse zu erwähnen. Es kann vorkommen, daß der Hund mitten im Laufen unter Schmerzen zusammenbricht. Der Patient ist leicht ärgerlich und knurrt bei jedem kleinen Anlaß.
- Sulfur D 12: Die Herzbeschwerden stehen in Zusammenhang mit den Verdauungsorganen – speziell der Leber –, die sich »nur träge ihrer Arbeit hingeben«. Der an seiner Umgebung desinteressierte Patient benimmt sich auffallend ruhelos und neigt mehrmals täglich zu Schwächeanfällen. Die große Abneigung gegen Baden bzw. Wasser mag zur Mittelfindung beitragen.

Ein ganz hervorragendes Mittel zur unterstützenden Therapie von Herz-Kreislauf-Erkrankungen ist die rechtsdrehende Milchsäure, wie sie uns in der homöopathischen Spezialität Sanuvis (Sanum-Kehlbeck) begegnet. Sie aktiviert allgemein die Zellatmung, reguliert den Blutdruck und verbessert die gesamte Herz- und Kreislauftätigkeit. Gerade die bereits erwähnte Stausucht in den Gefäßen, die oft von Störungen der Blutviskosität und -zusammensetzung begleitet ist, verlangt den zusätzlichen Einsatz der Mucokehl-Tropfen (Sanum). Somit kann man alle Störungen sowohl des zentralen wie auch peripheren Kreislaufgeschehens in den Griff bekommen.

Im Akutfall, wenn man gerade keine Herz-Kreislauf-Tropfen zur Hand hat, sollte man auch an die Notfalltropfen von Bach denken. Bis zum Eintreffen tierärztlicher Hilfe können diese bedenkenlos alle paar Minuten verabreicht werden; auch von außen auf das Herzchakra aufgetragen, wirken sie Wunder!

Auf lange Sicht gesehen, können wir die Energien unseres Hundes mit einer individuellen Bach-Blütenmischung stabilisieren:
- Holly bei immer wiederkehrenden bösen Herzattacken;
- Impatiens beruhigt Herzanfälle und reguliert den Blutdruck;
- Red Chestnut für jene Charaktere, die sich zu sehr um andere (z.B. um ihre Nachkommenschaft) sorgen;
- Scleranthus reguliert ebenfalls den Blutdruck, vornehmlich bei Erkrankungen der Hormondrüsen;
- Star of Bethlehem schützt das gekränkte Herz, bringt Trost bei Liebesverlust oder im Trauerfall;
- Wild Rose belebt den schwächlichen, niedergeschlagenen Patienten, vermittelt Lebensfreude.

Weitere Maßnahmen bei Herzerkrankungen:
- Im Falle einer Herzattacke kann eine 3minütige Herzmassage im Uhrzeigersinn beruhigend wirken.
- Eine kalte Kompresse, für 5 Minuten in der Herzgegend angelegt, wird im Falle einer akuten Herzschwäche die Herztätigkeit aktivieren.
- Herzschwäche und Herzinfarkt haben ihre Akupressurpunkte in Herz 2, von wo aus man die Herzarbeit regulieren kann. Die Akupunktur arbeitet mit mehreren Herzpunkten.
- Reiki kann grundsätzlich bei nicht-entzündlichen Herzerkrankungen angewandt werden.
- Die Kompositionen von J.S. BACH, G.F. HÄNDEL oder A. VIVALDI wirken sich sehr positiv auf Störungen des Herzens aus.
- Kreislauferkrankungen im Sinne von Thrombosen sprechen gut auf die Magnetfeldtherapie an.

Neben den gezielten therapeutischen Maßnahmen braucht unser Herzpatient viel Ruhe, Schonung und liebevollen Umgang. Sollte er übergewichtig sein, werden wir die Rationen verkleinern und leichte Kost (ohne Fett, nur pflanzliche Kohlenhydrate) anbieten. Den Ruheplatz auf Erdstrahlen überprüfen!

Der **Kreislaufkollaps** ist das Erscheinungsbild einer peripheren Kreislaufschwäche, welche sich als Versagen der Regulationsmechanismen im Bereich der kleinen und kleinsten Blutgefäße darstellt. Diese Gefäßinsuffizienz zieht Blässe der Haut und Schleimhäute nach sich, Kälte macht sich breit, und der Patient kommt ins Wanken. Bei stärkerem Versagen der Regelmechanismen bricht der Patient zusammen, »es schwinden ihm die Sinne« und somit die Wahrnehmungsfähigkeit. In diesem Zustand sind auch spontane Verletzungen möglich. Der Übergang zum Schockgeschehen (siehe dort) ist mitunter fließend.

Ursachen für einen solchen Kollaps sind in der Mehrzahl Vergiftungen,

Impfreaktionen, Überanstrengung, Unfälle, Infektionskrankheiten, Verlauf oder Folge von Operationen sowie Überdosierung oder Unverträglichkeit von Narkotika und Beruhigungsmitteln.

Die **Therapie** beginnt in jedem Falle damit, den Patienten zu wärmen – mit einer Decke, einem Mantel o. ä.

- Diverse althergebrachte »Riechwässerchen« mögen sich auch beim Hund bewähren (die Kampfertinktur oder Ammoniak). Sie wirken direkt auf das Atemzentrum stimulierend, ebenso auf die Zentren des die Herztätigkeit modulierenden Nervus sympathicus.
- Einen ähnlichen Erfolg darf man sich von Einreibungen mit kaltem Essigwasser auf Stirn- und Nasenbein erwarten.
- Eine andere Methode besteht darin, die kühlen Pfoten im Uhrzeigersinn (an der rechten Vorderpfote beginnend) mit kaltem Wasser abzureiben, dem man etwas Arnika-Tinktur zusetzt. Die Massage erfolgt dabei zum Herzen.
- Die Notfalltropfen von Bach sind in einer solchen Situation unbezahlbar. Zusätzlich zur Eingabe empfiehlt es sich, sie auch auf die Stirn und in der Herzgegend leicht einzumassieren.
- Hat man die Arnica D 6 zur Hand, gibt man davon halbstündlich.
- Reiki in der Scheitelgegend vermittelt den Transport notwendiger Energieströme, die das Individuum »aufleben« lassen.
- Die Akupressur erfolgt auf Punkt Herz 2, 3 Minuten lang.
- Die Akupunktur nimmt hierfür Aorta 1.

Schock

Das Schockgeschehen ist über das Stadium des Kollapses hinaus durchaus in der Lage, das Individuum in ernste Lebensgefahr zu versetzen. Die Regelmechanismen des Kreislaufs brechen vollkommen zusammen und versetzen das Lebewesen in einen »Ausnahmezustand«, aus dem es normalerweise ohne äußere Hilfe schwer oder nicht mehr zurückfindet. Die körperliche und seelische Erschütterung ist so groß, daß der »Lebensfaden« zu reißen droht.

Die Verminderung des Herzminutenvolumens löst eine statische Erweiterung der Blutgefäße und somit einen dramatischen Blutdruckabfall aus. Die Lebensenergien konzentrieren sich auf den Erhalt der wichtigsten Lebensfunktionen (Herz, Atmung, Gehirn), wodurch andere Organe benachteiligt werden und so schnell Schädigungen auftreten können. Vor allem die Nieren laufen »leer«, weil ihnen nicht mehr das nötige Flüssigkeitsvolumen zur Verfügung steht. Ein manifestes Nierenversagen äußert sich durch Einstellung der Harnproduktion und -ausscheidung, wodurch der Körper zusätzlich durch harnpflichtige Stoffe belastet und vergiftet wird.

Das komplizierte Schockgeschehen hat natürlich noch viele andere negative Auswirkungen auf den Organismus, die allesamt die (Über-)Lebensfähigkeit bedrohen. Als **Schockursachen** kommen in Betracht:

- Blutvolumenverlust infolge größerer Blutungen (Unfall, Operation) oder durch erhebliche Wasser- und Elektrolytverluste (heftiger Brechdurchfall, großflächige Verletzungen, Verbrennungen).
- Der Intoxikationsschock kommt aufgrund *innerer* Vergiftungen zustande (Eitereinschmelzungen, Vergiftungen durch bestimmte Gase, im Verlauf von Darmverschluß u. ä.).

- Strom- oder Hitzschlag.
- Der anaphylaktische Schock tritt in Zusammenhang mit heftigen allergischen Reaktionen auf.
- Der psychogen ausgelöste Schock ist auf schlimmste gemütserschütternde Reize zurückzuführen. Angst und Panik stehen hier im Vordergrund.

Die **äußeren Anzeichen** sind zusammengefaßt:
- bedrohliche Körperschwäche mit totalem Zusammenbruch des Energiekörpers,
- Blässe der sichtbaren Schleimhäute,
- beängstigende Kälte der Beine und Ohren,
- oberflächliche Atmung, Japsen nach Luft,
- Orientierungslosigkeit, Wimmern,
- erweiterte Pupillen (Mydriasis),
- evtl. Erbrechen und unwillkürlicher Abgang von Stuhl und Harn.

Die **Therapie** orientiert sich selbstverständlich an den auslösenden Elementen, bedarf jedoch einfacher zusätzlicher Maßnahmen wie im Kollapsgeschehen:
- Wärme und Ruhe, möglichst kein Transport!
- Kaltwasserkompressen auf Stirn und Nase.
- Notfalltropfen alle paar Minuten eingeben und das Herzchakra damit vorsichtig massieren.
- Reiki in der Scheitelgegend.
- Akupressur: Herz 2 für 2 bis 3 Minuten.
- Akupunktur: Aorta 1.
- Leise Musik von G. F. Händel oder A. Vivaldi vermag die Zerstörung der betroffenen Zellstrukturen aufzuhalten.
- Eine Gabe Arnica D 30 lindert das Schockgeschehen.

All diese Maßnahmen kann auch der Laie *vor* Eintreffen des Tierarztes durchführen. Er verhindert dadurch ein weiteres Fortschreiten der durch den Schock ausgelösten körperlichen und seelischen Schädigungen.

Die gezielte **Schocktherapie** durch den Fachmann zielt auf den evtl. eingetretenen Flüssigkeitsverlust und Erhalt der Funktion aller lebenswichtigen Organe ab:
- Auffüllung des Blutvolumens durch Infusion von Traubenzucker- und Elektrolytlösungen.
- Infusion von Plasmaersatzstoffen, denen man Enzympräparate (z. B. Coenzyme comp.) hinzufügen kann.

Einige Homöopathika stehen sinngemäß für Schock und Kollaps (Arnica als Erstmittel wurde schon erwähnt):
- Carbo vegetabilis D 6 wird im Notfall alle 15 Minuten gegeben. Der Patient neigt überhaupt zum Kollaps.
- Veratrum album D 6 kann ebenfalls oftmals verabreicht werden; schwere Hinfälligkeit im Verlauf schlimmer Magen-Darm-Erkrankungen (Vergiftungen, Infektionen).
- Belladonna D 30 nach Hitzschlag (Wärmestau).
- Gloninum D 4 nach Sonnenstich, mit Erbrechen.

Bei angelegter Neigung zum Kollaps geben wir für längere Zeit eine Bach-Blütenmischung mit Clematis und Scleranthus. Beide stabilisieren das wankelmütige Energiesystem. Bewegungstherapie im Sinne eines täglichen Laufpensums von einer Stunde (ununterbrochen) reduziert ebenfalls die Kollapsgefahr für gefährdete Naturen.

Im akuten Schockgeschehen ist es übri-

So wird das Notfall-Reiki gemacht.

gens von Vorteil, den Schwanz 3 Minuten lang auf und ab zu bewegen. So wird nämlich das Wurzelchakra aktiviert, und die »Erdkräfte« holen das Lebewesen wieder ins Leben zurück!

Blut

Im Blut sehen viele Kulturen die Lebenskraft, die Seele, das Od – es ist das Fluidum, das alle Geheimnisse des Lebens birgt. Nüchtern betrachtet, gilt das Blut als Lösungsmittel für resorbierte Nährstoffe, als Transportmittel für selbige sowie Gase und die zelligen Bestandteile (Erythrozyten, Leukozyten, Thrombozyten) und als Reservoir der konstanten Körperwärme.

Eine **Blutung** bedeutet nicht nur eine quantitative Verringerung all dieser Parameter, sondern auch Verlust der Lebenskraft. Dem Organismus gehen wertvolle Energien verloren, die er aber normalerweise schnell reorganisieren kann, weil er genügend Depots für den Notfall besitzt (Milz, Knochenmark, Nieren).

Blutverlust führt zu einer Anämie (Blutarmut) und kann folgende Ursachen haben:
- innere und äußere Verletzungen mit Durchtrennung und Zerreißung von Gefäßen,
- Blutungen des Zahnfleischs oder aus der Nase,
- Wurmbefall,

- zerstörerische Schleimhautprozesse bei bakteriellen Infektionen im Ohr, Magen, Darm oder in der Blase (auch wegen dort liegender Steine),
- Blutungen aus der Scheide wegen Dauerläufigkeit,
- Vergiftung (Rattengift),
- Zerfall der Erythrozyten (Hämolyse) durch Parasiten, Bakterien(-gifte), Umweltgifte, Arzneimittel, Autoaggressionsprozesse, Bluttransfusion.

Der Blutverlust führt automatisch zu einer Reduzierung der Menge der roten Blutkörperchen, deren Anzahl normalerweise 5,5 bis 7,5 Millionen pro Mikroliter beträgt. Da die Erythrozyten mittels ihres Farbstoffs Hämoglobin in der Lage sind, den eingeatmeten Luftsauerstoff zu transportieren, ergibt sich auch diesbezüglich ein Defizit. Der Patient wird insgesamt geschwächt. Zugleich ergibt sich automatisch ein Mangel an zweiwertigem Eisen, da dieses die Sauerstoffbindung ans Hämoglobin überhaupt erst ermöglicht. Andererseits stellt die genuine Eisenmangelanämie eine Stoffwechselstörung dar, die auf ungenügender Resorption von kolloidalem Eisen beruht.

Therapie
Größerer oder unklarer Blutverlust und jede Form der Anämie ist Angelegenheit des/r Fachmanns/frau. Ein Volumen- und Plasmamangel muß auf jeden Fall ersetzt werden.

Einfache Blutungen, etwa nach einer Verletzung, können oder müssen sogar auch vom Tierbesitzer gestillt werden: Das **Abbinden** oberhalb einer Blutung oder das Auflegen einer Kaltwasserkompresse ist jedermann geläufig. Der Druck beim Abbinden darf jedoch nur so stark gewählt werden, daß der betroffene Körperteil *nicht* abgeschnürt wird. Nach 10 Minuten kann man sogar versuchen, den Druck unter Beobachtung der Blutung zu lockern. Wird die Umgebung des Druckverbandes blaß und kalt oder schwillt sie an, muß der Verband sofort gelockert werden.

Im Zuge dieser ersten Maßnahme ist es ganz wichtig, die Notfalltropfen einzusetzen. Sie bewirken, auch an Ort und Stelle aufgebracht, eine rasche Blutstillung. Eine Auflage mit frischen Beinwellblättern wirkt blutstillend und schmerzlindernd; ein andermal mag ein Umschlag mit Eiswasser helfen, dem man vielleicht etwas Arnika-Tinktur beifügt. In der gleichen Richtung wirken Zinnkraut, Goldrute, Wundklee, Heidelbeerblätter.

- Arnica D 6 ist zunächst das Mittel der Wahl, das nicht nur blutstillend wirkt, sondern auch die nachfolgenden Entzündungsvorgänge auf ein erträgliches Maß reduziert und die Wundschmerzen lindert. Arnica wirkt auch gefäßabdichtend. Es kann am Anfang mehrmals täglich gegeben werden.
- Symphytum D 6: Der Beinwell ist nicht nur ein hervorragendes Wundheilmittel; in der potenzierten Form stellt er sich als generell hämostyptisch wirksame Arznei dar, die auch innere Blutungen beeinflußt.
- Ferrum phosphoricum D 12: Nach Dr. Schüßler nicht nur ein wichtiges Fieber- und Entzündungsmittel; es sollte bei frischen Verletzungen, viertelstündlich gegeben, auch Blutungen zum Stillstand bringen.
- Phosphor D 12: Nach dem Umkehrbild der Phosphor-Vergiftung setzt die Homöopathie diese Arznei bei genereller Blutungsneigung ein, die durch (konstitutionelle) Kapillarschädigung zustande kommt.

- Carbo vegetabilis D 6 wird gerne als bewährte Indikation bei Zahnfleischbluten sowie bei Blutungen im Falle von geschwürigen Prozessen, Hämorrhoiden und zersetzenden Hautprozessen gegeben.
- Achillea millefolium D 6: Die Schafgarbe gilt seit jeher als großes Wundheilmittel. In der potenzierten Form vermag sie praktisch alle inneren und äußeren Blutungen zu beeinflussen.
- Erigeron canadensis D 4: Diese Blutungen treten plötzlich und sehr heftig (gußartig) auf, wobei Bewegung sie noch verschlimmert.
- Ipecacuanha D 6: Die Blutungen treten infolge von Schleimhautaffektionen (z.B. Magen-Darm-Katarrh oder asthmatische Bronchitis) auf.
- China D 6: Der Patient ist aufgrund eines Blutverlustes stark geschwächt, das Blut selbst ist oft verändert, evtl. dunkel.
- Hamamelis D 4: Das Parademittel für dunkle venöse Blutungen, wie sie beispielsweise bei Krampfadern oder Hämorrhoiden durch venösen Stau und Brüchigwerden der Venen entstehen.
- Thlaspi Bursa pastoris D 6 und Secale cornutum D 6 finden ihren Einsatz bei Blutungen, die vornehmlich aus dem Verdauungs- und Genitaltrakt kommen.

Citrokehl (Sanum-Kehlbeck), täglich eingesetzt, verringert ebenfalls die Blutungsneigung, weil es die Gefäßwände abdichtet und die Blutzusammensetzung reguliert.

Hämolytische Blutungen, die mit reichlichem Zerfall der roten Blutkörperchen einhergehen, bedürfen einer fachmännischen Behandlung. Der Vollständigkeit halber seien aber Arzneien erwähnt, die in diesen Fällen üblicherweise angewandt werden: Lachesis D 30, Crotalus D 12, Bothrops lanceolatus D 12.

Schließlich soll nicht unerwähnt bleiben, daß auch Reiki einen blutstillenden und wundheilungsfördernden Effekt hat.

Wird eine **Anämie (Blutarmut)**, aus welchem Grund auch immer, diagnostiziert, gilt es auf alle Fälle, die Erythropoese (die Neubildung roter Blutkörperchen) zu fördern:
- Natrium chloratum D 6, das homöopathisierte Kochsalz, das ja selbst Bestandteil des Blutes ist, regt die blutbildenden Zentren im Knochenmark und der Darmwand zur Erythropoese an.
- Auch das Citrokehl soll in diesem Zusammenhang erwähnt werden.
- Auf geistiger Ebene schalten sich die Bach-Blüten Crab Apple und Walnut in diesen Erneuerungsprozeß ein.
- Die Stimulation des Akupressurpunktes Leber 2 mehrmals tgl. für 3 Minuten bzw. in der Akupunktur Leber 5 beschleunigen auf ihre Weise die Neugeburt von Erythrozyten.
- Die Kompositionen von A. VIVALDI sollen hier insgesamt förderlich eingreifen.

Die **Eisenmangelanämie** als Folge einer Stoffwechselentgleisung bedarf der Unterstützung durch Ferrum phosphoricum D 12 über längere Zeit. Kommt der Mangel aus der Nahrung, muß hier zusätzlich ein herkömmliches Eisenpräparat beigegeben werden.

Wichtige Hinweise auf diese Mangelanämie sind Mattigkeit, Appetitmangel; die Tiere werden beim Laufen oder Spielen rasch müde, ja sogar Atemnot kann auftreten. Auffallend ist die Infektanfälligkeit, vornehmlich bei Welpen, trächtigen und säugenden Hündinnen und bei Leistungstieren. Auch der Laie erkennt ganz leicht die blassen Kopfschleimhäute.

Erkrankungen des weißen Blutbildes sind selbstverständlich Belange eines Spezialisten, der ja auch die Möglichkeit der labormäßigen Blutuntersuchung hat. Unabhängig davon möchte ich trotzdem einige Gedanken zur Leukose (Myelose) des Hundes vorbringen, da diese Bluterkrankung ständig im Steigen begriffen ist. Derzeit sind europaweit etwa 17% der Stadthunde und 12% der auf dem Land lebenden Tiere davon betroffen.

Die Geschichte: Lediglich 3 bis 4% der weißen Blutkörperchen (Leukozyten) befinden sich durchschnittlich im Umlauf in den Blut- und Lymphgefäßen. Der Rest verharrt in Warteposition in der Haut und Schleimhaut, im Bindegewebe und in den Lymphzentren und setzt sich ständig mit den von außen in den Organismus eindringenden Fremdbotschaften (Fremdeiweißkörper wie Bakterien, Pilze, Viren usw.) auseinander. So baut sich im Laufe des Lebens, meist unbemerkt, das immunologische Gedächtnis auf, das nach bestem Vermögen jedem Eindringling, dessen Muster dem Organismus bereits bekannt ist, Paroli bietet.

Als Reaktion auf eine massive Infektion von Krankheitserregern kommt es nach einem vorübergehenden Abfall (Leukopenie) zu einem massenhaften Anstieg der Leukozyten im Blut (Leukozytose). Dieser durchaus biologisch zweckmäßige Vorgang ist wünschenswert, weil er bedeutet, daß sich der »innere Arzt« ordnungsgemäß mit dem Krankheitspotential auseinandersetzt. Nach Überwindung der Eindringlinge verschwindet diese Leukozytose normalerweise allmählich; geht die Krankheit in ein chronisches Stadium über, bleibt ein gewisser erhöhter und von Zeit zu Zeit schwankender Blutspiegel an Leukozyten bestehen.

Corona-Viren und Chlamydien, in Verbindung mit auslösenden Faktoren wie Schocks, Unfällen oder gewissen Medikamenten (z.B. Anthrachinon-Präparaten) sind in der Lage, eine Entartung des lymphatischen bzw. leukopoetischen Systems zu provozieren. Die Folge ist dann das, was der Volksmund »Blutkrebs« nennt.

Die Hintergründe sind mitunter genetisch bedingt, was bedeutet, daß vornehmlich hellhäutige Hunderassen mit weichem Fell auf diese Weise an Leukose erkranken.

Die Erkrankung beginnt im Verborgenen. Einige Lymphzentren beginnen scheinbar planlos, Leukozyten zu produzieren. Viele davon zerfallen gleich wieder, weil ihnen die nötige Struktur fehlt, und dabei entstehen toxische Nebenprodukte, wobei sich immer wieder leichte Fieberschübe feststellen lassen. Andere unreife Formen verstopfen feinste Haargefäße (Kapillaren) und bilden so Verballungen, die schließlich auch außen als Knötchen sichtbar werden. Ihre ursprüngliche Aufgabe der Infektabwehr ist diesen halbfertigen Leukozyten verlorengegangen.

Die Folge ist, daß der Organismus bereits bei normalerweise harmlosen Infekten schwer erkrankt, dahinsiecht oder zusammenbricht.

Die auffallenden **Symptome** einer Leukose:
- Wechsel zwischen »guten« und »schlechten« Phasen;
- Abmagerung;

- blasse Schleimhäute (zugleich besteht Anämie);
- Durchfälle und Erbrechen treten immer wieder mal auf;
- Infektanfälligkeit;
- ein geschwollener Bauch durch Vergrößerung der Leber ist nicht selten;
- Knötchenbildung entlang den Lymphbahnen, Schwellung aller Lymphknoten;
- Haarausfall ist möglich;
- zunehmende Kälte der Extremitäten.

Von seiten der Naturheilkunde bieten sich gute **Therapiemöglichkeiten**:
- Zur Umstimmung und Regulierung des Immunsystems setzen wir 2 Pflanzenextrakte ein, und zwar vom Krallendorn (Radix uncariae tormentosae) und von der Mistel (Viscum album); davon jeweils 3mal täglich 3 bis 5 Tropfen.
- Dazu geben wir auf alle Fälle die homöopathische Umckaloabo (Zuckergeranie) D 5, 2mal täglich, Glandula thymi suis (Thymus-Organpräparat) 2mal wöchentlich 1 Ampulle.
- Zink-Orotat-Tabletten, 2 bis 3 Stück täglich.
- Zur Förderung der Ausschwemmung entstandener Immunkomplexe eignen sich die Lymphomyosot-Tropfen (Heel), 3mal täglich 3 bis 5 Tropfen, und ein guter Blutreinigungstee.
- Eine stabile Gemütsverfassung wirkt ebenfalls stabilisierend aufs Immunsystem. Somit reichen wir eine Bach-Blütenmischung von Centaury, Gentian, Sweet-Chestnut, Wild Rose und Willow.
- Die 2mal wöchentlich durchgeführte Magnetfeldtherapie kann zusätzliche Gewinne bringen.

Der Magen

Die Symbolik

Nachdem der abgeschluckte Bissen den Schlund und die Speiseröhre passiert hat, gelangt er über den Magenmund (Cardia) in die Magenhöhle. Hier entscheidet sich sein Schicksal, und zwar insofern, ob er vom Magen als passabel angenommen und nach entsprechender Vorbereitung an den Darm weitergeleitet oder postwendend unter Erbrechen wieder nach draußen befördert wird.

Der Magen ist die »Schaltstelle« niedriger und höherer Informationen, das Magenchakra selbst dient als Energiezentrum für viele Gefühlsbereiche innerhalb und außerhalb des Individuums. Feinstoffliche Informationen beeinflussen das Wohlbefinden des Magens: Erlebnisse und Gefühle können den Bauch »salben« oder aber veranlassen, daß sich »der Magen umdreht«. Was uns »schmeckt«, nehmen wir gierig auf, Widerwärtigkeiten finden wir »zum Kotzen«.

Im Magen der Fleischfresser dominiert die Säure. Sie setzt der Magenschleimhaut in aggressiver Weise zu, wenn das Individuum nicht in der Lage ist, diese Aggressionen auf den Nahrungsbrei zu richten oder nach außen entsprechende Lebensäußerungen umzusetzen. Der Magen schützt sich vor der Salzsäure normalerweise mit Schleim, der in den Magendrüsen reichlich produziert wird. Aggressionen, die bis zu einem gewissen Grad zur Lebenserhaltung notwendig sind, aber unterdrückt werden, richten sich im Sinne eines Säureüberschusses jedoch gegen den Magen selbst und »zerfressen« ihn im Sinne einer Entzündung (Gastritis) oder eines Geschwürs (Ulcus).

Der geistige Aspekt

Die Magengrube ist Sammelbecken für verschiedenste Empfindungen und Ängste. Hier können sich Blockaden festsetzen und befreiende Reaktionen arretieren, die ihrerseits wiederum den Magen und andere Organe in ihrer Aktivität negativ beeinflussen können.

Nicht immer ist es verdorbenes oder inadäquates Futter, das zur Magenverstimmung führt. Viele Situationen im Hundeleben sind erfüllt von Spannungen und Mißverständnissen. Dazu gesellen sich Ängste und Streß, vor allem dann, wenn die Umgebung des Tieres absolut kein Verständnis für hundegemäße Bedürfnisse hat. Ein Schoßhündchen, das kaum je den Erdboden berühren darf, weil es ständig auf dem Arm getragen wird und so praktisch nie die Möglichkeit bekommt, sich mit seinen Artgenossen auseinanderzusetzen, muß zwangsläufig einen neurotischen Magen bekommen.

Instinktschwäche und emotionale Irritationen verursachen Appetitverwirrungen bzw. Störungen, so daß alle möglichen Dinge – Steine, Wursthäute aus Kunststoff, Gummibälle und sogar Kot – verschlungen werden und gefährliche Situationen heraufbeschwören können. Es ist sicher ein weiterer unerwünschter Effekt der fehlgeleiteten Domestikation, daß manche Tiere nicht mehr unterscheiden können, was ihnen bekommt und was nicht.

Viele Hunde dienen lediglich als »Resteverwerter« von Biomüll – sie führen einen Problemstoffwechsel mit all seinen logischen Konsequenzen (Schäden an Leber und Nieren, Hautreaktionen u.a.m.).

Die Ursachen

Die offensichtlichen Auslöser für Magenerkrankungen sind – neben gefühlsmäßigen Irritationen, Ängsten und Streß – »Ungereimtheiten« in der aufgenommenen Nahrung. Nahrung ist lebensfördernde oder feindliche Information – je nach ihrer Zusammensetzung und Botschaft und je nachdem, in welche Beziehung sie zum Individuum tritt:

- Zu kalte oder zu heiße Nahrung bzw. Flüssigkeit;
- verdorbene, mit Keimen oder Pilzen durchsetzte Nahrung;
- zu stark gewürzte Speisen;
- Futteraufnahme unter Angst und Streß;
- jahrelange einseitige Fütterung;
- absichtlich oder unabsichtlich verschluckte Fremdkörper (Steine, Spielbälle, Gummiringe, Wursthäute aus Kunststoff und dgl., Nähnadeln, Geldstücke, Schnüre, Kot, Erde, Sand etc.);
- Parasiten;
- übergreifende Erkrankungen anderer Verdauungsorgane (Leber, Bauchspeicheldrüse, Darm);
- Vergiftungen;
- Allergien;
- Magenüberladung;
- Magendrehung;
- Magenruptur infolge Überladung oder Unfall.

Die Krankheitsbilder

Das wohl auffälligste Symptom einer Magenerkrankung ist das **Erbrechen**. Die Gründe hierfür sind sehr vielfältig – einige davon wurden bereits erwähnt –, doch nicht immer leicht und klar zu erkennen. Aus dem Verständnis der Biologie heraus dient das Erbrechen zunächst als hervorragender Schutzreflex und als Reinigungsvorgang bei Stoffen und Informationen, die der Organismus als nicht akzeptabel (inadäquat) ablehnt. Sei es, weil ihm diese Informationen schaden, oder einfach deshalb, weil er sich damit nicht auseinandersetzen will. Der Körper möchte sich auf diese Weise von etwas befreien, was ihm nicht guttut, was ihm nicht »schmeckt«.

Dauern die Reize über Gebühr an, reagiert die Magenschleimhaut beleidigt mit einer Entzündung. Wir definieren diese als **Magenkatarrh** oder **Gastritis**. Sie stellt die häufigste Form der pathologischen Magenreaktionen dar, kann mit oder ohne Erbrechen ablaufen und im Sinne der Chronizität letztlich zum Magengeschwür oder gar zum Magenkrebs führen.

Das Erbrechen stellt auch einen Entgiftungsvorgang dar, und es wäre somit unsinnig, diese Erleichterung sogleich zu bekämpfen. Lediglich bei lang anhaltendem, erschöpfendem Erbrechen, das Kreislaufschwäche und gefährliche Austrocknung nach sich zieht, sind wir berechtigt, therapeutisch einzugreifen. Der Sinn dieser medizinischen Maßnahme gründet also darin, belastende Überreaktionen sinnvoll zu regulieren und dem Tier unnötigen Kräfte- und Säfteverlust zu ersparen. (Das gleiche gilt übrigens auch für den Durchfall.)

Die typischen Zeichen einer Gastritis sind:
- evtl. Erbrechen von mehr oder weniger verdauten Futterbestandteilen, Schleim (evtl. mit Blut), Fremdkörpern, Darminhalt;
- häufiges Gähnen;
- Fressen von bestimmten Gräsern und Kräutern, aber auch unverdaulichen Dingen wie Papier, Sand, Kot und Erde;
- Blähungen, Magenkolik;
- Veränderung des Appetit- und Durstverhaltens;
- evtl. vermehrtes Speicheln;
- Mundgeruch;
- evtl. Durchfall (Gastroenteritis);
- dauert der Zustand länger an, kommen Abmagerung, Schwäche, Austrocknung und struppiges Haarkleid dazu.

Es kann durchaus vorkommen, daß der schmerzempfindliche Magen Abwehrreaktionen des Hundes auslöst, wenn man ihn z. B. ins Auto heben oder die Treppe hinauftragen will.

Das relativ seltene **Magengeschwür** äußert sich mit
- blutigem Erbrechen, begleitet von Magenkrämpfen,
- evtl. dunklem Blut im Stuhl,
- auffallend reichlichen Blähungen,
- Mundgeruch (bitter),
- grau verwaschenen Lidbindehäuten.

4% der Hunde leiden an **Magenkrebs**. Die Symptome gleichen denen des Magengeschwürs. Zusätzlich beobachtet man oft eine eigenartige Orangeverfärbung der Haut an den Innenschenkeln.

Die gefürchtete, weil so dramatisch verlaufende **Magendrehung** bedroht vornehmlich große Rassen (Schäferhund, Dogge, Greyhound, Labrador, Neufundländer, Bobtail u. a.) und tritt im allgemeinen infolge von Herumtollen oder abruptem Bremsen im Bergablaufen oder durch Hinunterspringen auf. Voraussetzung für die Drehung ist ein halb gefüllter Magen. Das Geschehen entwickelt sich rasch und bedrohlich und hat folgende Konsequenzen:

Im verdrehten Magen entstehen rasch Gase, die den Leib des Tieres auftreiben lassen und auch aufs Zwerchfell und die

Lunge drücken. Der Hund versucht dann durch gestreckte Haltung, diese Teile zu entlasten; er vermeidet es, sich hinzulegen. Sein Gang wirkt gespannt und sehr schmerzhaft, der Rücken ist gekrümmt. Aufgrund der lokalen Kreislaufproblematik tritt rasch Kräfteverfall und Untertemperatur ein.

Das Schlimmste ist aber die Angst, die das Tier überfällt. Hier ist schleunigst ein guter Tierarzt aufzusuchen, der sich auskennt und eine Notoperation einleiten kann. Auf dem Weg dorthin geben wir Rescue- und homöopathische Kreislauftropfen. Wenn möglich, sollte auch der Akupressurpunkt Magen 1 für 2 Minuten aktiviert werden. Das lindert die Dramatik des Geschehens durch Entspannung. In ähnlicher Weise wirkt Musik von J. S. BACH, A. VIVALDI oder BOB DYLAN.

Für die **Therapie** der weniger dramatischen Magenerkrankungen gibt uns das Auftreten von Erbrechen (evtl. mit Durchfall) wichtige Hinweise. Die Häufigkeit und das Aussehen des Erbrochenen sowie die Begleitumstände mögen unser Indizienmaterial bei der Auswahl der Behandlungsmöglichkeiten sein.

Selbstverständlich sind begleitende Maßnahmen unumgänglich, die da sind:
- Überprüfung und eventuell Wechsel des Futters, das dann, ebenso wie das Trinkwasser, wohltemperiert anzubieten ist.
- Von Vorteil wird es sein, das Futter in breiiger oder flüssiger Form anzubieten, evtl. unter Beimengung von schleimhauteinhüllenden Substanzen wie Leinsamen, Isländisches Moos, Reisschleim, Dinkel, Weizenflocken u. ä. Dadurch kann sich die Magenschleimhaut leichter erholen und wird u. a. vor weiterer Zerstörung geschützt.

Die **psychogene, nervöse Gastritis** erfordert zudem eine sorgfältige Analyse und Betreuung, um sie, auf lange Sicht gesehen, auszuheilen. Hier kann neben der naturheilkundlichen Therapie die Arbeit eines Tierpsychologen helfen.

Beispiel: Der Bullterrier »Nero« begegnet täglich einem Dobermannpinscher, der ihn offensichtlich bis zur Weißglut reizt. Niemand weiß warum, es ist einfach so. Da hilft kein gutes Zureden oder Schimpfen. »Nero« gerät jäh in Fahrt und stürzt sich »gierig« auf seinen Kontrahenten. Natürlich kennen beide Hundebesitzer das Spiel schon und versuchen nach Möglichkeit, einander aus dem Weg zu gehen. Trotzdem reicht schon der Sichtkontakt aus, daß »Nero«, sobald er zu Hause angekommen ist, sofort Wasser trinkt, dieses aber in kurzer Zeit wieder erbricht.

In diesem Fall hat Phosphor C 200 und die Bach-Blütenmischung Holly, Impatiens, Walnut und Willow baldige Abhilfe geschaffen. Groll, Aggression und Unsicherheit, die einer tief sitzenden Ängstlichkeit entsprangen, sind von »Nero« gewichen. Mit der Zeit konnte er sich seinem ursprünglichen Gegner unbelastet nähern, ohne in das alte Muster zurückzufallen.

Zusätzlich entspannend wirkten ein paar Minuten Kantatenmusik von J. S. BACH vor dem Spaziergang.

Sind die Gastritis oder das Erbrechen Symptom einer Allgemeinerkrankung, ist freilich das Grundleiden ursächlich zu behandeln. So kommen hierfür in Frage
- Infektionskrankheiten: Staupe, Leptospirose, Hepatitis, Parvovirose, Zwingerhusten, Welpen-Herpesinfektion.
- Vergiftungen mit Blei, Thallium, Insektiziden, Herbiziden oder durch Verzehr

damit belasteter Vögel und Kleinnager. (Ein Rauhhaardackel starb infolge einer Cantharidin-Vergiftung durch übermäßigen Verzehr von Maikäfern).
- Organerkrankungen seitens Leber, Nieren, Bauchspeicheldrüse, Gebärmutter, Zentralnervensystem.
- Passagebehinderungen infolge Verengungen, Verwicklungen u.ä. im Bereich der Speiseröhre oder des Darms.
- Wurmbefall (dabei werden manchmal ganze Wurmknäuel rausgewürgt).
- Reizungen und Erkrankungen des Zentralnervensystems, Sonnenstich, Gehirnerschütterung und dgl.
- Reisekrankheit.

Therapie bei Erbrechen
Ist die Ursache des Erbrechens abgeklärt, kann der Behandlungsplan auf naturheilkundlicher Basis erstellt werden:
- Das Herauswürgen oder gelegentliche Erbrechen großvolumiger oder unverdaulicher Bissen bedarf i.a. keiner speziellen Behandlung. Lediglich die Gier nach unverdaulichen Dingen, wie Sand, Erde, Kot, Papier u.ä., sollte unsere Beachtung finden. Dieser perverse Appetit ist zumeist Ausdruck einer Imbalance im Stoffwechselgeschehen oder mitunter von Parasitenbefall begleitet. Nach Abklärung der Ursachen hilft man generell mit etwa 5 Tropfen täglich von der Angelikawurzel-Tinktur. Diese reguliert seitens der Leber und der Bauchspeicheldrüse das Stoffwechselgeschehen.
- Homöopathisch haben sich bewährt bei Aufnahme von
  - Erde: Ferrum metallicum D 30,
  - Kot: Arsenicum album D 30,
  - Aas: Acidum hydrofluoricum D 30
  - Holz, Papier und Papiertaschentüchern: Calcium phosphor. D 30,
  - rohen Kartoffeln: Calcium carbonicum D 30.
  - Das Verlangen, an den Wänden zu kratzen oder sie abzulecken, wird mit Magnesium carbonicum D 30 behandelt.
- Unterstützend mögen hier die Bach-Blüten Crab Apple und Chestnut Bud helfen. Der Appetit erfährt dadurch eine natürliche Aspektierung. Die gezielte Selektionierung der Nahrung im physiologischen Sinne fördern Scleranthus und/oder Wild Oat.

Die Gastritis ohne Erbrechen äußert sich i.a. mit zum Teil schmerzhaften Blähungen. In diesem Falle erzielt man eine Besserung mit
- Kümmel – zerstoßen dem Futter beigemengt oder als Tee,
- Galgant – etwas davon dem Futter beigegeben.
- Als Homöopathikum wird Nux moschata D 6 empfohlen. Dies ist ein großartiges Mittel bei Fehlgärungen im Magen, die den Hund bald nach dem Essen wie einen Ballon aufgehen lassen. Auch der Stuhl wird unter Blähungen entleert. Die Störungen sind oft psychogen bedingt.
- Die Akupressur im Magen 1 für 2 Minuten wirkt ebenfalls blähungswidrig.
- Das Erbrechen im Zusammenhang mit Magenkatarrh bedarf nach Möglichkeit einer genaueren Abschätzung der Vorgeschichte und des Charakters des Hundes.
- Diverse Tees erfüllen, je nach Wirkstoffgehalt, ihre spezielle Aufgabe.
  - Kamille: beruhigend, antiseptisch, krampflösend;
  - Pfefferminze: schmerzstillend, desinfizierend, appetitfördernd;

- Fenchel: krampflösend, blähungswidrig;
- Tausendgüldenkraut: reguliert die Tätigkeit der Magendrüsen, wirkt fiebersenkend und blähungswidrig;
- Eibischwurzel: reizlindernd, die Schleimhaut einhüllend;
- Queckenwurzel: entzündungswidrig und ebenfalls die Schleimhaut einhüllend.

● Phytotherapeutische Magentropfen sollten speziell für den Hund Enzianwurzel oder Angelikawurzel enthalten.

Seitens der Homöopathie stützt sich die Mittelwahl auf verschiedene Kriterien, das Aussehen des Erbrochenen oder die Zeitzusammenhänge betreffend. Die Auswahl der Arzneien berücksichtigt vornehmlich diese Aspekte sowie die Modalitäten und die Ursachen.

● Belladonna D 30: Dieses Erbrechen ist dadurch gekennzeichnet, daß es in immer kürzer werdenden Abständen und unter Zunahme der Heftigkeit auftritt. Der Bauch ist voll und schmerzhaft, es besteht großes Verlangen nach kaltem Wasser. Die Tollkirsche bewährt sich auch im Akutstadium des Magengeschwürs, in Verbindung mit hellrotem Blut.

● Ferrum phosphoricum D 12: Zu kalte Speisen lösen einen Magenkatarrh aus, der sich dadurch äußert, daß das Futter bald nach der Aufnahme wieder erbrochen wird. Typisch mag mitunter ein Heißhunger sein, der von Inappetenz abgelöst wird. Der Patient ist guter Dinge und verlangt zu spielen.

● Ipecacuanha D 6: Der mißgelaunte Patient leidet unter ständigem Brechreiz mit Würgen, selbst bei leerem Magen. Das Erbrechen bringt keine Erleichterung, mitunter kann etwas Blut im reichlichen Schleim vorhanden sein. Dieser typische »verdorbene« Magen reagiert beleidigt auf zuviel oder zu fette Nahrung, auch Obst oder Eis.

● Veratrum album D 6: Ein heftiger und mitunter lebensbedrohlicher Durchfall, weil der Patient rasch verfällt und unter erheblicher Kreislaufschwäche leidet. Das ganze Tier kann kalt sein. Die große Übelkeit ist von reichlichem Erbrechen mit teils galligem oder blutigem Schleim begleitet. Die auffallend langen Phasen des Erbrechens werden von Futteraufnahmen unterbrochen. Eine wichtige Arznei bei Nahrungsmittelvergiftungen.

● Tabacum D 6: Eine Steigerung dieser »Sterbensübelkeit« gibt es nicht! Große allgemeine Kälte, Schwindel, Würgen und krampfhaftes Erbrechen, das jedoch Erleichterung verschafft, machen sich breit. Erinnern wir uns, wie es uns möglicherweise nach dem Genuß unserer ersten Zigarette ergangen ist! Diese Übelkeit erreicht ihren Höhepunkt oftmals auf Reisen (Auto, Schiff, Flugzeug) und hat sich diesbezüglich als bewährte Indikation einen Namen gemacht.

Im Zusammenhang mit der Reise- oder Fahrkrankheit seien neben Tabacum noch andere Arzneien erwähnt, die auch eingesetzt werden können: Cocculus D 6 (mit Schwindel verbunden, schlimmer im Liegen) und Petroleum D 30 (schlimmer durch Bewegung).

Diese Mittel können natürlich schon vorbeugend vor Reiseantritt verabreicht werden, etwa über einen Zeitraum von 2 bis 3 Tagen. Zur Stabilisierung des Energiekörpers eignet sich diesbezüglich auch die Bach-Blüte Scleranthus; zur Vermeidung von Angst und Panik geben wir Rock Rose. Verwöhnen Sie Ihren Hund mit leiser Musik von VIVALDI!

Hat sich unser Hund mal mit allen möglichen guten Dingen den Bauch vollgeschlagen oder ist er überhaupt ein unersättlicher Allesfresser, kommt er womöglich in die Situation eines **überladenen, verdorbenen Magens.** Der Bauch ist voll, gebläht und wirkt ganz schwer.

- Nux vomica D 6 kann hier das Mittel der Wahl sein. Jeder Mißbrauch von Futter, Getränken, aber auch Beschwerden infolge Medikamenteneingabe verlangen nach der guten Brechnuß. Die Beschwerden bzw. das Erbrechen treten zumeist 1 bis 2 Stunden nach dem Essen auf. Unser Hund wird übellaunig und läßt sich am Leib nicht anfassen.
- Pulsatilla D 30: Auch hier hat die »Sünde« zugeschlagen. Speiseeis, Torten, fette Speisen, eisiges Wasser oder Schnee haben Erbrechen mit weißem Schleim zur Folge. Der Patient zeigt Ekel vor angebotenen Speisen. Das Erbrechen setzt bald nach der Nahrungsaufnahme ein.
- Podophyllum D 6: Der Maiapfel hat erschöpfenden Brechdurchfall im AMB, der i. a. am Morgen schlimmer und am Abend besser wird. Das Erbrechen erfolgt ruckweise, der Stuhl geht gußartig ab. Vornehmlich im Sommer, wenn es schwül ist, treten diese Erscheinungen auf.
- Carbo vegetabilis D 6: Auch dieses KHB geht mit großer Schwäche und Mattigkeit einher, der Hund wirkt wie gelähmt. Kaum daß er sich zum Erbrechen aufrichtet. Er wird geplagt von übelriechenden Blähungen und hat eine deutliche Abneigung gegenüber Milch und kaltem Wasser. Diese Gastritis kann auch Anzeichen einer Nahrungsmittelallergie sein.
- Arsenicum album D 12: Der zur Abmagerung neigende, hinfällige Patient wirkt unansehnlich und riecht unangenehm (aashaft). Die Magen-Darm-Störungen treten meist infolge einer Wurst- oder Fleischvergiftung oder im Verlauf bakterieller Verdauungsstörungen auf. Solange noch irgend etwas im Magen ist, erbricht der Hund. Aufgrund des heftigen Durstes trinkt der Patient ständig, aber nur kleine Schlucke, die er dann meist gleich erbricht. Wird der Brechdurchfall chronisch, reicht schon der Anblick des Futters aus, um Symptome hervorzurufen. Das weiße Arsenik kann auch bei Magengeschwür und -krebs helfen.
- Baptisia D 6: Der Wilde Indigo zeichnet sich in den Fällen aus, wo unser Patient durch bösartige Infektionen (Hepatitis, Leptospirose) geschwächt darniederliegt und aufgrund des hohen Fiebers vor sich hindöst. Feste Speisen werden sofort erbrochen. Aus dem Fang tritt uns unerträglicher Mundgeruch entgegen.
- Lachesis D 30: Das Erbrechen tritt gegenüber den anderen Erscheinungen in den Hintergrund. Es ist Begleitsymptom einer infektiösen Leber- oder Bauchfellentzündung. Alles ist schlimmer am Morgen bzw. generell nach dem Schlaf.
- Natrium muriaticum D 30: Der Patient zeigt Heißhunger nach seinem Lieblingsessen und magert trotzdem ab. Müde wirkt er, schläfrig und leidet oft unter Blähungen und Verstopfung. Er ist ein recht unerfreulicher Zeitgenosse, abweisend, gereizt und verdrossen. Auffällig ist sein großes Durstgefühl, das vornehmlich nach gewürzten Spei-

sen eine Steigerung erfährt. Dann ist auch bitteres Erbrechen möglich.
- Phosphor D 30: Tiefgreifende Krankheitsprozesse im Magen- und Darmbereich sind es, die nach dieser Arznei verlangen. Aufgrund eines bestehenden Geschwürs oder Krebses kommt es zu Magenblutungen. Es besteht großer Durst nach vorwiegend kaltem Wasser; sobald sich dieses jedoch im Magen erwärmt hat, wird es erbrochen. Eine weitere Eigenart mag das Verlangen nach Futter spätabends sein.
- Argentum nitricum D 30: Auch diese Arznei versammelt Magengeschwür und -krebs in ihrem AMB. Es handelt sich dabei um einen ausgesprochen nervösen, reizbaren Typ, der nach außen hin sehr fahrig wirkt. Der Hund verlangt nachdrücklich nach süßen Leckereien, die ihm jedoch baldigst unangenehme Blähungen bescheren.
- Anacardium D 30: Nervöse Reizbarkeit kennzeichnet auch diese Arznei. Durch Fressen bessern sich jedoch die Magenschmerzen, die vornehmlich im Frühjahr ihren Höhepunkt erreichen. Der Patient neigt zu heftigen Wut- und anderen Gefühlsausbrüchen. Grundsätzlich besteht Neigung zur Verstopfung.
- Lycopodium D 30: Ein ärgerlich reizbarer Widerspruchsgeist, der sich bei jeder Gelegenheit aufbläht und schon nach wenigen Bissen von der Futterschüssel geht, obwohl er noch hungrig ist. Süßigkeiten werden bevorzugt, aber nicht vertragen; das Erbrochene riecht sauer.
- Magnesium carbonicum D 30: Der Hund bekommt erst am späten Vormittag richtig Appetit. Besonders nach Aufregung setzt kurzfristig saures Erbrechen ein. Überhaupt scheint dieser Typ hypernervös und sehr labil zu sein, alles regt ihn auf. Dazwischen wirkt er schläfrig; Bewegung im Freien bessert.

Ist das Erbrechen des Hundes offensichtlich ein Zeichen der Intoleranz, hat er also Probleme, bestimmte Dinge aus der Umwelt anzunehmen, helfen wir ihm mit einer Mischung der beiden Bach-Blüten Beech und Crab Apple.

Im Sinne der Farbtherapie harmonisieren wir die chronische Gastritis mit Gelblichtbestrahlungen, die wir dem Nabelchakra angedeihen lassen (2 x tgl. 10 Minuten).

Bei Neigung zu Blähungen stimulieren wir den Nervus vagus über das Herzchakra mit grünem Licht (3 x tgl. 10 Min.).

Den Magenkrampf, die Magenkolik, beherrscht man mit Orange-Licht über das Bauchchakra (mehrmals tgl. 10 Min.).

Warme Bauchwickel lindern lästige Blähungen und Aufstoßen.

Das Akupressurprogramm empfiehlt die Stimulation von Magen 1 bei allen schmerzhaften, krampfartigen Zuständen (1–2 Min.) und Magen 2 im Stadium der Magenschwäche, was Flaute oder Säuremangel bedeutet (3 Min.).

Reiki vermag Blähungen zu vertreiben.

Die Akupunktur kennt insgesamt 7 Punkte und Zonen, um Magenerkrankungen zu beeinflussen.

Seitens der Enzymtherapie leistet der Traubenkernextrakt Terrakraft gute Dienste bei akuter und chronischer Gastritis sowie Mangel oder Überschuß an Magensäure. Wir geben 2- bis 3mal täglich 1 bis 2 Eßlöffel davon ins Trinkwasser oder ins Futter.

Lange anhaltendes Erbrechen, eventuell mit Durchfall kombiniert, bedeutet immer eine Bedrohung für das Leben des Patienten und bedarf tierärztlicher Behandlung und einer sorgsamen Betreuung. Die flankierenden Maßnahmen beinhalten die entsprechende Zufuhr von Flüssigkeit und Elektrolytlösungen – Erbrechen bedeutet Verlust von Kochsalz (NaCl) – um z.B. das Blut dünnflüssig zu erhalten und einer Nierenschädigung vorzubeugen.

Die Patienten lieben es meist warm und brauchen Ruhe; Aufregungen sind zu vermeiden, weil sie oft das Krankheitsbild verschlimmern.

In Vergiftungsfällen, wo ja das Erbrechen im Sinne einer Reinigung sogar erwünscht sein kann und manchmal provoziert wird, wird möglicherweise auch eine Magenspülung notwendig sein. Fremdkörper wie Bälle, Nähnadeln mit Faden, Steine u.ä. müssen mitunter operativ entfernt werden, wenn sie nicht mit Hilfe des Sauerkraut-Tricks von selbst abgehen.

Das oftmals propagierte Fasten als Heilmittel bei der Gastritis ist beim Hund nicht angebracht, weil dadurch der Salzsäureanteil im Magensaft jäh zurückgeht und dies das Krankheitsgeschehen verlängern kann. Besser ist es, dem Futter jeweils etwas Kochsalz zuzusetzen. Das breiig konzipierte Futter könnte sich folgendermaßen zusammensetzen: Man verzichtet auf tierisches Eiweiß und gibt dafür pflanzliches Eiweiß und Kohlenhydrate, wie z.B. Soja, Mais (geschrotet und in lauwarmem Wasser aufgeweicht), gedämpfte Kartoffeln, Buchweizenbrei, Reisschleim, Moortränke.

Der Darm

Die Symbolik

Im Darm vollzieht sich jener Prozeß, den wir gemeinhin als Verdauung bezeichnen, in seiner Vollendung. Der Nahrungsbrei wurde durch die Enzyme des Speichels und des Magensafts bereits vorverdaut und gerät jetzt in seine endgültige Aufbereitungsphase. Die fermentreichen Säfte der Darmdrüsen, der Leber und der Bauchspeicheldrüse schließen die Nahrungsbestandteile so auf, daß sie über die Darmschleimhaut in die Transportmedien – Blut und Lymphe – passieren können.

In aufgespaltener Form werden die notwendigen Informationen aus der Nahrung letztlich an die Orte des Bedarfs weitergeleitet oder vorübergehend in Speicherorganen ein- und umgebaut (z.B. Leber). Anders ausgedrückt: Die in der Nahrung verschlüsselten Informationen werden mittels der Verdauungsenzyme entschlüsselt und in die verschiedenen Körperstrukturen eingebaut. Die resorbierten Bausteine dienen einerseits der Energieerhaltung im Sinne der Aufrechterhaltung der wichtigen Körperfunktionen; andererseits der Energiespeicherung für Phasen vermehrten Energiebedarfs, also Aktionen der Arbeit und Leistung.

Der Dünndarm ist jener Bereich, wo die Zusammensetzung der materiellen und geistigen Nahrung analysiert und zur weiteren Bestimmung definiert wird. Unverträgliches, unpassendes Material wird schleunigst hinausbefördert (Durchfall).

Im Dickdarm werden nur noch schwer zugängliche Informationen aus der Nahrung resorbiert, Wasser wird bedarfsmäßig ausgetauscht. In den hinteren Darmabschnitten erfolgt die Ausscheidung dessen, was der Körper verbraucht und umgesetzt hat; es handelt sich um »wertlose« Substanzen, die den Organismus lediglich belasten würden.

Um diesen »Ballast« abwerfen zu können, benötigt der Dickdarm auch immer wieder Ballaststoffe in der Nahrung. Eine Gleichung nach dem isopathischen Prinzip: Je mehr Ballaststoffe in der Nahrung enthalten sind, um so mehr wird der Dickdarm gereizt, Ballast (Stoffwechselschlacken) auszuscheiden.

Der Stuhl als letzte Konsequenz stellt ein Endprodukt aller Auf-, Um- und Abbauvorgänge dar, ein Sammelsurium verarbeiteter materieller und feinstofflicher Botschaften, Emotionen und Gefühle, die der Körper als »erledigt« wieder loswerden möchte. Nichts Belastendes darf mehr zurückbleiben; andernfalls stellt sich Verstopfung ein, die den freien Energiefluß behindert.

Der geistige Aspekt

Die Schleimhäute des Verdauungstraktes, insbesondere des Darms, stellen sich, ähnlich wie jene des Atmungstraktes, als Kontaktflächen zur Außenwelt dar. Das Bewußtsein des Individuums entscheidet, welche Informationen die Schranken passieren dürfen, und welche, z.B. mangels Toleranz, abgelehnt werden. Es ist auch jener momentane individuelle Bewußtseinszustand, welcher selektiert, was sein darf und was nicht, was geschluckt und verdaut wird.

Die Sinnesorgane und deren subjektives Weltbild haben einen ganz entscheidenden Einfluß auf den Verdauungsvorgang. Wir Menschen essen oft mit den »Augen«, was bedeutet: Je appetitlicher die Speisen präsentiert werden, desto mehr schmeckt es uns. Beim Hund steht jedoch das Geruchsorgan im Vordergrund. Überall steckt er seine Nase hinein, schnüffelt und wittert, ehe er zur Tat schreitet.

Über das Geruchs- und Geschmacksorgan erreichen Signale u.a. auch die Verdauungsdrüsen, die beim Anblick eines adäquaten Nahrungsangebotes sofort in Aktion treten. Jeder Hundebesitzer bemerkt das Speicheln seines Hundes, sobald dieser Handlungen entdeckt, die mit der bevorstehenden Mahlzeit zusammenhängen. Hier können Frustreaktionen geboren werden, wenn Leckerbissen direkt vom Tisch angeboten werden und dann ein andermal berechtigte Forderungen des Tieres mit Sanktionen belegt werden, weil z.B. die strenge Tante zu Besuch ist. Der Hund versteht natürlich nicht, warum er im Beisein einer fremden Person auf seine ihm zustehenden Rationen verzichten soll.

Ganz generell machen sich Streß und damit Verdauungsbeschwerden bei Hunden breit, die mit Fast food und Inkonsequenz bei der Zusammensetzung und dem Zeitpunkt der Fütterung konfrontiert werden. Der völlig verwirrte und unverstandene Hund zieht sich emotional zurück und leidet an chronischer Verstopfung. Hat er jedoch Probleme, für ihn unerwartete oder inakzeptable Situationen zu klären bzw. aufzuarbeiten, reagiert er mit Durchfall oder gar mit Darmverschluß – nichts geht mehr!

Die Ursachen

Ähnlich wie der Magen reagiert der Darm beleidigt, wenn man ihm unerfreuliche, unpassende Informationen zumutet – wir wissen es schon: Es muß nicht immer am Futter liegen. Emotionaler Streß und Ängste sowie Intoleranz stehen hierbei im Vordergrund. Magen und Darm reagieren oft im Kollektiv, es erscheint dann eine Gastroenteritis.

Die Faktoren, die den Darm erkranken lassen, können sich wie folgt aufgliedern:
- Infektionen durch Bakterien, Viren, Pilze;
- Parasitenbefall;
- Allergien (z. B. gegen Nahrungsmittel), Autoimmunkrankheiten;
- Fremdkörper (Steine, Sand, scharfe oder spitze Gegenstände u. ä.);
- zu heißes oder zu kaltes Futter bzw. Trinkwasser;
- Vergiftungen;
- chemische Reize (dazu zählen auch scharfe Gewürze);
- Ängste, Depressionen, Trauer.

Die Krankheitsbilder

Die einfachste Unverträglichkeitsreaktion mag wohl die **Darmentzündung (Enteritis)** sein. Die Darmdrüsen treten zum einen in eine Phase vermehrter Tätigkeit, mitunter gehen ganze Schleimhautbezirke ab. Je nach Ursache und Typ der beteiligten Erreger zeigt der **Durchfall** dann ganz charakteristische Farbe, Beschaffenheit und Geruch; in dramatischen Situationen kann auch Blut dabeisein. Blut aus den Dünndarmabschnitten erscheint im Stuhl bereits dunkel und verdaut; Blut aus den hinteren Darmabschnitten ist relativ frisch und hell.

Im anderen Fall zeigt sich **Verstopfung**. Der Darm ist blockiert – entweder durch harte, trockene Verdauungsprodukte oder auch durch Haare oder andere Fremdkörper. Verstopfung kann mit Durchfall abwechseln. Der überreizte Darm kann auch mal völlig »ausklinken« und sozusagen Purzelbäume schlagen. So entstehen Darmeinschiebungen (Invagination), Darmverdrehungen (Torsion) und Darmverschluß (Ileus).

Jeder Darmabschnitt kann für sich betroffen sein, oder das Geschehen kann auf andere Teile übergreifen; akute und chronische Krankheitsbilder wechseln einander ab. Hinzu gesellen sich oftmals **Blähungen** oder **Krämpfe (Koliken)**, die dem Tier zusätzliche Schmerzen bereiten.

Die klinische Differenzierung und Klassifizierung sei wiederum dem Fachmann überlassen. Eine genauere Erklärung würde auch den Rahmen dieses Buches erheblich überschreiten. Flankierende Maßnahmen seitens der Naturheilkunde sind jedoch unerläßlich und oftmals lebensrettend.

Die **Therapie** orientiert sich wiederum streng am äußeren Erscheinungsbild und umfaßt zunächst allgemein lindernde Maßnahmen.

Durchfall

Er stellt zunächst einen durchaus zweckmäßigen Entgiftungs- bzw. Reinigungsvorgang dar, weil er auf dem schnellsten Wege Dinge hinausbefördert, die nicht annehmbar oder gar gesundheitsschädlich sind. Solange er sich in physiologischen Grenzen hält, gilt es lediglich, regulierend im Sinne einer diätetischen oder psychischen Entlastung einzugreifen. Erst bei drohender Schwächung des Patienten sind wir berechtigt, echte therapeutische Maßnahmen zu setzen. Andernfalls blockieren wir wichtige Reinigungsprozesse, wenn wir etwa sofort bedenkenlos »stopfende« Mittel einsetzen.

Die einfachste Maßnahme wird in vielen Fällen die Überprüfung des Futters – auf Verträglichkeit, Verkeimung oder Verpilzung, die Menge und Zusammensetzung und dgl. – sein. Eine Reduktionsdiät oder gar eine komplette Umstellung mag manchmal von Vorteil sein. Aushungern und Durstenlassen sind beim Hund fehl am Platz. Der relativ kurze Darm des Hundes verträgt solche radikalen Maßnahmen nicht.

Die »Versöhnung« kann mit der gleichen Diät wie bei der Gastritis empfohlen (siehe dort), eingeleitet werden. Auch hier steht der Verzicht auf tierisches Eiweiß an erster Stelle. Die Flüssigkeitszufuhr darf niemals unterbrochen werden! Notfalls muß dieselbe vom Fachmann in Form von Elektrolyt- und Traubenzuckerlösungen injiziert werden, wenn die Austrocknung schon zu weit fortgeschritten ist oder das Tier jegliche Flüssigkeitsaufnahme verweigert.

- Die Kräuterkunde empfiehlt zur Darmregulierung Tees von gerbstoffhaltigen Drogen wie Schwarzem Tee, Heidelbeerblättern oder Eichenrinde, Tausendgüldenkraut, Odermennig, Heidekraut. Davon gibt man 6mal täglich mehrere Teelöffel voll.
- Bei Fehlgärungen oder bakteriellen Darminfektionen hat sich immer wieder gut die Tierkohle (Carbo animalis) bewährt. 6 Kohletabletten täglich sind nicht zuviel.
- 20 bis 25 g Heilerde auf nüchternen Magen oder 6 Teelöffel Moortränke pro Tag tun ebenfalls gute Dienste.
- Die tägliche Mahlzeit wird auf mehrere kleinere Portionen aufgeteilt.

Dunkler Stuhl ist oftmals ein Hinweis auf Erkrankungen der vorderen Darmabschnitte, sofern er nicht durch spezifische Futterkomponenten verursacht wird. Die spezifischen Homöopathika orientieren sich an Farbe, Geruch, Aussehen und Konsistenz des Kotes.

- Podophyllum D 6: Der Durchfall tritt vornehmlich in der warmen Sommerzeit und da wiederum am frühen Morgen und vormittags auf. Der meist dunkelgelbe oder schmutzig-grüne Stuhl wird gußartig abgesetzt (Hydrantenstuhl), ist wäßrig und sehr übelriechend.
- Rheum palmatum D 4: So sauer der Rhabarber riecht und schmeckt, so sauer stellt sich auch der entsprechende Durchfall dar. Groß sind die begleitenden Leibschmerzen des generell überempfindlichen Patienten. Der Durchfall stellt sich meist nach dem Genuß von unreifem Obst oder Gemüse ein.
- Natrium sulfuricum D 12 kann leicht mit Podophyllum verwechselt werden, zusätzlich plagen den Patienten starke Blähungen, und der in großen Mengen abgesetzte Stuhl riecht eigenartig »stickig«. Der Patient wirkt niedergedrückt und still vor sich hinleidend.
- Ipecacuanha D 6: Eine bewährte Indikation beim Brechdurchfall, der im Zuge von Vergiftungen und Infektionen auftritt. Der Stuhl ist sattgelb, wäßrig und schaumig, mitunter blutig und wird in kleinen Mengen abgesetzt. Der Hund »beobachtet« sich dabei.
- Colocynthis D 4: Die Kolikschmerzen sind noch viel heftiger als bei Ipecuanha und schießen blitzartig ein. Das Tier krümmt sich unter den schneidenden Schmerzen, die durch Stuhlabgang und lösende Blähungen gebessert werden. Der dünnflüssige Stuhl tritt sehr rasch nach Aufnahme von Futter und Wasser auf.

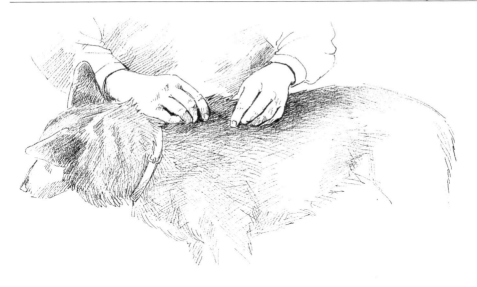

Die Überprüfung der Hautelastizität bei drohender Austrocknung: Die Haut im Nacken-Schulter-Bereich wird gefühlvoll angehoben und dann rasch losgelassen. Im Normalfall verstreicht die Hautfalte augenblicklich.

- Magnesium phosphoricum D 6 zeigt ähnliche Erscheinungen wie bei Colocynthis, vornehmlich nach Aufnahme von kaltem Wasser, Schnee oder Eis. Der Stuhlgang setzt heftig und plötzlich ein, ist zuerst dick breiig und dann wäßrig. Die Koliken können lange anhalten und die Beweglichkeit des Patienten stark beeinträchtigen. Bei Verwendung der Arznei als Schüßler-Salz Nr. 7 siehe dort.
- Bryonia D 6: Wie bei den beiden vorhergehenden Arzneien sind auch hier Ärgerlichkeit und Reizbarkeit ursächlich für die Auslösung der Symptome verantwortlich. Zwar neigt der Patient grundsätzlich zu hartem, trockenem Stuhl; im Anschluß an kaltes Trinken oder Ärger wird aber unter Leibschmerzen ein dünnflüssiger, scharf riechender Stuhl abgesetzt.
- Baptisia D 6: Der Patient steht in hohem Fieber, wirkt hinfällig und schläft sehr viel. Die Darminfektion produziert einen sehr dunklen und übelriechenden, schleimigen Durchfall, der auch mit dunklem Blut durchsetzt sein kann. Eine spezielle Indikation ergibt sich im KHB der ansteckenden Leberentzündung.
- Lachesis D 30: Ein weiteres Beispiel für infektiösen Durchfall, wobei der Unterbauch etwas bläulich verfärbt erscheint. Der Stuhl selbst ist grün-grau und mit großen Blasen durchsetzt. Der Patient entwickelt häufig Mißtrauen; Fremde werden angeknurrt.
- Arsenicum album D 12: Der Patient verfällt sehr rasch einer bösartigen

Infektion oder Vergiftung. Der zunächst akute Durchfall wird chronisch und zehrt unerbittlich an der Substanz. Der Hund wird immer ängstlicher und unruhiger und leidet vornehmlich nachts an seinen Beschwerden. Der Stuhl ist grau oder anthrazitfarben, aashaft-übelriechend und wird in kleinen Portionen zaghaft abgesetzt. Der Stuhlabsatz kostet den Hund zusätzlich Energie.

- Pyrogenium D 30: Eine »Steigerung« von Arsen zeichnet sich in diesem AMB ab. Der Hund ist schwer krank, fiebert hoch und sieht elend aus. Der Stuhl, der grünlich-schwarz marmoriert ist, stinkt »wie die Pest«, überhaupt hat das ganze Tier einen widerlich aashaften Geruch. Der Patient verlangt nach Wärme.
- Carbo vegetabilis D 6: Der erschöpfende Durchfall ist von reichlichen Blähungen begleitet, deren Abgang Erleichterung verschafft. Die Ursachen für dieses KHB sind zumeist verdorbene und mit Schimmelpilz durchsetzte Speisen. Auffällig ist die große Kälte des Patienten. Diese und zunehmende Mattigkeit gehen von einer allgemeinen Kreislaufschwäche aus.
- Veratrum album D 4: Der (Brech-)Durchfall ringt den Patienten binnen kürzester Zeit zu Boden, er kollabiert und ist eiskalt. Unverträgliche Speisen und Infektionen sind die Wegbereiter für den gefährlichen Allgemeinzustand. Stuhl wird fast ununterbrochen abgesetzt, er ist grau-grün und wäßrig. Veratrum kann auch eine begleitende Arznei beim Darmverschluß sein!
- Phosphor D 30: Die Darmsymptome sind Ausdruck einer Erkrankung der Leber oder Bauchspeicheldrüse. Der schwächende Durchfall zeigt sich grünlich-schleimig, mitunter auch blutig und geht oft unwillkürlich ab. Der Patient ist angstbesetzt, und das mag sein ganzes Vegetativum durcheinanderbringen.
- Lycopodium D 30: Der eher zur Verstopfung neigende Patient »schießt« los, sofern er sich gefühlsmäßig überfordert fühlt. Er nimmt nur wenige Bissen auf einmal zu sich und fühlt sich oft verfolgt. Nach dem Genuß von fettem Fleisch oder Milch tritt gelblichgrüner Durchfall auf, der leicht verweslich riecht.
- Sulfur D 30: Unser trauriger, zerstreuter Sulfur-Patient ist voll innerer Hast und Unruhe und gönnt auch dem Darm keine lange Verweildauer. Ein oftmals über Jahre bestehender chronischer Durchfall, der zeitweilig von Verstopfung abgelöst wird, ist kennzeichnend für diese Arznei. Besonders morgens treiben den Hund Bauchschmerzen aus dem Haus. Der Stuhl ist braun bis schwarz, schleimig und von üblem Geruch; er hinterläßt ein Brennen am After, was der Hund mit »Schlittenfahren« oder Belecken quittiert.
- Argentum nitricum D 30: Der u. U. vor Angst oder psychischer Erregung bibbernde Patient entleert sich bei jeder Gelegenheit, die mit Aufregung verbunden ist. Der Stuhl ist giftgrün, stark schleimig und mit kleinen Bläschen besetzt. Eine Verschlimmerung tritt vornehmlich nach dem Genuß von Süßspeisen und Eis ein. Blähungen und Winde sind recht häufig unangenehme Begleiterscheinungen.
- Pulsatilla D 12: Ängstlichkeit und Kleinmütigkeit kennzeichnen auch diese Arznei. Der Genuß von fettem Fleisch, Mehlspeisen und Eis bzw. Schnee provozieren einen grünlich-gel-

ben, recht schleimigen Durchfall, der sich beim Aufenthalt in der Wärme noch verschlechtert.
- Mercurius solubilis D 12 ist eine bewährte Arznei bei Katarrhen im Bereich des Dünn- und Dickdarms, die von großem Durstgefühl begleitet sind. Der leicht beleidigte Patient mag sich auch nicht berühren lassen und riecht muffig. Der Durchfall selbst ist schleimig-blutig und wird unter Schmerzen und Nachdrängen abgesetzt.
- Kalium sulfuricum D 12: Ein chronischer Magen-Darm-Katarrh kann sich über Wochen hinziehen, ohne besondere Beschwerden auszulösen. Der Patient wirkt unausgegoren und neigt zu Erkältungen.

Heller Stuhl deutet zumeist auf Erkrankungen der hinteren Darmabschnitte hin.
- Aloe D 6: Der Stuhl wird ähnlich wie bei Podophyllum oder Bryonia gußartig abgesetzt, oft unwillkürlich und unter Nachdrängen, als hätte der Patient das Gefühl, noch nicht fertig zu sein. Der Durchfall tritt vornehmlich morgens auf und hat eine helle, olivgrüne Farbe. Er riecht säuerlich.
- Gambogia D 6: Eine gute Arznei für alte Tiere, deren Afterschließmuskel schon »durchlässig« wird und deren Durchfall mit einer Insuffizienz des Dickdarms einhergeht. Der Stuhl ist sehr hell mit gelb-grünem Ton.
- Apis D 6: Durchfall tritt evtl. in Verbindung mit einer Brust- oder Bauchfellentzündung auf. Typisch ist unwillkürlicher Stuhlabsatz in der Bewegung. Der Patient ist angespannt und unruhig.

Eine wertvolle Unterstützung bei der Durchfallbehandlung können die Mucokehl-Tropfen (Sanum-Kehlbeck) sein. Ist das Tier durch Austrocknung bedroht, sollten wir zur Regulierung der Blutviskosität noch Citrokehl dazugeben, 1mal täglich 1/2 Ampule.

Einige Bach-Blüten können Zustände, die letztlich Verdauungsbeschwerden bzw. Durchfall verursachen, auf der emotional-mentalen Ebene positiv beeinflussen:
- Aspen, Mimulus, Rock Rose, wenn Ängste, Unsicherheit oder gar Panik im Mittelpunkt stehen.
- Beech, Crab Apple im Falle von Intoleranz und Unverträglichkeit, letzteres auch bei Wurmbefall.
- Chicory, Holly, Impatiens: Der Patient befindet sich in einem ständigen Spannungsfeld, ist ungeduldig, ärgerlich und reizbar.
- Scleranthus: Durchfall wechselt mit Verstopfung ab, die gesamte Verdauung ist unregelmäßig.
- Chestnut Bud hilft der Persönlichkeit, sich zu festigen und trägt zur Stabilisierung eines empfindlichen Darms bei.

Die Farbtherapie empfiehlt die Beruhigung des Nabelchakras mit grünem Licht.

2mal täglich warme Leibwickel werden in den meisten Fällen als angenehm empfunden.

Im Sinne der Akupressur drücken wir für 1 bis 2 Minuten den Dünndarm 1, um überschießende Reaktionen auszugleichen. Bei ausgeprägtem »Leibkollern« ziehen wir anschließend Dünndarm 2 für 1–2 Min. hinzu.

Die Akupunktur hat hierfür 4 Punkte vorgesehen.

Reiki, vornehmlich in der Gegend des Nabelchakras angewandt, wirkt sehr beruhigend auf den gereizten Darm, ebenso leise Musik von G. F. Händel, J. S. Bach oder A. Vivaldi.

Das Enzympräparat Coenzyme (Heel),

2- bis 3mal wöchentlich 1/2 Ampulle, und der Traubenkernextrakt Terrakraft, 3mal täglich 1 EL, stehen uns seitens der Enzymtherapie zur Verfügung.

Milchsaure Produkte wie die Acidophilus- oder Bifidusmilch helfen der darniederliegenden Darmflora, sich wieder zu regenerieren.

Verstopfung

Die Verstopfung (Obstipation) kennzeichnet eine Situation im Darm, die zusammenfassend als herabgesetzte oder gänzlich ausbleibende Darmbewegung oder Verengung bzw. Verlegung des Darmrohrs beschrieben werden kann. Damit verbunden ist eine verminderte Wasserabgabe in den Darm und somit Eindickung des Kots, was letztlich zu einem Rückstau ausscheidungspflichtiger Stoffwechselprodukte und so zu einer Rückvergiftung führt.

Der Stuhl selbst wird, wenn überhaupt, nur in kleinen Mengen und meist unter Schwierigkeiten abgesetzt. Die äußerlich erkennbaren Zeichen sind Appetitverlust, Mattigkeit, Schläfrigkeit, Bewegungsunlust, hart und schmerzhaft gespannter Bauch, Gereiztheit, Temperaturerhöhung.

Der Stuhl selbst ist hart und trocken und riecht meist sehr unangenehm.

Zur Verstopfung können folgende Begleitumstände führen: länger dauernde Fieberzustände, Bewegungsmangel und Überfütterung, Trinkwassermangel, Darmentzündung, Darmlähmung, Darmverschlingung und -einschiebung, Verlegung des Darms durch Fremdkörper, Haar- und Grasbälge, größerer Blut- und Flüssigkeitsverlust (vorangegangener Brech-Durchfall), bestehende Leberleiden (Leberstau, Gallensteine), Insuffizienz der Bauchspeicheldrüse.

Im Enddarm steckengebliebene Knochen führen zur sogenannten **Koprostase**, zur Kotanschoppung. Nach anfänglichen Versuchen, den Fremdkörper loszuwerden, erschlafft der Darm allmählich. Das typische Erscheinungsbild eines im Enddarm verweilenden Knochenstücks zeigt sich als ständiges Bemühen des Hundes, unter Stöhnen und Schmerzen den Darm zu entleeren.

Von Zeit zu Zeit wird ganz wenig dünnflüssiger Kot, evtl. mit heller Blutbeimengung, abgesetzt. In diesem Fall kann man versuchen, mittels eines Klistiers den Darm zu erweitern und den Kot zu erweichen. Das Klistier besteht aus mindestens handwarmem Wasser, dem man Oliven- oder Paraffinöl oder auch terpentinfreie Schmierseife beifügt. 20 bis 60 ml davon bringt man beispielsweise mit einer Plastikspritze in den After ein. Unter Umständen muß man mit dem Finger nachhelfen, oder der Tierarzt holt das lästige Stück mit einer Zange heraus.

Die Verstopfung kann an verschiedenen Darmteilen auftreten, beim Hund zumeist im Bereich des Dick- und Enddarms. Ist sie von einem Darmkrampf (Kolik) begleitet, spricht man von spastischer Obstipation, bei einer Darmlähmung von atonischer Obstipation. Je nach den Symptomen erfolgt die Therapie.

Auf alle Fälle ist darauf zu achten, daß der verstopfte Hund genügend Flüssigkeit – wenn nötig auch zwangsweise eingegeben – bekommt, damit die Kotmassen nicht zu sehr austrocknen und die Darmschleimhaut keine tiefgreifenden Schäden erfährt. Außerdem gilt es zu berücksichtigen, daß sich im Verstopfungsfall das Blut in vermehrtem Maße über die Nieren entgiften muß. Ist der Zustand chronisch geworden, wird auch die Haut vermehrt in den Entsorgungsprozeß einbezogen; die Folge sind Ekzeme und andere Hauterkrankungen.

Auch das Gemüt des Tieres leidet darunter. Der chronisch verstopfte Patient befindet sich in einer anhaltenden Giftlage, er wird unleidlich, widersetzlich und aggressiv; es will keine richtige Lebensfreude aufkommen.

Die mit Krämpfen und Koliken einhergehende **spastische Obstipation** verlangt nach Maßnahmen, die den überreizten Darm beruhigen und die Schmerzen lindern.

Seitens der Kräuterkunde bieten sich verschiedene Applikationsformen an. So z.B. der Tee aus Faulbaumrinde oder Sennesblättern und der Saft von Rhabarber oder Kreuzdorn. Weitere pflanzliche Abführmittel sind Leinsamen (geschrotet und mit viel Flüssigkeit gegeben) und Olivenöl (20 bis 40 ml).

Die Homöopathie bietet folgende Möglichkeiten:
- Nux vomica D 6: Die Brechnuß ist sicher das am häufigsten zur Anwendung kommende Mittel. Die Ursachen für die mit Bauchkrämpfen einhergehende Verstopfung sind meist einfach Überfressen oder ganz allgemein Erkrankungen des vegetativen oder zentralen Nervensystems.
- Lycopodium D 30: Ein Typmittel ähnlich wie Nux vomica, meist chronisch verstopft mit Verschlimmerungszeit am späten Nachmittag. Die abgesetzten Portionen sind auffallend groß.
- Sulfur D 30: Dieser Typ neigt zu chronischen Verdauungsbeschwerden; Verstopfung wechselt immer wieder mal mit Durchfallphasen ab. Der ganze Patient riecht widerlich, der Stuhl ganz besonders.
- Magnesium sulfuricum D 12: Der unter starken Spannungen leidende Patient wirkt ständig überreizt, was sich natürlich auch auf den Darm irritierend auswirkt. Der Stuhl ist hellgrau und mit Schleim überzogen.
- Pulsatilla D 30: So wechselhaft dieser Typ ist, so schnell kann sich auch das Verdauungsgeschehen verändern. Verstopfung tritt auf, wenn sich das Tier beleidigt zurückzieht oder eifersüchtig ist.
- Colocynthis D 6 bietet sich an, wenn eine Phase heftigen Durchfalls in plötzliche Verstopfung übergeht. Das Tier läßt sich gerne am Bauch massieren.

Verkrampfungen gehen von den entsprechenden Gemütszuständen aus. Hier sollten auch die Bach-Blüten Agrimony, Oak oder Vervain zur Entspannung eingesetzt werden.

Den gleichen Effekt erzielt gelbes Licht über dem Nabelchakra oder ein warmer Leibwickel für 10 Minuten.

In der Akupressur verwendet man den Dickdarm 3, der für jeweils 3 Minuten stimuliert wird.

Noch eine Empfehlung: Die Futterportionen verkleinern und keine Abendfütterung!

Die **atonische Obstipation** wiederum verlangt Maßnahmen, die den gelähmten Darm anregen, tonisieren. Die äußeren Umstände sind durch »schwelende Konflikte« geprägt, das Tier ist auffallend ruhig, apathisch und schläfrig.
- Die Phytotherapie bietet uns zunächst den Tausendgüldenkrauttee als mildes Tonikum oder einen Saft mit Angelika- oder Enzianwurzel.
- Eine einmalige Gabe von 10 bis 30 ml Rizinusöl ist als vorübergehende Maßnahme auch erlaubt.

- Mineralwasser mit hohem Kaliumanteil kann eine gute Ergänzung sein.

Einige Homöopathika leisten wertvolle Dienste:
- Opium D 12: Alte Tiere oder solche nach Operationen leiden mitunter an dieser Art von Darmermüdung. Der Bauch ist oft aufgetrieben und gespannt. Der Patient wirkt manchmal wie in Trance.
- Alumina D 12: Der Patient wirkt in seinem ganzen Habitus trocken und unfreundlich. Es wird immer nur wenig Stuhl »mit viel Aufwand« abgesetzt.
- Graphites D 30: Als träge, faul und chronisch verstopft wird dieser Typ beschrieben. An vielen Körperstellen zeigen sich vorwiegend trockene Ekzeme und Risse. Der Stuhl wird sehr verhalten abgesetzt.
- Calcium carbonicum D 30 zeigt sich auch gern verstopft, fühlt sich aber paradoxerweise recht wohl dabei. Der Stuhl kann richtiggehend weiß und pastös sein.

Sanuvis (Sanum-Kehlbeck) bietet gute Voraussetzungen für eine natürliche Regulierung des Stuhls.

Mucokehl schafft bessere Lebensbedingungen für die Entwicklung der Darmbakterien.

Gerade die Milchsäurebakterien sind es, die wir besonders ansprechen wollen. Seitens der Ernährung erweitern wir den ballaststoffreichen Speisezettel mit Bifidusmilch und mehrmaligen Extraportionen Sauerkraut.

Bestimmte Bach-Blüten wecken die Lebensgeister des trägen Darms und erhellen lähmende Gemütszustände; z. B. Gentian, Hornbeam, Wild Rose, Willow, Agrimony oder Clematis.

Oranges Licht regt über das Wurzelchakra die entsprechenden vegetativen Zentren des Rückenmarks an.

Ein heißer Leibwickel, jeweils um 11.30 und 16.00 Uhr, schaltet sich anregend in die Organuhr ein. Reiki, beiderseits seitlich der Lendenwirbelsäule gegeben, unterstützt das Vegetativum.

Der Akupressurpunkt Dickdarm 2 wird für 3 Minuten stimuliert.

Ein reichliches Bewegungsangebot versteht sich von selbst. Die Bewegung stellt überhaupt einen wichtigen Faktor zur Darmregulierung dar.

Auch die Magnetfeldtherapie kann dem chronisch Verstopften auf die Sprünge helfen, ebenso wie der Akupunkteur im Bereich Dickdarm 5 und 6.

Die Enzympräparate Ubichinon, 2- bis 3mal wöchentlich 1/2 Ampulle, oder Terrakraft ins Futter oder Trinkwasser sind gute Begleiter der Therapie.

Der **Darmverschluß (Ileus)** stellt ein höchst dramatisches Ereignis im Hundeleben dar und kommt gar nicht so selten vor. Bezüglich seiner Entstehung gibt es mehrere Möglichkeiten, ausgehend von einem heftigen Durchfall oder einer Verstopfung bzw. Verlegung des Darmrohrs durch Fremdkörper oder Knäuel von Haaren, Gräsern oder Würmern. Der Darm kann sich an verschiedenen Stellen verdrehen, übereinander einstülpen, knicken und dergleichen.

Ähnlich wie bei der Magendrehung entsteht hier eine Situation auf Leben und Tod, da es sehr rasch zu einer Gärung mit Blähung kommt. Gifte aus dem Darm gelangen ins Blut und führen zum schnellen Verfall des Tieres. Der Kreislauf sackt zusammen, es folgt Untertemperatur. Im schlimmsten Fall kann der rasch absterbende Darmteil platzen, die nachfolgende

Bauchfellentzündung ringt das Tier nieder und führt zum Tode.

Die sichersten Zeichen dieses Geschehens sind:
- ständiges Erbrechen von Futter und Flüssigkeit in immer kürzeren Abständen;
- der Kotabsatz bleibt aus;
- beschleunigte Atmung;
- das Tier wird zunehmend kälter (in wenigen Stunden), verfällt und zeigt eine dramatische Verschlechterung des Allgemeinbefindens;
- der Patient trocknet rasch aus, die Augen sind eingefallen;
- die zunächst dunkelrot gefärbten Kopfschleimhäute werden mit zunehmender Verschlechterung livid.

Ohne Zweifel ist der Darmverschluß ein Fall für den Tierarzt, der in fortgeschrittenen Fällen eine Notoperation einleiten muß. So oder so erhält unser Patient alle paar Minuten Notfalltropfen und einen warmen Leibwickel.

In leichteren Fällen kann man die Operation vielleicht umgehen, wenn man die Therapie mit Nux vomica D 200 einleitet und mit der D 30 am nächsten Tag fortfährt. Zugleich setzt man Cuprum metallicum C 200 für 3 aufeinander folgende Tage auf den Behandlungsplan. Zur Regulierung des Bluthaushalts und des Kreislaufs gibt man täglich 1/2 Ampulle Citrokehl (Sanum-Kehlbeck). Den Energiekörper harmonisieren und stabilisieren wir mit den Bach-Blüten Crab Apple und Scleranthus und Reiki über dem Nabelchakra.

Würmer

Wurmbefall ist selbstverständlich auch in einer zivilisierten Hundewelt möglich

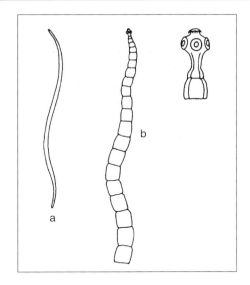

Endoparasiten: **a)** *Spulwurm,* **b)** *Bandwurm-Glieder und -kopf*

und bedarf unserer Beachtung, weil damit wiederum andere Erkrankungen vergesellschaftet sind. Geringer Befall verläuft meist symptomlos und wird, außer im Falle eines Zufallsbefundes, nicht erkannt. Stärkerer Befall zehrt jedoch an der Lebensader des Tieres und fügt ihm mehr oder weniger starken Schaden zu. Die Konstitution wird untergraben und das Lebensgefühl des Hundes geschmälert.

Würmer und andere Endoparasiten dringen – mitunter unter Benutzung eines Zwischenwirts (Insekten, Schnecken u. a.) – zumeist über die Magen-Darm-Schleimhaut oder die äußere Haut in ihren Wirt ein und machen sich hier ungeniert breit. Zwar hat dieser ein gewisses Potential an

Abwehrkräften; sind diese jedoch erschöpft und überfordert, haben die Parasiten leichtes Spiel und vermehren und verbreiten sich über die Blutbahn oder durchwandern bestimmte Organe (Leber, Lunge, Muskelfleisch, Gehirn).

Zur Ausscheidung gelangen dann, je nach Gattung, die Eier, Larven oder Glieder, nur selten die erwachsenen (adulten) Würmer, so daß man ohne Mikroskop im Stuhl kaum eine Verwurmung feststellen kann. Bekanntlich zeigen erst massiv befallene Patienten deutliche Krankheitssymptome, wie

- Abmagerung, stumpfes, glanzloses, struppiges Haarkleid,
- Verdauungsstörungen, wie z.B. chronischen Durchfall oder gar Erbrechen von Wurmknäueln,
- Blutarmut,
- Appetitmangel oder Heißhunger.

Eigentliches Lebensziel der diversen Parasiten ist es, ihren Wirt als »kostenloses Büffett« zu benützen, das ihnen ständig zur Verfügung steht. Dies gelingt auf lange Sicht jedoch nur so weit, als der Wirt einigermaßen bei Kräften bleibt. Es widerspräche dem biologischen Erhaltungsgrundsatz, wenn die Parasiten nur die Vernichtung ihres Wirtes im Auge hätten, weil sie sich dann letztendlich ihrer eigenen Lebensgrundlage beraubten.

So entziehen die Würmer, aber auch die Ektoparasiten, ihrem Erhalter im »Normalfall« immer nur so viel Blut und Nährstoffe, wie zum Überleben ihrer Art notwendig sind. Ist die Konstitution des Tieres jedoch von Haus aus durch Mißstände – mangelnde Hygiene und Pflege, Streß, psychisches Leid, inadäquates Futter u. ä. – geschwächt, kann der ursprünglich nicht auf endgültige Zerstörung ausgerichtete Parasitenbefall lebensbedrohliche Ausmaße annehmen. Gesellen sich dann fatalerweise verkomplizierende Infektionskrankheiten dazu, verschlechtert sich die Situation für das Wirtstier erheblich.

Eine solide Basis zur Geringhaltung oder Vermeidung des Parasitenbefalls ist zum ersten die optimale Tierhaltung und Fütterung und zum zweiten ein biologisches Sanierungsprogramm, das generell die Widerstandskräfte des Hundes anhebt. Diese natürliche Parasitenbehandlung wird im Anschluß an die Ektoparasiten zusammengefaßt (S. 233).

Bauchfell

Nicht unerwähnt bleiben soll die Entzündung des Bauchfells (Peritonitis), welches die Bauchhöhle auskleidet und deren Organe überzieht. Durchbrechende Prozesse im Magen oder Darm, Drehung und Verschluß, schwere Allgemeininfektionen, aber auch schwerwiegende Entzündungen seitens der Harn- oder Geschlechtsorgane können Anlaß für eine derartige Erkrankung sein. Manchmal kann auch eine perforierende Verletzung der Bauchwand (Stich, Schuß) zu einer Peritonitis führen.

Typische Anzeichen sind

- der gespannte und schmerzhafte Bauch, der Hund stöhnt deswegen auch viel;
- der Rücken wird gekrümmt;
- zu Beginn evtl. Durchfall, später fehlt der Kotabsatz, dafür Erbrechen;
- die Atmung wird flach, der Hund hechelt;
- Fieber geht in Untertemperatur über;
- Kreislaufstörungen;
- manchmal gesellt sich Bauchwassersucht (Ascites) dazu (der Bauch ist dann birnenförmig nach unten vorge-

wölbt, beim Abtasten spürt man die Flüssigkeit).

Eine Therapie ist durchaus möglich und sieht folgendermaßen aus:
- Bryonia D 30 jeden 2. Tag;
- Bothrops lanceolatus D 15 1mal täglich;
- Umckaloabo D 5 2mal täglich;
- warme Leibwickel 4mal täglich.

Im Falle der Bauchwassersucht kommt noch dazu:
- Apis D 4 3mal täglich;
- im Bedarfsfall reichen wir zusätzlich homöop. Kreislauftropfen;
- die Goldrute als Tee oder in Tropfenform zum Entwässern;
- ins leicht gesalzene Trinkwasser mengen wir 3mal täglich 1 EL Terrakraft;
- Orange-Licht führt dem Patienten die notwendige »Überlebens«-Energie zu.

Analbeutel und Zirkumanaldrüsen

Diese besonderen drüsenartigen Einrichtungen des Hundes haben sich im Verlauf der Evolution bzw. der Domestikation etwas zurückgebildet. Waren diese Analbeutel-Drüsen beim urgeschichtlichen Hund noch recht imposante, knollige Organe mit wichtiger Funktion (sie waren deutlich sichtbar), so liegen sie nunmehr völlig zurückgezogen unter der Haut in der Umgebung des Afters.

Ihre ursprüngliche Funktion als Duft- und Orientierungsdrüsen haben sie teilweise eingebüßt. Die überwiegende Anpassung und Ausrichtung am Menschen hat sicherlich entscheidend dazu beigetragen, daß diese Organe nicht mehr so essentiell sind, wie sie einmal waren. Die Urahnen unserer Hunde konnten sich über Hunderte von Kilometern am versprengten Duftsekret orientieren und so binnen kurzer Zeit große Strecken zurücklegen. Ihre Signale bedeuteten konkrete Konversation.

In der modernen Hundehaltung, die dem Lauftier Hund eigentlich zuwiderläuft, degradierte das Duftspiel zu flüchtigen Begegnungen und Ahnungen, die die Kommunikation zwischen den einzelnen Tieren auf ein Minimum begrenzt hat. Mittels der verschieden konzipierten Duftstoffe, die aus dem Analbeutel zum Teil auch verspritzt oder sonst dem Stuhl beigefügt werden, »markiert« der Hund seine Bedürfnisse und anderweitige Informationen, wie Rangordnung, Statussymbol, Abgrenzung, Paarungsbereitschaft usw. Das bekannte gegenseitige Beschnuppern in dieser Region bedeutet für den Hund das Erfahren von Detailinformationen und »Gedankenaustausch«. Die Großhirnrinde speichert die Botschaften in bestimmten Erinnerungsarealen.

Die Zirkumanaldrüsen entsenden zudem ihr Sekret auf die Haut und Schleimhaut vor und im After und benetzen diese, damit sie nicht austrocknet.

Beide Drüseneinrichtungen neigen zu Stauungen und Entzündungen, die ausgelöst werden können durch
- ständig weichen, nicht geformten Kot,
- Bewegungsmangel,
- bestimmte Reizstoffe im Stuhl nach Verfüttern scharf gewürzter Speisen oder bestimmte Medikamente,
- mangelnden »Einsatz« infolge fehlender Konfrontation mit Artgenossen,
- grundsätzliche, konstitutionell bedingte Entzündungsbereitschaft.

Die **Symptome** sehen folglich so aus:
- Beschwerden beim Kotabsatz durch schmerzhafte trockene Reibung oder Entzündungsschmerzen,

- Schlittenfahren (Differentialdiagnose: Wurmbefall),
- häufiges Belecken oder Beißen des Afters,
- Unruhe und Schmerzen.
- Das Sekret selbst kann farblich und geruchlich stark verändert sein, z.T. eitrig.

Seitens der **Therapie** ergeben sich folgende Möglichkeiten:
- Bei Sekretstauung: 2mal täglich eine Mastdarmspülung mit Johanniskrautöl, 1:5 verdünnt, anschließend versorgen wir das Gebiet mit einer Calcium-fluoratum-Salbe (DHU); Silicea D 12 2mal täglich, Mucokehl-Tropfen, 3 bis 5 Tropfen täglich, 3mal täglich Gelblichtbestrahlung.
- Bei Entzündung: Eichenrindenpulver, wenn das Gebiet trocken ist, Roßkastanien-Tinktur (1:5 verdünnt) bei nässendem Feld. Aesculus D 4 hilft gut, wenn die Entzündung nicht eitrig ist, Calcium fluoratum D 12 bereinigt eitrige Prozesse in diesem Bereich; ebenso 3 mal tgl. Blaulichtbestrahlung.

Die Leber

Die Symbolik

Die Leber ist jenes Organ, welches im großen Kreislauf des Erdenwandels die häufigsten Umwandlungsprozesse durchgemacht hat. Die Fähigkeit zu Formveränderungen und Anpassungsmechanismen der Enzymmuster befähigen die Leber zur Angleichung einer Art an oft rasch wechselnde Umweltbedingungen. Das erklärt auch ihre außerordentlich große Fähigkeit zur Regeneration, wenn sie mal kurzzeitig oder länger »vergewaltigt« wurde. An diese autonomen Reparationsvorgänge kommt kein anderes Organ heran.

Als größte Drüse des Körpers vollführt sie ständig meisterhafte Leistungen im Bereich der Kinetik und der Entgiftung. Die Leber ist jenes Organ, wo die Geheimnisse der Schöpferkraft verborgen sind, ein riesiges »Umspannwerk«, wo gewaltige Energien gespeichert und auf Abruf sofort abgegeben werden. Ihre zentrale Bedeutung als Energiespeicher ermöglichte es vielen Tierarten, die von Naturkatastrophen mehrfach gewaltsam veränderte Erdgeschichte zu überleben. Ohne die bewundernswerte Anpassungsfähigkeit der Leber gäbe es – im Zusammenspiel mit anderen Adaptationsmechanismen – keine ständige Evolution im Tierreich.

Im metaphysischen Sinne erfüllt die Leber als Speicherorgan vielfältiger Informationen eine unersetzliche Aufgabe für den Energiehaushalt eines Lebewesens und sorgt für deren ökonomische Umverteilung. In ihr geschehen wahrhaftige Wunderwerke an Transformationen auf grob- und feinstofflichen Ebenen.

Exakt erkennt die Leber die jeweils notwendigen Bedürfnisse des Körpers und hat unzählige Möglichkeiten, die aus der Nahrung im Darm aufgeschlossenen und resorbierten Bestandteile mittels eines umfassenden Code-Programms an Ort und Stelle ein- bzw. umzubauen und bei Bedarf zu liefern. Dabei werden von den hochspezialisierten Leberzellen Enzyme freigesetzt, die diese Vorgänge beschleunigen und so einen reibungslosen Energieumsatz ermöglichen.

Toxische Substanzen aus der Nahrung, der Umwelt oder nach Medikamenteneinnahme werden von der Leber sogar vorübergehend »maskiert« und eine Zeitlang unschädlich deponiert, um die übrigen Körperfunktionen nicht zu beeinträchtigen. Erst wenn es die Stoffwechselsituation erlaubt, werden diese Problemstoffe subtil über den Darm oder die Nieren entsorgt und ausgeschieden.

Mit der Produktion der Galle, die in den Dünndarm abgeführt wird, schaltet sich die Leber auch in den Fettstoffwechsel ein. Das Gallesekret ist ein wichtiger Faktor für die Fettverdauung. Es ist auch maßgeblich an der Farbe des Stuhls beteiligt.

Der geistige Aspekt

Kummer, Gram, Sorgen und Ärger sind die Feinde der Leber. Diese negativen Gemütszustände blockieren über das Nabelchakra den Energiefluß der Leber und beeinträchtigen ihre verschiedenen Funktionen.

Angestaute, nicht gelebte Aggressionen führen zum Leberstau. Ein unerfülltes Leben voller Frust und Ärger vergiftet die Leber, wodurch sie zusehends ihre Fähigkeit als »Prüforgan« verliert. Bleiben die Konflikte ungelöst, beginnen sie, kristalline Gestalt anzunehmen. So entstehen Gallengrieß und Gallensteine. Diese verlegen zusehends die ableitenden Gallenwege, die Galle staut sich zurück, und der entstehende enorme Druck meldet sich mit Gallenkoliken.

Das Gemüt eines solcherart chronisch gestauten und vergifteten Patienten beginnt sich typisch zu verändern. Der »Lebertyp« wird mürrisch, launisch, unzufrieden, zudem melancholisch, depressiv oder auch jähzornig. Ein solches Wesen fühlt sich nie richtig wohl und neigt sodann zu Entlastungs- oder Übersprungsreaktionen.

Der betroffene Hund neigt zu viel Schlaf und körperlicher Unlust, wird zusehends unansprechbar, ja sogar bissig und erscheint seiner Umwelt als recht unerfreulicher Zeitgenosse.

Der zunehmende innere Druck äußert sich vielfach in Blähungen und Aufstoßen; das sind oftmals die einzigen Möglichkeiten, diesen Druck wieder loszuwerden.

Die Ursachen

Den überwiegenden Anteil an Lebererkrankungen rufen Fütterungsfehler und Streß hervor. Vornehmlich der unter Streß stehende Hund hat mit einer ständigen unterschwelligen Leberreizung zu rechnen. Diese ist dann wiederum anfälliger in Phasen eines Überangebots an Giftstoffen oder Krankheitserregern. Auf dieser Basis entstehen Entzündungen oder degenerative Leberzellschädigungen. Rückwirkend können sich freilich auch andere Organerkrankungen seitens des Herzens, der Nieren oder des Darms auf die Leberfunktion auswirken.

Mangelzustände und Überschuß werden zwar hinreichend von der Leber kompensiert, aber auch hier sind einmal Grenzen gesetzt. Ein 10jähriger Hund hat im Laufe seines Lebens bis zu 180 kg Müll verarbeitet! Infektionen und Parasiten spielen nicht mehr die große Rolle, seit die Hunde regelmäßig geimpft und entwurmt werden; wir müssen in Zukunft mit einer Zunahme allergischer Reaktionen auch seitens der Leber rechnen, die auf alle möglichen Nahrungsmittel zurückzuführen sind.

Die Symptome

Die Anzeichen einer Lebererkrankung (Hepatopathie) lassen sich einerseits durch die oben beschriebenen Gemütsverstimmungen bereits erkennen. Aber auch die leiblichen Symptome sind oft schon vom Laien leicht erkennbar:
- Lustlosigkeit, Mattigkeit, Schläfrigkeit, Widersetzlichkeit;
- mangelnder oder wechselnder, »launischer« Appetit;
- Erbrechen, Verstopfung oder Durchfall (evtl. im Wechsel);
- Blähungen, Aufstoßen, die Bauchdecke ist mitunter gespannt und schmerzhaft;
- Hauterkrankungen mit Juckreiz;
- Mundgeruch, Parodontose;
- diverse Verfärbungen: gelblich verfärbte Kopfschleimhäute durch Ikterus (Gelbsucht), der Urin erscheint dunkel (rötlich), der Stuhl wird hell (Schattierungen von gelblich-braun bis grau und lehmig);
- in fortgeschrittenen Stadien kommt es zur Abmagerung und Vorwölbung des Bauchs, evtl. verbunden mit Bauchwassersucht, großflächigen ekzematösen Veränderungen an der Haut und auch in den Ohren; unangenehmer Geruch macht sich breit, weil die Entgiftungsmechanismen der Leber insuffizient sind.

Mit Hilfe der Labormedizin können die verschiedenen Leberfunktionsprüfungen exakte klinische Diagnosen ermitteln und absichern. Andererseits bietet die Naturmedizin große Hilfestellungen bei Lebererkrankungen an.

Die Krankheitsbilder

Beim Hund entwickeln sich im allgemeinen drei Krankheitsbilder, die uns an dieser Stelle interessieren. Dies sind degenerative Prozesse im Sinne einer Verfettung, Nekrose oder Zirrhose, Leberstau und die Leberentzündung (Hepatitis).

Unumgänglich ist die fachmännische Abklärung der Ursachen, die letztendlich die Richtung der **Therapie** bestimmen. Die vom Hundehalter begleitend durchgeführten Maßnahmen zielen vorwiegend auf eine die Leber vor weiteren Noxen schützende und regenerierende Therapie ab.

Mariendistel (Silybum marianum, Carduus marianus)

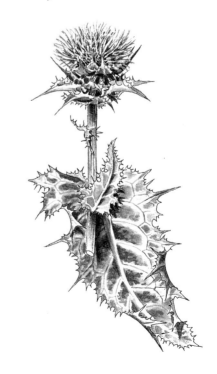

Lebererkrankungen sind also einerseits oft die Folge bestehender Leiden anderer Organe. Andererseits wirkt sich die ungenügende Leberfunktion ungünstig auf andere Systeme aus, so daß eine Lebertherapie eine umfassende Sichtweise nötig macht.

Das eine Krankheitsbild kann in ein anderes übergehen, es gibt fließende Übergänge oder auch konsensuelle Zusammenhänge.

Die Phytotherapie kennt schon seit dem Altertum Kräuter, die ganze Völker vor dem Untergang durch infektiöse Leberentzündungen bewahrt haben. Eine solche volksmedizinisch bestens bewährte Pflanze ist z.B. der Odermennig. Er gilt als hervorragend entgiftend und reinigend. Davon eine Teezubereitung, evtl. kombiniert mit Berberitze und Schafgarbe, kommt im Falle einer toxischen Leberbelastung und beim Leberstau zur Anwendung.

Die Gallenproduktion und deren Abfluß fördert hervorragend die Mariendistel, die zugleich auch als Leberschutz gegen Verfettung und Degeneration dient und so der allmählichen Zerstörung der Leberzellen entgegenwirkt.

Um den Gallenfluß anzuregen, haben sich auch Löwenzahn und Schafgarbe bewährt. Alle diese Kräuterdrogen verabreicht man am besten in Form von Tropfen, Säften oder Dragees.

Viele in der Volksmedizin bewährte Drogen werden auch homöopathisch aufbereitet; speziell beim Hund kommen demnach folgende Homöopathika zur Anwendung:
- Carduus marianus (Silybum Marianum) D 1: Die Mariendistel zeigt vornehmlich in der potenzierten Form ihre ganze Heilkraft, indem sie die durch Stau, Vergiftung, Verfettung oder

Schöllkraut (Chelidonium majus)

anderweitige Zerstörung (Degeneration, Nekrose) bedrohten Leberzellen zur Reparation und Wiederherstellung der Normalfunktion anregt. So wird auch ein damit verbundener Mangel an Galle behoben, ebenso die damit einhergehenden Beschwerden wie Verstopfung, Blähungen und Kolik. Diese Arznei kann praktisch in jedem Fall einer Leberinsuffizienz, auch über längere Zeit, gegeben werden. Die Mariendistel regt übrigens auch die Magendrüsen an, mehr vom Verdauungsenzym Pepsin zu produzieren, wodurch die Leber zusätzlich entlastet wird.
- Chelidonium D 6: Das Schöllkraut ist

Berberitze, Sauerdorn (Berberis vulgaris)

ebenfalls ein umfassendes Lebermittel, das auch bei akuten oder chronischen entzündlichen Ereignissen nicht fehlen sollte. Es hebt die Reizschwelle der Leberzellen an und macht sie so unempfindlicher gegenüber infektiösen oder toxischen Noxen. Die Galle kommt vermehrt zum Fließen, wodurch sich gewisse Nebeneffekte, wie rechtsseitige Glieder- oder Kopfschmerzen, bessern. Viel Gähnen und der häufige Abgang von Winden sind typisch.

- Berberis D 4: Die Berberitze wird in der Homöopathie ganz allgemein als ausleitendes Mittel sowohl bei Leber- als auch bei Nierenerkrankungen eingesetzt. Im Sinne einer »Drainage« fördert sie die Ausscheidung harnpflichtiger Substanzen und unterstützt in diesem Sinne auch die entgiftende und sekretorische Funktion der Leber. Viele damit verbundene Leiden im Bereich des Bewegungsapparates und der Haut werden dadurch günstig beeinflußt.
- Flor de Piedra D 4: Der müde Hund ist auf Berührung schreckhaft und zeigt manchmal völlig gegensätzliche Reaktionen – zwischen apathisch und ängstlich hechelnd. Der Appetit ist praktisch aufgehoben, viel Wasser wird langsam getrunken. Die Steinblüte kommt vielfach in Fällen offensichtlicher Vergiftung durch Ernährung oder Stoffwechselentgleisung zum Einsatz. Manchmal besteht zugleich eine Schwäche der Bauchspeicheldrüse. Der wenige Stuhl ist dann besonders hell. Flor de Piedra ist *das* Mittel bei der infektiösen Hepatitis!
- Lycopodium D 30: Der urzeitliche Bärlapp wurde schon im Mittelalter mit Rotwein gekocht und gesotten, um »die schlechten Säfte aus dem Körper auszutreiben«. Er reguliert in hervorragender Weise die Stoffwechselprozesse in der Leber und unterstützt den Umbau eiweißhaltiger Substanzen in leicht ausscheidbare Produkte; dadurch werden auch die Nieren entlastet. Der Lycopodium-Typ (der auf Seite 255 noch näher beschrieben wird) ist ständig durch Stoffwechselimbalancen belastet, reagiert dementsprechend unwillig und mißmutig. Auffallend ist der vorgewölbte Bauch, der Hund mag sich auch nicht anfassen lassen.
- Nux vomica D 30: Ähnlich jähzornig und reizbar wie Lycopodium, aber mehr gegen den Menschen als gegen den Artgenossen gerichtet, verhält sich dieser Typ. Die oft chronische Verstop-

fung zwingt dem Tier uns unverständliche stereotype Handlungen auf. Selbst der hundefreundlichste Briefträger ist in einem solchen Fall gegen die zwanghaften Angriffe machtlos. Die Brechnuß ist eine bewährte Indikation zur Entgiftung nach einem Narkosekater oder Medikamentenmißbrauch.
- Sulfur D 30: paßt gut in diese »Ahnenreihe« der Lebertypen. Durchfall und Verstopfung wechseln häufig miteinander ab. Abgesehen vom konstitutionell belasteten Sulfur-Hund gilt ja auch der Schwefel als großes Entgiftungsmittel während oder nach mehr oder weniger schleichend verlaufenden Infektionskrankheiten, die vielleicht zudem mit unterdrückenden Maßnahmen (Antibiotika, Chemotherapeutika) behandelt wurden.

Einige der Bach-Blüten sind durchaus in der Lage, die Probleme, die letztendlich zu Leberstörungen führen, auszugleichen und damit auch auf der körperlichen Ebene eine Heilung herbeizuführen.
- Agrimony: Den Odermennig haben wir schon als Volksheilmittel kennengelernt. In der Blütenenergie liegt die Kraft der Öffnung und der spielerischen Lebensfreude verborgen. So wird auch die Leber deutlich entlastet.
- Centaury: Die Blüte des Tausendgüldenkrauts schützt die Leber vor äußeren Angriffen, macht sie stark und funktionstüchtig.
- Gentian macht frei von Befürchtungen und Mutlosigkeit und sorgt für ungehinderten Energiefluß.
- Holly stimmt versöhnlich mit sich und seiner Umgebung, befreit von Aggressionen, ohne sich oder anderen weh zu tun.
- Impatiens ist für jene voller Ungeduld, die sich und anderen keine Ruhe gönnen und immer wieder mal heftig reagieren, wenn sie sich mißverstanden fühlen.
- Mimulus: Angst und Kummer »zerfrißt« die Leber, was bedeutet, in einem ständigen Spannungsfeld der Unsicherheit zu leben.

Über das Herz-Chakra lassen sich praktisch alle Lebererkrankungen mit Orangelicht günstig beeinflussen. Herz und Leber empfangen ähnliche Gefühlsimpulse.

Nicht uninteressant dürfte die Feststellung sein, daß heiße Leibwickel (60°C) 2mal täglich aufgelegt, die Leberschrumpfung im Falle der Leberzirrhose aufhalten können. Für jeweils 10 Minuten werden diese Anwendungen durchgeführt.

Die Akupressur differenziert die Punkte Leber 1 und Galle; beide regen die Gallenbildung an, wirken somit choleretisch. Leber 2 fördert den Gallefluß, wirkt also cholekinetisch (jeweils 3 Min.).

Die »beleidigte« Leber läßt sich gern verwöhnen mit Musik von J. S. BACH und SCHUMANN.

Das Fortschreiten einer Leberzirrhose läßt sich durch die Magnetfeldtherapie ebenfalls verhindern.

Die Akupunktur differenziert zwischen 7 Leberpunkten.

Unterstützend empfehlen sich noch die Mucokehl-Tropfen (Sanum-Kehlbeck), 1mal täglich als wirksame Bioregulatoren. Dazu 2mal wöchentlich 1/2 Ampule Coenzyme (Heel) und 3mal täglich 1 EL Terrakraft.

Um die Funktion der erkrankten Leber zu erhalten bzw. zu verbessern, benötigt sie die Zufuhr von Vitamin A, dem B-Komplex und Vitamin K. In dieser Richtung gibt es jede Menge Vitaminpräparate. Man kann auch täglich ein etwa fingernagelgroßes Stück Hefe ins Futter mischen, sofern unser Patient nicht zu sehr unter Blähungen leidet.

Die **Leberdiät** besteht aus grundsätzlich reizloser Schonkost und kann folgende Bestandteile aufweisen: Kartoffelbrei (mit Wasser zubereitet) und dazu gedünstetes Fleisch vom Huhn, Hammel oder Rind, Maisgrieß oder Hirsebrei und Naturreis, dazu eine Kräutermischung mit Liebstöckel, Majoran, Thymian, Kresse; zur Belohnung Traubenzuckerstücke.

Wir bieten unserem Hund zwar ausreichend Bewegung, damit »alles in Fluß kommt«, zwingen ihn aber nicht zum Herumtollen, da verschiedene Zustände, wie etwa eine Leberschwellung, recht schmerzhaft verlaufen können.

Die Bauchspeicheldrüse

Die Symbolik

Dieses hochempfindliche Organ reagiert seismographisch auf jegliche Insultierung, die den Energiekörper eines Individuums auf irgendeine Weise erschüttert. Im Falle eines körperlichen oder seelischen Traumas werden von der Bauchspeicheldrüse (Pankreas) reaktiv Impulse freigesetzt, die den notwendigen Hormonpegel im Blut in kleinsten Mengen zu regulieren vermögen.

So schaltet sich die Bauchspeicheldrüse subtil in alle Notfallsituationen ein und verhindert ein zu tiefes Absacken des Energiekörpers.

Die vielseitige Bauchspeicheldrüse entsendet einerseits ihren fermenthaltigen Verdauungssaft in den Dünndarm und nimmt so an der Fett- und Kohlenhydratverdauung teil. Andererseits produzieren die in ihr lokalisierten Inselzellen die beiden Hormone Glukagon und Insulin, die als Inkrete direkt an die Blutbahn abgegeben werden. Der Inselzellapparat war ursprünglich ein separat angelegtes Organ, das im Laufe der Säugetierentwicklung von der Bauchspeicheldrüse inkorporiert wurde.

Die beiden erwähnten Hormone regulieren den Blutzuckerspiegel im Blut, wobei unter »Blutzucker« nicht nur allein die Glucose, sondern sämtliche im Blut vorhandenen Kohlenhydrate zu verstehen sind.

Zucker ganz allgemein stellt einen wichtigen Energielieferanten im Körperhaushalt dar. Damit verbunden sind Körperwärme und im weitesten Sinne das Vermögen, diese Wärme in Form von Liebe weiterzugeben. Auf geistiger Ebene besitzt die Bauchspeicheldrüse die Fähigkeit, Zucker (= Liebe) für sich in Wärme umzuwandeln und damit hauszuhalten bzw. dieses Potential bei Bedarf weiterzugeben.

Das Gefühl der Liebe wird leider nur allzuoft an Bedingungen geknüpft, die die hochempfindliche Drüse überfordern, so daß sie ihre Aufgabe nicht mehr erfüllen kann.

Der geistige Aspekt

Körpernähe, Körperwärme und Liebe – diese drei Aspekte sind in einer Partnerschaft eng miteinander verknüpft. Ein ausgesprochener Mangel oder ein ständiges Überfordern in diesen Gefühlsbereichen bringt das Pankreas aus dem Gleichgewicht, die Hormonproduktion entgleist. Die Folge ist im allgemeinen ein Insulinmangel oder Glukagonüberschuß. Das hat wiederum einen ständig labilen Blutzuckerspiegel zur Konsequenz, was im Extremfall zum hypo- oder hyperenergetischen Schock führen kann.

Der Zuckerkranke gerät so in eine fatale Situation, weil er immer unfähiger wird, das Potential an Liebe sinngemäß zu verarbeiten. Sein Energiekörper wird immer abhängiger von der entsprechenden Regulierung von außen. Um die Energieschwankungen der Persönlichkeit auszugleichen, muß das entsprechende Schlüsselzeichen – das Insulin – von außen zugeführt werden.

Die Krankheitsbilder

Die **Pankreasentzündung (Pankreatitis)** kann grundsätzlich mal akut oder ursächlich chronisch verlaufen. Primäre Infektionen sind beim Hund sehr selten; Ursachen sind meist die Folgen einer Entzündung im Bereich der Leber oder des Dünndarms.

Im akuten Stadium präsentieren sich die Symptome naturgemäß heftiger und ausgeprägter:
- schmerzhaftes Erbrechen und wechselnde Durchfälle;
- der Stuhl ist fettig glänzend und wird von Tag zu Tag heller und voluminöser; seine Konsistenz beginnt zu »zerfließen«, aufgrund der Fehlverdauung riecht er mitunter bestialisch; nach 1 bis 2 Tagen enthält er zuweilen dunkles Blut;
- das Durstgefühl ist gesteigert, es besteht eine Vorliebe für warme Getränke;
- der Hund wird zunehmend hinfällig und versinkt in Apathie;

Löwenzahn (Taraxacum officinale)

- Kreislaufschwäche bringt den Patienten u. U. ins Wanken;
- der Bauch ist gespannt und schmerzhaft;
- oft gähnt der Hund übermäßig viel.

Typisch für das chronische Geschehen ist der weiche und sehr helle, »groß angelegte« Stuhl, der an der Oberfläche mit Fetttröpfchen besprenkelt ist und unverdaute Fleisch- oder andere Futterbestandteile enthält.

Die **Therapie** der Entzündung beginnt zunächst mit einer Kostumstellung: Fleisch ja, aber fettfrei (am besten vom Huhn, Hammel oder Fisch), dazu Sojagemüse, Dinkel oder Reis, Kartoffel- oder

172 Bauchspeicheldrüse

Schafgarbe (Achillea millefolium)

Maisgrießbrei (mit Wasser zubereitet). Fütterung auf alle Fälle vor 17 Uhr!

Dazu bieten wir einen Kräutertee an mit Löwenzahnwurzel, Tausendgüldenkrautwurzel und Wegwartwurzel.

Phytotherapeutische Tropfen sind wirksam, wenn sie Löwenzahn, Odermennig, Schafgarbe, Angelikawurzel, Wermut oder Faulbaumrinde enthalten.

Die Homöopathie empfiehlt als Mittel der Wahl:
- Podophyllum D 6: Der Hund fühlt sich besonders nach dem Kotabsatz elend und liebt lokale Wärmeanwendungen.
- Hedera helix D 4: Das Allgemeinbefinden bessert sich an der kühlen frischen Luft sowie nach der Nahrungsaufnahme.
- Calcium fluoratum D 12 kommt bei der chronischen Entzündung zum Einsatz.

Zusätzlich bieten die Mucokehl-Tropfen (Sanum-Kehlbeck) ihre Hilfe an; bei andauernder Reizung des Organs setzen wir das entsprechende Organpräparat ein, z.B. Pankreas suis injeel (Heel), 2mal wöchentlich 1/2 Ampulle.

Die Bach-Blüte Holly schaltet sich beruhigend in das Entzündungsgeschehen ein und öffnet zudem die Kanäle für Verständnis und Liebe.

Gelbes Licht öffnet das Nabelchakra für die entsprechenden Heilfarben; das entzündete Organ wird dadurch mit dem kosmischen Strom versöhnt.

Warme Leibwickel (40°C), 3mal am Tag, können versucht werden, wenn sie vertragen werden.

Auch Hunde können an der sogenannten »**Zuckerkrankheit**«, also an **Diabetes mellitus** (Zuckerharnruhr), erkranken, wenn die äußeren Umstände die Psyche des Tieres überfordern. Zumeist handelt es sich um Patienten mit belastetem Erbgut, die in einer emotional labilen Umgebung gehalten werden. Das menschliche Umfeld bietet keinen sicheren Zufluchtsort in Phasen gemütsbetonter Belastungen, das Tier steht in einer Art emotionalem Dauerstreß, der die Hormonbalance überfordert, bis der Inselzellapparat insuffizient wird und das Gleichgewicht zwischen Glukagon und Insulin nicht mehr von sich aus wiederherstellen kann.

Die Symptome sind zuweilen sehr eindeutig:
- Ganz auffällig das sich ständig steigernde Durstgefühl (Polydipsie) und die damit verbundene Polyurie, also die häufige Ausscheidung größerer Harnmengen.

- Der Harn selbst ist heller als normal und enthält vermehrt Glucose und Eiweißkörper (mit Teststreifen nachweisbar).
- Der Appetit nimmt erhebliche Ausmaße an, das Tier neigt zur Fettleibigkeit; erst später, wenn die Krankheit fortgeschritten ist, magern die Tiere ab. Der dann noch vorhandene große Bauch spricht zumeist für Bauchwassersucht.
- Ganz typisch ist auch die rasche Linsentrübung beider Augen (Glaukom), was zunehmende Erblindung zur Folge hat.
- Die Patienten sind besonders nachts sehr unruhig und heben immer wieder zu einem eigenartig heiseren Bellen an. Ein damit verbundener Husten wird mitunter als organständige Bronchitis fehlinterpretiert.

Die **Therapie** ist vornehmlich darauf ausgerichtet, das insuffiziente Organ in seinen Bemühungen, regulativ in den Hormonhaushalt einzugreifen, zu unterstützen.
- Schon lange ist bekannt, daß der Heidelbeerblättertee – auch beim Hund – blutzuckersenkend wirkt. Man gibt dem Patienten 1 Tasse täglich.
- In der gleichen Richtung wirken der Ginkgo-biloba-Extrakt (Tebonin), Holunderblüten, Brunnenkresse, Brennessel und Mistel.
- Die Inhaltsstoffe des Salbeitees regen direkt die sezernierenden Zonen des Inselzellapparates an und regulieren so zentral das Glukagon-Insulin-Verhältnis.

Auch die Homöopathie bietet gute Möglichkeiten, der insuffizienten Bauchspeicheldrüse unter die Arme zu greifen:

- Syzygium jambolanum D4: Der Jambulbaum hat sich erfahrungsgemäß bei Diabetes bewährt, weil er den Blutzuckerspiegel auf ein Normalmaß reduziert.
- Ein Pankreas-Organpräparat (z.B. von Heel oder Vit-Organ) ist in diesem Fall ganz wichtig, weil man so die notwendige Insulinzufuhr auf ein Minimum reduzieren kann (1- bis 2mal wöchentlich 1/2 Ampulle).
- Citrokehl (Sanum-Kehlbeck) sollte 2mal wöchentlich die Therapie zumindest anfangs ergänzen.

Die Insulinzufuhr ist zwar unbedingt nötig, kann aber aufgrund der eben angeführten Maßnahmen auf ein Mindestmaß reduziert werden.
- Die Bach-Blüten Chicory und Heather sind jeweils in der Lage, die negativen Gemütszustände der egoistischen oder vernachlässigten Nächstenliebe zu harmonisieren. Sie verhelfen dem Individuum zu einem klaren, reinen Verständnis von herzlichen Gefühlen und Offenheit für die Bedürfnisse der unmittelbaren Umgebung.
- Während der Akupressurpunkt Pankreas 2 für den enzymatischen, sekretorischen Teil verantwortlich ist, gilt der Pankreas 1 für den hormonproduzierenden Bereich der Bauchspeicheldrüse (für jeweils 3 Min. aktivieren).
- Wenn Reiki eingesetzt wird, dann direkt am Nabelchakra.
- Romantische Musik von SCHUMANN oder VIVALDI ist der Bauchspeicheldrüse immer willkommen.
- Die Magnetfeldtherapie kann vornehmlich in chronischen Fällen für eine Verbesserung des Zustandes sorgen.
- Die Akupunktur bedient sich vier spe-

zieller Punkte, um das Drüsengewebe zu harmonisieren.
- Das gute Terrakraft hilft auch im Falle einer Pankreasinsuffizienz, die Beschwerden zu lindern bzw. den Zustand zu verbessern.

Die Bewegung des Tieres sollte vorübergehend eingeschränkt werden, wenn eine erhebliche Insuffizienz besteht, damit der Energieverbrauch und folglich der Leistungsbedarf gesenkt wird. Erst im Verlauf der Behandlung darf das Pensum an Bewegung allmählich wieder gesteigert werden. Bezüglich der Kost gilt im Grunde das gleiche, wie bei der Pankratitis schon erwähnt: Der Kohlenhydratanteil sollte immer überwiegen.

Die Harnorgane

Die Symbolik

Das System der Harnorgane besteht einerseits aus den harnbereitenden Nieren, andererseits schließen sich die harnabführenden Harnwege, nämlich Nierenbecken, Harnleiter, Harnblase und Harnröhre, an.

Der Harn selbst stellt ein flüssiges Medium dar, das innerhalb der verschiedenen Funktionsbereiche der Nieren gebildet wird und letztlich sämtliche ausscheidungsfähigen Substanzen in Lösung hält. Die Nieren selbst arbeiten nicht gleichzeitig auf Hochtouren, sondern aus ökonomischen Gründen ist es mal die eine, mal die andere, die die Mehrleistung übernimmt.

Was schließlich als harnpflichtig ausgeschieden wird, ergibt sich aus dem Bedarf und dem Zusammenspiel der vielen ineinanderwirkenden Systeme. So ist also der Harn in seiner Zusammensetzung einem ständigen Wechsel unterworfen. Dies ergibt sich aus den Faktoren Fütterung, Flüssigkeitsangebot und -bedarf, dem Bedarf an Mineralstoffen und Spurenelementen, dem momentanen Gesundheitszustand, der Witterung, und dgl. Situationsgebunden werden über den Harn auch giftige Produkte – seitens des Stoffwechsels oder aufgrund medikamentöser Behandlung – ausgeschieden.

Paarig angeordnet liegen die Nieren in der Lendenregion, speziell beim Hund eingebettet in eine Fettkapsel, die die Organe vor Kälte und Verletzungen schützen soll. Diese stellt zugleich ein Fettdepot dar, das in Hungerzeiten als Energiespender herangezogen, d.h. abgebaut wird. Im Zuge der Evolution sind die Nieren von den immer umfangreicher werdenden Bauchorganen in diese exponierte Lage verdrängt worden.

Funktionell haben sie die Aufgabe von hochempfindlichen Filterorganen übernommen, wo alles Blut mit sämtlichen Anteilen hindurchgeschleust wird. Ein gewisser Filtrationsdruck ist notwendig, um eine Reinigung des Blutes überhaupt erst zu ermöglichen. Dieser ist wiederum zum Teil abhängig vom Blutdruck bzw. der Herzkraft.

Insgesamt erklären sich die Nieren als jene Bereiche, wo der Organismus ebenfalls in der Lage ist, sich bereits verarbeiteter Dinge bzw. Konflikte zu entledigen. Solche Belastungen, die ihn nur vergiften würden, werden so auf ganz legale Weise ausgeschieden.

Da nun die Nieren paarig angelegt sind, sind es vornehmlich die Konflikte, die innerhalb einer Partnerschaft auftreten, die hier ihren Niederschlag (im wahrsten Sinne des Wortes) finden. Dabei kann der Partner der Mensch, vielleicht eine Bezugsperson, aber auch ein weiteres Tier in der Lebensgemeinschaft oder der Hund selbst sein. Wir leben eben in einer Welt der Polarität, wo jedes Individuum, gleich welchen Geschlechts, sowohl den männlichen als auch den weiblichen Anteil in sich birgt. Steht man mit dem komplementären Prinzip auf Kriegsfuß, wird sich eben die eine oder andere Niere möglicherweise gekränkt zurückziehen und ihre Arbeit reduzieren oder gar einstellen (Nierenversagen).

Vom Nierenbecken aus gelangt der Harn über den Harnleiter in die Harnblase. Diese präsentiert sich als großes Sammelbecken für den Harn, ehe er, nachdem er einen gewissen Druck hat entstehen lassen, willkürlich über die Harnröhre abgesetzt wird; bei der Hündin einige Male, bei Rüden bis zu 20mal am Tag.

Die Blase liegt im Bereich des Beckeneingangs auf, kann aber bei maximaler Füllung weit in den Bauchraum hineinreichen. Die Blasenmuskulatur regelt den Flüssigkeitsstand, wobei dem Schließmuskel eine Schlüsselfunktion zukommt, was die Belastbarkeit betrifft. Hunde, die immer wieder sehr lange Intervalle abwarten müssen, bis sie sich entleeren dürfen, erleiden so mitunter entsprechende Komplikationen, wie eine Insuffizienz des Schließmuskels oder der Blase selbst.

Im Zuge des Urinierens entleert sich die Blase über die Harnröhre nach draußen; beim Rüden liegt dieselbe im Penis, beim Weibchen mündet sie am Übergang der Scheide in den Scheidenvorhof.

Metaphysisch betrachtet, dient die Blase als Auffanggefäß für alle bereits gelösten Konflikte, vornehmlich seitens der Partnerschaft, die zur Erlösung nach außen drängen. Bei ständig zunehmendem Druck entledigt sich schließlich die Blase – ähnlich einem Druckventil – dieser unwichtig gewordenen Dinge.

Der geistige Aspekt

Vor allem der ganz junge und der alte Hund neigen häufig zu Erkrankungen des Harnapparates. Neben den äußerlichen – später noch anzuführenden – Faktoren sind es seelisch-geistige Probleme, die hier ihren Niederschlag finden. Die heranwachsende Hundepersönlichkeit muß sich zunächst auf ihre unmittelbare menschliche Umgebung einstellen. Konflikte gibt es auch mit Artgenossen auf gesellschaftlicher und sozialer Ebene.

Unsicherheit, Ängstlichkeit und Unverständnis seitens der Menschen führen langfristig zur Unterdrückung vieler Bedürfnisse. Ungelöste Konflikte, die man nicht los wird, verharren als Kristalle in den Harnwegen und bilden so allmählich Sand, Grieß oder gar Steine.

Die über so viele Hundejahre oft intensive Partnerschaft mit dem Menschen, alle Höhen und Tiefen einer Freundschaft eingeschlossen, geht meist nicht spurlos an den Nieren vorüber. Je häufiger sich das Tier mißverstanden oder überfordert fühlt, desto mehr sind auch die Nieren überlastet, und das treibt sie nicht selten in eine Insuffizienz.

Ständige Unregelmäßigkeit und Unterdrückung von Bedürfnissen belastet zusehends auch die Blase, reizt und entzündet sie, und die Folge ist eine Art Hyperventilation, d.h., durch den ständigen Harndrang werden wir darauf aufmerksam gemacht, daß wir uns dem Tier mehr widmen müssen. Eine medikamentöse Unterdrückung dieser Notsignale provoziert nicht selten eine »Umleitung« über die Ohren, oftmals die Basis für eine chronische Ohrenentzündung (siehe dort).

Die Ursachen

Sie spannen ihren Bogen von der banalen Naßwettererkältung über Ernährungsfehler bis hin zu Infektionen, die zum Teil recht dramatisch verlaufen können.

Wegbereiter für Harnwegserkrankungen sind – neben den bereits erwähnten psychischen Belastungen – auch immer wieder Streß (häufige Transporte, unregelmäßige Ausführzeiten, Ungeduld etc.), Schockzustände und unhygienische Haltung (z. B. im Zwinger).

Die Ernährung stellt mitunter einen ganz wesentlichen Faktor dar, zumal im Bereich der Nieren die Stoffwechselkette »hängenbleibt« und bei Überlastung zur Stausucht führt. Gifte und Allergien können sich ebenfalls schädigend auf Nieren und Harnwege auswirken.

Die Krankheitsbilder

Die **Krankheitsanzeichen** sind allesamt Folgen einer ungenügenden Filterung und Reinigung seitens der Nieren, einer sich allmählich steigernden Rückvergiftung, was sich natürlich auf den gesamten Organismus negativ auswirkt:
- vermehrter Durst (Polydipsie);
- häufiges oder zunehmendes Erbrechen;
- Mundgeruch (bei Urämie sogar nach Urin);
- allmähliche Abmagerung;
- auch (chronischer) Durchfall ist möglich;
- der Hund liegt gern auf kalten Plätzen und läßt sich nicht zudecken;
- bei schmerzhaften Prozessen wird der Rücken gekrümmt, hochgezogen, die Hinterbeine werden steif angezogen, Trippeln und auch Schwanken in der Nachhand sind möglich;
- der Blick ist »unklar«, eine Trübung der Linse oder der Hornhaut wird beobachtet;
- allgemeines Hautjucken kann auftreten; nässendes Ekzem, das Fell wird struppig, glanzlos;
- der Harnabsatz kann gestört sein: vermehrt (Polyurie), vermindert (Oligurie) oder ganz aufgehoben (Anurie);
- der Harn selbst ist oft verändert, und zwar sowohl hinsichtlich der Farbe als auch des Geruchs. Beimengungen wie Schleim, Eiter, Sand oder Blut können vorhanden sein. Mittels Teststreifen sind etliche Veränderungen bzgl. der Zusammensetzung (Eiweißkörper, Glukose) leicht nachzuweisen.
- Mit Hilfe von Laboruntersuchungen sind exakte Diagnosen möglich.

Nieren

Die **Nierenentzündung (Nephritis)** in ihrem akuten Verlauf zeigt sich mitunter recht dramatisch und bereitet dem Tier große Schmerzen. Aufgeregtes Trippeln, verbunden mit dem ständigen Drängen nach draußen, mehr oder weniger schmerzhafter und meist eingeschränkter Harnabsatz (evtl. mit Blut) sind die ersten Anzeichen dieses KHB. Die Nierengegend seitlich der Lendenwirbelsäule ist schmerzhaft überempfindlich und wärmer als die Umgebung.

Das ganze Allgemeinbefinden ist gestört; das Tier fiebert dahin und zeigt trotzdem kaum Durst. Nicht selten gesellen sich bald Erbrechen und/oder Durchfall dazu. Unser Patient fröstelt und zittert, macht einen jämmerlichen Eindruck und »flieht« die Wärme, um einen kühlen Ort aufzusuchen.

Reichen die Selbstheilungskräfte des Körpers aus, geht dieser Zustand bald vorüber; andernfalls bzw. im Falle ausbleibender oder unsachgemäßer Behandlung entwickelt sich jedoch eine chronische Nephritis. Dann entwickelt sich das Leiden im verborgenen weiter und wird oft gar nicht bemerkt. Nur ab und zu treten vielleicht nochmals akute Schübe auf; sonst erkennt man nicht viel. Im Vordergrund stehen ekzematöse Hautprobleme, der zunehmende Durst und das häufige Urinieren.

Aufgrund der fortschreitenden **Niereninsuffizienz** – was bedeutet, daß immer mehr filtrierendes Nierengewebe degeneriert und unbrauchbar wird – »rinnt« das Tier aus; das Blut wird nur noch dürftig entgiftet, der Harn immer dünner bzw. heller. Die Folgen sind die immer auffälliger werdende Polyurie (das Tier will ständig nach draußen, um große Mengen hellen Harns abzusetzen) und die Polydipsie – der Patient trinkt immer mehr Wasser. Dieser Zustand kann, mit vorübergehenden Besserungen, über Jahre bestehen und mit einer ständigen Rückbildung filtrierenden Nierengewebes verbunden sein, was zur Schrumpfniere führt (Nierenzirrhose).

Irgendwann versagen die Nieren vollends ihren Dienst. In diesem kritischen Zustand kumulieren die Giftstoffe im Blut, allen voran der Harnstoff, der dann im Sinne einer Urämie auch andere Organe belastet und so rasch zu Entzündungen an verschiedenen Schleimhäuten führt (Konjunktivitis, Stomatitis, Gastritis, Enteritis). Auf dem Höhepunkt dieser Situation bricht das Tier zusammen und stirbt, falls die Hilfe zu spät kommt.

In einigen Fällen ist das Nierenbecken mit erkrankt; man bezeichnet dieses KHB als Pyelonephritis. An den äußeren Erscheinungen ist diese vom Laien nicht von der Nephritis zu differenzieren.

Eine fachmännische Harnuntersuchung klärt das KHB und sichert die Diagnose. Die Naturheilkunde bietet ein weites Feld von Therapiemöglichkeiten. Die Behandlung ist natürlich um so effizienter, je früher man die Hilfsmaßnahmen setzt, mit denen man die irreparablen Gewebsveränderungen in Grenzen hält. Die akute Entzündung verlangt andere Maßnahmen als die chronische oder die Zirrhose.

- Ganz allgemein ist Wärme gut, wo sie angenommen wird, ebenso partnerschaftliches Beistehen.
- Überprüfung der Entleerungszeiten; überhaupt leiden viele Hunde unter langer Trennung.
- Kostumstellung: Weg vom Eiweiß geschlachteter Tiere! Sauermilchprodukte sind erlaubt, ebenso Magerquark und Hüttenkäse, Eierteigwaren, Hirse, Mais, Kartoffeln, Rote Bete, Weiße Rüben. Ganz allgemein gilt es als günstig, die Fleischration ab dem 7. Lebensjahr allmählich zu reduzieren, um die Nieren nicht zu überfordern.
- Im akuten Stadium bieten wir 3mal täglich einen Nierentee an mit Goldrute, Kleiner Brennessel, Süßholz und Birkenblättern (je 15 g).
- Die Aromatherapie führt Wacholder und Thymian als ätherische Öle ins Feld.

Die **chronische Nephritis** verlangt andere Kräuter in der Teemischung: neben Goldrute die Große Brennessel und Hauhechel.

- Die ätherischen Öle von Latschenkiefer und Quassia bewirken über die Duftlampe eine Reinigung und milde Diurese.

Die homöopathischen Arzneien erreichen ihr Ziel oft in jedem Stadium:
- Aconitum D 30: Der Hund hat sich im kalten Wind erkältet und zittert abends hohem Fieber entgegen. Voller Angst und Unruhe versucht der Patient unter Schmerzen, öfter Urin abzusetzen.
- Ferrum phosphoricum D 12: Diese Arznei beruhigt beginnende Entzündungen bzw. Infektionen, die oftmals mit einer Erkältung beginnen. Der Patient erscheint aber im Gegensatz zu Aconit weicher und nicht so ängstlich.
- Phosphor D 30: Diese Arznei hilft ängstlichen, schwächlichen Patienten, deren KHB sich vornehmlich nachts verschlimmert. Der Harn kann auch etwas Blut enthalten und riecht intensiv nach rohem Fleisch.
- Cantharis D 6: Der zwanghafte und sehr schmerzhafte Harndrang zwingt unseren Patienten, ständig tröpfchenweise Harn abzusetzen, der mitunter etwas Blut enthält. Diese Nierenentzündung ist oftmals mit einer Blasenentzündung verbunden und bereitet dem Tier große Schmerzen.
- Arsenicum album D 30: Ein ähnlich unerträgliches Brennen wie bei Cantharis verspürt der Arsen-Patient. Die Ruhelosigkeit fällt vor allem nachts auf, ebenso viel Durst auf kleine Schlucke Wasser. Dauert der Zustand länger an, wird das Tier mager, bekommt juckende Ekzeme und verfällt in einen neuroseähnlichen Zustand zwanghaften Trinkens und Urinierens. Arsen ist ein Hauptmittel bei der Schrumpfniere.
- Copaiva D 6: Der Copaiva-Balsam zeigt ein ähnliches Bild wie Cantharis, das Tier hält mitten im Harnabsatz inne und dreht sich oft wie verrückt im Kreis. Manchmal sieht der Harn milchig-trüb aus und riecht nach Fischlake.
- Lycopodium D 30: Innerhalb dieser Konstitution kann es im Zuge von Nierengrieß- oder -steinbildung zu einer akuten oder chronischen Nephritis kommen. Typisch die Berührungsempfindlichkeit in der Nierengegend und die Schmerzen beim Harnlassen, die das Tier dazu veranlassen, nach dem Harnabsatz noch einige Zeit vorsichtig nachzudrängen, als müßte es noch Harn loswerden.
- Berberis D 4 kann eine gute Ergänzung zu Lycopodium sein, weil es grundsätzlich die Ausscheidung harnpflichtiger Substanzen fördert. Es wirkt im Sinne eines »Drainagemittels« ausleitend und entlastet so die Harnorgane. Bei Anwesenheit von Nierengrieß oder -stein schreit der Hund vor dem Harnlassen auf. Andererseits wirkt die Berberitze der Steinbildung entgegen.
- Sulfur D 30: Auch der Sulfur-Patient hat Ausscheidungsprobleme und neigt zu Nierenentzündung. Er riecht sehr unangenehm, die Haut ist unrein, schuppig und juckt recht heftig. Gerade im Anschluß an medikamentöse Therapien ist auch die einwandfreie Entlastung über die Nieren von großer Wichtigkeit.
- Lespedeza sieboldii D 4: Der Buschklee setzt rettende Signale auch im schlimmsten Fall von Schrumpfniere und Urämie. Im Sinne einer Diurese senkt diese Arznei auch die erhöhten Harnstoffwerte im Blut.
- Solidago D 4: Die Goldrute tut auch in

Reiki in der Nierengegend

der homöopathischen Form gute Dienste, indem sie ganz vorsichtig die Harnausscheidung erhöht und die geschädigten Nierenkapillaren zur Regeneration anregt.
- Silicea D 30 bietet sich in jenen Fällen an, wo das Mittel konstitutionell paßt und die Nierenprobleme immer wieder nach Kälte und Nässe auftreten. Der Harn ist dann deutlich weiß-gelblich und riecht stark.
- Mercurius sublimatus corrosivus D 12 ist eine bewährte Arznei im Falle einer Pyelonephritis mit schleimig-eitrigem Harn, der unter Schmerzen abgesetzt wird.

Die Mucokehl-Tropfen (Sanum Kehlbeck) stellen eine wertvolle Ergänzung dar, um die Nierenfunktion zu unterstützen und damit die Stoffwechselschlacken und Gifte leichter auszuscheiden.

Zum Thema »Partnerschaft« gibt es natürlich einige Bach-Blüten, die dem Patienten helfen, seine Beziehungsfähigkeit zu realisieren bzw. zu verbessern:
- Beech macht verträglicher, umgänglicher.
- Chicory macht für die selbstlose Liebe zugänglich.
- Heather-Patienten betonen zu sehr das eigene Ego; die Blütenenergie verhilft zu echter Kameradschaft.
- Larch weist uns sanft den gehörigen Platz in der Gesellschaft zu und vermittelt Vertrauen in die eigenen Fähigkeiten.

- Rock Water unterstützt das innere »Loslassen« (auch beim Stein), macht weich und biegsam.
- Vine entschärft rücksichtsloses Verhalten und öffnet die Sichtweise für die Bedürfnisse der Umgebung.
- Willow-Patienten schmollen sehr gern und halten sich für ungerecht behandelt. Die Blütenenergie versöhnt und erweicht unnachgiebige, nachtragende Persönlichkeiten.

Die Schrumpfniere spricht gut auf gelbes Licht an, über das Nabelchakra vermittelt.

Die chronisch kranke Niere freut sich auch über zeitweilige warme Wickel (40°C), die man ihr für 10 Minuten angedeihen läßt. Dies fördert auch den Abgang von Nierensteinen.

Die Aktivierung des Akupressurpunktes Niere 2 für 3 Min. verhilft der zirrhotisch veränderten Niere zur besseren Aktivität des noch gesunden Nierengewebes.

Reiki lindert die Schmerzen der akuten Nierenentzündung.

Die Magnetfeldtherapie unterstützt auf alle Fälle die arzneiliche Behandlung im Falle von Nierenzirrhose und Nierensteinen. Hier kann man sehr bald Erfolge sehen.

Auch die Möglichkeiten der Akupunktur sollen hier lobend erwähnt werden. Auf diesem Wege ist es durchaus möglich, den Nierenstein zu lösen.

Ähnlich kann auch die Neuraltherapie über die entsprechenden Schmerzpunkte im Falle einer Nierensteinkolik das Geschehen kontrollieren und sogar aufgrund der erwirkten Krampflösung den Stein abtreiben.

Coenzyme (Heel) unterstützt die enzymatischen Bemühungen des verbleibenden Nierengewebes bei der Schrumpfung. Man gibt 2mal wöchentlich 1/2 Ampulle.

Noch ein Tip: Reichliche Bewegung unterstützt den Abgang von Nierensteinen.

Harnblase

Die **Entzündung der Harnblase (Zystitis)** ist ein häufiges Leiden vornehmlich jüngerer und weiblicher Hunde. Gerade das weibliche Tier ist aufgrund seiner kurzen Harnröhre prädestiniert für aufsteigende Infekte und Entzündungen aus der Scheide oder seitens der Gebärmutter. Ist die Harnröhre mit erkrankt, spricht man von einer Urhethritis. Die Erkrankung kann aber auch von den Nieren absteigend ihren Verlauf nehmen oder in bestimmten Fällen von der Blutbahn ausgehen.

Die akute Zystitis äußert sich ganz typisch mit eingeschränktem oder gänzlich ausbleibendem Harnabsatz, der nur noch tropfenweise und unter großen Schmerzen vor sich geht. Während sich also die Harnmenge drastisch verringert, versucht unser Patient immer öfter und unter Zwang, sich zu entleeren. Die Tiere leiden offensichtlich sehr stark und verkriechen sich unter zunehmender Unruhe in einem Winkel, wo sie Ruhe und Linderung erhoffen. Fieber und vorübergehende Freßunlust stellen sich ein: die Bauchdecke ist teilweise schmerzhaft gespannt.

Als Verursacher kommen in erster Linie Erkältungen in Frage, aber auch damit ausgelöste Infektionen und Blasensteine.

Nach überstandener Akutphase schließt sich nicht selten die chronische Zystitis an. Diese verläuft schleichend, ohne deutlich erkennbare Zeichen, abgesehen von einem zeitweiligen akuten Aufflackern des Prozesses.

Eine im Labor vorgenommene Harnuntersuchung differenziert nach dem jeweiligen Befund den Status praesens des Geschehens. So findet man im Harn dann alle möglichen Beimengungen wie Leukozyten, Schleimhautzellen, Epithelzylinder, Zylinder, Blut oder Eiweiß usw.

Die **therapeutischen Maßnahmen** orientieren sich an der Aktualität des Geschehens:

Die akute Entzündung erfordert Maßnahmen, die vornehmlich auf die Blase beruhigend wirken. Dazu gehört auch eine Reduktion der zugeführten Flüssigkeitsmenge, um die Blase etwas zu entlasten, und weiter das Vermeiden aller Kältefaktoren.

- Bestimmte pflanzliche Drogen wirken hier krampflösend und beruhigend, so etwa das Khella- (Zahnstocher-) Kraut, das Bruchkraut und die Säge- (Zwerg-) palme (jeweils als Dekokt oder Tropfen).
- Die Kamille, das Seifenkraut und die Wacholderbeeren wirken nicht nur beruhigend, sondern zugleich desinfizierend.
- Ein gutes pflanzliches »Antibiotikum« für Harnwegsinfekte ist die Kapuzinerkresse, die in Tropfen- oder Kapselform erhältlich ist.
- Für die Aromatherapie empfehlen sich die ätherischen Öle von Latschenkiefer und Wacholder.

Mit der Homöopathie hat man eine akute Zystitis bald im Griff:
- Aconitum D 30: Der Sturmhut heilt alles im Sturm Entstandene, so auch eine Blasenentzündung aufgrund einer Erkältung im kalten Wind.
- Belladonna D 30: Das klassische Entzündungsmittel für eher schwerfällige Patienten, die zwar unruhig, aber nicht so ängstlich wie im Aconit-Zustand sind. Der Harn wird zumeist gußartig abgesetzt.
- Cantharis D 6 ist das bewährte Mittel bei schmerzhafter Zystitis mit Harnverhalten, Blasenzwang und Brennen in Blase und Harnröhre. Der tropfenweise abgesetzte Harn kann auch etwas Blut enthalten.
- Capsicum D 6: Vom Schmerz her eine weitere Steigerung von Cantharis. Auch nach dem Harnabsatz wird der Patient noch vom Schmerz gepeinigt; Rüden schlecken ständig an der hochrot entzündeten Penisspitze.
- Dulcamara D 6: Das Bittersüß wächst gerne auf nassem Grund. So heilt es auch Zustände, die aufgrund nasser Kälte entstanden sind. Ein einmal kräftig durchnäßter Hund kann über Jahre ein Blasenleiden (Reizblase) mit sich herumschleppen.
- Sabina D 4: Diese Blasenerkrankung steht im Zusammenhang mit einer vorangegangenen schweren Geburt der Hündin, einer Gebärmutterinfektion oder einer Prostataentzündung des Rüden. Der Harn wird unter starkem Krümmen des Rückens tropfenweise abgesetzt.
- Mercurius solubilis D 12 erfaßt Erkrankungen der Blase und der Harnröhre, die bereits blutig, eitrig und vornehmlich nachts schmerzhaft sind. Unser Patient ist sehr kälteempfindlich.
- Lycopodium D 30: Im Sinne der harnsauren Diathese neigt dieser Hund grundsätzlich zu akuten und chronischen Entzündungen der Harnwege. Mit Erscheinen von Harngrieß oder -steinen zeigt sich der Harn auch rot und dunkel. Aufgrund bestehender Blasenschwäche benötigt der Patient längere Zeit zum Harnabsatz und schreit mitunter vor Schmerzen auf.

- Sarsaparilla D 6: Das Entzündungsgeschehen umfaßt nicht nur die Blase, sondern auch andere Bereiche des Harnapparats. Der auffallende Harnzwang ist mit Schmerzen vornehmlich am Ende des Harnabsatzes verbunden. Unser Patient neigt aufgrund der Stoffwechselbelastung zu allen möglichen nässenden Hauterkrankungen.
- Colocynthis D 4: Unter plötzlichem heftigem Zusammenkrümmen wird gußweise Harn abgesetzt. Dieser Harn riecht besonders intensiv und ist etwas fadenziehend.

Die Bach-Blütenessenzen bereiten mit Holly die Versöhnung vor und regulieren mit Scleranthus die Unregelmäßigkeiten im Zusammenhang mit dem Harnabsatz.

Rotlichtbestrahlungen im Bereich des Wurzelchakras und in der Blasengegend am Beckeneingang werden als sehr heilsam empfunden.

Warme Leibwickel (40 °C) in der Gegend des Beckeneinganges können 3mal am Tag angelegt werden.

Mit Reiki läßt sich eine überaktive Blase schön beruhigen, wenn man die Hände im Bereich des Wurzelchakras und des Beckens auflegt.

4 Blasenpunkte sind es, die der Akupunkteur nacheinander stimuliert.

Allgemeine Empfehlung: Nur kurze Spaziergänge bei möglichst trockener Witterung unternehmen.

Die **chronische Blasenentzündung** ist im allgemeinen durch eine bakterielle Besiedlung der Blase, Schleimhauthypertrophie und Irritation der Blasenmuskeln gekennzeichnet. Darauf ist bei der Therapie vornehmlich Rücksicht zu nehmen.

Ein einfaches Mittel, um die Keimbesiedlung niedrig zu halten und die Ausschwemmung von Entzündungsprodukten zu fördern, ist die Erhöhung des Flüssigkeitsangebots.
- Zweckmäßigerweise unterstützt man diese Maßnahme mit pflanzlichen Drogen, z. B. in Form von Tees: 20 g Goldrute, 20 g Zinnkraut, 15 g Dornige Hauhechel, 15 g Große Brennessel und 10 g Heidekraut. Diese Mischung wirkt ausschwemmend und desinfizierend.

Auch der Heidelbeerblättertee wirkt desinfizierend auf die Harnwege des Hundes.

In der Aromatherapie kommen diesbezüglich Zedernholz und Sandelholz zur Anwendung.

Für die Homöopathie stehen folgende Vertreter zur Verfügung:
- Lycopodium D 30: Dieser Arzneityp neigt aufgrund seiner Stoffwechselbelastung ganz allgemein zu ständigen Entzündungen entlang der Harnwege. Beim Harnlassen und danach empfindet das Tier Schmerzen, der Urin ist oft mit rotem Satz durchtränkt.
- Pulsatilla D 12: Der kälteempfindliche Hund reagiert immer wieder mit Blasenentzündung, sobald er z. B. im kühlen, nassen Gras seine Runden gedreht hat. Auch in diesem Fall kann der Harn mitunter rotbraun verfärbt sein.
- Hepar sulfuris D 12: Der gesamte Harnapparat kann betroffen sein, alles brennt und läßt das Tier ständig nach draußen laufen. Aber gerade in der kühlen frischen Luft verschlimmert sich sein Zustand. Der Harn wird nur zögernd und schmerzhaft abgesetzt. Ein kleiner Rest verbleibt in der Blase und drängt das Tier zu neuen Versuchen, Harn abzusetzen.
- Sulfur D 30: Sehr übelriechender Harn bei einem allgemein ungepflegt und

schlecht riechenden Patienten wird uns möglicherweise zu dieser Arznei führen. Das heftige Brennen entlang der Harnröhre veranlaßt vornehmlich Rüden, ständig an ihrem Penis herumzuschlecken.

- Argentum nitricum D 30: Der ängstliche Patient trippelt den ganzen Tag umher und läßt immer wieder mal Harn, den er unter Schmerzen von sich spritzt.

Auch die Bach-Blüten können im Falle der chronischen Blasenentzündung bzw. der Reizblase eine Umstimmung im seelischen Bereich herbeiführen, was letztlich auf Dauer gesehen unerläßlich ist.

- Crab Apple unterstützt den notwendigen Reinigungsprozeß und hilft der Blase, ihrer Ventilfunktion nachzukommen.
- Larch vermittelt die notwendige Stärke, die die Blase braucht, um innerem und äußerem Druck standzuhalten.
- Walnut eröffnet der chronisch gereizten Blase neue Perspektiven, mittels derer sie festgefahrene Probleme überwinden kann.

Gelbes Licht erreicht über das Wurzelchakra die Blase und vermittelt ihr Ruhe und Geborgenheit.

Ähnliches vermittelt die Akupressur über den Punkt Blase 2 für 3 Min.

Die Musik von Vivaldi stimmt die gereizte Blase ebenfalls versöhnlich.

In hartnäckigen Fällen chronischer Blasenprobleme kann auch die Magnetfeldtherapie Erfolg verschaffen.

Die **Blasenlähmung** ist ein nicht seltenes Phänomen bei Hunden, das sehr lästig werden kann, wenn es sich um einen Stubenhund handelt und dauernd mit »kleinen Bescherungen« gerechnet werden muß. Ursächlich kommen in Frage: Überbeanspruchung der Blasenmuskeln durch zu geringe Möglichkeit, den Hund nach draußen zu führen; aber auch Folgen von Erkrankungen seitens des Zentralnervensystems oder im Anschluß an Schwergeburten oder Operationen.

Je nachdem, welcher der Blasenmuskeln betroffen ist, kommt entweder gar kein Harn (bzw. nur auf Druck von außen) oder nur in großen Abständen oder auch ständig und unfreiwillig.

- Phosphor D 30 unterstützt jene Fälle, wo die Blasenlähmung ihren Beginn im Anschluß an Erkrankungen seitens des Zentralnervensystems nahm. Der Hund verspritzt infolge allgemeiner Unsicherheit und Angst viel Harn.
- Strychninum nitricum D 12 ist eine bewährte Arznei bei Lähmungen, die vom Rückenmark ausgehen. Der Harn wird schubweise und unvermutet abgesetzt.
- Arnica D 6: Infolge eines Unfalls kann es zu einer vorübergehenden Irritation der die Blase versorgenden Nerven kommen.
- Hypericum D 4: Das Johanniskraut unterstützt die Arnika, wenn im Verletzungsfall Nerven gequetscht werden. Lähmungserscheinungen erfassen oft noch andere Bereiche im Becken (z. B. Mastdarm).
- Gelsemium D 200: Diese Blasenlähmung steht im Zusammenhang mit schweren Infektionskrankheiten, wie z.B. Staupe oder Leptospirose. Auch in Verbindung mit einer überstandenen Schwergeburt kann der gesamte Beckenraum in Mitleidenschaft gezogen sein.
- Petroselinum D 6: Die sich in ständiger Erregung befindliche Blase erschlafft in

der Folge aufgrund Überreizung und zwingt den Patienten nach anfänglicher Harnverhaltung zum unvermittelten Harnabsatz.

Mit Hilfe der Akupressur stimuliert man den Punkt Blase 2 für 3 Minuten.

Die Blasenlähmung infolge einer Rückenmarkserkrankung spricht gut auf Reiki an, entlang der Wirbelsäule angewandt.

Lähmungen, die vom Gehirn ausgehen, sprechen gut auf die Musik von J. S. BACH oder BOB DYLAN an.

Dasselbe gilt für die Magnetfeldtherapie.

Auch die Akupunktur unterscheidet in ihrem Ansatz zwischen Lähmungen rein organischer Natur und solchen, die vom Gehirn oder Rückenmark ihren Ausgang nehmen.

Blasengrieß und **Blasensteine** sind bestimmten Hunderassen vorbehalten, die grundsätzlich unter einer Schwäche des intrazellulären Stoffwechsels leiden. Es sind dies zumeist Pudel, Boxer, Spitze, Schnauzer, Terrier, Dalmatiner, Pekinesen, Berner Sennenhunde, Dachsbracken.

Verschiedene Kalzium-, Magnesium- oder Phosphat-Kristalle gehen durch Überschuß nicht mehr in Lösung und beginnen auszukristallisieren. Im übersättigten Milieu wachsen allmählich Steine heran, die in der Blase zu mächtiger Größe anschwellen können. Die ständige Reizung der Schleimhaut löst eine chronische Zystitis aus.

Im schlimmsten Fall wandert der Stein in die Harnröhre und bleibt dort stecken, was allerdings aufgrund der anatomischen Besonderheiten nur beim männlichen Tier beobachtet wird. Der Stein in der Harnröhre stellt ein sehr ernst zu nehmendes Problem dar, weil er hier einen schmerzhaften Krampf auslöst und dann erst recht festsitzt. Die folgenden Koliken setzen dem Tier aufs heftigste zu. Der Harn staut sich zurück in die Blase und kann im Extremfall zu deren Zerreißen führen.

- Zuverlässig krampflösend wirkt zunächst der Färber-Krapp, mehrmals täglich eine Tablette gegeben.
- Aufgrund seiner hervorragenden diuretischen Wirkung löst der pulverisierte Wurzelstock vom Indianerhanf (Kanadischer Hanf) bereits beginnende Steinbildungen auf und kann diesbezüglich prophylaktisch in einer Menge von 3 bis 5 g täglich verabreicht werden.
- Um den Stein kurzfristig aufzulösen, mag es reichen, die beiden Schüßlerschen Mineralsalze Calcium phosphoricum D 6 und Natrium sulfuricum D 6 im stündlichen Wechsel zu geben.
- Die 3 homöopathischen Mittel Rubia tinctorum D 1, Berberis D 4 und Cantharis D 6 ermöglichen, zusammen gegeben, in der Funktion eines »homöopathischen Katheters« ebenfalls das Freiwerden der verlegten Harnröhre.

Ist es binnen 2 Tagen gelungen, das Tier von seinem Übel *ohne* Operation zu befreien, gilt es künftig, die Steinbildung zu verhindern, also die eigentliche Stoffwechselstörung zu beheben.

Dazu setzen wir die entsprechenden Konstitutionsmittel ein: Lycopodium D 30, Magnesium sulfuricum D 30 und Sulfur D 30 1 mal wöchentlich.

- Dazwischen erleichtert Berberis D 4, für 2 bis 3 Wochen gegeben, die Entschlackung.
- Seitens der Ernährung reduzieren wir die Fleischmenge zu Gunsten milchsaurer Produkte, die man mit allen

möglichen Getreidesorten vermengt anbieten kann. Man erhält so einen recht sauren Harn, der die Steinbildung verhindert.
- Gemütszustände, die zur Steinbildung führen, werden durch die Bach-Blüten Rock Water und Willow harmonisiert. Walnut kann beim Loslassen des Steines behilflich sein.
- Die rechtzeitig eingeleitete Magnetfeldtherapie kann so manchen Stein zerkleinern und so der Ausschwemmung zugänglich machen.
- 1/2 Ampulle Ubichinon, täglich gegeben, unterstützt die Bemühungen, den Stein spontan aufzulösen. 1mal wöchentlich verabreicht, kann es die Neubildung verhindern.
- Rotlicht-Bestrahlungen mehrmals tgl. am Wurzel- und Nabelchakra bringen zusätzlich den Stein »ins Rollen«.

Die männlichen Geschlechtsorgane

Die Symbolik

Mit der Höherentwicklung der Arten differenzierten sich auch die Geschlechtsorgane immer mehr; nur so war die Entstehung der Artenvielfalt überhaupt möglich. Der ursprünglich androgyne (geschlechtslose) Zustand wurde von immer komplizierteren Formen abgelöst. Auch der Mensch war ursprünglich ein androgynes Wesen; erst mit der Polarisierung der Gegensätze erfolgte die Trennung in einen männlichen und einen weiblichen Pol. Die Geschlechtertrennung war eine der möglichen Formen zur Arterhaltung.

In der Gebärmutterhöhle der Hündin differenzieren sich die Geschlechter um den 5. Trächtigkeitstag – bis dahin ist noch beides möglich. Bleibt die Entscheidung mal aus, entstehen zweigeschlechtliche Nachkommen, sogenannte Zwitter, die oft gar nicht lebensfähig sind. Diese Zwitterbildung »passiert« beim Hund jedoch – im Gegensatz zum Schwein etwa – eher selten.

Die Erhaltung der Art erfordert einen ganz bestimmten Mechanismus, der innerhalb der Art nach immer denselben Mustern abläuft. Die Werbung des Männchens um das Weibchen, das Liebesspiel, das gerade beim Hund sehr stark von Düften geprägt wird, die Vereinigung, der Liebesakt – all das stellt zugleich ein gewaltiges Spannungsfeld dar, einen Austausch von Energien, die kaum in einer anderen Lebenssituation so produktiv frei werden wie anläßlich dieser Zeremonie.

Gerade bei den Hunden ist die Sexualität sehr triebhaft ausgeprägt, wie überhaupt dieser Schöpfungsakt um so intensiver gelebt wird, je höher das Bewußtsein einer Tierart ist. Zwei Maikäfer etwa erleben bei weitem nicht dieses Lustempfinden, fehlen ihnen doch hierfür notwendige neurohormonale Reflexbahnen.

Die sexuelle Vereinigung zwischen der läufigen, »hitzigen« Hündin und dem erregten, »geifernden« Rüden ist jedoch mehr als die »innere Befolgung« eines Triebes. Da spielen schon Sympathie und Bereitwilligkeit mit hinein, wenn auch die strenge Bewußtheit der Konsequenz unerkannt bleibt. Ein durchaus ästhetischer Akt des einander akzeptierenden Hundepärchens ohne absolut monogame Prämisse – darf doch die Hündin während der Läufigkeit von mehreren Rüden beglückt werden.

Nach gelungener Empfängnis behütet

die Gebärmutter ihre heranreifenden Früchte; jetzt will die Hündin von werbenden Rüden nichts mehr wissen.

Der geistige Aspekt

Erkrankungen im Genitalbereich sind mit »inneren Verletzungen« gleichzusetzen, also Folgen einer völlig falsch verstandenen Hundehaltung. Das bißchen Triebleben, das dem Hund noch verblieben ist, wird vom Menschen geprägt und genormt; ganz zu schweigen von den vielen exzessiven züchterischen Maßnahmen, die der Hundepopulation insgesamt gesehen mehr geschadet als genützt haben.

Das Intimleben des einst so freien Hundes wurde auf kurze, streßbeladene Begegnungen im Park oder auf der Straße reduziert. Wenn es die Zuchtvorschriften erlauben, werden Paare »zusammengeführt«, so wie früher junge Menschen zwangsweise verheiratet wurden. Die Folgen sind Zuchtdepressionen und Neurosen, weil wichtige Aspekte der Biologie, wie z.B. die freie Partnerwahl und somit die natürliche Auslese, dabei übersehen werden.

Immer wieder hat sich gezeigt, daß gerade Nachkommen aus einer Zufallspaarung – also Mischlinge (»Bastarde«, welch ein Wort!) – wesentlich robuster und auch belastbarer sind als hochstilisierte Reinzüchtungen. Der berühmte »Pinschpudeldackel« ist zudem im allgemeinen wesensfester und instinktsicherer.

Das auf Umweltreize und psychogene Spannungen hochempfindlich reagierende Samenpotential weist deshalb auch erhebliche Qualitätsschwankungen auf. Degenerationen oder gar bösartige Tumoren in der Gegend der Hoden und Nebenhoden sind Endprodukte einer stark neurotischen Belastung; vornehmlich dann, wenn das Tier seine diesbezüglichen Bedürfnisse auf einen total unverständigen menschlichen Partner ausrichten muß.

Die ständige Frustration der fehlenden sexuellen Erfüllung wird in Zukunft ein Hauptproblem der Hundehaltung werden.

Die Krankheitsbilder

Hoden

Die beiden Hoden werden vom Hodensack (Skrotum) umhüllt. So übt dieser hauptsächlich eine Schutzfunktion aus und ist derart konzipiert, daß er diesen Bereich um 1 bis 2 °C unter der üblichen Körpertemperatur hält. Aufgrund dieses »Kühlschrankeffekts« sind die Samenzellen im Nebenhoden und Samenleiter länger »lagerfähig«.

Eine sehr unangenehme Erscheinung an dieser Stelle ist das **Hodensackekzem**. Unter ungünstigen Umweltbedingungen, wie z.B. feuchte Kälte, verwandeln sich harmlose Hautsaprophyten in aggressive Parasiten und provozieren ein hartnäckiges nässendes Ekzem. Das Skrotum ist dabei stark gerötet, entzündlich verändert und sehr schmerzhaft. So ist es fast unmöglich, den Hund genauer zu untersuchen, weil er sich dagegen vehement wehrt.

Die betroffene Haut zeigt akneähnliche Effloreszenzen, die teilweise auch eitrig werden können. Aufgrund der starken Schmerzen bewegt sich der Patient nur sehr ungern, legt sich bevorzugt auf kühle Stellen und leckt viel an seiner Entzündung herum.

Therapie
Vorsichtig sollte die entzündete Skrotalhaut 2- bis 3mal täglich mit verdünnter Echinacea-Tinktur (1:5) bepinselt werden. 2mal täglich gibt man Rhus toxicodendron D 12 oder Croton tiglium D 12 und bestrahlt 3mal täglich örtlich mit Blaulicht.

Eine ganz andere Ätiologie, wenn auch auf den ersten Blick ähnliche Erscheinungen, weist die **Hodenentzündung (Orchitis)** auf, die meist mit einer **Nebenhodenentzündung (Epididymitis)** vergesellschaftet ist. Die Auslöser mögen Erkältungen oder Verletzungen nach Raufereien oder Infektionen sein. Der oder die Hoden sind äußerst schmerzhaft prall gespannt, vergrößert und sehr warm.

Das Skrotum selbst ist nicht verändert, so daß auch das oben beschriebene Lecken wegfällt. Schon bei der Betrachtung fällt auf, daß der oder die Hoden voluminöser herunterhängen. Wiederum vermeidet der Patient Bewegung, wirkt im Stehen und Gehen breitbeinig und steif, was eine Lähmung vortäuschen kann. Fieber und vorübergehende Appetitminderung stehen am Anfang des Geschehens. Je länger das Leiden dauert, desto untypischer sind die Anzeichen und täuschen einen Hodentumor vor.

Therapie
Äußerlich versucht man kalte Umschläge mit Hamamelis-Tinktur (1:3 verdünnt), um die akute Entzündung zu beruhigen.
- Arnica D 6, bis zu 6mal täglich, hilft, die akute Schwellung im Anschluß an ein Trauma zu besänftigen und die Schmerzen zu lindern.
- Latrodectus mactans D 30 1 mal tgl. kommt bei unspezifischer Hodenentzündung zum Einsatz.
- Kreosotum D 6 hilft im Falle einer Infektion mit Tendenz zur Geschwürbildung.

Reiki kann in jedem Fall eine Besserung bringen.

Eine derbe, schmerzlose Schwellung kann auf einen **Hodentumor** hinweisen, der i. a. erst im fortgeschrittenen Alter auftritt. Klinische Erscheinungen fehlen zumeist, aufgrund der Hormonumstellung sieht man jedoch an verschiedenen Körperstellen (hauptsächlich in der Lendengegend) symptomlosen Haarausfall (Alopezie), Verfettung und Anschwellen der Brustdrüsen (Gynäkomastie). Mitunter bricht der Tumor geschwürig auf, es entstehen exzessive Wucherungen und Blutungen.

Die Geschwulst scheint den Patienten zunächst nicht zu beunruhigen; erst im fortgeschrittenen Stadium behindert die Gewebswucherung bzw. der geschwürige Zerfall bestimmte Haltungspositionen, die Tiere lecken viel an den offenen Stellen. Der Appetit ist lange unverändert. Die Wesensveränderung im Sinne einer Feminisierung kann für den Hund Probleme mit männlichen oder auch weiblichen Artgenossen schaffen – er wird für sie zur »Unperson«.

Therapie
Man gibt Zincum metallicum D 12 (1mal täglich) und Hypophysis-Organpräparat (1mal wöchentlich 1/2 Ampulle). Wichtig: 3 mal tgl. 1 EL Terrakraft. Dazu sollte der betroffene Hoden 2mal täglich für jeweils 15 Minuten mit violettem Licht bestrahlt werden. Günstige Heilungsaussichten schafft zudem die Magnetfeldtherapie.

Bis zur 8. Lebenswoche sollten beide

Hoden aus der Bauchhöhle zu ihren angestammten Plätzen in den Hodensack hinabgestiegen sein. Genetische Defekte am 21. Chromosomenpaar in Verbindung mit ungünstigen Umweltbedingungen, wie Zwingerhaltung des Vatertieres oder Triebunterdrückung des Muttertieres, extreme Temperaturunterschiede u. a. können diesen **Hodenabstieg** verhindern oder zumindest verzögern.

Es ist sogar möglich, daß der bereits im Absteigen begriffene Hoden zeitweilig wieder in die Bauchhöhle zurückgleitet **(Pendelhoden)** oder überhaupt irgendwo in der Bauchhöhle verharrt. In letzterem Fall bleibt er meist kleiner, unfruchtbar und kann im fortgeschrittenen Alter eventuell Probleme hinsichtlich einer tumorösen Degeneration machen (etwa 4% der betroffenen Hunde). Diese Anomalien werden als vollständiger oder unvollständiger, ein- oder beidseitiger **Kryptorchismus** (»im Verborgenen verbliebener Hoden«) definiert. Manchmal bleibt ein Hoden im Leistenspalt stecken, dann ist er gerade noch tastbar, andernfalls ist nur ein Hoden zu spüren.

Therapie
Nach einer Gabe von Barium carbonicum D 200 zu Beginn setzen wir die Behandlung fort mit einer Bach-Blütenkombination aus Chestnut Bud und Scleranthus. Die Barium-Gabe wird alle 4 Wochen wiederholt. Dazu gesellt sich Magnesium carbonicum D 30 jeden 2. Tag. 2 mal wöchentlich geben wir das potenzierte Organpräparat Hypophysis. Diese Informationen verhelfen dem heranwachsenden Hund auch zur Organreife und stabilisieren ungeordnete Bildekräfte in der Formationsphase des Körpers.

Blaues Licht über dem Wurzelchakra verbindet den sich entwickelnden Energiekörper mit den Bildekräften der Erde und unterstützt so die Ausbildung der Fortpflanzungsorgane.

Geschlechtstrieb

Störungen des Geschlechtstriebes haben vielfältige Hintergründe und können auf Anhieb nicht immer erklärt werden. Zu verflochten und unüberschaubar ziehen sich störende Energiefelder durch die Hundewelt, wo Streß, Frustration, Langeweile oder Ängste die Hauptrolle spielen.

Hypersexualität fällt eindeutig durch gesteigerte geschlechtliche Aktivitäten auf, beim Rüden gesellen sich nicht selten aggressive Anfälle mit epileptiformen Bildern hinzu.

Therapie
Platinum D 200, für beide Geschlechter 1mal wöchentlich, und zusätzlich erhalten Rüden Staphisagria D 200 1mal monatlich, Hündinnen Lachesis D 200 1mal monatlich. Die Bach-Blüte Vervain kann das übereifrige Gemüt auf eine ausgeglichene Ebene reduzieren.

Mangelnde Libido, die fehlende Decklust, ist ein Phänomen, das oft mit schweren psychischen Belastungen gekoppelt ist.

Therapie
Paris quadrifolia D 30, 1mal tägl. für die Hündin, Erigeron canadensis D 12, 2mal tägl. für den Rüden. Die Bach-Blüte Cerato reguliert auf der Gefühlsebene Bedürfnisse, die möglicherweise vorhanden, aber unterdrückt sind. Der Aufenthalt in einem Raum, der mit orangefarbenem Licht durchflutet wird, kann sich auf die »Liebenden« sehr förderlich auswirken.

Penis

Der Penis (die Rute) des Rüden stellt das eigentliche Begattungsorgan dar und dient der Samenübertragung in die Scheide. Geschützt liegt er in der Vorhaut (dem Präputium) und beherbergt die Harnröhre, die Ausführungsgang für den Harn *und* das Sperma (die Samenflüssigkeit) ist.

Erkrankungen im Bereich des Penis gehen oftmals von der Harnröhre oder der Vorhaut aus. Im besonderen ist der **Venerische Tumor (Sticker-Sarkom)** zu nennen. Seine Ursprünge finden sich in den wärmeren Gegenden der Erde, wo die hygienischen Bedingungen auch für Hunde mitunter katastrophal sind. Der weltumspannende Tourismusstrom ermöglichte eine Einschleppung dieser Erkrankung nach Mitteleuropa.

Konkret handelt es sich dabei um eine maskierte Geschlechtskrankheit mit meist völlig verschiedenem Aussehen, wobei die Erscheinungen an den verschiedensten Körperteilen auftreten. Überträger dieser Seuche ist ein Virus, das in der Erbsubstanz der Schleimhautzellen des Penis, der Vorhaut, aber auch der Scheide und Schamlippen parasitiert. Dort kann es jahrelang symptomlos verharren und erst in Zeiten beharrlicher Immundefizienz, verbunden mit häufigem Geschlechtsverkehr mit vielen Partnern, die Barriere durchbrechen.

Klinisch inapparente bakterielle Vorhaut- oder Scheidenkatarrhe, energiearme Fütterung und das Fehlen jeglicher körperlicher und seelischer Hygiene »erwecken« das Virus, das sich nun quasi im Schutz der Dunkelheit ausbreitet. Die durch das Virus hervorgerufenen Veränderungen – zumeist stark blutend und geschwürig zerfallend – dringen von den inneren Bereichen des Genitaltraktes nach außen vor, so daß sie erst relativ spät sichtbar werden. Der Hund zeigt lange Zeit keinerlei Beschwerden und erst der Anblick des veränderten, ausgeschachteten Penis, des hervorquellenden Tumors aus der Scheide erschreckt den aufmerksamen Besitzer.

Die Übertragung der Krankheit erfolgt im Zellpaket, d.h., das Virus wird samt der es tragenden Schleimhautzelle dem Empfängertier »angeheftet«.

Beim Liebesakt ist der Kontakt am innigsten, und so sind auch andere Körperstellen, die winzigste Veränderungen aufweisen, Infektionspforten. Geschwüre, Granulome oder Lymphome erscheinen somit auch an den Genitalien entfernten Körperteilen und werden irrtümlicherweise nicht mit dem Sticker-Sarkom in ursächlichen Zusammenhang gebracht.

Therapie

Die äußerliche Behandlung besteht in mehrmaligen Bepinselungen mit Hamamelis-Tinktur (1:3 verdünnt).

Coffea tosta D 2 verändert die Bedingungen in den befallenen Zellen derart, daß die Viren in ihrer Reproduktion vollkommen gestört werden. Die Arznei soll 4mal täglich gegeben werden. Dazu geben wir unbedingt Interferon D 30 und Carcinominum D 30 jeden 2. Tag.

Citrokehl, 3mal wöchentlich 1/2 Ampulle, unterstützt den Regenerationsvorgang der geschädigten Zellen und unterbindet die chronischen Sickerblutungen. Zusätzlich empfiehlt sich die Anwendung der Magnetfeldtherapie.

Vor allem Stadthunde mit häufigem Kontakt zu »Allgemeinplätzen« weisen Anzeichen eines **chronischen Vorhautkatarrhs (Posthitis)** auf. Bereits im jugendlichen Alter beginnt dieses hartnäckige Leiden, das zwar ohne besondere Beschwerden, aber dafür um so unappetitlicher für den Hundehalter abläuft. Überall, wo der Hund liegt, tropft etwas gelbliches bis grünes Sekret aus der Vorhaut und hinterläßt bleibende Flecken. Manchmal verkleben sogar die Haare an der Penisspitze, so daß der Rüde den Penis nicht mehr ausschachten kann. In diesem Fall müssen die Haare weggeschnitten werden.

Gerade das feuchtwarme Klima innerhalb der Vorhaut ermöglicht bestimmten Keimen ein standhaftes Dasein, so daß sich der Katarrh ziemlich therapieresistent zeigt. Nicht selten ist auch der vordere Teil der Harnröhre mit erkrankt.

Therapie
Die täglichen körperwarmen Spülungen mit Echinacea-Tinktur (1:5 verdünnt) sind unerläßlich.

Die homöopathischen Arzneien wählen wir nach der Beschaffenheit des Ausflusses aus:
- Pulsatilla D 12: Ein grünlicher, milder Ausfluß verschmiert die Vorhautöffnung.
- Hepar sulfuris D 12: Der Ausfluß ist grau-gelb, beißend und scharf, so daß die Penisspitze Erosionen aufweisen kann.

Örtliche Bestrahlungen mit Orangelicht beschleunigen den Reinigungsprozeß. Die tägliche Begasung der Vorhauthöhle mit einem Ozon-Sauerstoff-Gemisch kann mitunter von Vorteil sein.

Vorsteherdrüse

Ihre volle Beweglichkeit und Eigenständigkeit erhalten die Samenzellen während der Ejakulation durch das Sekret der Vorsteherdrüse (Prostata). Diese nur dem männlichen Tier eigene Drüse umschließt den Beginn der Harnröhre und symbolisiert männliche Kompetenz, das aktive Potential, Nachkommenschaft zu zeugen. Störungen, Behinderungen seitens der menschlichen Umgebung, sexuelle Ängste und Neurosen sind die Wegbereiter für **Prostataerkrankungen**. Dazu zählen Prostataentzündung (Prostatitis), Prostatahypertrophie, Prostataadenom und Prostatazysten.

Auch für den Fachmann ist es nicht leicht, die einzelnen Krankheitsbilder auseinanderzuhalten. Verdächtig für Prostataerkrankungen sind
- immer wiederkehrende oder zunehmende Stuhlabsatzbeschwerden (»Bleistiftstühle«) mit Schmerzen;
- unabhängig vom Urinieren kommen zeitweise Blut und Eiter aus der Harnröhre;
- sexuelle Erregung bereitet dem Tier Unbehagen, der Deckakt erscheint manchmal unmöglich; Unfruchtbarkeit stellt sich ein;
- in Akutphasen der Prostatitis und beim Abszeß tritt Fieber auf;
- der Gang ist steif, die Rute wird etwas abstehend getragen.

Das KHB wird oft mit Verdauungsbeschwerden verwechselt und bagatellisiert. So müssen viele Patienten jahrelang leiden, weil zwischendurch schmerzarme Phasen über die Ernsthaftigkeit des Prozesses hinwegtäuschen.

Therapie
Die Homöopathie steht hier im Vordergrund:
- Aristolochia D 4 ist ein gutes Mittel bei Prostatitis.
- Staphisagria D 30 setzen wir bei der Hypertrophie ein.

- Calcium fluoratum D 30 ist das Mittel beim Adenom.
- Streptokokken-Nosode, jeden 2. Tag, und Echinacea D 4, 3mal täglich, heilen den Abszeß aus.
- Apis D 4 kommt bei der Prostatazyste zum Einsatz.

Violettes Licht vermittelt über das Wurzelchakra die nötigen Heilströme. Die Prostatahypertrophie läßt sich gut über den Akupressurpunkt Prostata beeinflussen (für 1–2 Min.).

Die weiblichen Geschlechtsorgane

Die Symbolik

In ihnen vollzieht sich der Anstoß und die Entwicklung zu neuem Leben. Das Prinzip der Urmutter birgt die Möglichkeit zur Erhaltung der Art, es symbolisiert das Schutzprinzip für jede Fleischwerdung schlechthin. So erklären sich die inneren Geschlechtsorgane der Hündin als Nährboden für die gesamte canine Nachkommenschaft.

Die Hohlräume des weiblichen Genitaltraktes stellen, genau genommen, einen Gang des Infernos für die bei der Begattung übertragenen männlichen Samenzellen dar. Diese mit nur begrenzten Energien aufgetankten, dafür um so »stürmischeren Verehrer« erreichen, wenn auch nur teilweise, die für sie total unwirtliche Welt der Scheide und erleben hier einen »Säureschock«.

Der Rest setzt beharrlich seinen vorbestimmten Weg in Richtung Gebärmutter fort. Wieder gehen viele Samenzellen zugrunde, andere erreichen nur mit Mühe die Eileiter, wo unter normalen Bedingungen die eigentliche Befruchtung – der Lohn härtester Mühen – stattfindet. In diesem engen Schlauch warten ein paar ovulierte Eizellen, ausgestattet mit einer harten Schale, auf die stärksten der Samenzellen und lassen sich von diesen nur langsam (enzymatisch) »erweichen«.

Erst in der komplizierten Vereinigung wird die ganze Dramatik deutlich, die äußerlich wie ein spielerischer Akt aussieht.

Genetisch vorprogrammiert, beginnt dann die Kernverschmelzung. Nach einem exakten Muster wird neues Leben aufgebaut. Es ist dies die empfindlichste Phase, wenn die Bausteine zusammengefügt werden sollen; ein kleiner Fehler oder »Irrtum« kann bereits Anlaß zu Mißbildungen oder gar frühzeitigem Absterben der Frucht führen.

Während der Rüde den Vorzug genießt, ständig begattungsbereit zu sein, gestattet dies die Hündin nach der biologischen Uhr nur während 2–3 Saisonen pro Jahr, wenn sie brünstig (läufig) ist. Sie läuft dann auch wirklich beharrlich ihrem Glück nach und ist normalerweise zwischen dem 10. und 16. Tag nach Brunstbeginn empfängnisbereit.

Der geistige Aspekt

Das Entstehen neuen Lebens ist an viele Bedingungen geknüpft; das muß so sein, um einer Überbevölkerung vorzubeugen. Doch gerade auf dem Gebiet der Fortpflanzung hat der Mensch das Prinzip der kosmischen Gesetzmäßigkeiten völlig mißverstanden und mit Manipulationen, die man nur mit den Attributen »lächerlich« bis »grausam« klassifizieren kann,

Verstöße mit noch ungeahnten Folgen begangen.

Gerade der Hund, zum »besten Freund« des Menschen avanciert, mußte als Folge dieser zweifelhaften Freundschaft viel menschliches Wunderwerk an genetischer Vergewaltigung über sich ergehen lassen. Was da nicht alles heraus- und weggezüchtet, an- und hinzugezüchtet wurde, um der menschlichen Phantasie Genüge zu leisten: Nackthunde; Hunde, die ein Drittel mehr an Haut besitzen, als sie nötig hätten; Schwanzlose; solche mit so kurzer Schnauze, daß sie lebenslang zu Atembeschwerden verdammt sind usw.

Hundezuchtvereine schreiben exakt Wurfgröße, Geburtsgewicht, Verstümmelungen an Ohren und Schwanz vor, da wird herumgebogen und -geschoben – alles auf Kosten des Hundeglücks. Viele Instinkt- und Charaktermängel des Hundes sind auf solche fanatischen Züchtungsversuche und -korrekturen zurückzuführen. Lebt da nicht die Sehnsucht nach den entzückenden, treuen Promenadenmischungen wieder auf?

Das gewaltsame Eingreifen des Menschen in die Intimsphäre der Tierwelt hat aus vielen Hundepersönlichkeiten seelisch-geistige Krüppel gemacht. Killerhunde, Hündinnen, die ihre Welpen fressen, neurotische Angstbeißer u. dgl. sind die Folgen davon. Auch die »glorreiche« Erfindung der Läufigkeitsspritze und der Pille für Hunde hat viel Elend über die Hundedamen gebracht. Sterilitäten, Mammatumore und eitrige Gebärmutterentzündungen (Pyometra) sind nur einige der zu erwähnenden Früchte dieser »gut gemeinten« Eingriffe.

Die Natur kennt im Grunde keine Abtreibung oder Läufigkeitsunterdrückung; weder in der Phytotherapie noch in der Homöopathie gibt es ein Mittel *gegen* Fruchtbarkeit. Die einzige zulässige Behinderung eines Begattungsvorganges ist die Verhinderung durch Ablenkung und Fernhaltung von Rüden.

Um wieder »auf den Hund« zu kommen, sollten wir hinabsteigen zu ihm, dem treuen Weggefährten, ihn auf all seinen Persönlichkeitsebenen neuerlich begreifen lernen und so erfahren, was er uns wirklich zu geben imstande ist.

Die Krankheitsbilder

Äußere Genitalien

Die äußeren Genitalien umfassen Scheide, Scheidenvorhof und Schamlippen. Sie dienen einerseits der geordneten Aufnahme der männlichen Rute, andererseits als Barriere gegenüber äußeren Einflüssen wie Verletzungen oder Infektionen. In die Scheide mündet die kurze Harnröhre, am Boden des Scheidenvorhofs liegt der Kitzler (Klitoris).

Das üblicherweise saure Scheidenmilieu kann unter ungünstigen Bedingungen in den alkalischen Bereich umkippen und begünstigt so die Ansiedlung pathogener Keime. **Entzündungen in der Scheide (Vaginitis)** greifen mitunter auf Harnröhre und Blase über und erfassen zumal auch die Schamlippen (Vulvo-Vaginitis).

Die **Ursachen** für Scheidenentzündungen können sein:
● Deckakt,
● Verletzungen (durch Deckakt oder anderweitig),
● Infektionen (z. B. Viren, Pilze, Trichomonaden),
● übergreifende Blasen- oder Gebärmuttererkrankung,
● zu eiweißreiches, kalorienüberladenes Futter,

- Hormonstörungen (Östrogenüberschuß, Progesteronmangel), Schilddrüsenunterfunktion,
- Erkältungen (Naßwetter, Schwimmen).

Symptome
Der Scheidenkatarrh ist i. a. von Ausfluß verschiedener Beschaffenheit begleitet. Die Hündin leckt häufig an den Schamlippen; im Gegensatz zu Blasen- oder Gebärmuttererkrankungen ist das Allgemeinbefinden nur selten gestört. Ein chronischer Katarrh wirkt empfängnisverhütend, weil die Scheidenflora spermafeindlich reagiert.

Therapie
Mehrmalige körperwarme Spülungen der Scheide mit Echinacea-Tinktur (1:5 verdünnt) sanieren das Scheidenmilieu.
In der Homöopathie findet man folgende Mittel:
- Echinacea D 4 dient als Basisarznei zur allgemeinen Umstimmung der lokalen Abwehrkräfte;
- Natrium muriaticum D 12 macht die Scheide wieder »versöhnlich«.

Die beiden Bach-Blüten Crab Apple und Walnut fördern ebenfalls die Reinigungs- und Umstimmungsprozesse in der Scheidenhöhle.
Noch ein Tip: Vitaminreiche Eiweißreduktionskost verhindert, daß sich die Vaginitis chronisch festsetzt oder wiederkommt.

Gebärmutter

In zunehmendem Maße erkranken Hündinnen, meist unbemerkt, an **Gebärmutterhalskrebs**, ausgelöst durch unkontrollierte Hormonbehandlungen, wie z. B. die Läufigkeitsspritze. Erst im fortgeschrittenen Stadium, in Verbindung mit Sekundärwucherungen in der Bauchhöhle und Bauchfellentzündung, wird das KHB erkannt. Die Naturheilkunde bietet große Chancen, auch diese Krankheit günstig zu beeinflussen (siehe Krebstherapie, Seite 247).

Aufgrund der besonderen Hormonsituation der Hündin – gemeint ist die besonders lange Progesteronphase nach der Brunst – neigt die Gebärmutter häufig zu chronischen und hartnäckigen Erkrankungen, die eine weitere Fortpflanzung unmöglich machen. Die äußerlich erkennbaren Beschwerden treten zumeist einige Wochen nach der letzten Läufigkeit auf und haben ganz unterschiedliche Schwerpunkte:
- mehr oder weniger auffälliger Scheidenausfluß unterschiedlicher Beschaffenheit;
- zunehmender Appetitmangel und Abmagerung;
- Fieberphasen, verbunden mit Bewegungsunlust.
- Zunahme des Flüssigkeitsbedarfs;
- das Fell wird rauh, struppig, glanzlos;
- evtl. Vermehrung des Bauchumfanges;
- allgemeine Hinfälligkeit, Durchfall, Erbrechen;
- Unregelmäßigkeiten bzgl. der folgenden Läufigkeiten fallen auf.

Das Spektrum dieser **Gebärmutterentzündung** reicht von der relativ harmlosen, die Hündin kaum beeinträchtigenden Endometritis bis zur lebensbedrohenden eitrigen Pyometra, die mit auffälligen Symptomen einhergeht und bei unzureichender Behandlung immer wiederkehren kann. Dementsprechend differenziert die Naturheilkunde nach den Erscheinungen und versucht, den gesamten Hormonhaushalt auf Dauer zu stabilisieren.

Therapie
Vom Fachmann durchgeführte Gebärmutterspülungen mit Echinacea-Tinktur (1:5 verdünnt) dienen dem Aufbau der lokalen unspezifischen Abwehrmechanismen. Die Spülungen müssen körperwarm sein.

Die Homöopathie kennt folgende Behandlungsmöglichkeiten:
- Echinacea D 4 ist das Basistherapeutikum für alle Phasen der Endometritis wie auch der Pyometra.
- Belladonna D 30: Die Endometritis erscheint in Verbindung mit einer heftigen Blasenentzündung. Der Scheidenausfluß mag hell, rötlich und spärlich sein. Auf alle Fälle ist die Hündin fiebrig und ängstlich.
- Ferrum phosphoricum D 12 erscheint mit einem weißlich-wäßrigen und scharfen Ausfluß, der die Scheide etwas erröten läßt. Ein gutes Mittel bei Brunststörungen, die auf hormonelle Manipulationen zurückzuführen sind.
- Mercurius solubilis D 12: Der dickweiße, scharfe Ausfluß verklebt die geschwollenen Schamlippen und veranlaßt die Hündin zu reichlichem Lecken in diesem Bereich. Das Allgemeinbefinden ist etwas gestört und zwar insofern, als die Hündin den Leib schmerzhaft aufgezogen hält und mitunter kolikartige Erscheinungen zeigt.
- Hepar sulfuris D 12: Altes, eingetrocknetes Sekret, das wie alter gelber Käse aussieht und auch so riecht, spricht für dieses Mittel. Die fortgeschrittene Endometritis ist zumeist mit einer chronischen Harnwegsinfektion vergesellschaftet bzw. die Folge davon. Die Schamlippen sind spröde und leicht blutend.
- Lachesis D 30: In diesem Fall ist die immer wiederkehrende Gebärmutterentzündung eine Folge der konstitutionellen Schwäche des gesamten Genitalbereichs. Gleichzeitige Entzündungen am Eierstock oder Eileiter sind keine Seltenheit; auch eine vornehmlich linksseitige Eierstockzyste liegt im Bereich des Möglichen. Die Hündin selbst gibt sich recht mißtrauisch, auch ängstlich und mutlos.
- Sepia D 30: Die bereits etwas ältere und desinteressierte Hündin lehnt jeden Annäherungsversuch eines Rüden ab und gibt sich recht launisch. Möglicherweise hat sie schon etliche Würfe hinter sich gebracht und sehnt sich nach Ruhe. Nach Zwangsbelegungen hat sie Fehlgeburten, weil ihr gesamtes Genitale »verbraucht« ist. Die trockene, gerötete Scheide enthält milchig-weißes und scharfes Sekret, das meist gemeinsam mit dem Harnabsatz ausgeschieden wird.
- Pulsatilla D 30: Ein schokoladenbrauner, dicker Ausfluß ergießt sich periodisch aus der Scheide und ist i. a. Zeichen einer Pyometra. Die Hündin wirkt dicklich und träge, geht auch nicht gerne spazieren, obwohl sie frische, kühle Luft mag.

Gerade im zuletzt genannten Stadium der Pyometra sind vorteilhafterweise auch die Mucokehl-Tropfen (Sanum-Kehlbeck) einzusetzen.
Um dem Geschehen rund um die Gebärmuttererkrankungen vorzubeugen, sollte die Hündin bereits im Anschluß an die Läufigkeit 1mal wöchentlich eines der oben angeführten Konstitutionsmittel in der C 30 erhalten, und zwar bis etwa zur 8. Woche danach.
Selbstverständlich sind Hormonbehandlungen nach Möglichkeit zu unterlassen, da sie schwere Eingriffe in die bio-

logischen Gesetzmäßigkeiten auf Generationen hinaus darstellen.
- Die Bach-Blüte Crab Apple unterstützt den Prozeß der Reinigung und Entleerung; Honeysuckle versöhnt das gekränkte Unterbewußte, das mit der äußerlichen Manipulation zusammenhängt.
- Die Bestrahlung des Wurzelchakras mit Orangelicht stellt die unterbrochene Verbindung der Gebärmutter mit der Urmutter Erde allmählich wieder her.
- Warme Leibwickel (40°C), 3mal täglich, fördern die Entleerung des Sekrets und lindern die Entzündung. Sie werden meist als sehr angenehm empfunden.

Zyklus

Störungen im Zyklus der Hündin gehen oftmals auf hormonelle Eingriffe oder psychische Belastungen zurück. Das Abstellen der äußeren Ursachen und die natürliche Geburtenregelung ohne grobe Manipulation sind ein wichtiger Garant dafür, daß diese Hormonstörungen ausbleiben. Zyklusstörungen können sich auf Generationen hinaus auswirken. Gerade hier können die Strömungen und Energien der Natur ausgleichend und korrigierend den Normalzustand wieder herbeiführen.

Ein **unregelmäßiger Zyklus** erfährt eine Korrektur mit Hilfe der beiden homöopathischen Arzneien Pulsatilla D 12 (2mal täglich) und Aristolochia D 3 (3mal täglich). Zweckmäßigerweise verabreicht man beide Mittel die ersten 14 Tage nach Abklingen der Läufigkeit. So induziert man einen Impuls in der Hypophyse, der die nächste Läufigkeit termingerecht auslösen wird.

Die Bach-Blüten Gentian, Cerato und Scleranthus, in einer Mischung über ein paar Wochen gegeben, unterstützen dieses Vorhaben.

Das gleiche Programm gilt natürlich auch für Hündinnen, die überhaupt zu spät mit ihrem Zyklus einsetzen. Die beste Zeit für den Beginn der Steuerung ist wohl das Frühjahr.

Manche Hündinnen verfallen in einen Status der **Dauerläufigkeit**, die evtl. von einem Scheidenausfluß geprägt ist und so manchen Rüden und dessen Besitzer zur Verzweiflung bringt.
- Eine Gabe Platinum D 200 und Aristolochia D 12 bis zum Abklingen der Symptome sind eine hilfreiche Kombination.
- Natürlicherweise unterbrechen die Blütenessenzen von Chestnut Bud und Walnut solche arretierten Hormonstörungen.

Andere Sexualstörungen in diesem Zusammenhang wurden schon beim Rüden besprochen (siehe Seite 185).

Ein Schicksal besonderer Art erleben Hündinnen, die von ihrer eigenen Natur irregeführt werden, im festen Glauben, »Mutterglück« erwarten zu dürfen, und dann zum Geburtstermin leer ausgehen. Die Rede ist von der recht häufig auftretenden **Scheinträchtigkeit**. Dieser mit allen Anzeichen einer echten Schwangerschaft einhergehende Zustand kann von ganz verschiedenen, aber einigermaßen deutlichen Gemütssymptomen begleitet sein und das harmonische Familienleben erheblich in Unordnung bringen.

Symptome: Aufgrund eines von der Hypophyse und folglich auch von den Eierstöcken ausgehenden hormonellen

Ungleichgewichts erfährt die Hündin sowohl körperliche als auch seelische Veränderungen, die allem Anschein nach auf eine Trächtigkeit hinweisen. Etwa vom 40. Tag nach Abklingen der Läufigkeit anfängt die Milchdrüse an zu »sprießen«, die Zitzen wölben sich vor und später beginnt sogar die Scheide anzuschwellen.

Auffallend verändert ist das Benehmen der Hündin: Kurz vor dem vermeintlichen Geburtstermin beginnt sie, Nester zu bauen, schleppt Textilien und Schuhe oder Kinderspielzeug wie etwa Puppen heran und zieht sich immer wieder auf ihr »Geburtslager« zurück. Dieses Verhalten verstärkt sich dann um den Geburtstermin (60. bis 70. Tag) und nimmt zuweilen groteske Formen an. Die Bemutterung der adoptierten Gegenstände kann so echt und stark sein, daß ein Fremder annehmen müßte, das Tier hätte wirklich Junge geworfen.

Einerseits ist so manche Hündin anhänglich und passiv, andererseits schlägt das Gemüt in einen aggressiven und für jeden, der sich ihr nähert, gefährlichen Zustand um. Vielfach sind die Tierhalter ratlos und wissen nicht so recht, wie sie mit der Situation umgehen sollen. Dazu kommt noch, daß sich dieser Zustand nach jeder Läufigkeit wieder einstellen kann.

Therapie
Die einfachste und manchmal vielleicht wirkungsvollste Maßnahme ist, die bereits laktierende Hündin als Amme in der Nähe eines anderen Wurfs einzusetzen. Ist dies nicht möglich, bleibt nur die konsequente liebevolle Ablenkung in Form von ausgedehnten Spaziergängen, Musik und dergleichen wie auch der Besuch bei anderen fremden Menschen.

Um die übereifrige Hündin etwas zu beruhigen, mag fürs erste die mehrmalige Verabreichung von Baldriantropfen oder ein Zitronenmelissetee hilfreich sein.

In der Aromatherapie haben sich zur Harmonisierung des Gemütszustandes das ätherische Öl von Zitronenmelisse und das Rosenöl bewährt. Latschenkieferöl besänftigt das evtl. entzündete Gesäuge.

Die Homöopathie konzentriert sich auf konstitutionelle Gegebenheiten unter Heranziehung der Gemütsveränderungen und stellt in Aussicht, das Hormonsystem so zu regulieren, daß es zu keinen Rezidiven kommt.
- Pulsatilla D 30: Die anschmiegsame, zur Eifersucht neigende Hündin gibt sich gerne mollig und weich, ist schwer aus dem Haus zu bringen und liebt es mäßig warm. Das Gesäuge neigt zur Knotenbildung.
- Ignatia D 30: Ihre extremen Stimmungswechsel machen diese Hündin unberechenbar, sie leidet still dahin und macht einen kläglichen Eindruck. Anfälle von Aggressivität sind keine Seltenheit. Am Höhepunkt der Leiderfahrung im Zuge der kinderlosen Frustration steigert sich die Hündin in eine unerträgliche Hysterie hinein, die von »Klageliedern« begleitet wird.

Entsprechend dem Arzneityp können diese beiden Arzneien zur Vorbeugung 1mal monatlich in der D 200 versucht werden.
- Asa foetida D 6: Leichte Hysterie und Ängstlichkeit sind auch diesem AMB eigen. Die unruhigen, dicklichen Tiere haben viel Milch in ihren Brustdrüsen und mögen es gern, wenn man sie dort massiert. Ein ausgedehnter Spaziergang bessert ihren Zustand.
- Cyclamen D 30 verspricht in jenen Fäl-

len zu helfen, wo das Tier insgesamt in seiner Entwicklung etwas zurückgeblieben wirkt. Oft besteht ausgeprägtes Durstgefühl und Verlangen nach Süßigkeiten.
- Lilium tigrinum D 12: Die schmerzenden Brustdrüsen produzieren nur wenig Milch. Das Tier ist vor allem nachts kaum zu beruhigen; zur Zeit des Vollmonds legt man am besten eine Nachtschicht ein.

Die Bach-Blütenenergien harmonisieren die für alle Beteiligten unangenehmen Gemütserregungen und Spannungen und erleichtern der Hündin den schmerzhaften Verlust und die damit verbundenen Irritationen der Gefühlsebenen: Chicory und Heather modulieren den Liebesverlust, Honeysuckle erleichtert es, die ganze Angelegenheit besser zu verkraften bzw. zu vergessen, ebenso Star of Bethlehem, welches über viele Nöte hinwegtröstet.

Um den Zustand der Scheinträchtigkeit schneller zum Abklingen zu bringen, kann die Akupressur auf den Punkt Eierstock mehrmals täglich für 3 Minuten versucht werden.

Die Übertragung von Reiki in der Gegend des Scheitels kommt einer geistigen Stimulation der zentralen Hormonsteuerung gleich.

Je nach den emotionalen Anzeichen kann Musik die Wesenskraft der Hündin positiv beeinflussen: J.S. BACH beruhigt die gereizte, aggressive Persönlichkeit, die BEATLES vertreiben der traurigen Hündin die trüben Gedanken.

Im Futter sollte der Eiweißanteil reduziert und dafür der Ballaststoffgehalt erhöht werden. Dinkel eignet sich ganz gut hierfür.

Gesäuge

Eine Komplikation, die sowohl im Zuge der Scheinträchtigkeit, aber selbstverständlich auch mal im Anschluß an die normale Geburt auftreten kann, ist die **Brustdrüsenentzündung (Mastitis)**. Örtlich oder über die gesamte Milchleiste ausgedehnt, ist das Gesäuge mehr oder weniger hart geschwollen, höher temperiert und auch gerötet. Die Schmerzhaftigkeit äußert sich bei Berührung, z.B. wenn die Welpen darankommen. So kann es passieren, daß die Mutter die Welpen ablehnt oder gar wegbeißt. Durch kleinste Verletzungen können Infektionen entstehen, die sogar einen Abszeß heraufbeschwören können. In solch schweren Fällen ist auch das Allgemeinbefinden gestört und die Hündin schwer krank.

Therapie

Zwecks Kühlung versucht man bis zu 3mal täglich eine kalte Kompresse mit Essigwasser oder essigsaurer Ton- (Heil-) erde. Bei Abszeßbildung wendet man heiße Kompressen (40 °C) an.

Die Homöopathie empfiehlt:
- Belladonna D 30: Das Gesäuge »steht in Flammen«, ist hochrot entzündet und schmerzhaft.
- Bryonia D 6: Bretthart und dunkelrot präsentiert sich die Hundebrust. Die Patientin mag auf keinen Fall berührt werden.
- Apis D 6: Wie von einer Biene gestochen, läuft die Patientin unruhig hin und her, ihr heißes, gequollenes Gesäuge beleckend. Trotz der aufgewühlten Hitze, in der sie sich befindet, mag sie nichts trinken.
- Lachesis D 30 benötigt die bereits infizierte Brust, die sich allmählich blaurot

verfärbt. Das Tier hat Fieber und wirkt hinfällig.
- Pyrogenium D 30 kommt im Falle der Abszedierung zum Einsatz.
Den Heilungsprozeß unterstützt die gute Echinacea D 4.

Violettlichtbestrahlungen bieten eine gute zusätzliche Möglichkeit, die entzündete Brustdrüse zu beruhigen. Die wohltuenden Ströme von Reiki werden sehr empfohlen.

Rund um die Geburt

Das Ereignis schlechthin ist für die Hündin die Geburt ihrer Nachkommenschaft. Etwas mehr als 2 Monate trägt sie ihre Früchte in sich und bereitet sich gegen Ende der Trächtigkeit mit großem Aufwand auf die Geburt vor. Etwa 2 Wochen zuvor spürt sie ganz deutlich die Bewegungen ihrer Welpen und nimmt geistig Kontakt zu ihnen auf. Ihr Mutterinstinkt nimmt allmählich zu, und zeitgerecht trifft sie Anstalten, das Lager ihrer Niederkunft nach ihren Vorstellungen zu gestalten. Ein kahler, betonierter Zwinger bietet selbstverständlich hierfür die schlechtesten Voraussetzungen.

Der **Nestbau** der Hündin in den letzten Tagen vor dem Ereignis ist ein untrügliches Zeichen dafür, daß die Neugeborenen Nesthocker sind und eine geraume Zeit mit der Mutter verbunden bleiben werden. Darauf sollte man achten, will man der Hündin einen adäquaten Platz zur Verfügung stellen.

48 Stunden vor der Geburt stellt sich der Hormonspiegel radikal um, und die gesamte Beckenregion wird entsprechend vorbereitet. Alles wird weicher und dehnbarer, stärker durchblutet und durchsaftet.

Zunächst unmerklich, später immer deutlicher setzen die Vorwehen ein. Die Welpen nehmen ihre endgültige Geburtslage ein.

24 Stunden vor der Geburt kommt Bewegung in alle körperlichen und seelischen Strukturen der werdenden Mutter; sie beginnt unruhig zu werden und hat zunehmend das Bedürfnis, sich zurückzuziehen. In grauer Vorzeit, als dem Hund noch viele natürliche Feinde nachstellten, mußte die Hündin vornehmlich im Schutz der Dunkelheit einen ruhigen, sicheren Ort aufsuchen, und andere Rudelmitglieder bildeten einen weiten Kreis um sie herum.

Jetzt ist es Zeit, daß sich auch der Mensch diskret zurückzieht und möglichst unbemerkt von Zeit zu Zeit nach dem Rechten sieht. Nur so kann sich der Geburtsvorgang optimal entwickeln.

In den letzten 12 Stunden werden die Wehen allmählich stärker, auch die Unruhe steigt und äußert sich durch Hecheln. Zunehmend in ihrem Nest verharrend, möchte die Hündin nicht mehr durch neugierige Blicke oder vermeintlich gutgemeinte Manipulationen gestört werden, sondern sich nur noch mit dem bevorstehenden Ereignis auseinandersetzen. Viele Geburtskomplikationen treten deshalb auf, wenn der notwendige Abstand nicht gewahrt wird. Nur wenn wir den Verdacht hegen, die Hündin brauche unsere Hilfe oder Trost, werden wir rücksichtsvoll das Notwendige tun.

Die **Wehen** werden jetzt immer stärker und folgen in immer kürzeren Abständen. Die Hündin begibt sich zumeist hechelnd in Seitenlage. Und endlich, unter mehr oder weniger heftigen Preßwehen, wird das erste Hundebaby geboren. Sofort beginnt die Mutter es abzunabeln, leckt es fürsorglich ab und befreit es von Nachgeburtsresten. Diese sind übrigens normalerweise schmierig-dunkelgrün.

Sind mehrere Welpen angesagt, wiederholt sich das Spiel mehrmals, und es ist eine Freude, zu beobachten, wie die Neugeborenen – blind und unbeholfen – sofort den schützenden Bauch der Mutter suchen. Spätestens nach einer Stunde lockt der Hunger die Babys an die nährende Mutterbrust, die schon prall gefüllt auf Abnehmer wartet.

Ist das Muttertier instinktsicher, gibt es keinerlei Komplikationen, und unsere Aufgabe besteht lediglich darin, der Hündin Mut und Vertrauen einzuflößen und ihr die Sicherheit zu geben, daß wir für sie da sind, wenn sie uns braucht. Wir loben sie auch für ihre tolle Leistung.

Instinktschwäche und Verhaltensstörungen können jedoch den Geburtsablauf stören oder verkomplizieren, und erst dann sind wir berechtigt, unterstützende oder korrigierende Maßnahmen zu ergreifen.

Bei Kenntnis offensichtlicher Mängel – das Wesen und den Instinkt betreffend – sowie Erbfehlern empfiehlt es sich, das Muttertier im Sinne der Eugenischen Kur und/oder mit Bach-Blüten vorzubereiten. Dadurch lassen sich, auf lange Sicht gesehen, Erbmasse, Konstitution und Charaktermängel günstig beeinflussen.

Die Konstitution und das Erbmaterial lassen sich wie folgt stabilisieren bzw. verbessern:
- Calcium carbonicum D 200: Jeweils eine Gabe 4 Wochen vor der Geburt und einige Tage später
- Phosphor D 200.

Dazu das individuelle Konstitutionsmittel, 2 Wochen vor der Geburt, in der D 200 (siehe Seite 254).

Die entsprechenden Bach-Blüten können eine gute **Geburtsvorbereitung** sein und eventuelle Charaktermängel noch rechtzeitig beheben:
- Aspen: Ohne äußerlich erkennbare Umstände ist die Hündin ängstlich, mißtrauisch und sehr unsicher.
- Centaury hilft jenen Hundemüttern, von denen wir aus Erfahrung wissen, daß sie sich gegenüber ihren Welpen absolut nicht abgrenzen und durchsetzen können. Sie lassen geduldig alles über sich ergehen, auch wenn sie dabei »draufgehen«.
- Cerato: Für Zustände, die mit ausgesprochener Unsicherheit und Instinktmangel einhergehen; die Hündin sucht ständig bei ihrem Besitzer ängstlich Rat und Hilfe. Gut für so manche Erstgebärende, ebenso wie
- Chestnut Bud: Die Blüte für unterentwickelte, zurückgebliebene Hündinnen, die bereits bei der Geburtsvorbereitung völlig planlos und verunsichert wirken.
- Clematis: Hier stehen grundsätzliche Interesselosigkeit und die Neigung zu Kreislaufschwäche im Vordergrund.
- Elm: Wenn die Hündin auf einmal die Nerven verliert, weil ihr alles über den Kopf wächst.
- Gentian kann während der Geburt nötig sein, wenn sich die Hündin plötzlich aufgibt oder Wehenschwäche einsetzt.
- Impatiens stabilisiert nervöse, ungeduldige Muttertiere, die die Wehen nicht abwarten mögen und ständig umherwandern.
- Mimulus: Wenn plötzlich Angst auftritt; steigert sich diese zur Panik, weil z.B. ein Welpe im Geburtskanal steckengeblieben ist, dann geben wir
- Rock Rose.

- Scleranthus stabilisiert die Wankelmütigen, fördert den regelmäßigen Energiefluß und somit die Wehentätigkeit.
- Walnut erleichtert die Umstellung auf allen physischen und psychischen Ebenen; das Neue kann besser akzeptiert werden.
- Rescue: Die Notfalltropfen können generell bei allen körperlichen oder emotionalen Schwierigkeiten der werdenden Mutter zur Harmonisierung des erschütterten Energiekörpers zu Hilfe genommen werden.

Ist von Haus aus mit **Geburtskomplikationen** zu rechnen, aufgrund der Ereignisse bei einer früheren Geburt etwa, so gibt es ein gutes Homöopathikum, das sich immer wieder bestens bewährt hat: Pulsatilla D 12. 8 Tage vor der Geburt beginnend 2mal täglich gegeben, bereitet es die Geburtswege vor, korrigiert fehlerhafte Stellungen der Früchte und beugt einer Retention der Nachgeburt vor. Außerdem tritt die Küchenschelle mit dem Prinzip der Mütterlichkeit ins Bewußtsein der Hündin und senkt das Aggressionspotential gegenüber der Nachkommenschaft.

Um einer vielleicht schon bekannten Wehenschwäche vorzubeugen, gibt man am Tag der Geburt Caulophyllum D 6. Diese Arznei kann man auch während der Geburt bei einsetzender Wehenschwäche halbstündlich geben. Secale cornutum D 6, ebenfalls halbstündlich, hilft der erschlafften Gebärmutter im Falle eines überreichen Kindersegens.

Cimicifuga D 6 sollte gezielt dann zur Anwendung kommen, wenn die Abstände zwischen den geworfenen Welpen zu lang sind. Im Durchschnitt kommt alle 15 Minuten ein Welpe zur Welt. Dehnen sich die Abstände zwischen den einzelnen Welpen auf etwa 40 Minuten aus, ist

Küchenschelle (Pulsatilla vulgaris)

man berechtigt, therapeutisch einzugreifen.

Verläuft die Geburt erschöpfend, droht dem Tier ein Kreislaufkollaps, helfen wir mit Veratrum album D 4 halbstündlich aus.

Nach einer schweren Geburt, in deren Verlauf es möglicherweise zu leichten Quetschungen des Geburtsweges gekommen ist, lindert Arnica D 6 alles im Zusammenhang mit Schmerzen und Bluterguß; auch der Kreislauf stabilisiert sich dadurch. Hypericum D 4 unterstützt die Arnica, wenn die Geburtswege der Hündin offensichtlich malträtiert wurden und sie dadurch Komplikationen (im Sinne von Nervenquetschungen) im Beckenbereich hat.

Besteht der Verdacht, daß noch Nachgeburtsreste in der Gebärmutter verblieben sind, helfen wir mit Sabina D 6 in 3stündigen Intervallen nach.

Vornehmlich bei unvorbereiteten Erstgebärenden kann mal ein **Milchmangel** auftreten. In diesem Fall haben sich bewährt: 2mal täglich ca. 5 ml Fencheltee und Wacholderholzöl in der Duftlampe.

Die bewährten homöopathischen Arzneien sind:
- Pulsatilla D 12 bei offensichtlich unterentwickelten Hundebrüsten.
- Phytolacca D 4 regt die Milchsekretion bei gut entwickeltem, aber psychisch »gebremstem« Gesäuge an.
- Urtica urens D 30 verhilft dem Gesäuge zu regelmäßigem Milchfluß.
- Lachesis D 30: Im Falle einer infektiösen Gesäugeentzündung reguliert diese Arznei das Entzündungsgeschehen und bringt zur Entlastung des gestauten Drüsenkörpers die Milch wieder zum Fließen.

Die manuelle Massage für 10 Minuten mag beim **Milchstau** einiges zum Fließen bringen. Auch **Reiki** schenkt dem Gesäuge den nötigen Energiefluß.

Über den Akupressurpunkt Eierstock läßt sich gut ein Milchstau beheben, wenn man den Punkt für 3 Minuten stimuliert. Die Akupunktur nennt hierfür Mamma 2. Den Speisezettel der Hündin erweitern wir mit einem reichen Angebot an Milchprodukten aus biologisch geführten Betrieben.

Die Welpen

Das mehr oder weniger grelle Licht der Welt zu erblicken bedeutet für den Neuankömmling zunächst einmal Kälte und Schutzlosigkeit.

Das Geburtserlebnis selbst stellt für das eben geborene Leben sicherlich einen Schock dar, der um so dramatischer ausfällt, je ungemütlicher und liebloser die Umgebung ist. In dieser Situation können viele Fehler gemacht werden, die u. U. bleibende seelische Muster wie Ängstlichkeit, Unsicherheit, mangelndes Selbstvertrauen u. ä. hinterlassen können.

Je sanfter und ruhiger das Ereignis abläuft, um so wesensfester werden die Hündchen einmal sein. Trotzdem ist der ideale Zustand nicht immer zu erreichen, und gerade diese sensiblen Wesen somatisieren dann sehr schnell. Als »**Starthilfe**« genügt oft eine Gabe Calcium carbonicum D 12 innerhalb der ersten Lebenstage; bei Bedarf kann man diese Arznei über mehrere Wochen jeweils einmal pro Woche verabreichen. Somit schafft man optimale Wachstumsbedingungen und macht die Welpen gegenüber Wurmbefall resistent.

Nach einer Schwergeburt sind die Welpen erschöpft und brauchen viel Wärme. Ihr Energiesystem ist noch zu schwach, um selbständig zu funktionieren. In kurzen Abständen gegeben, können hier die Notfalltropfen sogar Leben retten, und anschließend wird eine Blütenmischung aus Gentian, Hornbeam, Olive, Star of Bethlehem und Walnut die erschütterten seelischen und körperlichen Strukturen reharmonisieren und stabilisieren.

Veratrum D 4, halbstündlich gegeben, unterstützt den noch schlaffen Kreislauf.

Rotlicht in einiger Entfernung spendet die notwendige Wärme, die in den ersten Lebensstunden fast noch wichtiger ist als Nahrung. Es symbolisiert zugleich die Aufnahme des Neugeborenen in die irdische Atmosphäre und verbindet es mit den labenden Erdströmen.

Schwachen Neugeborenen kann auch Reiki auf die Sprünge helfen, sich fest zu inkarnieren.

Sollte die Hündin aus irgendeinem Grund zuwenig Milch liefern, müssen die Welpen zusätzlich mit der Flasche ernährt werden. Eine gute **Ergänzung zur Muttermilch** ist folgende Mixtur: Trockenmilchpulver und Fencheltee im Verhältnis 1:10, auf 38°C erwärmt, alle 2 Stunden gegeben.

Der Bewegungsapparat

Die Symbolik

Der Bewegungsapparat umfaßt aktiv und passiv bewegliche Anteile des Körpers und ermöglicht das willkürliche Fortbewegen im Raum. Die meisten Handlungen des Individuums äußern sich in zwei- oder dreidimensionalen Bewegungen, die der Mimik und Gestikulation, dem spontanen Ortswechsel, aber auch dem Angriff oder der Verteidigung dienen.

Die Mobilität der einzelnen Tierarten ist auf ihre jeweiligen Bedürfnisse abgestimmt und hat sich im Laufe der Jahrmillionen den notwendigen Gegebenheiten angepaßt. Der Hund als Jäger erarbeitete sich neben seinem sprichwörtlichen Spürsinn ganz spezielle Bewegungsmechanismen, die ihm neben dem Laufen auch zu Sprüngen und kreisartigen Bewegungen verhelfen. Viele sogenannte »Kunststücke«, die der Hund für den Dressurakt erlernt, sind Herausarbeitungen solcher ursprünglicher Fähigkeiten des Hundes.

Im übertragenen Sinne hat Bewegung natürlich auch etwas mit »Fortschreiten«, also dem Fortschritt an sich zu tun. Es ist das ureigenste Bedürfnis jedes Lebewesens, sich weiterzuentwickeln, um eine höhere Daseinsstufe zu erlangen; ansonsten hätte Evolution überhaupt keinen Sinn.

Aus einem anderen Blickwinkel betrachtet, stellt die Bewegung eine Ausdrucksform der Persönlichkeit dar, die so auf sich aufmerksam macht oder gar in Drohgebärden übergeht. Im Lebensprozeß ist die fortgesetzte Bewegung manchmal die einzige Möglichkeit, sich und die Art fortzubringen.

Letztlich dient die Bewegung der besseren Durchsaftung aller statischen Strukturen und fördert so ganz automatisch den Energiefluß.

Der geistige Aspekt

Ein Individuum, das am eigenen Fortschritt und an seiner persönlichen Weiterentwicklung nicht sonderlich interessiert ist oder von außen daran gehindert wird, muß zwangsläufig eine Bewegungsstörung erfahren. Schwerpunktmäßig erkrankt jener Bereich, der am schwächsten entwickelt oder am stärksten belastet ist.

Ähnlich verhält es sich mit der Haltung einer Persönlichkeit. Die geistige Einstellung (Haltung) eines Menschen bestimmt weitgehend seine Körperhaltung. Der von den Lasten des Alltags gedrückte Mensch nimmt entsprechend eine gebückte Haltung ein.

Und in weiterer Konsequenz reflektiert auch die Tierhaltung das entsprechende Bewußtsein des Tierhalters. Ein großzügiger, weltoffener Mensch gewährt nicht nur sich, sondern auch seinen Tieren jede erdenkliche Freiheit. Umgekehrt beschränkt ein engstirniger Mensch nicht nur sich, sondern auch seine Umgebung. Sein Hund hängt wahrscheinlich an der Kette.

Das fortgeschrittene Alter sollte der einzige Grund im Leben eines Menschen oder Tieres sein, der ihn zu vermehrter Ruhe zwingt. Die Phasen der Regeneration und Erholung der Körperkräfte werden mit höherem Lebensalter immer länger. Alle frühzeitigen Beschwerden der Statik oder Mobilität haben andere Ursachen, auf die wir aufmerksam werden sollten.

Ein ungestümer junger Hund, ein »Hans Dampf in allen Gassen«, der jedem Auto oder Radfahrer nachläuft, ist natürlich in Gefahr, irgendwann von einem Fahrzeug »in die Schranken gewiesen«, also angefahren und verletzt zu werden. Die meisten Hunde werden aufgrund dieser schmerzlichen Erfahrung ihr Leben lang von dieser Unsitte geheilt sein. Und doch gibt es immer wieder unbelehrbare Persönlichkeiten, die ihren Leichtsinn möglicherweise mit dem Leben bezahlen müssen.

Viele Erkrankungen im Bereich des Bewegungsapparates haben selbstverständlich nur sekundär mit der Hundenatur zu tun. Da zeichnet der Mensch mit seinen Wahnvorstellungen von unerreichbaren Zuchtzielen verantwortlich. Hunderassen mit überlangem Rückgrat (Dackel, Basset, aber auch Beagle, Pekinese) neigen zum gefürchteten Bandscheibenvorfall. Große Rassen (Deutscher Schäferhund, Neufundländer, Berner Sennenhund u.a.) erkranken wiederum gern an Hüftgelenksdysplasie.

Die Krankheitsbilder

Die Festigkeit der Knochen wird durch die Spezialisierung der Osteozyten gewährleistet, die Knochensubstanz aufbauen, welche ein festes und doch in sich elastisches Gefüge darstellt. Im Innern des Knochens befindet sich die Markhöhle, die bei jugendlichen Tieren noch von blutbildendem rotem Knochenmark ausgefüllt ist, mit zunehmendem Alter jedoch in Fettmark umgewandelt wird. Im Notfall, z.B. bei starkem Blutverlust, kann sich selbiges jedoch kurzfristig wieder in den Dienst der Blutbildung stellen. Die Knochenenden, die im allgemeinen mit benachbarten Knochen kommunizieren, sind, um Abnützung und schmerzhafte Reibung zu verhindern, vom Gelenkknorpel überzogen.

Skelett

Die **Ursachen** für Skeletterkrankungen können wie folgt präzisiert werden:
- ernährungsbedingt (Rachitis, Osteomalazie),
- Störungen seitens der Hormondrüsen (Osteoporose, Rachitis, Osteomalazie, aseptische Humeruskopfnekrose),
- traumatischer Natur (Brüche, Absprengungen), Ellenbogendysplasie,
- infektiöser Natur,
- Überbeanspruchung.

Rachitis: Aufgrund der auch für den Hund verbesserten Lebensbedingungen und dem überreichen Angebot diverser Tiernahrungshersteller tritt diese Stoffwechselerkrankung nur noch vereinzelt auf. Doch können auch wohlgenährte, aber zu rasch wachsende Junghunde durch ungeordnete Stoffwechselprozesse bedingte Störungen rachitische Anzeichen aufweisen. Ein Mißverhältnis zwischen den einzelnen hormonproduzierenden Drüsen, vornehmlich Schild-, Nebenschild- und Hirnanhangsdrüse, lassen das Tier »hochschießen«, wobei dem Skelettsystem jegliche solide Basis fehlt.

Auch ein starker Wurmbefall oder die Unterversorgung mit Vitamin A und D bzw. Calcium und Phosphor, können dieses KHB auslösen.

In der Regel kommt es zur Verdünnung und Verbiegung der langen Röhrenkno-

Das Skelett des Hundes.
1 *Oberkiefer,* **2** *Jochbein,* **3** *Unterkiefer,* **4** *Hinterhauptbein,* **5** *7 Halswirbel,* **6** *13 Brustwirbel,* **7** *7 Lendenwirbel,* **8** *Kreuzbein,* **9** *Schwanzwirbel,* **10** *Schulterblatt,* **11** *Schultergelenk,* **12** *Oberarmknochen,* **13** *Ellbogengelenk,* **14** *Unterarmknochen (Elle/Speiche),* **15** *Vorderfußwurzelgelenk,* **16** *Vordermittelfuß-* *knochen,* **17** *Zehen,* **18** *Brustbein,* **19** *9 echte Rippen,* **20** *3 flache Rippen,* **21** *Fehlrippe (13. Rippe),* **22** *Darmbein (Hüfthöcker),* **23** *Sitzbein (Sitzbeinhöcker),* **24** *Hüftgelenk,* **25** *Oberschenkelknochen,* **26** *Kniegelenk,* **27** *Kniescheibe,* **28** *Unterschenkelknochen (Schienbein/Wadenbein),* **29** *Sprunggelenk,* **30** *Hintermittelfuß,* **31** *Zehen,* **32** *Sprunggelenkhöcker.*

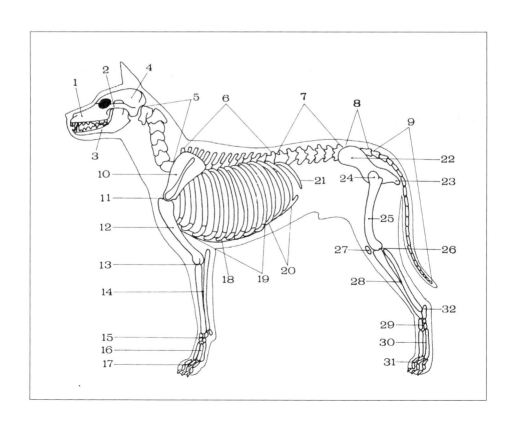

chen (Elle, Speiche, Oberschenkel, Schienbein), wobei sich jedoch die unteren Enden dieser Knochen schmerzhaft verdicken. Der typische »rachitische Rosenkranz«, eine Knochenauftreibung an der Knorpel-Knochen-Grenze des Rippenbogens, wird nur noch selten gesehen. Die betroffenen Tiere sehen manchmal schlaksig aus, magern ab und leiden oft zusätzlich an Verdauungsstörungen.

Therapie
Der Speiseplan wird dem vermehrten Bedarf an Calcium, Phosphor, Vitamin A und D angepaßt. So enthält er in wechselnder Zusammensetzung reichlich Milch und Milchprodukte (Quark, Käse), hochwertiges Muskelfleisch, Leber, Milz und Pansen (mit Grünzeug), Herzmuskelfleisch sowie Hirse, Dinkel und Naturreis.

Etwas Majoran oder Dillkraut im Futter fördert die Resorption von wichtigen Mineralien wie eben Calcium und Phosphor. Eine Tasse Zinnkrauttee täglich reguliert sinnvoll den Mineralhaushalt.

Vitaminpräparate mit A und D sind gut, aber ohne die Homöopathie oft unzulänglich, weil *sie* erst die optimale Ausnutzung gewährleistet. Calcium phosphoricum D 12, 1mal täglich, ist hier das Mittel der Wahl über längere Zeit, bis sich der Zustand gebessert und konsolidiert hat.

Das homöopathische Organpräparat Gld. parathyreoidea (Nebenschilddrüse) unterstützt dieses Organ in seinem Bemühen, mittels seines Parathormones die notwendige Menge Calcium und Phosphor aus dem Darm zu resorbieren. Man gibt 2mal wöchentlich 1/2 Ampulle.

Die Bach-Blüte Chestnut Bud fördert ganz allgemein die Entwicklung des wachsenden Organismus.

Ähnliches vermag Rotlicht über dem Wurzelchakra. Von hier aus bekommt der heranreifende Organismus wesentliche Wachstumsimpulse.

Osteomalazie: Die »Knochenweiche«, wie sie auch genannt wird, hat ähnliche Ursprünge wie die Rachitis. Sie tritt jedoch erst beim bereits erwachsenen Hund zu Tage und ist Folge eines irritierten Knochenstoffwechsels. In dessen Verlauf wird von innen her mehr Knochensubstanz ab- als aufgebaut. Die Konsequenz ist, daß die Röhrenknochen weich, biegsam und brüchig werden. Solche Tiere neigen dann leicht zu spontanen Knochenbrüchen, wie sie z.B. bei kurzfristiger Überbelastung auftreten können.

Therapie
Sie gestaltet sich praktisch gleich wie die der Rachitis. In beiden Fällen ist eine biologische Wurmkur (siehe S. 233) obligatorisch, wenn Parasitenbefall nachgewiesen wird. Dieser kann ja Anlaß einer ungenügenden Mineralstoffresorption aus dem Darm sein.

Osteoporose: Diese Erkrankung wird vor allem in der Humanmedizin heftig diskutiert und ruft die gegensätzlichsten Meinungen und Therapievorschläge auf den Plan. Das Leiden, das mit zunehmender Porosität (also Brüchigkeit) der Knochensubstanz einhergeht, ist ausschließlich auf Disharmonien im Hormonhaushalt zurückzuführen. Dem Ganzen geht oft jahrelange einseitige Fütterung voraus, was dann eben schwerpunktmäßig gewisse Stoffwechselkrisen auslöst.

Daneben kommen noch ungeordnete Einflüsse externer Hormonbehandlungen (Läufigkeitsspritze, Pille, Cortisontherapien) und viele Trächtigkeiten als Auslöser in Betracht. Auch tumoröse Entartungen seitens der Nebenschilddrüse oder der Nebennierenrinde kommen in Frage.

Abgesehen von den Symptomen infolge der Primärerkrankungen an den genannten Hormondrüsen, werden die Tiere (zu 70% Hündinnen) in ihren Bewegungen insgesamt vorsichtig, bewegen sich nur ungern und machen einen unsicheren, müden Eindruck. Spontane Knochenbrüche bei ungeschickten Bewegungen oder nach kurzfristig hohen Belastungen sind nicht selten.

Therapie
Die konsequente Zufuhr von Vitamin C und D sowie von Mineralstoff- und Spurenelementpräparaten ist die erste Maßnahme, die zu setzen ist.

Die beiden Schüßler-Salze Calcium phosphoricum D 12 und Silicea D 12, im tgl. Wechsel über längere Zeit gegeben, sind ein wertvoller Therapieansatz.

Die Organpräparate Gld. parathyreoidea (Nebenschilddrüse) oder Gld. suprarenalis (Nebenniere) werden bei entsprechender Organinsuffizienz 2mal wöchentlich eingesetzt.

Knochenbrüche

Je nach dem Ergebnis unterscheidet man Längs-, Quer-, Schräg-, Spiral- und Splitterfrakturen, Fissuren (in diesem Fall ist die Beinhaut zumeist unverletzt), Grünholzfrakturen (der Knochen zerfasert wie eine Weidenrute) mit oder ohne Zerreißung der Knochenhaut (Periost).

Die hauptsächlichen Ursachen sind Stoffwechsel- oder Hormonstörungen (wie oben beschrieben) und Traumen (Auto-)Unfälle, Schläge, Stöße, Bisse, Sprünge aus großer Höhe u. dgl.

Unterschiedlich stark äußern sich die **Symptome**, auch abhängig von der Lokalisation des Geschehens. Brüche im Bereich der Wirbelsäule sind natürlich wesentlich kritischer zu beurteilen als etwa solche an den Beinen.

Die Palette der Anzeichen reicht von einfachen, mehr oder weniger schmerzhaften Lahmheiten bis hin zur Bewegungsunfähigkeit (z. B. Beckenbruch). Je nach dem äußeren Insult bzw. der Dauer der Verletzung ist das Allgemeinverhalten kaum oder auch schwer beeinträchtigt. Bei einem Wirbel- oder Rippenbruch können die Ausfallserscheinungen lebensgefährliche Ausmaße annehmen.

Die Beurteilung und Auswahl der Behandlung liegt auf alle Fälle beim Tierarzt. Er entscheidet sich dann für Gipsverband, Druckverband, Schiene, Nagelung oder ähnliches. Eine Nachbehandlung im biologischen Sinne ist jedoch auf alle Fälle sinnvoll und bindet den Tierhalter in den Heilungsprozeß seines Schützlings ein.

Therapie
In frischen Fällen legen wir kalte Umschläge mit Arnika-Tinktur (1:5 verdünnt) an und lassen für einige Tage Beinwellsalbe folgen, sofern es innerhalb von Verbänden möglich ist.

Mit homöopathischen Mitteln läßt sich die Wundheilung und Kallusbildung sehr schön regulieren:
- Arnica D 6 ist die Arznei der ersten Stunden nach dem Trauma. Sie wirkt schmerzstillend, entzündungshemmend und abschwellend und bringt Blutungen zum Stoppen bzw. hilft, bereits bestehende Blutergüsse abzubauen.
- Ruta D 6 sollte der Arnika folgen oder sie ergänzen, wenn die Verletzung tiefgreifender und umfassender war und

Beinwell, Schwarzwurz (Symphytum officinale)

auch Sehnen und Beinhaut Schaden erlitten haben.
- Symphytum D 4 stimmt sich in den Akkord der obigen Arzneien ein, indem sie die Heilung der verletzten Knochenhaut und des Knochens – speziell die Kallusbildung – selbst fördert. Der Beinwell schaltet sich in alle resorptiven Vorgänge ein und beschleunigt so die Abfuhr schädlicher Entzündungsprodukte.
- Calcium carbonicum D 12 kommt dann zum Einsatz, wenn die Heilung des Bruches nicht so recht vonstatten gehen will.
- Calcium jodatum D 6 und Hekla Lava D 4 geben wir bei überschießender Kallusbildung im Wechsel.

Zwei der Bach-Blütenessenzen ergänzen den Genesungsprozeß:
- Hornbeam stabilisiert ganz allgemein den Stützapparat und hilft, die notwendigen Kräfte zu regenerieren.
- Oak: Die Eiche kräftigt zusammen mit Hornbeam das Skelett und beruhigt unruhige Gemüter, für die das Tragen eines behindernden (Gips-)Verbandes eine höchst unertragbare Zumutung ist.

Örtliche Gelblichtbestrahlungen unterstützen den Heilungsprozeß.

Reiki bringt die durch den Bruch unterbrochenen Energien wieder zum Fließen und reguliert so die Wiederzusammenführung der beiden Bruchenden.

Die Magnetfeldtherapie hat sich bei Brüchen älteren Datums immer wieder gut bewährt, deren Heilungsverlauf unvollständig ausfiel oder mangels Ruhestellung inkomplett blieb.

Nach anfänglicher Bewegungseinschränkung, die einer schnelleren »Findung« der beiden Bruchenden dient, sollte nach etwa einer Woche allmählich die betroffene Extremität passiv bewegt werden, um einer Muskelatrophie vorzubeugen und die Durchblutung zu fördern. Das aktive Bewegungspensum wird langsam und unter Beobachtung gesteigert.

Osteomyelitis: Späte Komplikationen eines Knochenbruchs (wie ungenügende Heilungsfortschritte, Abstoßungstendenzen nach einer Nagelung etc.) können zu einer eitrigen Infektion und Einschmelzung des Knochengewebes führen.

Alle Teile des Knochens (Knochenhaut, Knochensubstanz und Knochenmark) können davon betroffen sein und von einer folgenschweren Zerstörung mit den entsprechenden **Symptomen** geprägt sein: Lahmheiten verschiedenen Grades mit schmerzhaften, heißen Schwellungen im Bereich des eitrigen Prozesses. Die Tiere fiebern immer wieder periodisch und verfallen allmählich. Auch an anderen Stellen des Körpers können in der Folge Eiterungen auftreten. Die Muskeln in den betroffenen Bereichen atrophieren.

Ist die Erkrankung Folge einer bestehenden Panostitis (ein Leiden junger Schäferhunde), beobachtet man zuvor Anzeichen dieses Leidens, das oft mit einer Mandelentzündung verknüpft ist.

Therapie
Zur Aktivierung der körpereigenen Abwehrkräfte, gerade wenn es um die Toleranz gegenüber Fremdkörpern (wie Nägel) im Knochengewebe geht, empfehlen sich Tropfen oder Kapseln vom Eleutherokokk-Strauch. Dieses Efeugewächs erhöht ganz allgemein die Immuntoleranz im Streßgeschehen.

Die Homöopathie schlägt folgendes Programm vor:
- Echinacea D 12: Unser homöopathisches »Chemotherapeutikum« zur Sanierung eitriger Prozesse.
- Pyrogenium D 30 löst das Problem der Sepsis.

Die Osteomyelitis-Nosode, 1mal wöchentlich gegeben, rundet unser Sanierungskonzept ab. Örtliche Gelblichtbestrahlungen sollten nicht fehlen. Sie fördern den Reinigungsprozeß. Die Magnetfeldtherapie hat gute Aussichten, den Wandlungsprozeß zu beschleunigen. Auch die heilenden Klänge der Barockmusik sollten nicht unterschätzt werden.

Gelenke, Sehnen, Bänder, Muskeln

Die Aufgabe der Gelenke besteht darin, die einzelnen Teile des Skelettsystems miteinander zu verbinden und beweglich zu erhalten. Die die Gelenke schützende Gelenkkapsel, die teilweise derbe Fasern und Bänder enthält, produziert die Gelenkschmiere (Synovia), die die Gelenkknorpel ernährt und verhindert, daß die Gelenkenden aneinander reiben. Die erwähnten Bänder sind teilweise innerhalb der Kapsel, manchmal, wie im Kniegelenk, sogar innerhalb der Gelenkhöhle gelagert und geben dem Gelenk den notwendigen Halt und Festigkeit.

Die Muskeln, Strecker und Beuger der Gelenke, heften sich mittels der Sehnen an den Knochen an. Die Sehnen sind von der schützenden Sehnenscheide umgeben, welche Reibung und Verletzung verhindern soll. Über vorspringenden Knochenpunkten wird die Sehne noch zusätzlich von Schleimbeuteln unterlagert, um hier vor der Abnützung geschützt zu sein.

Probleme, die in den genannten Bereichen auftreten können, sollen an dieser Stelle gemeinsam beschrieben werden.

Arthritis: Diese entzündliche Erkrankung eines Gelenks bedarf eines aktuellen auslösenden Anlasses:
- Luxation (Verrenkung),
- Distorsion (Zerrung),
- Kontusion (Quetschung),
- Prellung,
- Infektionen (durch äußere Verletzung oder über die Blutbahn),
- Allergien oder
- Intoxikation (Gelenke fungieren unter gewissen Bedingungen als »Giftmülldepots« und lagern Überschüsse infektiöser oder toxischer Natur ab).

Das betroffene Gelenk erscheint mehr oder weniger geschwollen, im akuten Geschehen auch höher temperiert, meist schmerzhaft, und wird dann deswegen kaum oder auch gar nicht bewegt. Bei äußeren Verletzungen sieht man meist eine Einstich- oder Bißstelle und evtl. ein bräunliches Sekret, das meist schon eingetrocknet ist. Nicht selten führt eine Allgemeininfektion zu einer Polyarthritis, dann sind mehrere Gelenke zugleich erkrankt.

Therapie
Bei nachweislicher Verletzungsfolge legen wir Arnika-Verbände (1:5 verdünnt) an, die wir mehrmals täglich wechseln. Bei anderen Gelegenheiten oder im Falle einer bereits eitrigen Arthritis verwenden wir statt dessen die Calcium-fluoratum-Salbe. Statt der Arnika kann gegebenenfalls auch eine Beinwellsalbe oder die Ruta-Tinktur verwendet werden. Entleert sich Eiter aus dem Gelenk, kommt auch die Echinaceasalbe zum Einsatz.

Die Homöopathie differenziert nach Ursache und Aussehen des Geschehens:
- Arnica D6: Das bewährte Verletzungsmittel.
- Ruta D6 hat die gleichen Indikationen wie die Arnika, mit dem Unterschied, daß die Verletzung tiefgreifendere Folgen für das Gewebe hat.
- Belladonna D30 hat auffallend heiße und gerötete Gelenke, zumeist als Folge einer Allgemeininfektion. Kälte und Berührung verschlimmern.
- Rhus toxicodendron D6: Die Erscheinungen am Gelenk sind Folgen einer Zerrung oder Verrenkung; aber auch nasse Kälte kann hier der Auslöser sein. Das KHB ist vornehmlich zu Beginn jeder Bewegung schlimmer.
- Bryonia D6: Das geschwollene Gelenk fühlt sich etwas teigig an und ist symptomatisch meist Folge einer Überbeanspruchung. Unser Patient bewegt sich nur sehr ungern und möchte vor allem seine Ruhe.
- Apis D6 steht meist im Zusammenhang mit Allergien. Der ruhelose Patient trinkt kaum etwas, obwohl zuweilen Fieber besteht. Kühle frische Luft empfindet er als angenehm.
- Sulfur D30 neigt seitens seiner Konstitution zu Gelenksentzündungen, weil er in diesem Bereich am besten seine Stoffwechselschlacken ablagern kann. Eine Verschlimmerung der Symptome tritt durch Nässe, Kälte und Wetterwechsel ein; durch Wärme und Bewegung mag sich der Zustand bessern.
- Lycopodium D30: Dieser Arzneityp hat grundsätzlich Ausscheidungsprobleme, seine Gelenke reagieren bei jeder Überlastung mit Stoffwechselprodukten mit. Das chronische Geschehen macht die Glieder steif, Bewegung bessert jedoch.
- Hepar sulfuris D12 und Echinacea D4 kümmern sich um die eitrige Arthritis, die mit schwer gestörtem Allgemeinbefinden vergesellschaftet ist. Das Gelenk ist in diesem Fall äußerst schmerzempfindlich, Kälte verschlechtert den Zustand erheblich.

Bei eitrigen Prozessen sind möglicherweise auch noch andere Körperbereiche betroffen. Zur Ausschwemmung der Keime und ihrer Stoffwechselprodukte empfiehlt es sich, zusätzlich die Streptokokken-Nosode, 2mal wöchentlich, einzusetzen. Sie heilt auch bereits chronische, scheinbar aussichtslose Fälle.

Um die Entlastung des Gelenks zu beschleunigen, geben wir 2mal wöchentlich 1/2 Ampulle Citrokehl (Sanum-Kehlbeck).

Die Bach-Blüten: Hornbeam kräftigt ein schwaches Gelenk, Rock Water macht ein bereits steifes Gelenk wieder geschmeidig und beweglich.

210 Gelenke, Sehnen, Bänder, Muskeln

Blaues Licht setzen wir örtlich bei der akuten, gelbes Licht bei der eitrigen Arthritis ein.

Kompressen mit heißem Kartoffelbrei oder Leinsamen sind altbewährte Hausmittel zur Behandlung eitriger Gelenksprozesse.

Im Gefolge einer Zerrung, Verrenkung, Prellung oder Quetschung spenden wir dem lädierten Gelenk mittels Reiki Trost.

Die Enzymtherapie hilft, Schadstoffe im Gelenk abzubauen und auszuleiten, so Ubichinon (Heel), jeden 2. Tag 1/2 Ampulle, und Terrakraft, 3mal täglich 1 bis 2 EL. Damit kann man übrigens auch Umschläge machen.

Bei einem zur Versteifung neigenden, aber nicht mehr schmerzhaften Gelenk müssen wir nebenbei versuchen, dieses mit leichter passiver Bewegung »bei Laune« zu halten. Die Beweglichkeit des Gelenks fördert man außerdem mit vorsichtigen mehrminütigen Massagen.

Arthrose: Das KHB der chronisch degenerativen Gelenkserkrankung hat beim Hund mehrere Gesichter und verschiedene Namen:
- Hüftgelenksdysplasie (HD),
- Aseptische Humeruskopfnekrose (LPC),
- Ellbogendysplasie,
- Epiphysiolysis.

Im allgemeinen handelt es sich dabei um teils erbbedingte oder hormonelle, teils durch Traumen oder ständige Überbeanspruchung und Fehlbelastung erworbene Ernährungsstörungen im Bereich der

Hüftgelenksdysplasie: **a)** *normales Hüftgelenk,* **b)** *mittlere und* **c)** *schwere Hüftgelenksdysplasie*

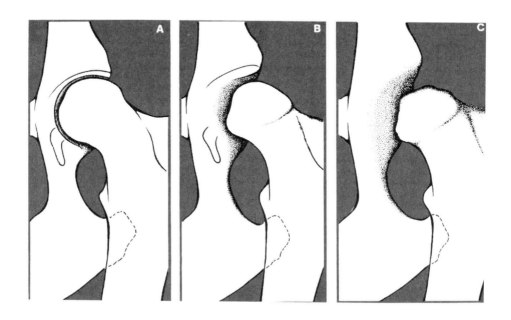

Gelenkknorpel mit oft fatalen Folgen. Wohl gibt es rassespezifische Häufungen der entsprechenden KHB, doch neigt der durch moderne Zuchtauslese geprägte Hund allgemein vermehrt zu solch degenerativen Prozessen im Gelenkbereich. Der ursächliche Hintergrund ist sicherlich darin zu suchen, daß sich das Erbmaterial in verschiedenen Körperbereichen – im wahrsten Sinne des Wortes – »totgelaufen« hat.

Die **Symptome** umfassen Lahmheiten verschiedenen Grades und Bewegungseinschränkungen; mitunter sind auch noch andere Gelenke durch Überlastung mit erkrankt. Eine fachmännische Untersuchung wird den Befund exakt klären und die entsprechenden Maßnahmen, auch orthopädischer oder chirurgischer Natur, abklären. Doch sollten auch die Möglichkeiten der Naturheilkunde nicht unterschätzt werden.

Die **Therapiemöglichkeiten** können ganz allgemein zusammengefaßt werden. Die Varianten der biologischen Behandlungsmethoden zielen darauf ab, ein in sich erstarrtes, der fortschreitenden Degeneration anheimfallendes System zu reaktivieren und über ein akutes Geschehen auszuheilen.

Gut bewährt haben sich Cardiospermumsalbe (Arthrose allergischer Natur) und Harpagophytumsalbe (Arthrose mit Tendenz zur Nekrose). Diese Salben werden *leicht* einmassiert.

Die Homöopathie bietet mehrere Mittel an, die wiederum nach Ursache und Modalitäten auszusuchen sind:
- Rhus toxicodendron D 12: Überanstrengung, Nässe und Kälte sind die Wegbereiter dieses KHB. Der Giftsumach ist eines der gebräuchlichsten Mittel bei Arthrose, vornehmlich wenn sich das KHB in der Ruhe verschlimmert, der Patient sich aber nach einigen Schritten wieder »eingelaufen« hat.
- Natrium muriaticum D 12: Auch in diesem Fall verschlimmert Kälte den Zustand. Der Patient ist mißmutig, ärgerlich und gereizt und mag sich – im Gegensatz zu Rhus tox. – gar nicht gern bewegen.
- Pulsatilla D 30 wechselt ständig den Ort der Beschwerden und seinen Ruheplatz. Unser Patient liebt es kühl und abwechslungsreich. Die Gelenke wirken steif, Bewegung bessert.
- Silicea D 30: Der fröstelnde Typ ist reizbar und oft schlecht gelaunt. Kein Wunder, wo ihn alle seine Glieder schmerzen; in der Bewegung findet er Erleichterung. Die Gelenke knacken so eigenartig
- Harpagophytum D 4 ist die beste Information, die man einem Gelenk z.B. im Falle der HD oder Humeruskopfnekrose zukommen lassen kann. Die Teufelskralle vermag dem betroffenen Hund ein neues Lebensgefühl zu vermitteln, er kann sich praktisch schmerzfrei bewegen.
- Pichi-Pichi (Fabiana imbricada) D 6: Patienten, die an der harnsauren Diathese leiden, deponieren harnpflichtige Substanzen im Gelenk, das dann allmählich degeneriert. Dies äußert sich meist sehr schmerzhaft und verschlimmert sich bei Naßwetter.

Eine wertvolle Ergänzung der Einzelmittel stellen die beiden Organpräparate Funiculus umbilicalis und Cartilago dar. 2mal wöchentlich 1/2 Ampulle davon gegeben, können sie den Prozeß stabilisieren und das Tier auf lange Zeit schmerzfrei machen. Die genannten Organpräparate gibt es zusammen mit anderen Komponenten in der homöopathischen Arzneispezialität Zeel (Heel), die in Tabletten- oder Ampullenform erhältlich ist; dazu kann man noch die gleichnahmige Salbe zur äußerlichen Unterstützung einsetzen.

Die Zitronensäure in Citrokehl (Sanum Kehlbeck) hilft, die reaktiven Umbauprozesse zu beschleunigen.

Die beiden Bach-Blüten Rock Water und Willow erreichen in übergeordneter Weise die blockierten Gelenke und machen sie so beweglich.

Man sollte sich die Mühe machen, das steife Gelenk zur besseren Durchblutung 2mal täglich für 10 Minuten mit Hilfe eines Massageöls gefühlvoll zu massieren.

Arthrosen sind eine große Herausforderung für die Magnetfeldtherapie und zuweilen auf deren Hilfe angewiesen.

Blockierte Energien und Absterbeprozesse sind auch ein Betätigungsfeld für die Akupunktur.

Die Neuraltherapie verfolgt ähnliche Ziele; ihr Vorteil liegt in der oftmals spontan einsetzenden Schmerzfreiheit.

Zur reaktiven Reizung der darniederliegenden Stoffwechselprozesse in den Knorpelzellen reichen wir 2mal wöchentlich 1/2 Ampulle Ubichinon (Heel).

Die Bewegungstherapie stellt einen nicht zu unterschätzenden Faktor im Sinne der Wiederherstellung der Funktion des Gelenkes dar. Tägliche passive und aktive Übungen wecken das arthrotische Gelenk zu neuem Leben.

Entzündungen im Bereich der Muskeln, Sehnen, Sehnenscheiden und Schleimbeutel haben im allgemeinen gemeinsame Ursachen und ähnliche Symptome und sollen daher gemeinsam besprochen werden. Auslöser der erwähnten Erkrankungen sind zumeist Verletzungen und Unfälle, Überbeanspruchung, Nässe und Kälte sowie Infektionen.

Die klinischen Erscheinungen äußern sich in mehr oder weniger schmerzhaften Schwellungen, Lahmheiten und Bewegungsstörungen, Krämpfen, Muskelatrophie sowie Fieber bei Eiterungen. Dadurch und aufgrund der Schmerzen vergeht oft der Appetit.

Auslösende Ursachen und lokale Symptome sind die Grundlage für die Behandlung.

Kalte Umschläge in der Akutphase bzw. vorsichtige Einreibungen im chronischen Zustand mit Arnika-Tinktur oder Ruta-Tinktur dienen zur äußerlichen Anwendung, um Schwellung, Schmerz und Resorption günstig zu beeinflussen.

Das Johanniskrautöl tut im Falle einer Muskelatrophie, 2mal täglich einmassiert, gute Dienste.

Chronische Entzündungen der Sehnen(-scheiden) und Schleimbeutel sprechen gut auf die Calcium-fluoratum-Salbe an.

Die Homöopathie bietet eine breite Palette an effizienten Arzneien an:
- Arnica D 6,
- Ruta D 6,
- Hypericum D 4,
- Hamamelis D 4

sind, dem AMB entsprechend, die ersten Helfer in der Not. Man kann sie auch mehrmals täglich verabreichen, wenn es die Situation erfordert.
- Aconitum D 30 bietet sich für Entzündungen im Anschluß an Erlebnisse mit kaltem Wind an.
- Belladonna D 30 zeigt periodisch wiederkehrende Schmerzen, die sich durch Kälte und Berührung verschlimmern.
- Apis D 4: Das KHB entspricht Überempfindlichkeitsreaktionen, z. B. nach Insektenstichen. Trotz der anhal-

tenden Schmerzen ist unser Patient ruhelos und nervös.
- Bryonia D6: Das Mittel bei Sehnenscheidenentzündung, wobei Ruhe bevorzugt wird.
- Rhus toxicodendron: Mitunter im Wechsel mit Bryonia in der D6 zu geben. Das Leiden hat seinen Ursprung in naßkalter Witterung oder im Anschluß an eine Verrenkung oder Prellung zu suchen.

Beschädigungen im Bereich der Sehnen oder Muskeln heilen besser, wenn man zusätzlich die entsprechenden Organpräparate, also z.B. Tendo oder Musculus (Heel, Vitorgan) einsetzt.

Generell ist es von Vorteil, dem kranken Muskel- oder Sehnengewebe die potenzierte rechtsdrehende Milchsäure in Form der Arzneispezialität Sanuvis (Sanum-Kehlbeck) in Tropfenform zuzuführen.

Einige der Bach-Blüten helfen, die mentalen Spannungen, die in den einzelnen Begebenheiten auftreten, zu harmonisieren und zu lösen:
- Hornbeam kräftigt ganz allgemein Bindegewebe und Muskeln und hilft, Krämpfe zu entspannen.
- Oak wirkt ähnlich in dieser Richtung, macht geschmeidig und ausdauernd.
- Rock Water löst Verspannungen und Verhärtungen, macht locker und zufrieden mit sich selbst.
- Vervain erhebt den Anspruch, vom Übereifer und daher von Verkrampfun-

HD-Behandlung mit Magnetfeld: Das Becken des Hundes befindet sich im Magnetfeldtunnel.

gen besetzte Persönlichkeiten auszugleichen.
- Willow ermutigt vornehmlich alte, widersetzliche Tiere, den Weg der alten Frische zu gehen; ihr Muskeltonus ist eher lahm.
- Rescue: Die Notfalltropfen helfen den unter Schock stehenden Muskeln und Sehnen, sich wieder zu entspannen, und verhindern Krämpfe.

Chronische Entzündungen innerhalb der genannten Bereiche lassen sich durch Rotlichtbestrahlungen erweichen und zerfließen allmählich ins Nichts.

Vorsichtige Massagen mit einem Massageöl wecken die Lebensgeister bei allen chronischen Prozessen, wie z.B. auch im Falle einer Atrophie.

Ein wenig Akupressur über der entsprechenden Region setzt lokal hilfreiche Energieströme frei.

Dort, wo Sehnen oder Muskeln zu verkümmern drohen, wirkt Reiki wiederum belebend.

Chronische Fälle reagieren gut auf die Magnetfeldtherapie. Ebenso auf die Akupunktur, wo es ja darum geht, die notwendigen Energiepotentiale zu reaktivieren und so die ursprüngliche Funktionstüchtigkeit wiederherzustellen. Über die Neuraltherapie, örtlich angewandt, läßt sich die Krampfbereitschaft der erregten Muskeln reduzieren.

Eine besondere Muskelerkrankung der säugenden Hündin, die **Eklampsie (Geburtstetanie)**, soll nicht unerwähnt bleiben. Ursächlich dafür verantwortlich ist ein vorübergehender starker Abfall des Calcium-Magnesium-Blutspiegels, wodurch sich die Reflexerregbarkeit der gesamten Körpermuskulatur steigert.

Beginnend mit Unruhe der Hündin, setzen dann Muskelzittern und etwas Hecheln ein, bis sich das Ganze zu starken Krämpfen der gesamten Körpermuskulatur steigert. Zunächst nimmt die Hündin eine sägebockartige Stellung ein, um dann immer häufiger festzuliegen. Aufgrund der erhöhten Muskeltätigkeit steigt auch die Körpertemperatur an.

Therapie
Am besten für die Hündin ist es, ihr die Welpen vorübergehend abzunehmen und diese künstlich zu ernähren (siehe S. 201). Die Hündin selbst kommt in einen ruhigen, dunklen Raum, wo sie keinerlei Aufregung zu befürchten hat. Man lasse ihr viel Flüssigkeit zukommen, dazwischen auch Baldriantee oder -tropfen.

Der Tierarzt gibt der Hündin Calcium-Magnesium-Infusionen, um das Defizit kurzfristig auszugleichen.

Des weiteren fahren wir mit der Naturheilkunde fort: Calcium carbonicum D 30 (1mal täglich), Magnesium phosphoricum D 6 (4mal täglich) und Cuprum C 30 (1mal wöchentlich), um Rezidive zu verhindern.

Im akuten Anfall geben wir öfter die Notfalltropfen, um den erschütterten Energiekörper des Tieres aufzufangen und zu reharmonisieren.

In der Nachbehandlung setzen wir folgende Blütenmischung ein: Chestnut Bud, Walnut und White Chestnut. Diese Kombination führt die Hündin aus der Krampfbereitschaft wieder heraus. Den gleichen Effekt hat blaues Licht, das wir auf den ganzen Körper des Tieres einwirken lassen.

Wir wissen schon, daß in Notfällen Reiki über der Scheitelgegend seelisch-körperliche Erschütterungen aufzulösen vermag.

Hat sich die Hündin aufgrund der vorgeschlagenen Therapie wieder erholt, dürfen die Welpen kurzfristig versuchsweise angesetzt werden; eine völlige Trennung wäre wegen der seelischen Belastung unzweckmäßig.

Den Speisezettel ergänzen in größerem Ausmaß Milchprodukte und mineralische Beifutter.

Wirbelsäule und Gehirn

Der Transformator sämtlicher Lebensenergien, das Rückenmark, liegt eingebettet im Wirbelkanal und ist für den reibungslosen Ablauf aller vegetativen und motorischen Funktionen verantwortlich. In beiden Richtungen müssen jeweils die Energien fließen, um den gleichmäßigen Austausch zwischen »oben und unten«, also den kosmischen und irdischen Strömungen zu gewährleisten.

Das dem Rückenmark übergeordnete Gehirn versteht sich u. a. als Koordinator zwischen den niedrigen, instinktbetonten und reflexartigen Impulsen des Rückenmarks einerseits und den gefühls- bzw. verstandesbetonten Aktionen des Intellekts andererseits. Praktisch alle überlebensnotwendigen Impulse für Atmung, Kreislauf, Schlucken, Erbrechen usw. werden von Zentren im verlängerten Mark (Medulla oblongata) gesteuert. Das Großgehirn wiederum empfängt und sendet Informationen von und zu den Sinnesorganen, formt sich so ein subjektives Bild seiner Umwelt und leitet entsprechende individuelle Handlungsweisen ein.

Erkrankungen im Bereich des Zentralnervensystems können, je nach ihrer Lokalisation und Intensität, von kaum wahrnehmbaren sensiblen oder motorischen Störungen bis zu Totalausfällen und sogar zum Tod führen. Daraus ergibt sich dringlich, Verletzungen im Bereich des Kopfes und der Wirbelsäule dem Fachmann zu zeigen und ihnen mit der notwendigen Sorgfalt zu begegnen.

Die **Gehirn-(Rückenmarks-)Erschütterung** erlebt der Hund zumeist infolge von Unfällen, Stürzen, Schlägen u. dgl. Sie löst eine mehr oder weniger dramatisch verlaufende Destabilisierung oder gar Quetschung bestimmter motorischer und sensibler Nervenbahnen aus.

Die **Symptome** variieren nach dem Schweregrad des Insults und reichen von einfacher, kurzfristiger Benommenheit bis zur völligen Bewußtlosigkeit. Dazwischen gibt es Komplikationen wie Erbrechen, Taumeln und unkoordinierte Bewegungsabläufe, Zittern und Hecheln, Verlangsamung von Atmung und Puls, herabgesetzte Reflexerregbarkeit, Schlafsucht. Die Konsultation eines Fachmannes wird meist unerläßlich sein, um die Größe des Schadens abzuklären.

Therapie

Hier ist es segensreich, wenn man sofort die Notfalltropfen zur Hand hat, um eine Ausbreitung und Manifestation des Schadens zu verhindern. Man gibt davon alle paar Minuten, nicht unbedingt ins Maul, um jede weitere grobe Manipulation zu vermeiden. Auf Stirn, Scheitel, entlang der Wirbelsäule und aufs Herzchakra verteilt, tut man damit gute Dienste.

Daneben prüft man, ob der Hund überhaupt transportfähig ist; ansonsten läßt man den Tierarzt kommen. Die Transportfähigkeit hängt z.B. davon ab, ob sich der Hund überhaupt hochheben läßt, ohne in seinem Schmerz oder in seiner Panik wild um sich zu beißen. Hegt man den Verdacht, daß die Wirbelsäule, der Kopf oder das Becken zu Schaden gekommen sind, läßt man den Verletzten liegen, bis fachliche Hilfe eintrifft. Dasselbe gilt bei berechtigtem Verdacht auf schwere innere Verletzungen. Für den Transport wählen wir eine harte Unterlage, etwa ein Brett oder eine offene Kiste, wenn es sich offensichtlich um einen Knochenbruch handelt. Sonst betten wir unseren Patienten auf eine alte Decke und decken ihn auch zu, wenn er es zuläßt.

Arnica D 6 und Hypericum D 4, halbstündlich gegeben, sind *die* Arzneien der ersten Stunden. Blutergüsse, Quetschungen, Schmerzen werden so am ehesten zum Verschwinden gebracht.

Wenn möglich, beflutet man Gehirn, Rückenmark und Wurzelchakra mit violettem Licht und erhält so wichtige Energieströme.

An den entsprechend lädierten Stellen setzt man vorsichtig Reiki ein und wiederholt dies mehrmals täglich.

Der Akupunkteur kümmert sich um die gefährdeten Lumbalsegmente, um Funktionsausfälle zu verringern oder gar zu verhindern.

Eine subtile heilende Wirkung im Ernstfall zeigt auch die Musik von J. S. Bach, Bob Dylan oder Cat Stevens.

Die Nachbehandlung erfolgt mit Arnica D 12 und Hypericum D 6, bis sich die Erscheinungen deutlich gebessert haben.

Eine einzige Gabe Barium carbonicum D 200 hilft, Spätschäden zu vermeiden.

Sind unangenehme Folgen des Traumas zu befürchten oder bereits eingetreten, unterstützt man den Heilungsverlauf mit Gaben vom Vitamin-B-Komplex und dem Organpräparat Cerebrum comp. bzw. Medulla Spinalis (Heel), 2mal wöchentlich 1 Ampulle.

Die beiden Bach-Blüten Clematis und Star of Bethlehem helfen, das erschütterte Energiesystem wieder aufzubauen. Bezüg-

Johanniskraut (Hypericum perforatum)

lich Reiki und Musiktherapie gilt das gleiche wie schon oben erwähnt.

Bestehende Traumafolgen reagieren günstig auf die Magnetfeldtherapie.

Epilepsie: Dieses Anfallsleiden des Hundes hat grundsätzlich zwei Ursprünge. Zum ersten kann eine erblich bedingte Anlage durch einen Defekt am 17. Chromosomenpaar vorhanden sein. Dadurch begünstigte Anfälle können dann schon in ganz jungen Jahren auftreten (genuine = idiopathische Epilepsie). Andererseits erscheinen Anfälle im Sinne der erworbenen (symptomatischen) Epilepsie als Traumafolgen oder im Zuge beträchtlicher Stoffwechselbelastungen.

Auslöser in allen Fällen sind psychische Erregung, Stoffwechselvergiftung und

Hormonumstellungen bzw. -imbalancen. Die Epilepsie galt früher als unheilbar. Man vermutete Dämonen und Besessenheit dahinter und ächtete die Betroffenen wie Aussätzige.

Auch heutzutage tappt man vielfach im Dunkeln, weil die Anfälle meist aus heiterem Himmel zu kommen scheinen. Das Leiden ist jedoch nicht allein auf das Großhirn beschränkt, sondern bezieht seine eigentlichen Ursachen aus dem Bereich der Leber, wo spezifische Enzyme nach einem falschen Muster arbeiten und so Giftstoffe entstehen, die über die Blutbahn ins Gehirn gelangen. Dort werden wiederum andere Substanzen, die sogenannten Neurotransmitter, blockiert und ergeben so ein verzerrtes Übertragungsmuster, das dann eben den einen oder anderen Anfall provoziert.

Die **Anzeichen** für einen drohenden Anfall sind für jeden aufmerksamen Hundebesitzer erkennbar: Ganz plötzlich verändert sich das Benehmen des Hundes, er wird steif und unsicher, manchmal setzt Speicheln ein. Der Krampfanfall selbst dauert meist nur wenige Minuten, dabei ist es möglich, daß sich der Hund vorne und hinten gleichzeitig entleert. Anschließend ist der Arme eine Zeitlang benommen, verlangt aber oft nach Speise und Trank und zeigt vermehrten Bewegungsdrang. Im Falle einer Hormonstörung kann auch kurzfristig unerwartete Aggressivität auftreten. In dieser Situation läßt man das Tier am besten in Ruhe.

Die **Therapie** hat einen allgemeinen und einen individuellen Aspekt. Eine zwingend notwendige Arznei im Sinne einer Entgiftung und Ausleitung ist das Jalapa-Harz (Resina Jalapae), weil es Darm und Leber hervorragend entlastet. Es gibt Tropfen, Kapseln oder Dragees davon.

Der Leber helfen wir mit Carduus marianus D 1 und Flor de Piedra D 4 auf die Sprünge. Ihre Enzymtätigkeit regulieren wir zusätzlich mit Ubichinon (Heel), 2mal wöchentlich 1/2 Ampulle, und Terrakraft, 3mal täglich 1 EL.

Einige Homöopathika haben Epilepsie in ihrem AMB:
- Nux vomica D 200: Die Anfälle setzen durch Berührung, Anstoßen oder unvermittelte Geräusche ein. Grundsätzlich ist der ärgerlich-gereizte Typ überempfindlich auf äußere Eindrücke.
- Belladonna D 200: Wenn man gut beobachtet, merkt man, daß die Anfälle in immer kürzeren Abständen auftreten. Auslöser sind Temperaturschwankungen, Wetterwechsel, Ängstlichkeit.
- Stramonium D 200: Unser Hund ist

Arnika (Arnica montana)

überaus beeindruckbar, neigt zu Wutausbrüchen und aggressiven Phasen. Er will ständig beschäftigt werden, und man hat das Gefühl, daß er die Anfälle »vorschiebt«, um mehr beachtet zu werden.

- Hyoscyamus D 200: Beißlustig und voller Angriffslust kann er sein, der Hyoscyamus-Hund. Nach den überaus heftigen Anfällen verfällt er zunächst in einen betäubungsähnlichen Zustand.
- Bufo rana D 200: Der im Hormonstreß stehende Hund erleidet seine Anfälle bei geschlechtlicher Übererregbarkeit oder -tätigkeit.
- Cuprum metallicum D 200 wirkt in allen Persönlichkeitsstrukturen verkrampft und unsicher. Auslöser kann zumal Schreck oder Schock sein.
- Artemisia vulg. D 200: Dieser Typ ist psychisch nur wenig belastbar und »flippt« wegen jeder Kleinigkeit aus. Die Anfälle sind kurz, aber heftig.

Die angeführten Arzneien werden also dem Persönlichkeitstyp entsprechend verordnet und 14tägig gegeben. Werden die Anfälle immer seltener, kann die Potenz auf C 200 oder noch höher angehoben und seltener gegeben werden.

Eine gute Ergänzung bieten das Organpräparat Cerebrum comp. (Heel) und Citrokehl (Sanum-Kehlbeck), jeweils 2mal wöchentlich 1/2 Ampulle.

Die Bach-Blüten Chestnut Bud, Walnut und White Chestnut führen unseren Patienten aus seinem Dilemma der Uneinigkeit und Frustration wieder heraus. Die Notfalltropfen, gleich im Anschluß an den Anfall gegeben, beschleunigen und vertiefen die Erholungsphase.

Nach dem Anfall tauchen wir den erschöpften Hund in Orangelicht, damit er schneller wieder auf sein ursprüngliches Energieniveau zurückfindet.

Zur Untermalung des Programms spielen wir ganz leise Musik von V<small>IVALDI</small> oder W. A. M<small>OZART</small>.

Akupunktur und Magnetfeldtherapie sind wertvolle Ergänzungen der Therapie, um das Energiesystem zu stabilisieren.

Die Ernährung korrigieren wir in der Richtung, daß wir dem Tier weniger Eiweiß und dafür mehr Kohlenhydrate füttern.

Spondylosis, Spondylarthrosis: Diese beiden Krankheiten gehen mit ähnlichen Erscheinungsformen einher und haben auch ähnliche Ursachen. Eine allmähliche Verknöcherung und Versteifung der Wirbelgelenke bzw. der die Wirbel verbindenden Bänder zieht eine fortschreitende Bewegungseinschränkung nach sich. Dieser Prozeß der Induration ist nicht nur altersbedingt, sondern tritt gehäuft bei bestimmten Rassen auf: Schäferhunde, Dachshunde, Pekinesen, Spaniels, Bassets, Beagles.

Zunächst bemerkt man lediglich eine zunehmende Scheu vor gewissen Bewegungen (Sprünge, Stiegenlaufen) und körperlichen Belastungen. Die Wirbelsäule wird in den betroffenen Abschnitten berührungsempfindlich, und so mancher Patient schnappt dann scheinbar unmotiviert nach der seinen Rücken massierenden Hand. Langsam beginnen die Beine zu versagen, am Pfotenrücken entstehen durch das Nachschleifen des Beines mehr oder weniger deutliche Hautabschürfungen. Vornehmlich in Schlechtwetterphasen verstärken sich die Lahmheiten und stempeln unseren Patienten zum »Rheumatiker«.

Therapie

Die gefühlvolle äußerliche Einreibung der erkrankten Stellen unterstützt sinnvoll die innere Behandlung. Gute Erfolge erzielt man mit Cardiospermumsalbe, Harpagophytumsalbe oder Johanniskrautöl.

Die Homöopathie vermag regulativ die Degenerationsprozesse in eine Richtung der geringsten Schäden und Schmerzen zu lenken:

- Harpagophytum D 4: Die Teufelskralle vollbringt das »Wunder«, stark schmerzende und lahmende Patienten praktisch beschwerdefrei wieder gehen zu lassen.
- Hekla Lava D 4 kommt bei nachweislich vorhandenen Exostosen zum Einsatz. Das sind spitze, scharfe Knochen»blüten«, die das Rückenmark und die austretenden Nerven schmerzhaft irritieren.
- Rhus toxicodendron D 12 kümmert sich um das steife Bindegewebe und reguliert den Stoffwechsel der Sehnen und Bänder. Zugleich leitet der Giftsumach den Entgiftungsprozeß ein.
- Calcium fluoratum D 12 steuert sinnvoll die Ab- und Umbauprozesse des gestörten Stoffwechsels im Bereich der Bänder, Sehnen und Knochen.
- Calcium jodatum D 6 reaktiviert die Durchblutung und damit die erlahmten Entzündungsprozesse im degenerierten Knochen- und Bindegewebe.
- Jod D 30 unterstützt die Schilddrüse im Falle einer Insuffizienz und der damit verbundenen Stoffwechselschwäche auch im Bereich des Stützapparates.
- Arnica D 12 lindert die bei akuten Schüben auftretenden Schmerzen.
- Symphytum D 12 hilft, den Verknöcherungsprozeß der Dura mater (ein Teil der Rückenmarkshaut) rückgängig zu machen.

Die guten Organpräparate Cartilago (Knorpel) und Funiculus umbilicalis (Nabelstrang) begünstigen die Normalisierungsprozesse in degenerativen Phasen und unterstützen in hervorragender Weise die Einzelmittel. Das Bild der potenzierten Präparate runden Citrokehl (Sanum-Kehlbeck), 3mal wöchentlich 1/2 Ampulle, und die Gabe von Sanuvis-Tropfen ab.

Die Bach-Blüten Rock Water, Hornbeam und Willow helfen, verhärtete und starre Strukturen aus ihrer Unbeweglichkeit in ein lebendigeres Stadium zu transponieren. Die Farbtherapie ermöglicht auf mehrfache Weise, die blockierten Energieströme wieder zum Fließen zu bringen: Rotlicht reaktiviert die Durchblutung am Ort des Geschehens, Blaulicht im Bereich des Kopfes öffnet die Kanäle für den ungehinderten Energiefluß, und violettes Licht entlang der gesamten Wirbelsäule löst Blockaden auf.

Zwischendurch kann man Wickel anwenden, und zwar kalte mit Johanniskrautöl oder Angelikaöl im Akutstadium bzw. warme mit Arnika-Tinktur bei mehr chronischen Beschwerden.

Eine konsequente Reiki-Behandlung bringt neues Leben in die erstarrten Strukturen entlang der Wirbelsäule. Die Musik der BEATLES oder von BOB DYLAN versetzt die Wirbelsäule in Schwingungen, die sie ihre Steifheit vergessen lassen. Ähnliches, nur nüchterner, bewirkt die Magnetfeldtherapie. Die segmentale Neuraltherapie verhilft aufgrund ihrer Fernwirkung den Spinalnerven zu Schmerzfreiheit und ursprünglicher Aktivität.

Im Bewegungsprogramm stehen gleichmäßiges Laufen auf ebenem Boden und Schwimmen an erster Stelle. Wir zwingen unseren Patienten keinesfalls zu Höchstleistungen und vermeiden Springen oder Treppenlaufen.

Ist unser Hund zu schwer, geben wir Reduktionskost, um die Wirbelsäule nicht noch mehr zu belasten.

Bandscheibenvorfall (Diskusprolaps, Diskopathie): Unter dem Begriff »Dackellähme« ist ein dramatisches Ereignis in die Literatur eingegangen, welches freilich nicht allein auf den Dackel beschränkt geblieben ist. Auch Schäferhunde, Bassets, Beagles, Pekinesen, Malteser u. a. sind Opfer dieser Erkrankung geworden.

Ursachen: Aufgrund einer genetisch vorprogrammierten Kalzium-Phosphor-Stoffwechselstörung beginnen die knorpeligen Zwischenwirbelscheiben frühzeitig zu verknöchern und können in weiterer Folge nicht mehr ihrer elastischen Pufferwirkung entlang der Wirbelsäule nachkommen. Normalerweise unterstützen sie die Beweglichkeit und Verformbarkeit der Wirbelsäule; so aber werden die betroffenen Segmente steif und unbeweglich. Die Zwischenwirbelscheibe (Discus) wird hart, unelastisch und verliert ihre ursprüngliche druckausgleichende Funktion.

Gewisse Beanspruchungen wie Sprünge, Treppenlaufen, »Männchenmachen« sind dann meist die Auslöser dafür, daß die verkalkte, unelastische Bandscheibe in den Wirbelkanal »vorfällt« und hier gegen das Rückenmark und die austretenden Spinalnerven drückt. Besonders gefährdet sind die beweglicheren Bereiche der Hals- und der Lendenwirbelsäule.

Die schwerwiegenden Folgen dieses Traumas sind Quetschungen des Rückenmarks und der austretenden Nerven. Das zieht Entzündungen nach sich sowie kleine Blutergüsse in den Wirbelkanal.

Symptome: Sie sind abhängig vom Schweregrad und der Lokalisation der Läsion. Sie können sich allmählich entwickeln oder ganz plötzlich auftreten, z. B. nach einem Sprung vom Sessel. Ein Schmerzensschrei kündigt den Vorfall an. Infolge der nun einsetzenden entzündlichen Prozesse gestalten sich die dadurch bedingten Ausfallerscheinungen recht unterschiedlich. Sie reichen von temporärer Bewegungseinschränkung bis hin zu teilweisen oder totalen Lähmungen der Hinterbeine mit robbenartigem Nachschleifen derselben. Dann besteht die Gefahr, daß sich das Tier die Pfoten wundscheuert. Der Schwanz hängt meist schlaff herab, die spontane Entleerung von Blase und Darm kann mehr oder weniger aufgehoben sein.

Ein derart betroffener Hund ist oft ein Bild des Jammers. Aber dennoch erweisen sich auch hier die Methoden der Naturheilkunde als überaus erfolgreich.

Therapie

Die Kräuterkundigen schwören auf den Teufelskrallentee; man gibt dem Patienten 3mal täglich eine Tasse davon.

Salben, Gels oder Tinkturen von Teufelskralle (Harpagophytum), Arnika, Beinwell, Johanniskraut, Angelika oder Gänseblümchen, zur leichten Einreibung geeignet, lindern den Schmerz und helfen, die Entzündungsprodukte schneller abzuführen.

Die Homöopathika der ersten Stunden sind Nux vomica D 6 (alle 2 Stunden), Symphytum D 4 (3mal täglich) und Rhus toxicodendron D 12 (2mal täglich). Dazu kommt Sanuvis (Sanum-Kehlbeck, 2mal täglich, zum Ausgleich der Entzündungsacidose. Um den energetischen Schock abzufangen, geben wir öfter die Notfalltropfen.

Ruhe und Wärmeapplikationen, z. B. in Form von örtlichen Rotlichtbestrahlungen, stellen einen zusätzlich entspannenden und schmerzlindernden Effekt dar. Für Reiki gibt es gute Chancen, entspannend in den Krankheitsprozeß einzugreifen.

In weiterer Folge braucht das Geschehen noch zusätzliche therapeutische Maßnahmen. Neben den drei genannten homöopathischen Mitteln (die Nux-vomica-Gaben werden auf 3mal täglich reduziert) geben wir Calcium fluoratum D 12 3mal täglich.

Discus comp. (Heel) ist ein wertvolles Organpräparat, das im Bedarfsfall vom Fachmann auch paravertebral injiziert werden kann.

Die Zeel-Tabletten oder -ampullen (Heel) können ebenfalls gute Dienste leisten, um die Rekonvaleszenz zu verkürzen.

Vitamin B 1 und B 12, evtl. als Injektion, haben sich bereits seitens der Schulmedizin als förderlich auf die Regeneration des Nervengewebes erwiesen.

Neben der homöopathischen Information vermögen die Bach-Blüten Hornbeam, Oak und Willow, über längere Zeit gegeben, einen Wiederholungsfall, wie er nicht selten ist, zu verhindern.

Örtliche Rotlichtbestrahlungen und solche am Wurzelchakra werden fortgesetzt. Blaues und violettes Licht werden, wie bei der Spondylosis beschrieben, eingesetzt.

Gefühlvolle Massagen im Becken- und Blasenbereich regen die funktionsgestörten Nerven an und sind wichtig, wenn Blase und/oder Mastdarm gelähmt sind und das Tier so am Stuhl- und Harnabsatz gehindert ist. Auch die gelähmten Beine werden massiert, damit wieder »Leben« in die betroffenen Körperteile einfließt.

Die lädierten Pfoten stecken wir in Salbenverbände, um tiefere Wunden zu verhindern. Die Traumeelsalbe (Heel) eignet sich hierfür ganz gut.

Die örtlich durchgeführte paravertebrale Akupressur im Bereich der betroffenen Wirbelabschnitte kann mehrmals täglich für jeweils 3 Minuten als Reiztherapie für die darniederliegenden Nervenfunktionen dienen.

Wer mit Reiki arbeitet, sollte daran denken, daß in diesem Fall die Ganzkörperbehandlung am wirksamsten ist.

Einen positiven Einfluß auf das irritierte Rückenmark hat die barocke Musik von J. S. BACH und G. F. HÄNDEL. Eine andere Möglichkeit wären die Klänge tibetischer Klangschalen oder PAUL HORNS Werk »In der großen Pyramide«. In fortgeschrittenen Fällen von Diskusprolaps hat die Magnetfeldtherapie einen hohen Stellenwert. Scheinbar aussichtslose Fälle können damit nochmals repariert werden. Für den Akupunkteur ergibt sich ein weites Feld von Möglichkeiten, die diversen unterbrochenen Bahnen und Funktionen neu zu beleben.

Im Sinne einer Segmenttherapie vermag die Neuraltherapie viel Leid zu nehmen und den entzündeten Nerv zu versöhnen. Einen Übergang zur Enzymtherapie stellt das Präparat Procainum comp. (Heel) dar, welches segmental injiziert werden kann. Coenzyme (Heel) wird 2mal wöchentlich (1/2 Ampulle) gereicht.

Unter Vermeidung jeglicher anstrengender Bewegung läßt man den Hund am besten auf weicher Wiese, evtl. unter Zuhilfenahme eines Tragegestells, laufen und unterstützt sein Gleichgewicht durch Untergreifen des Schwanzansatzes. Wenn es die Umstände bzw. die Witterung erlauben, gehen wir täglich mit dem Hund schwimmen. Das anschließende Frottieren bedeutet einen zusätzlichen roborierenden Effekt.

Leichte Kost, die nicht stopft, ist Grundvoraussetzung für das leibliche Wohlergehen unseres Patienten.

Um Wiederholungsfällen vorzubeugen, sollten die Hunde für den Rest ihres Lebens größere Sprünge vermeiden und über Hindernisse und Treppen getragen werden!

Haut und Haarkleid

Die Symbolik

Im Kontakt mit der »rauhen« Außenwelt hat die Haut großflächig schützende Funktionen zu übernehmen. So wehrt sie Krankheitskeime ab, lindert Kälte- und Wärmereize, chemische Einflüsse und schützt den Körper vor Verletzungen. Die in ihr verborgenen Sinneszellen (Thermo- und Chemorezeptoren, taktile Sinuszellen u. a.) nehmen alle äußeren Reize, und seien sie noch so schwach, wahr und leiten sie weiter an die entsprechenden inneren Organe. Daraufhin erfolgt die adäquate Reaktion, entweder von seiten des vegetativen Nervensystems (z. B. Mehrproduktion der Schweißdrüsen bei Wärmeeinwirkung) oder über das Zentralnervensystem, wo entsprechendes Empfinden und Verhalten (Wohlbehagen, Abwehr, Flucht etc.) ausgelöst wird.

Umgekehrt stellt die Haut neben den klassischen Ausscheidungsorganen (Leber, Nieren, Darm, Bronchien) einen Entlastungskomplex dar, über den sich der Körper im Bedarfsfall entgiften kann (Schweiß, Hautausschläge u. ä.).

Das Tierfell unterstützt die Schutzfunktion der Haut, dient zudem als Wärmepolster und reguliert den Gasaustausch. Ganz deutlich prägt das Fell als Körperschmuck seinen Träger, hat somit Signalwirkung und dient als typisches Erkennungsmerkmal. Im Falle von Angst und Aggression wird das Fell gesträubt, das Tier »stellt seine Stacheln auf«, um den gebührenden Respektabstand zu signalisieren. Fühlt sich das Tier wohl und zufrieden, läßt es sich gerne das Fell glattstreichen.

Farbe und Geruch der Haut und des Fells sind üblicherweise ganz wichtige Informationsquellen bei der Interaktion, sowohl individueller als auch kollektiver Art. Feinste Geruchsnuancen, die ausgedünstet werden, übermitteln ganz präzise Botschaften. Der hervorragende Geruchssinn des Hundes kann somit »wortgetreue« Informationen seines Artgenossen wahrnehmen, und der Hund kann dementsprechend reagieren.

Als umfassende Berührungsfläche vermittelt die Haut eine differenzierte Empfindungspalette von großer Bandbreite. Sie modifiziert die Emotionen des Hundes. Berührungen verschiedenster Art bringen die mit dem Hautbezirk in Verbindung stehenden Gewebsbezirke in Schwingungen, die durchaus auch heilend sein können. Denken wir nur etwa an die Fernwirkung von Reiki oder Massage. Aber auch feinstoffliche Informationen werden von der Haut weitergeleitet und setzen Prozesse in Gang (Aromatherapie, Bach-Blüten, Licht u. dgl.).

Der geistige Aspekt

Orientierungs- und Kontaktstörungen persönlicher Art sind zu einem Hundeproblem geworden, welches vornehmlich isolierte Großstadthunde, aber auch solche im Zwinger oder an der Kette betrifft. Das auf den Menschen geprägte Verhalten – er selbst kann damit meist gar nicht richtig umgehen – führt zu problematischen Beziehungsstörungen zwischen Hund und Mensch, aber auch zwischen Hund und Hund.

Ängste, Unsicherheit und angestaute Aggressionen ergeben ein permanentes Spannungsfeld, in dessen Bereich es zu einer Überreizung der in der Haut befindlichen sensiblen Nervenendigungen kommt. Hinzu kommen, wie auch beim Menschen, denaturierte, aggressionssteigernde Informationen seitens der künstlich aufbereiteten Nahrung. Überempfindlichkeitsreaktionen und Allergien sind die Folge.

Natürlicherweise setzt die Haut mit großen Entlastungsaktionen ein, wenn innere Organe durch eine endogene Giftüberlastung überfordert oder insuffizient geworden sind. Ein geschwächter Organismus, eine mit Giftstoffen belastete Haut, ist freilich anfällig für Mikroorganismen und Ektoparasiten (Flöhe, Haarlinge, Milben). So entsteht ein Teufelskreis, der alle Beteiligten – vom Hund bis zum Tierarzt – verzweifeln läßt.

In jenen Fällen wäre es natürlich unverantwortlich, die Hautprobleme allein zu behandeln, mit Salben u. dgl. zu »überschmieren«. Schon HAHNEMANN hat mit Nachdruck darauf hingewiesen, daß praktisch alle Hauterkrankungen – außer jenen, die durch äußere Verletzungen entstanden sind – *innere* Ursachen haben. Mit der Beseitigung derselben verschwinden auch die Hautprobleme wieder!

Die Ursachen

sind vielfältig:
- äußerliche Verletzungen, Verbrennungen, Verätzung u. dgl.;
- Ektoparasiten: Flöhe, Haarlinge, Zecken, Milben;
- Umweltgifte: Ozon, Abgase;
- Überlastung innerer Ausscheidungsorgane (Leber, Nieren, Darm, Bronchien);
- Stoffwechsel-, Mangelerkrankungen;
- Hormonstörungen;
- iatrogene Schäden (durch Medikamente);
- ernährungsbedingte Störungen;
- Allergien;
- psychogene Reaktionen wie Nervosität;
- mangelnde Hygiene (schlechte Haltungsbedingungen).

Die erwähnten Erscheinungen sind nicht immer klar voneinander abzugrenzen bzw. oft miteinander verwoben. Es bedarf daher gerade bei Hauterkrankungen geduldiger Beobachtung und langwieriger Sanierungsprogramme, die sich aber letztendlich um das Wohlbefinden unseres Patienten willen bezahlt machen.

Die Krankheitsbilder

Ganze Bibliotheken sind mit Büchern gefüllt, die sich mit den Ursachen und der Beschreibung von Hautkrankheiten beschäftigen. Gerade weil die Haut lediglich das aufzeigt, was sich im Verborgenen, also im Körperinneren, in für uns unsichtbaren Bereichen, entwickelt, ist es so schwierig, eine eindeutige Diagnose oder gar einen einfachen einheitlichen Therapieplan zu erstellen.

Aus dieser allgemeinen Unkenntnis und Unsicherheit heraus hat die Nomenklatur der Hauterkrankungen solch seltsame Blüten getrieben. Die verwirrenden und für den Laien unmöglich überschaubaren Benennungen und Diagnosen mögen diesem Buch fernbleiben. Was uns an dieser Stelle vorrangig interessiert, ist das objektivierbare, nach Aussehen, Geruch und Reaktion des Tieres zu beobachtende äußere Erscheinungsbild, aufgrund dessen wir auf die innere Ursache schließen dürfen.

Selbstverständlich sind vor jeder Therapie die auslösenden Faktoren, der Grund der Hauterkrankung, abzuklären, was selbst für den Fachmann nicht immer leicht ist. Mit der Beseitigung der Ursachen, mit der Sanierung der betreffenden inneren Organe, wird auch die Haut entlastet und kann so wiederum abheilen.

Die Symptome, an denen wir uns seitens der Naturheilkunde vornehmlich orientieren, sind
- Hautausschlag (Effloreszenzen), sein Aussehen bezüglich Form und Farbe;
- Juckreiz;
- Geruch;
- das Hautleiden begleitende Symptome, wie z.B. Haarausfall.

Juckreiz

Der **Juckreiz** ist ein klassisches Symptom für Hauterkrankungen und entsteht durch kurzfristige oder ständige Reizung der sensiblen Nervenendigungen in der Oberhaut. Dieser Reiz kann ganz einfach ein äußerer Kitzelreiz sein, der an sich noch nichts Pathologisches darstellt, oder es handelt sich um Insulte wie Ektoparasiten, Schafwollteppiche, Stroh und Heu u.dgl. Innere Einflüsse wie Organerkrankungen, Allergien, Nervosität u.dgl. melden inneres Unbehagen an.

Erreicht der Juckreiz einen – für jedes Tier spezifischen – Schwellenwert, beginnt sich das Tier zu kratzen oder an Gegenständen zu reiben. Fühlt sich das Tier in seiner Haut total unwohl, beginnt es gar, an sich zu nagen, was im Extremfall bis zur Selbstzerstörung (Automutilation) gehen kann.

Stehen »brennende« Probleme an, geht der Juckreiz in Brennen über, was der Hund mit häufigem Schlecken quittiert. Brennt es auch unter den Fingernägeln, leckt und beißt der Hund an seinen Krallen. Jene juckenden Stellen, die der Hund mit seinen Krallen oder Zähnen nicht erreicht, versucht er, am Boden dahinrobbend oder sich wälzend, zu stillen.

Jene Bereiche, in denen der Juckreiz, evtl. in Verbindung mit Hautausschlägen, auftritt, charakterisieren im Grunde den inneren Auslöser, sei er jetzt organischer oder psychischer Natur.
- Im Kopfbereich: Erkrankungen seitens des Gehirns, des Magens oder Darms.
- In den oder rund um die Ohren: Niere, Blase, Leber, aber auch Milben, Bakterien, Pilze.
- Der Rücken im Schulterblattbereich: Herz, Bronchien, Brustfell.
- Der Rücken im Lendenbereich: Nieren, Eierstöcke, Gebärmutter, Hoden, Prostata.
- Im Bereich des Kreuzbeins: Dickdarm, Mastdarm.
- Am Schwanzansatz (Schweifrübe): Analbeutel- und Zirkumanaldrüsen.
- Am Schwanz selbst: organische oder psychische Erkrankungen seitens des Zentralnervensystems.
- Am Oberschenkel (außen): Leber.
- Am Oberschenkel (innen): Bauchspeicheldrüse, Dünndarm.
- Am Oberarm: Schilddrüse, Thymus, Nebennieren.
- An den Pfoten (Lecken): Zentralnervensystem, Nervosität, Existenzängste.
- Am Unterbauch: Leber, Nieren, Bauchspeicheldrüse, Dünndarm.

Generalisierter Juckreiz am ganzen Körper mit oder ohne Effloreszenzen entwickelt sich
- aufgrund psychogener Spannungen, Unsicherheit, Ängsten, Frustration und dgl.;
- im Zusammenhang mit Insuffizienzen mehrerer Organe;
- durch Reizstoffe in der Nahrung (z. B. Lebensmittelallergie);
- bei Unverträglichkeit bestimmter Umweltbedingungen (Klima, Ruheplatz, Abgase, Ozon und dgl.);
- bei Ektoparasitenbefall und allergischen Reaktionen darauf.

Hautausschlag

Der Hautausschlag ist das zweite charakteristische Anzeichen einer Hauterkrankung. Unter dem Begriff Effloreszenz (Hautblüte) versteht man ganz typische Veränderungen an der Hautoberfläche. Sie stellen exakt definierbare Signale für ganz bestimmte innere oder äußere Ursachen dar. Anders ausgedrückt, spiegeln sie die aktuelle Entwicklung des zumeist im Verborgenen ablaufenden Geschehens.

Der Ausschlag kann mit Juckreiz, Haarausfall oder anderen körperlichen Symptomen verbunden sein, was sich gegenseitig bedingt.

Mit guter Beobachtungsgabe lassen sich die Veränderungen an der Haut beschreiben und führen so zur gezielten Therapie.

Therapie
Vorausgeschickt werden muß, daß es Unsinn ist, bestehenden Juckreiz oder Ausschläge mit allen Mitteln zu »bekämpfen«, da man damit dem Organismus die Möglichkeit nimmt, sein Unbehagen in dieser Form auszudrücken. Werden diese wichtigen, wenn auch offenbar lästigen, Signale des Körpers radikal unterdrückt, zieht sich das Leiden wieder nach innen zurück und versucht später an anderer Stelle, dafür um so dramatischer, auf sich aufmerksam zu machen. Cortison, ganz gleich in welcher Form, wirkt zwar trügerisch schnell juckreizlindernd, unterdrückt jedoch zugleich die notwendigen Selbstheilungsmechanismen.

Die Behandlung unseres Hautpatienten konzentriert sich zunächst auf Klärung und Abstellen der inneren Ursachen. Alle anderen therapeutischen Maßnahmen können folglich nur als unterstützend angesehen werden. Diesbezüglich ergeben sich folgende Schwerpunkte:
- Unterstützung der Konstitution;
- Entgiftung und Ausleitung;
- psychische Betreuung;
- Futterumstellung, optimale Vitamin- und Mineralstoffversorgung;
- Überprüfung der hygienischen Bedingungen und der Hundehaltung;
- Befreiung von Endo- und Ektoparasiten;
- Desensibilisierung bei Überempfindlichkeitsreaktionen;
- lokale Behandlung (Reinigung, Linderung des Juckreizes).

Trockener Hautausschlag (Ekzem) zeigt sich mit Schuppen, Krusten, Fissuren, Rhagaden, verfärbten Flecken, Knötchen. Der Juckreiz ist mäßig bis stark, das Kratzen kann zu Hautabschürfungen (Erosionen, Exkoriationen) führen. Das Ekzem kann von mäßigem bis starkem Haarausfall begleitet sein.

Ursächlich zeichnen dafür verantwortlich: Ektoparasiten, Reizstoffe in der Nahrung (z. B. Konservierungsmittel), Verdauungsstörungen, Leber- und Nierenschwäche, Mangel an Vitaminen, Mineralstoffen und Spurenelementen, konstitutionelle Schwächephasen.

Nach dem Prinzip »trocken auf trocken« (bzw. »naß auf naß«) streuen wir äußerlich zur Linderung des Juckreizes pulverisierte Pflanzendrogen von Zinnkraut, Goldrute, Pfefferminze, Bärlauch auf, die wir leicht einmassieren. Im Falle von Blutungen (durch Kratzen und Nagen) ergänzen wir mit Eichenrindenpulver.

Die Homöopathie orientiert sich konkret am äußeren Erscheinungsbild, berücksichtigt aber darüber hinaus auch das konstitutionelle Geschehen:

- Sulfur D 30: Der Schwefel ist *die* klassische Arznei für die trockene, schuppende, juckende Haut. Der ganze Patient neigt zum Jucken, die Haut ist unrein, teilweise höher temperiert, und der ganze Hund riecht unangenehm. Das folgt aus seiner ungenügenden Entgiftung bzw. der Mehrbelastung durch Stoffwechselschwäche. Sulfur ist die klassische Entgiftungsarznei, bringt viele chronische Erkrankungen in Bewegung. In der Heilungsphase verstärken sich vorübergehend die Hauterscheinungen.
- Phosphor D 30: Allein die Nervosität und Ängstlichkeit reizen die Haut ständig zu Reaktionen, wie sie sich in vielen bunten Effloreszenzen darstellen können. Diese zeigen sich vornehmlich im Bereich des Kopfes und Schwanzes, am Unterbauch und an den Extremitäten. Eine Verschlimmerung tritt durch psychische Erregung und Sommerhitze ein.
- Calcium phosphoricum D 30: Die Erscheinungen an den Extremitäten und Pfoten treten vornehmlich im Winter verstärkt auf.
- Jod D 30: Bei Unterfunktion der Schilddrüse tritt das Ekzem im Bereich des Oberarms und des Schultergürtels auf. Imponierend sind die starken Hautrötungen. Die Tiere sind auffallend nervös und hektisch.
- Psorinum D 30: Diese Nosode, 1mal wöchentlich als Zwischenmittel eingesetzt, beschleunigt den Heilprozeß.

Neben den individuell auf den jeweiligen Gemütszustand abgestimmten Bach-Blüten dürfen als grundsätzlich reinigende und stabilisierende Essenzen von Crab Apple und Impatiens verstanden werden.

Bei heftigem Juckreiz versuchen wir, mit den Notfalltropfen eine Linderung herbeizuführen.

Bestrahlungen mit blauem oder violettem Licht bringen der gereizten Haut segensreiche Linderung.

Kalte trockene Wickel (aus dem Kühlschrank) helfen, örtlichen Juckreiz zu beseitigen.

Hat sich das Tier blutig gekratzt, mag das Auflegen der Hand im Sinne von Reiki hilfreich sein, um größeren Schaden zu verhindern.

Auf der Haut gibt es viele Reizpunkte für den Akupunkteur, von wo aus er die irritierte Haut beruhigen kann und zugleich eine Fernwirkung auf die betreffenden Organe erzielt.

Über Stimulation der entsprechenden Organe wird die Haut mittels Neuraltherapie entlastet und so für die Abheilung vorbereitet.

Ergänzend bewähren sich Gaben vom Vitamin-B-Komplex und die Enzympräparate Coenzyme, 2mal wöchentlich 1/2 Ampulle, und Terrakraft, 3mal täglich 1 EL.

Nässender Hautausschlag (Ekzem): Diese Form geht einher mit Bläschen,

Pusteln, Schrunden, Erosionen, Exkoriationen und lamellösen Krusten. Mäßiger bis starker Juckreiz kann zu Blutungen und teilweise großflächigen Veränderungen führen. Im schlimmsten Fall nagt das Tier an der eigenen Substanz, so daß das rohe Fleisch sichtbar wird. An den Stellen stärkster Ausschwitzung gehen auch die Haare aus.

Mit Hilfe naß-kalter Kompressen erreicht man äußerlich eine Besserung des Zustandes; man tränkt diese mit Arnika- oder Hamamelis-Tinktur (1:5 verdünnt).

Die Homöopathie kennt mehrere Mittel:

- Sulfur D 30 hat auch das nässende Ekzem im AMB, sofern sich dieses auf die Beugeseiten der Gelenke und den Innenschenkel konzentriert.
- Graphites D 30: Der oft chronisch verstopfte und zur Verfettung neigende Hund ist zwar ein trockener Typ, an der Haut leidet er jedoch immer wieder an nässenden Ekzemen. Diese gehen mit Schrunden, Borken und gelblichbraunen Auflagerungen einher. Bevorzugte Stellen sind die Gegenden rund um die Ohren, Augenlider, Schultergürtel und Oberschenkel. Eine Verschlimmerung tritt durch Kälte ein.
- Sepia D 30: Die ekzematösen Veränderungen schmieren und riechen etwas; man findet sie vorwiegend am Unterbauch und Innenschenkel. Ursache ist zumeist eine Hormonstörung seitens der Hypophyse. Verschlimmerung durch Kälte und Nässe.
- Pulsatilla D 30: Hormonstörungen sind auch hier ursächlich mit Hautproblemen verquickt. Vielfach zeigen sich nässende Bläschen am Unterbauch und Innenschenkel, verbunden mit heftigem Juckreiz. Im Sommer tritt eine Verschlimmerung ein.

Örtliche Bestrahlungen mit violettem Licht helfen, die Läsionen auszutrocknen.

Unheilbar erscheinende Hautläsionen lassen sich gut mit der Magnetfeldtherapie behandeln. Ähnliches gilt für die Neuraltherapie. Hier ergibt sich auch eine Fernwirkung auf die betroffenen Organe.

Das Enzympräparat Ubichinon (Heel), jeden 2. Tag 1/2 Ampulle, und 1mal täglich 1 TL Schindeles Mineralien ins Futter haben einen guten Einfluß auf den gestörten Hautstoffwechsel.

Zur Eiterung neigender Hautausschlag (Akne, Furunkel, Pyodermie): Diese Krankheitsbilder sind charakterisiert durch eitrige Bläschen, Pusteln und schmierige Beläge. Der Juckreiz tritt gegenüber der Schmerzhaftigkeit in den Hintergrund. Der Haarausfall bleibt lokal auf die erkrankten Stellen begrenzt. Mitunter fällt unser Patient durch muffigen Geruch auf.

Großflächige Problemstellen bestreuen wir mit Eichenrindenpulver. Die darin enthaltenen Gerbstoffe verkleinern sehr rasch die Hautläsionen und wirken desinfizierend.

Kalte Kompressen mit Eibischwurzelmazerat wirken antibakteriell und schmerzstillend.

Direkt auf die Eiterpusteln kann man auch die gute Echinacea-Tinktur (1:3 verdünnt) oder die Calcium-fluoratum-Salbe geben.

Mit der Homöopathie ergeben sich folgende Möglichkeiten:

- Sulfur D 30 steht auch hier an erster Stelle, wo eine Entgiftung so wichtig ist.
- Hepar sulfuris D 12 steht dem Schwefel sehr nahe und hilft vornehmlich dem frostigen Patienten. Die schmerzhaften Eiterungen können sehr hartnäckig sein und größere Ausmaße annehmen.

Es besteht relativ starker Juckreiz am ganzen Körper.
- Borax D 30: Die Neigung zu unheilsamer Haut und die Tendenz zu schlechter Wundheilung sind für diese Arznei typisch. Die Erscheinungen treten vorwiegend im Kopfbereich auf.
- Calcium fluoratum D 12 ergibt ein unterschiedliches Bild auf der Haut, weil verschiedene, auch ineinander übergehende Erscheinungen den Patienten beherrschen; zum Großteil finden sich weißlich-graue Beläge. Der Patient ist auffallend kälteempfindlich und neigt zu Abmagerung.
- Rhus toxicodendron D 12: Rot ist die Haut und mit Bläschen besetzt; viel Lecken zeigt, daß die betroffenen Hautbezirke auch heiß sind. Bevorzugte Stellen sind die Köperöffnungen, im Kopfbereich, am After, Unterbauch und Innenschenkel. Juckreiz und heftiges Brennen wechseln einander ab, verschlimmert durch nasse Kälte.
- Kalium bichromicum D 12: Die Eiterungen haben sich tief in die Unterhaut hineingefressen, kleine Geschwüre sind die Folge. Verschlimmerung durch Sonne, Baden und Eiweißüberschuß.
- Kreosotum D 12: Geschwüre überall und von größerem Ausmaß, begleitet von Juckreiz und unangenehmem Geruch. Die Läsionen bluten leicht. Eine Verschlimmerung sieht man in der Kälte, durch Fütterung stark gewürzten Futters und durch Liegen auf Schafwolldecken.
- Lachesis D 30: Bösartige Hautgeschwüre, die blaurot verfärbt sind und mit einer Beeinträchtigung des Allgemeinbefindens einhergehen, charakterisieren dieses Schlangengift. Der Patient ist recht berührungsempfindlich und verträgt auch keine Decke.

Die Mucokehl-Tropfen und -Salbe (Sanum-Kehlbeck) stellen eine wichtige Ergänzung vor allem bei den geschwürigen Veränderungen dar, ebenso Bestrahlungen mit Blaulicht. Örtlich können kalte Umschläge mit essigsaurer Tonerde (oder Heilerde) eine Linderung bringen. Schmerzreduzierung vermag auch Reiki zu vermitteln.

Bei tiefgreifenden Prozessen und Geschwüren hat sich die Magnetfeldtherapie im Sinne einer umfassenden Regeneration bestens bewährt.

Die Umspritzung mit Lokalanästhetika im Sinne der Neuraltherapie isoliert den eitrigen oder geschwürigen Störherd und verhindert so ein Übergreifen oder eine pathologische Fernwirkung auf andere Gewebsbezirke.

Den Reparationsprozeß unterstützen wir mit Ubichinon (Heel), jeden 2. Tag 1/2 Ampulle.

Lautet die Diagnose **Akne, Furunkel oder Karbunkel**, unterstützt die Streptokokken-Nosode, jeden 2. Tag gegeben, unsere Bemühungen, den Körper von Bakterien und deren Stoffwechselprodukten zu befreien. In allen anderen Fällen eitriger Hauterkrankungen erreichen wir dasselbe Ziel mit der Staphylokokken-Nosode oder der Pyodermie-Nosode.

Ganz allgemein im Sinne einer Reinigung des Körpers reichen wir 2—3 mal jährlich kurmäßig für mehrere Wochen sogenannte Blutreinigungstees, die folgende Drogen enthalten: Odermennig, Brennessel, Goldrute, Dornige Hauhechel, Süßholz und Berberitze.

Reinigend über die Duftlampe wirken auch die ätherischen Öle von Wacholder, Pfefferminze, Latschenkiefer (wirkt auch antiseptisch).

Ergänzend, zur Klärung der Lymphe

und schnelleren Ausleitung von Giftstoffen, empfiehlt sich noch das Präparat Lymphomyosot (Heel). Diese homöopathische Arzneispezialität öffnet die verstopften Kanäle der blockierten Ausscheidungsorgane.

Warzen stellen weiche oder harte Bildungen der oberen Hautschichten dar. Sie sind Symbol einer ungenügend dargestellten Ausdrucksform des Individuums; Unterdrückungs- und Verdrängungsmechanismen suchen sich auf diese Weise ein Ventil. Ihre Form kann sehr verschieden sein, von glatt bis blumenkohlartig, kaum sichtbar oder hervordrängend, zum Teil blutend.

Jegliche mechanische gewaltsame Entfernung der Warzen ist genaugenommen ein grober, unsinniger Eingriff, weil man dadurch eine Kettenreaktion auslöst. Nach einiger Zeit erscheinen meist noch viel mehr Warzen, um dem zugrundeliegenden Problem noch mehr Nachdruck zu verleihen.

Somit ist ihre Behandlung ganzheitlich zu sehen, unter besonderer Berücksichtigung des Charaktertyps und des Gemüts. Neben der psychosomatischen Lösung des Falles ergeben sich folgende Therapiemöglichkeiten:

● **Weiche Warzen** erscheinen vornehmlich im Bereich der Köperöffnungen, bei manchen Hunderassen (Pudel, Boxer) im fortgeschrittenen Alter oft über den ganzen Körper verteilt. Sie weisen auf Ängste und Unsicherheit hin, die Persönlichkeit geht Schwierigkeiten gern aus dem Weg. Thuja D 6, innerlich verabreicht, und die unverdünnte Thuja-Tinktur, äußerlich aufgepinselt, sind hier die bewährten Maßnahmen. Bestrahlungen mit violettem Licht unterstützen den Reduktionsprozeß.

● **Harte Warzen**, die nur wenig über die Hautoberfläche kommen und etwas feucht sind, beobachtet man vorwiegend im Bereich des Leibes, der Extremitäten und der Pfoten. Sie sind Ausdruck ungelebter Aggressionen und unterdrückter Rachegefühle.

Calcium carbonicum D 12 und der Milchsaft des Schöllkrauts, besser die verdünnte Tinktur (Chelidonium), äußerlich angewandt, versprechen Abhilfe.

● **Sehr harte und trockene Warzen**, mit bevorzugtem Sitz am Hals und Rücken, an den Beinen und Pfoten, erscheinen aufgrund von Sturheit, Überbetonung von Willenskraft und Unnachgiebigkeit.

Causticum D 12 und die Calcium-fluoratum-Salbe äußerlich ergeben eine gute Kombination. Wiederum beschleunigen wir mit violettem Licht das Austrocknen und Abfallen der Warzen.

Damit die Warzen nicht wiederkommen, ist es, wie schon erwähnt, wichtig, das Psychogramm unseres Hundes zu studieren. Mit dem individuellen Konstitutionsmittel und einer geeigneten Bach-Blütenmischung unterstützen wir den persönlichen Wandlungsprozeß.

Haarausfall

Haarausfall bedeutet grundsätzlich Schutzlosigkeit und Verlust von Lebenskraft und ist zumeist die Folge von
● emotionalem Streß, wie Angst und Furcht, Ärger, Kummer, Unsicherheit;
● Konstitutionsmängeln und -defekten;
● Ernährungsfehlern (Vitamin-, Mineralstoff-, Spurenelementemangel);
● chronischen Organleiden (Leber, Magen, Darm, Nieren);
● Pilzbefall (Mykosen);
● Infektionskrankheiten;

- Befall mit Endo- und/oder Ektoparasiten;
- Hormonimbalancen seitens der Schilddrüse, Nebennieren oder Keimdrüsen;
- Vergiftungen (auch medikamentösen);
- Ozon- und Abgasbelastungen.

Mit den Haaren verliert der Hund Ansehen, Macht und Würde. Fehlt ihm das schützende Fell, wird er »angreifbar« für alle möglichen Umwelteinflüsse und auch seine Gegner auf der Hundewiese.

Der Haarausfall kann symptomlos verlaufen (Alopezie) oder mit typischen Hautausschlägen und noch anderen Symptomen wie z.B. Durchfall vergesellschaftet sein. Klinisch unterscheidet man einen örtlich begrenzten, lokalen, und einen generalisierten Haarausfall, der mehr oder weniger den ganzen Körper erfaßt.

Vorrangig sind natürlich wiederum die verantwortlichen Ursachen abzustellen. An dieser Stelle sollen jedoch Möglichkeiten aufgezeigt werden, wie man generell die Fellpflege fördert:

Ein ausgewogener, abwechslungsreicher Fütterungsplan ist eine gute Basis für ein glattes, glänzendes Fell. Trinkkuren mit Brennessel- oder Zinnkrauttees fördern prinzipiell den Haarstoffwechsel.

Stehen exogene oder endogene Mangelerscheinungen im Vordergrund, ist eine längere Gabe der beiden Schüßler-Salze Calcium phosphoricum D 6 und Silicea D 12 angezeigt, 4mal täglich 1 Tablette im täglichen Wechsel. Dazu gesellt sich Vitamin B, z.B. in Form von Hefe, die wir täglich in kleinen Mengen dem Futter beigeben, sowie Mineralstoff- und Spurenelementpräparate (vornehmlich Zink ist wichtig!).

2mal wöchentlich geben wir 1/2 Ampulle Ubichinon (Heel) und 1mal täglich 1 TL von Schindeles Mineralien.

Zur Verbesserung der Darmflora reichen wir unseren Patienten milchsaure Produkte (Acidophilus- oder Bifidusmilch) und Maisstärke.

Hautpilz

Mehrere Faktoren müssen zusammentreffen, damit eine Pilzbesiedlung der Haut (Mykose) überhaupt manifest werden kann:
- seelische Unausgeglichenheit, emotionaler Streß, Unterdrückung instinktmäßiger Bedürfnisse;
- gestörte Leber- und Darmfunktion (Giftlage);
- der Hautschutzfilm ist irritiert, z.B. durch zu häufiges Waschen, Baden;
- genetisch determiniert neigen gewisse Individuen von Haus aus zu Pilzbefall;
- Konstitutionsschwäche, Nährstoffmangel;
- häufige Medikationen, z.B. chemische Entwurmungen, begünstigen eine Pilzansiedlung, weil der Organismus dadurch geschwächt wird.

Kreisrunde haarlose Stellen mit und ohne Juckreiz sind ein sicheres Anzeichen für Pilzerkrankungen. Die betroffenen Hautbezirke schuppen sich, bakterielle Sekundärinfektionen können das Geschehen deutlich verkomplizieren.

Zur Sanierung bedarf es einer tiefgreifenden konstitutionellen Umstimmung in Verbindung mit seelischer und körperlicher Hygiene.

Äußerliche Anwendungen sind wichtige Hilfsmaßnahmen, dürfen aber niemals als alleiniges Heilmittel betrachtet werden. Leichte Einreibungen mit Knoblauchsaft oder unverdünnter Echinacea-Tinktur sind durchaus zweckmäßige Maßnahmen.

Zur homöopathischen konstitutionellen Umstimmung eignen sich:
- Pulsatilla D 30: Der Pilz erscheint vornehmlich am Kopf, an den Hinterbeinen und in der Lendengegend. Auch im Ohr ist er zu finden!
- Sepia D 30: Der Pilz tritt in der Gegend des Unterbauches und im Geschlechtsbereich auf.
- Arsenicum album D 12: Generalisierter Pilzbefall eines von chronischen Krankheiten belasteten Tieres.
- Magnesium chloratum D 30: Insuffizienzen seitens der Leber, der Bauchspeicheldrüse oder des Darms verringern den Hautwiderstand gegen Keime und Pilze. Die Pilzbesiedlung erfaßt Schleimhäute des Mauls oder Darms; äußerlich an den Pfoten, am äußeren Ohr und am Schwanzansatz.

Um den Entwicklungs-, Reinigungs- und Umstimmungsprozeß zu unterstützen, bewährt sich auch eine Kombination der Bach-Blüten Centaury, Chestnut Bud, Crab Apple und Walnut. Mit Crab Apple kann man auch äußerlich Waschungen vornehmen.

Wir tauchen den Patienten in seiner Gesamtheit in blaues Licht und erhöhen so seine Widerstandskräfte.

1mal wöchentlich angesetzte Magnetfeldbehandlungen wirken ebenfalls umstimmend auf den gestörten Hautstoffwechsel und erhöhen die Widerstandskraft.

Coenzyme (Heel), 2mal wöchentlich 1/2 Ampulle Mucokehl-Tropfen und 3mal täglich 1 EL Terrakraft runden unser Behandlungsschema ab.

Ektoparasiten: **a)** *Hundefloh,* **b)** *und* **c)** *Zecken,* **d)** *Haarbalgmilbe,* **e)** *Herbstgrasmilbe,* **f)** *Grabmilbe*

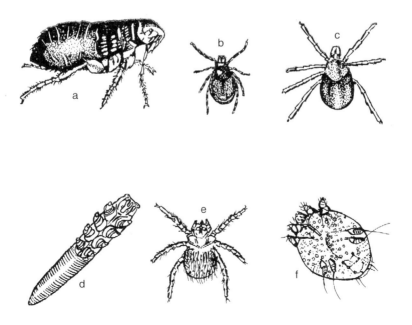

Viel Bewegung an frischer Luft und häufiger Sonnenkontakt reduzieren die Pilzanfälligkeit. Günstig wirkt sich auch eine Reduktion von tierischem Eiweiß in der Nahrung aus.

Ektoparasiten

Die unerwünschten Bewohner, die sich im Fell unserer Hunde einnisten können, stellen ein permanentes Problem in allen Bereichen der Hundehaltung dar. Natürlich greift der Befall mit Ektoparasiten um so stärker um sich, je schlechter die hygienischen Verhältnisse sind. Ein verwahrlostes, unterernährtes Tier bietet sich regelrecht für Parasitismus an.

Je dichter die Hundepopulation wird, je mehr Hunde auf engstem Raum zusammenleben oder -kommen, desto größer ist die Gefahr der Übertragung der Plagegeister. Kranke oder konstitutionell geschwächte Hunde sind für Parasiten jeglicher Art ein »gefundenes Fressen«. Ein vor Gesundheit strotzender Hund wird kaum von Schädlingen befallen, und wenn, dann nur kurzfristig und ohne nennenswerte Beunruhigung des Wirts. Überall dort, wo die Lebensenergie geschwächt ist, liegt ein optimaler Nährboden für Parasitismus vor. Als beste Vorbeugung gilt somit der optimale Gesundheitszustand des Hundes und entsprechend hygienische Haltungsbedingungen.

Der offensichtliche Befall von Endo- und Ektoparasiten sollte uns zu denken geben und zum Handeln anregen, gelten doch die Schädlinge nicht nur als nährstoffentziehende Blutsauger, sondern auch als Krankheitsüberträger. So überträgt beispielsweise der Hundefloh die Eier des Bandwurms. Zecken sind als Virusträger bekannt.

Die üblichen lästigen Nebenwirkungen

Zecken werden vorsichtig mit der Zeckenzange gepackt und herausgedreht; dabei unbedingt darauf achten, daß der Kopf mit entfernt wird.

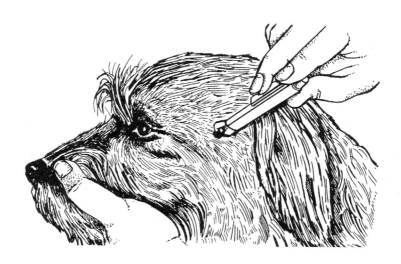

eines solchen Ektoparasitenbefalls sind uns schon bekannt: Juckreiz, z.T. blutende Hautausschläge, Haarausfall und Allergien. Diese Erscheinungen werden oft als parasitäres Exzem zusammengefaßt. Ständiges Kratzen macht das Tier nervös; die Folge sind Appetitstörungen und Abmagerung.

Therapeutische Maßnahmen sollten auch die konstitutionelle Verfassung des Patienten berücksichtigen, ferner die Vitamin- und Mineralstoffversorgung und die hygienischen Verhältnisse. Stark verseuchte Gebiete sollte man nach Möglichkeit meiden.

Endo- und Ektoparasitenbehandlung sollten Hand in Hand gehen und werden daher an dieser Stelle gemeinsam besprochen.

Mit sogenannten »Floh- und Zeckenhalsbändern« hat man seitens der Chemie einen gewaltsamen Vorstoß gegen diese Invasoren unternommen. Solche Maßnahmen zeigen aber recht unangenehme Nebenwirkungen, da von den imprägnierten Halsbändern reichlich Giftstoffe in die Blutbahn und die Organe gelangen. Vornehmlich die Leber, die Nieren und das Zentralnervensystem erweisen sich diesbezüglich als besonders empfindlich. Vor allem junge oder bereits durch Würmer oder Infektionserreger geschwächte Hunde können dadurch erhebliche gesundheitliche Schäden davontragen.

Ektoparasitenbehandlung und -prophylaxe

Äußerlich
Neuerdings werden parasitenwirksame Halsbänder mit ätherischen Ölen angeboten. Alternativ dazu kann man das Fell des Hundes 2–3mal wöchentlich mit ätherischen Ölen gegen den Haarstrich massieren oder besprühen. Am besten eignen sich hierfür Eukalyptusöl und Rosmarinöl, jeweils einige Tropfen zu gleichen Teilen in Wasser von 60°C zubereitet.

Innerlich
Im Sinne einer lange anhaltenden Umstimmung des Organismus ist es möglich, unsere Hunde homöopathisch zu »impfen«. Aufgrund dieser Umstimmung kann man mit einer Reduktion des Ektoparasitenbefalls von bis zu 100% rechnen!
- Gegen Zecken, Läuse, Haarlinge und Flöhe gibt man Ledum D 200, alle 4 Wochen eine Gabe.
- Gegen Räudemilben, Raubmilben (Cheyletiellose), Demodikose und Trombidiose wirkt Apis D 30, 2mal im Abstand von 2 Tagen, mit einer Wiederholung nach 6 Monaten.

Das entsprechende individuelle homöopathische Konstitutionsmittel unterstützt und stabilisiert die körpereigenen Abwehrkräfte und verhindert einen Neubefall. Das gleiche gilt auch für die Endoparasiten.

Die konsequente Reinhaltung des Hundelagers ist unbedingt nötig. Unsere Bemühungen zur Fernhaltung unerwünschter Mitbewohner können wir unterstützen, indem wir dem Tier immer wieder mal Crab apple ins Trinkwasser geben sowie das Fell und das Lager von Zeit zu Zeit damit besprühen.

Endoparasitenbehandlung und -prophylaxe

- **Protozoen:** Leishmaniose (Ehrlichiose) und Kokzidiose: Natrium sulfuricum

D 12, 2mal täglich, 8 Tage lang, Wiederholung nach 6 Monaten.
Giardiose, Toxoplasmose, Hammondiose, Sarkozystose und Babesiose; Natrium muriaticum D 30, 2mal im Abstand von 2 Tagen, Wiederholung nach 4 Monaten.
- **Trematoden** (Plattwürmer): Abrotanum D 1, 3mal täglich, 8 Tage lang, Wiederholung nach 6 Monaten.
- **Zestoden** (Bandwürmer): Pseudophyllida und Cyclophyllida: Natrium sulfuricum D 12, 2mal täglich 8 Tage lang, Wiederholung nach 6 Monaten.
- **Nematoden** (Rundwürmer): Trichurose, Hakenwürmer, Filariose (Fadenwürmer): Abrotanum D 1, 3mal täglich, 8 Tage lang, Wiederholung nach 6 Monaten.
  Lungenwürmer: Lachesis D 12, 2mal täglich, 8 Tage lang, Wiederholung nach 6 Monaten.
  Spulwürmer (Askaridose): Cina D 4, 3mal täglich, 6 Tage lang, Wiederholung nach 6 Monaten. Teucrium marum verum D 6 als Alternative bei sehr ängstlichen, schreckhaften Hunden; 3 mal tgl. 6 Tage lang, Wdh. nach 6 Monaten.
- **Pentastomiden** (Zungenwürmer): Abrotanum D 1, 3mal täglich, 8 Tage lang, Wiederholung nach 6 Monaten.

Allergien

Jeder 7. Hund erkrankt derzeit mindestens einmal in seinem Leben an einer Allergie bzw. Unverträglichkeitsreaktion. Diese Begriffe geistern auch ständig in vielen Fachzeitschriften und Boulevardblättern herum; doch kaum jemand weiß damit umzugehen, am wenigsten die herkömmliche Schulmedizin. Da diese Erscheinungen keineswegs materialistischer Natur sind, fehlt diesbezüglich die Basis des Erkennens und somit der Blick für die wirklich heilenden Maßnahmen.

Aufgrund der belegbaren Zunahmen der allergischen Erkrankungen, auch bei Hunden, erscheint es mir daher an dieser Stelle notwendig, genauer auf dieses Problem einzugehen.

Allergos heißt im Griechischen soviel wie »andersartig, überschwenglich« reagieren. Nun, worauf reagiert denn der Allergiker so überschwenglich, so heftig?

Im Grunde kann alles und jedes zum Allergen (der die Allergie auslösende Faktor) werden. Das zeigt sich auch darin, daß ständig »neue« Allergene entdeckt werden. Umgekehrt gibt es aber Menschen und Tiere, denen alle Allergene der Welt nichts anhaben können. Wie kommt das?

Der Allergiker »sucht« sich sein Allergen aus. Unbewußt erklärt das Individuum den einen oder anderen Stoff (oder Artgenossen oder Menschen) zum Feindbild, über das es seine Aggressionen ablaufen lassen kann. Im speziellen Fall bedeutet das, daß der Allergiker mit gewissen Dingen, Situationen oder Personen »auf Kriegsfuß« steht, weil diese nicht in sein Bewußtseinskonzept »passen«.

Das Aggressionspotential entlädt sich über ganz bestimmte Muster, wie z. B. Niesanfälle, Hautausschläge oder Durchfall, wobei das Überschreiten der ohnehin sehr niedrigen Toleranzschwelle hierfür ausschlaggebend ist. Bei den Tieren kommt hinzu, daß ihnen gewisse Verhaltensweisen oder Dinge (z. B. Nahrung aus der Dose) aufgezwungen werden, gegen die sie sich nicht direkt, sondern eben nur über allergische Reaktionen wehren können.

Allergien 235

Auch Hunde können auf Katzen allergisch reagieren.

Die Bereitschaft zur Allergie kann genetisch determiniert sein, aber auch durch ständigen Reiz erworben werden. Für die Heilung des Allergikers ist es geradezu eklatant wichtig, zu erkennen, daß das Allergen selbst »unschuldig« ist; sonst müßten ja alle Menschen und Tiere darauf gleich allergisch reagieren. Dieses wird eben nur symbolhaft gewählt, um anzuzeigen, auf welcher Bewußtseinsebene der Aggressionsfaktor zu suchen ist. Wird das Symbol jedoch zur rationalen Ebene erhoben, läßt sich der Schlüssel zur Lösung des Allergieproblems erklären.

Die Allergie kann sich einerseits schleichend über längere Zeit entwickeln, der Organismus wird auf das Allergen sensibilisiert, »geprägt«. In Einzelfällen zeigt sich das allergische Geschehen jedoch plötzlich, mit heftigen schockartigen Reaktionen einsetzend, was nicht selten mit Lebensgefahr verbunden ist.

Wie geht man also ganz allgemein mit Allergien um?

Je nach individueller Disposition drückt sich das allergische Geschehen an den entsprechenden Körperstellen aus:
- auf der Haut z.B. bei Nahrungsmittelintoleranz oder Insektenstichen (Flohallergie) oder Reizstoffen (Schafwolldecke);
- im Verdauungstrakt (chronische Verdauungsstörungen);
- im Atmungstrakt (Heuschnupfen, Sinusitis, Asthma);

- in den Gelenken (mit schmerzhaften Schwellungen, die auch von Gelenk zu Gelenk wandern können);
- im Bereich des Auges (z. B. heftig juckende Bindehautentzündung).

Das **Behandlungsschema** muß sich zwangsläufig multifaktoriell gestalten und generell die Toleranz des Individuums gegenüber dem Allergen erhöhen. Soweit möglich, sind die Noxen, die die Allergie auslösen, fernzuhalten bzw. zu beseitigen, und zwar so lange wie die Intoleranz anhält. Dazu gehören u. a. Futterkorrekturen (notfalls unter Verordnung einer Auslaßdiät), Überprüfung der sozialen und partnerschaftlichen Verhältnisse, Vermeidung immunsuppressiv wirkender Medikamente und Umweltgifte usw.

Im weiteren gilt es, das Immunsystem zu »normalisieren« und zu stabilisieren.

Es gibt natürlich keine einheitliche Allergietherapie, dazu sind die Vernetzungen, die sie auslösen, viel zu komplex. An dieser Stelle soll es genügen, eine Basistherapie vorzuschlagen, um die herum sich im individuellen Fall gezielte Maßnahmen, welcher Natur auch immer, zu gruppieren haben. Zur besseren Orientierung mag uns folgendes **Fallbeispiel einer Nahrungsmittelallergie** dienen.

Der Münsterländerrüde »Jacky« leidet seit zwei Jahren an chronischem Durchfall, der nur zeitweilig besser wird und sich als therapieresistent erweist. Daneben besteht ein juckendes Ekzem an den Oberschenkeln, das sich im Winter vorübergehend etwas bessert.

»Jacky« ist ein zugänglicher, freundlicher Charakter, der jedoch beim Anblick anderer Rüden mit Aggressivität reagiert. Danach verschlimmert sich fast jedesmal sein Durchfall. »Jacky« erhält viel Kopffleisch, oft auch Dosenfutter und manchmal Küchenreste. Der Grund dieser Allergie mag in einem tief verwurzelten Gefühl von mangelndem Selbstvertrauen liegen, das sich beim Anblick eines in Konkurrenz stehenden fremden Rüden augenblicklich ins Unerträgliche steigert und die plötzliche Aggressivität auslöst.

Der Therapieplan: Die Fleischrationen werden auf kleine Mengen Rind- und Hammelfleisch reduziert; dazu reichen wir abwechselnd Sojalaibchen, viel Hirse, Dinkel und Möhren. Verboten sind Milch- und Hühnereiweiß, Schweinefleisch und Wurst davon, Süßigkeiten und generell Reizstoffe. Innereien und herkömmliches Dosenfutter sind ebenfalls vom Speisezettel zu streichen; wohl gibt es aber speziell auf Allergien abgestimmte Fertignahrung.

1mal monatlich erhält »Jacky« sein homöopathisches Konstitutionsmittel Lycopodium D 200. Dadurch erfährt er eine wirksame Hilfe zur Entwicklung seiner Persönlichkeit.

Eine äußerst wirksame Unterstützung im Allergiegeschehen stellen die Bach-Blüten dar. Ihre feinen Schwingungen sind in der Lage, das persönliche Toleranzgeschehen zu modulieren und so auch das Immunsystem zu stabilisieren.

Im speziellen Fall erhält »Jacky« eine Mischung aus
- Beech (hebt die Toleranz),
- Crab apple (zur körperlichen und seelischen Reinigung),
- Holly (erlöst die Aggressivität),
- Impatiens (beruhigt die überschießenden Reaktionen),
- Larch (vermittelt fundiertes Selbstvertrauen),
- Mimulus (nimmt die Angst vor dem »Rivalen«)

Davon bekommt »Jacky« 3–4mal täglich 3 Tropfen.

Allergien 237

Lichttherapie

Wer will und die Zeit hat, taucht seinen Hund in Licht, und zwar vormittags in gelbes und nachmittags in grünes.

Eine willkommene Veränderung erfährt die Persönlichkeit, wenn man ihr immer wieder Reiki über dem Herzchakra vermittelt. Über dem Bauchchakra wirkt Reiki interessanterweise im Sinne einer Desensibilisierung, weil es die Persönlichkeit mit den ausgleichenden Strömen des Universums verbindet.

Die Musik von R. SCHUMANN stimmt unseren Hund versöhnlich und öffnet ihm das Verständnis für innere Freiheit.

Die Magnetfeldtherapie versetzt die Körperzellen in ihren ursprünglichen Schwingungszustand und reguliert so das zur Normergie führende elektrische Potential derselben. Der Akupunkteur versucht ebenfalls, »fehlgeleitete« Energieströme zu harmonisieren.

Schließlich erhält »Jacky« zur Aktivierung seiner Enzymtätigkeit 2mal wöchentlich 1/2 Ampulle Coenzyme und 3mal täglich 1 EL Terrakraft. Eine nicht zu unterschätzende Rolle im Allergiegeschehen spielt Zink, das wir in Form der Zink-Orotat-Tabletten, 3mal täglich 1 Stück, verabreichen. Die Zufuhr von Vitamin C und Vitamin-B-Komplex beschleunigt die Umstimmung.

Der Verlauf: In einer Woche hatte sich der Stuhl von »Jacky« normalisiert, in drei Wochen war das Ekzem weg. Die Persönlichkeit von Jacky änderte sich im Laufe der Zeit in der Form, daß er auch im Verein mit anderen Rüden ein lustiger, ausgelassener Spielkamerad wurde.

Abschließend sei noch auf die Behandlung von **Insektenstichen** hingewiesen, die ja nicht selten ebenfalls zu mehr oder weniger ausgeprägten allergischen Reaktionen führen können.

Bienen- und Wespenstiche: Apis D 4, stündlich, und mehrmals die Notfalltropfen, die man auch äußerlich anwenden kann. Zur Nachbehandlung empfiehlt sich die Ringelblumen-Tinktur oder -Salbe.

Stechmücken, Bremsen: Ledum D 4, stündlich, äußerlich die Ledum-Tinktur (1:5 verdünnt).

Flöhe: Staphisagria D 30, 1mal täglich, äußerlich die Ledum-Tinktur.

Die Infektionskrankheiten

Die Symbolik

In der genetisch programmierten Lebensmatrix des Individuums ist die Anfälligkeit (Disposition) gegenüber bestimmten Infektionskrankheiten bereits festgelegt. Andere Infektionsmuster prägen sich erst im Laufe des Lebens ein. Somit hat sich jedes Lebewesen mit bestimmten Krankheitsinformationen auseinanderzusetzen, die unabhängig davon auch die Entwicklung des Individuums beeinflussen.

Um in diesem ständigen Kampf mit den Infektionserregern zu überleben, entwickelt der Organismus von Geburt an Abwehrstoffe bzw. erhält diese z. B. über die Muttermilch. Dieses solide Abwehrsystem — die natürliche Resistenz — ist zunächst unspezifischer Art und von den mütterlichen Antikörpern geprägt. Das Immunsystem entwickelt sich parallel zu den Gegebenheiten und Anforderungen, denen das Individuum ausgesetzt ist, um mit den ihm »zufallenden« Infektionen fertigzuwerden.

Die das Immunsystem schwächenden

und somit auch die allgemeine Konstitution untergrabenden Einflüsse – mangelnde Hygiene, negative Umwelteinflüsse, Fehl- oder Mangelernährung, seelische Krisen, Streß und dgl. – sind es jedoch, die das ursprünglich stabile Abwehrsystem auf lange Sicht schwächen und so erst einen Einbruch mit allen seinen Folgen erlauben.

Es gibt eine einfache Schlußfolgerung: Je wohler, glücklicher und zufriedener sich ein Mensch oder Tier fühlt, desto stabiler und widerstandsfähiger ist sein Immunsystem. Das Immunsystem ist also der Spiegel des persönlichen Wohlbefindens.

Infektionserreger (Bakterien, Viren, Pilze) sind immer und überall auf der Welt anzutreffen. Sind sie dem Organismus bekannt, d. h., hat er ihre Informationsmuster aus einer früheren »Begegnung« in seinem immunologischen Gedächtnis gespeichert, kann er bei einer Invasion sofort reagieren, indem er eine Mehrproduktion der entsprechenden Antikörper ankurbelt. Die meisten Infektionen verlaufen »stumm«, weil der Abwehrmechanismus eben sofort und ohne den Organismus zu »beunruhigen«, reagiert. Das ist eine durchaus sinnvolle Einrichtung, weil ja sonst die Lebensqualität erheblich gestört wäre, wenn wir auf alles und jedes heftig reagierten.

Infektionen und Seuchen hat es immer schon gegeben und wird es auch immer geben, weil sie untrennbar mit dem irdischen Schicksal verbunden sind. Lediglich ihr äußeres Erscheinungsbild ändert sich von Zeit zu Zeit, dem jeweiligen Stand der Kultur, der Zivilisation und des Bewußtseins der Gruppe (Herde) angepaßt. Daran können auch die herkömmlich praktizierten konventionellen Schutzimpfungen nichts ändern.

Die Geschichte hat es ja ganz deutlich gezeigt: »Impft« man eine Krankheit weg, taucht irgendwo die nächste auf. So hat man zwar die klassischen Hundeseuchen (Staupe, HCC, Leptospirose) zumindest in unseren Breiten scheinbar »weggeimpft«, dafür traten und treten allerorts immer wieder neue Seuchen auf, die man noch gar nicht richtig klassifizieren konnte. Man denke an die Hunde-Parvovirose, hervorgerufen durch ein modifiziertes Katzenvirus.

Die übliche Impfung mit zwar abgetöteten, aber vom Bewußtsein her unentwickelten Krankheitserregern vermag eine »Krankheitsidee«, deren Träger die verschiedenen Erreger sind, nicht zum Verschwinden zu bringen. Das kranke Bewußtsein läßt sich nur mit potenziertem Bewußtsein erlösen. Die einzige Möglichkeit, den Infektionskrankheiten auf Dauer zu begegnen, ist die, sie auf eine höhere Ebene zu transformieren. Dadurch verlieren sie ihren negativen Einfluß auf das organische Leben und »lösen« sich auf.

In diesem Sinne habe ich schon bei der Wurmbehandlung darauf hingewiesen, daß es auf Dauer absolut nichts bringt, den Gegner ständig zu bekämpfen. Man muß ihn begreifen lernen und ihn mit potenzierter Energie (Liebe) erlösen.

Ein bißchen Philosophie an dieser Stelle mag verdeutlichen, daß wir endlich begreifen sollten, den Erscheinungen der Natur – Parasiten gehören eben auch dazu – mit Weitblick und Einsicht zu begegnen.

Dementsprechend sehe ich die einzig auf Dauer wirksame Infektionsvorbeugung (neben der Einhaltung der entsprechend optimalen Lebensbedingungen) in der Gabe von potenzierten Heilmitteln (= Impfung, besser: Umstimmung).

Die Krankheitsbilder

Staupe

Hinter diesem KHB verbirgt sich eine grundlegende Lebensangst, die viele Neugeborene befällt, wenn sie mit der »rauhen« Wirklichkeit konfrontiert werden. Der Energieschock löst Starre und Lähme aus, welche sich über weite Bereiche des Atmungs- und Verdauungstraktes sowie auf das Zentralnervensystem ausbreiten. Ein gewisser Vergleich mit der Multiplen Sklerose sei erlaubt, da ja in diesem Fall der betroffene Mensch ebenfalls zunächst emotional, später dann auch körperlich steif und starr wird.

Junge Hunde erkranken am häufigsten und auch am dramatischsten, weil sie der Lebensangst noch nicht viel entgegenzusetzen haben. Aber auch ältere Hunde sind nicht davor gefeit, wenn ihnen die Kraft oder der Mut fehlt, im Daseinskampf zu bestehen. Alle Schleimhäute – also Kontaktflächen mit der Umwelt – entzünden sich, Schnupfen, Husten, Niesen, Lidbindehautkatarrh, Durchfall, Ohrkatarrh u. a. sind möglich. Das Gebiß erfährt eine dramatische Einschränkung und Einkerbung (»Staupengebiß«).

Im schlimmsten Fall »entwindet« sich das Tier der Realität, es kommt zur Gehirnhautentzündung. Auch das Rückenmark wird teilweise erfaßt; Krämpfe und Lähmungen sind die Folge. Das Urogenitalsystem bleibt ebenfalls nicht verschont, vor allem die Nieren versagen den Dienst.

Therapie

Im Verein mit dem behandelnden Fachmann sollte nichts unversucht bleiben, dem Tier wieder seine Lebensfrische zurückzubringen.

Man verabreicht 3mal täglich 5–10 ml Jalapa-Tee und läßt in der Duftlampe Wacholderöl verdampfen. Das entgiftet und regt die Drüsentätigkeit an.

Die Homöopathie kennt einige Mittel:
- Jalapa D 4 gegen die Krämpfe im vegetativen Bereich;
- Gelsemium D 200, 1mal täglich, schaltet sich besänftigend in die Bahnen des Zentralnervensystems ein;
- Chininum arsenicosum D 12 regelt das septische Fieber und erweckt die Lebensgeister;
- Coffea tosta D 2, alle 4 Stunden gegeben, als allgemein umstimmendes Virusmittel;
- Echinacea D 4 belebt das darniederliegende Immunsystem.

Eine hervorragende Hilfe sind die Notfalltropfen, weil sie das zusammengebrochene Energiesystem erneuern, und Holly, wegen der Bösartigkeit der Krankheit.

Wir tauchen den ganzen Hundekörper in gelbes Licht. Eine weitere Entschärfung der Situation bringt Reiki über dem Scheitel. Ein erhebendes Schwingungsmuster schenkt die Musik von J. S. Bach.

Um aus unserem Hund einen vollwertigen Erdenbürger zu machen, stellen wir auf Vollwertkost um, wenig Fleisch, viel Getreide, keine konservierten, sondern frische Nahrungsmittel!

Ansteckende Leberentzündung, Hepatitis contagiosa canis (HCC)

Die Leber als Ort der Klärung und Entgiftung erfährt aufgrund von Fehlinformationen bzw. »falscher Datenverarbeitung« eine Niederlage. Der Informationsaustausch mit der Umwelt, der interaktionäre Energiefluß, ist gestört, was wiederum zur

Entgleisung ganzer Organsysteme (Nekrose der Leberzellen, Zusammenbruch der Nierenfunktion u. ä.) führt.

Das Thema der Wandlung zum identifizierbaren Individuum wurde verfehlt. Daher erkranken vornehmlich Hunde, die ihre eigene Persönlichkeit für sich nicht erfaßbar machen konnten.

Die Krankheitserscheinungen sind mitunter denen der Staupe ähnlich, mit Schwerpunkt jener Organe, die die Persönlichkeit ausmachen: Herz, Leber, Nieren. Mit zunehmender Identifikationsschwäche des Tieres erleiden auch die Bereiche des Zentralnervensystems Schaden. Schwindet jeglicher klarer Blick für eigene Werte, trüben sich auch die Augen (Leukom).

Therapie

Im metaphysischen Sinne muß diese darauf abzielen, die Persönlichkeit zum Ganzen, zum Erhalt des ursprünglichen Energieflusses zu führen, sie vor dem Zerfall zu schützen.

Tees oder Tropfen zum Schutze der angesprochenen Organe mit Jalapa, Odermennig, Mariendistel, Goldrute, Zinnkraut, Schafgarbe oder Weißdorn können jederzeit unterstützend verabreicht werden. Eine gute Atmosphäre für den kranken Hund schafft man mit den ätherischen Ölen von Wacholder, Zypresse und Latschenkiefer.

Das homöopathische Programm sieht so aus:
- Jalapa D 4,
- Carduus marianus D 1,
- Eleutherococcus D 6 (aktiviert die Abwehrkräfte),
- Coffea tosta D 2,
- Hepatitis-B-Nosode, 1mal täglich, bis die Erscheinungen völlig abgeklungen sind.

Ist die Erkrankung bereits weit fortgeschritten, die Leber recht angegriffen, führen wir dieser 2mal wöchentlich das Organpräparat Hepar zu.

Ganz allgemein entgiftend und aufbauend wirken die Mucokehl-Tropfen (Sanum-Kehlbeck).

Einige der Bach-Blüten mögen zur Persönlichkeitsbildung und Klärung und somit zur Öffnung für innere Werte beitragen. Es sind dies Agrimony, Chestnut Bud, Crab apple und Wild Rose.

Über das Nabelchakra bringen wir mit orangem Licht die nötigen Informationen zum Erhalt und zur Verlebendigung der Persönlichkeit. Leber 1 ist der Akupressurpunkt, von dem aus wir der Leber Leben einhauchen (für jeweils 3 Minuten). Den Persönlichkeitsschutz bietet auch Reiki, über alle Chakren dem Körper vermittelt. Die Musik von R. SCHUMANN oder W. A. MOZART mag eine gute Unterhaltung für den Rekonvaleszenten sein; ebenso CAT STEVENS, BOB DYLAN und ERIC CLAPTON für Hunde, die der Popmusik zugetan sind. Den irritierten Energiekörper bringt auch die Magnetfeldtherapie wieder ins rechte Lot. Die erkrankten Organe lassen sich gut mit Hilfe der Akupunktur regulieren.

Zur unbedingt notwendigen Steuerung der dissonanten Enzymaktivitäten geben wir Coenzyme und Ubichinon (beide Heel), je 2mal wöchentlich im Wechsel, dazu 3mal täglich 1 EL Terrakraft.

Kohlenhydratreiche Diät mit wenig Fleisch und viel Gemüse läßt unseren Patienten aufleben und belastet ihn nicht. Zusätzlich reichen wir saure Milchprodukte, Magerkäse und -quark mit Kräutern wie Basilikum, Estragon, Koriander und Bohnenkraut.

Abgesehen von allen therapeutischen Maßnahmen braucht unser Patient besonders viel Zuwendung und Anerkennung. Zeigen wir ihm, daß wir uns bemühen, seine Persönlichkeitsstruktur zu begreifen!

Stuttgarter Hundeseuche, Leptospirose

Das Prinzip der Klarheit und Reinheit erfährt seine körperliche Entsprechung in der störungsfreien und ausreichenden Funktion der Ausscheidungsorgane. Andererseits ist die Körperoberfläche, also Haut und Haarkleid, bestrebt, diese Reinheit, so gut es geht, zu schützen. Beide Systeme funktionieren bei dieser Erkrankung nicht mehr, die Erreger lauern just im Element der Reinheit, dem Wasser, um den geschwächten Organismus (auch Menschen sind gefährdet) zu befallen. Welch Ironie des Schicksals!

Im geistigen Sinne ist sich unser Patient über seine Beziehungsfähigkeiten unklar, daher erkranken in erster Linie die Nieren, das Herz, aber auch das Zentralnervensystem. Vieles erscheint ihm unverdaulich, was sich in Magen-Darm-Beschwerden niederschlägt. Auch die Atemwege können mit erkranken, wenn sich das Individuum auf der Beziehungsebene »sperrt«.

Therapie
Die zwar nur noch selten tödlich, aber doch hochakut verlaufende Krankheit braucht rasche und gezielte Maßnahmen. Das ist zunächst Sache des Tierarztes. Seitens der Naturheilverfahren bieten sich folgende Möglichkeiten an:
- Echinacea D 4,
- Lachesis D 30,
- Chininum arsenicosum D 12,
- Phosphor D 200, 1mal täglich,
- Sanuvis-Tropfen (Sanum Kehlbeck).

Um die Bestrebungen nach Klarheit, Reinheit und Struktur zu unterstützen, geben wir die Bach-Blüten Crab apple und Scleranthus dazu; Rock Water und Willow für den Fall, daß sich die Persönlichkeit unverzeihlich gegenüber sich selbst und anderen zeigt. Red Chestnut benötigen manche Charaktere, um einen moderaten Zugang zu ihren Beziehungen zu finden.

Das notwendige universelle Liebespotential erhält unser Patient über Bestrahlungen mit grünem Licht im Bereich des Nabelchakras: dort geben wir auch Reiki. Zur Entgiftung stimulieren wir den Akupressurpunkt Leber 1 für 3 Minuten. Heilende Schwingungen sendet auch die Musik von VIVALDI, CAT STEVENS oder PAUL HORN »In der großen Pyramide« aus. Eine potentielle Nierenunterstützung bietet die Akupunktur. Ubichinon (Heel), jeden 2. Tag, und Terrakraft, 3mal täglich, runden den Therapieplan ab.

Stehende Gewässer sind grundsätzlich mögliche Seuchenherde. Darüber muß man sich stets im klaren sein. Das Risiko, sich zu infizieren, wird aber beträchtlich kleiner, wenn man sich bzw. den Hund nach dem Baden kräftig trockenfrottiert.

Katzenseuche des Hundes, Parvovirose

Das »Feline Panleukopenie-Virus« hat sich im verborgenen am Hund adaptiert und vor vielen Jahren erschreckend viele Todesfälle bei Junghunden verursacht. Seine Eigentümlichkeit gestattet es ihm, daß es über viele Jahre maskiert Fleischfresserpopulationen heimsucht, ohne zunächst erkannt zu werden.

Zwar hatte man bald einen Impfstoff entwickelt, aber dadurch wiederum die Tore für neue (eigentlich bereits vorhandene, aber noch nicht klassifizierte) Erkrankungen geöffnet. Nachdem Katzen über viele Jahre gegen dieses Virus geimpft worden waren, fühlte sich das Virus in seiner Existenz gefährdet und hat sich ausweichend einen neuen Wirt gesucht.

Vornehmlich junge Hunde erkranken an der Parvovirose. Die absolute Gefährlichkeit des Geschehens zeigt sich darin, daß die Tiere unter heftigem Brechdurchfall und Kreislaufkollaps sehr rasch zugrunde gehen. Also muß auch sehr rasch und intensiv behandelt werden.

Therapie
Aufgrund der rasch fortschreitenden Austrocknung des Patienten ist es von größter Wichtigkeit, ihm, wenn nötig zwangsweise oder mittels Elektrolytinfusion, Flüssigkeit zuzuführen. Das kann auch Kamillen- oder Schwarztee mit etwas Traubenzucker sein.

Eine die Situation entspannende Wirkung vermittelt die Aromatherapie, wenn man das ätherische Öl der Kamille oder Rosenöl verdampfen läßt. Auch das Latschenkieferöl soll beruhigend auf das irritierte Vegetativum wirken.

Die Homöopathie liefert einige bewährte Arzneien.
- Veratrum album D 4 tritt hier als großer Lebensretter auf, da es nicht nur den Brechdurchfall beruhigt, sondern auch den Kreislauf erheblich stützt. Es muß alle 15 bis 30 Minuten gegeben werden.
- Ipecacuanha D 6 folgt alle 2 Stunden, vor allem dann, wenn der Brechdurchfall blutig wird.
- Echinacea D 4 und
- Coffea tosta D 2 mobilisieren die Abwehrkräfte.
- Lachesis D 30, 1mal täglich, bewahrt

den Organismus davor, der Krankheit anheim zu fallen.

Bis zum Abklingen der Erscheinungen unterstützt man den Heilungsprozeß mit der Diphterinum-Nosode, 1mal täglich. Zur Revitalisierung der besonders schwer betroffenen Epithelzellen der Magen- und Darmschleimhäute geben wir 1mal täglich 1/2 Ampulle Citrokehl.

Um den schwer erschütterten Energiekörper vor weiterem Verfall zu bewahren, geben wir öfter am Tag die Notfalltropfen. Anschließend harmonisieren wir den Patienten mit Blütenessenzen des Trostes, der Liebe und der Zuversicht: Gentian, Olive, Star of Bethlehem und Wild Rose.

Wenn möglich, tauchen wir unseren ganzen Hund in violettes Licht und beschicken ihn mit Reiki. So schließen wir unseren Patienten wieder an die harmonischen kosmischen Ströme an. Zur leisen Untermalung dieses Szenarios legen wir eine Musikkassette von G. F. Händel ein.

Das geregelte Zusammenspiel der Enzyme erreichen wir mit Coenzyme (Heel), jeden 2. Tag 1/2 Ampulle.

Da unsere Patienten zunächst jegliche Nahrung verweigern, versuchen wir, sobald sich der Zustand etwas gebessert hat, per Löffel etwas Haferschleim (mit Meersalz gewürzt) einzugeben. So bleibt unser Patient bei Kräften, und das Meersalz gleicht den hohen Natriumchloridverlust aus. Eine gute Aufbaunahrung ist Hirsebrei mit gehacktem Rindfleisch.

Zwingerhusten, Kennel Cough

Welches Lebewesen (außer der Mensch vielleicht) läßt sich freiwillig die Unfreiheit aufzwingen? Wie das Wort »Zwinger«

schon anklingen läßt, muß es sich dabei wohl um eine Einrichtung handeln, die zur Aufgabe der ungezwungenen, freien Beweglichkeit »zwingt«. Die Kommunikation mit Artgenossen ist auf ein Minimum beschränkt, was wiederum Erkrankungen der entsprechenden Organe des Atmungstraktes (Kehlkopf, Luftröhre, Lunge) nach sich zieht.

Das Auftreten dieses KHB ist freilich nicht nur auf Zwingerhunde beschränkt, sondern stellt grundsätzlich ein Problem für Hunde dar, die so gehalten werden, daß sie der freien Kommunikation entsagen müssen.

Ein harter, trockener, quälender Kitzelhusten plagt die Tiere, der bis zum Brechreiz führen kann. Mitunter ist auch eine Mandelentzündung dabei.

Therapie
Eine gute Methode zur »Desinfektion« der Raumluft in Zwingern oder Hundeboxen ist das 1–2 mal wöchentliche Versprühen ätherischer Öle. Am besten eignen sich hierfür Zypressen- und Eukalyptusöl.

Rumex D 4 und Phosphor D 30 sind die bewährten homöopathischen Indikationen. Zur Beschleunigung der Ausheilung geben wir jeden 2. Tag die Pertussis-Nosode und 1/2 Ampulle Citrokehl.

Statt der erwähnten ätherischen Öle oder auch zusätzlich reinigen wir die Luft mit Crab apple, das wir mit der Sprühflasche über die Tiere hinweg vernebeln können. Eine allgemein gültige Bach-Blütenmischung für Zwingerhusten gibt es nicht, weil jedes Tier diese Situation unterschiedlich empfindet. Hat man die Möglichkeit, auf die Bedürfnisse der einzelnen Tiere einzugehen, sollte man in diesem Fall eine rein individuelle Mischung zusammenstellen.

Einzeltieren mag man auch mit örtlichen Blaulichtbestrahlungen helfen.

Im übrigen verweise ich bezüglich einer differenzierteren Behandlung auf das Kapitel Atemwege (Seite 124).

Der Auslauf in frischer Luft und Sonne, das Spielen und miteinander herumtollen dürfen stellen natürlich einen wesentlichen Beitrag zur Gesundung dar.

Herpes-Virus-Infektionen

Die vielen Variationen der Herpes-Viren sind die treuesten Begleiter von Mensch und Tier geworden. Und sie vermehren sich besonders dann gerne, wenn der Wirt auf irgendeine Weise in belastende Streßsituationen gerät. Dieser krankmachende Dys-Streß wird immer dann gefährlich, wenn die Energien eines Lebewesens erschöpft sind, aber nicht die notwendige Erholungsphase folgt.

Die Herpes-Viren haben dazuhin den Nachteil, daß sie im Abwehrsystem nur eine relativ kurze Immunität hinterlassen: zudem sind sie ausgesprochen wandlungsfähig. Das erklärt auch, warum sie in sehr kurzen Abständen immer wieder Infektionen provozieren. Denken wir nur an den Schnupfen des Menschen, der so manchen ständig plagt.

Die Anzeichen einer Herpes-Infektion des Hundes sind oft sehr unklar, nur selten dramatisch: wäßriger Schnupfen, feuchter Husten, Durchfall, Erbrechen; obwohl kaum Fieber besteht, sind die Tiere müde, abgeschlagen und anfällig für Sekundärinfektionen. Innere Organ- und Schleimhautblutungen sind möglich, die das KHB verkomplizieren. Damit folgt eine Anämie – im Blutbild ist eine permanente Leukozytose (Vermehrung der weißen Blutkörperchen) nachweisbar.

Therapie
Die zu setzenden Maßnahmen konzentrieren sich darauf, das Immunsystem aufzuwerten bzw. zu stabilisieren. Ein hervorragendes Programm läßt sich so empfehlen: Krallendorn-Extrakt (Radix uncariae tormentosae), 3mal täglich 3 bis 5 Tropfen, und Umckaloabo D 5 (Pelargonium reniforme), 2mal täglich.

Der Einsatz spezieller homöopathischer Mittel gruppiert sich um dieses Basisprogramm und richtet sich nach den konkreten Symptomen. Nach längerer Gabe der beiden genannten Arzneien (manchmal über Monate) werden die Tiere nicht nur wieder vollständig gesund, sondern auch virusfrei.

Die Bach-Blüten Centaury und Crab Apple schenken dem Tier auch die nötigen geistigen Abwehrkräfte und machen es gegenüber Infektionen widerstandsfähiger.

Eine konsequente Versorgung mit zusätzlichen Vitamin-C-Präparaten – das können auch Sanddorn oder Hagebuttensäfte sein – bietet ebenfalls einen weiteren Infektionsschutz und stärkt die Abwehrkräfte.

Tollwut, Lyssa, Rabies

Über Jahrhunderte hinweg hat diese Seuche die Welt – auch die zivilisierte – immer wieder in Atem gehalten. Wie ein unbezwingbares Schreckgespenst geistert sie durch Berichte, Geschichten und Erzählungen. Sagen ranken sich um sie, und schulmedizinisch gilt sie praktisch als unheilbar. So ist es – leider – in Deutschland, Österreich und der Schweiz auch verboten, tollwutverdächtige oder -erkrankte Tiere zu behandeln. Der Mensch sieht hilflos zu, wenn seine eigenen Artgenossen qualvoll zugrunde gehen. Doch die göttliche Schöpfung wäre in der Tat inkomplett, wenn es nicht auch hier Hilfe seitens der Naturkräfte gäbe.

Die Ansteckung erfolgt gewöhnlich durch infizierten Speichel, der mit einer frischen Verletzung (z.B. einem Biß) in Berührung kommt. Theoretisch ist die Ansteckung jedoch auch durch Verzehr von rohem Fleisch eines kranken Tieres möglich. Das Virus breitet sich entlang der Nervenbahnen aus. Je näher die Eintrittspforte dem Zentralnervensystem liegt, desto früher und dramatischer treten Symptome auf.

Die klassische **rasende Wut** ist beim Hund heutzutage eine Seltenheit; viel öfter beobachtet man die **stille Wut**. Allgemeine Lähme macht sich langsam breit, alles wird schlaff, der Unterkiefer und die Ohren hängen herab. Der Hund wird immer stiller, teilnahmslos, auf plötzliche äußere Reize hin schreckhaft. Auffallend sind Augen, Schluck- und Schlingbeschwerden; vornehmlich Wasser bereitet diesbezüglich Probleme. Heiseres Bellen und Speichelfluß werden gelegentlich beobachtet. Im weiteren Verlauf gesellt sich permanenter Durchfall dazu, das Tier verfällt hinlänglich und stirbt im allgemeinen den Erstickungstod durch Lähmung des Zwerchfells.

Wenn schon aus seuchenpolizeilichen Gründen keine *Tiere* behandelt werden dürfen, möchte ich doch zumindest für betroffene *Menschen* eine **Basistherapie** anbieten: Belladonna D 200 und Hyoscyamus D 200 im tgl. Wechsel; Scarlatinum (Scharlach) Nosode, 1mal täglich; den Patienten kräftig schwitzen lassen (Sauna) und viel pflanzliches, kein tierisches Eiweiß anbieten. Einmal täglich setzen wir den Patienten in einen Raum mit violettem Licht. Der Patient ist nach 4 Monaten virusfrei!

Die oft bestialische Ausrottung des Fuchses zur Tollwuteindämmung ist nicht nur widersinnig, sondern auch total inhuman. Er gehört ganz wesentlich zum »Immunsystem des Waldes«, wie die Leukozyten zu unserem eigenen Abwehrsystem. Eine flächendeckende Impfung mit der Scarlatinum-Nosode wäre wesentlich zweckmäßiger.

Das alternative Impfprogramm für Hunde

Hundestaupe und Hard Pad Disease: Multiple-Sklerose-(MS)-Nosode ab der 4. Lwo., 2mal im Abstand von 4 Wochen.
Stuttgarter Hundeseuche (Leptospirose): Leptospirose-Nosode ab der 4. Lwo., 2mal im Abstand von 4 Wochen.
Ansteckende Leberentzündung (HCC): Hepatitis-B-Nosode ab der 4. Lwo., 2mal im Abstand von 4 Wochen.
Parvovirose (Katzenseuche): Diphterinum-Nosode ab der 4. Lwo., 2mal im Abstand von 4 Wochen.
Zwingerhusten (Kennel Cough): Pertussis-Nosode ab der 4. Lwo., 2mal im Abstand von 4 Wochen.
Tollwut: Scarlatinum-Nosode ab der 4. Lwo., 2mal im Abstand von 4 Wochen. Sind die Muttertiere bereits immunisiert, erfolgt die Grundimmunisierung der Welpen ab der 6. Lebenswoche.
Wiederholung der Impfungen: Generell alle 6 Monate.
Herpes-Virus-Infektionen: Herpes-simplex-Nosode ab der 2. Lwo., 2mal im Abstand von 2 Wochen.
Trächtige Hündinnen: 1. Gabe 4 Wochen vor der Geburt,
2. Gabe 2 Wochen vor der Geburt.
Wiederholung: Alle 4 Monate.
Der volle Impfschutz tritt bei allen Impfungen 3 Tage nach der 2. Gabe ein!

Vergiftungen

Subtile Vergiftungen können täglich auftreten, übers Futter oder übers Trinkwasser, vom Boden, aus Pfützen usw. Der gesunde Organismus besitzt jedoch genügend Mechanismen, um kleine Giftmengen schadlos zu neutralisieren bzw. auszuscheiden. Hält die Giftzufuhr jedoch länger an oder werden die Abwehrkräfte dadurch überfordert, zeigen sich typische Symptome wie Erbrechen und Durchfall (Gefahr der Austrocknung!), Kreislaufstörungen und Kollaps, sensible und motorische Störungen seitens des Zentralnervensystems, Haarausfall, Störungen des Allgemeinbefindens, starre oder ungleiche Weite der Pupillen, Verfärbung der Kopfschleimhäute; auch rascher Verfall mit Untertemperatur und Tod ist möglich.

Behandlung: In vielen Fällen ist es zweckmäßig, Erbrechen auszulösen, um das Gift aus dem Magen herauszubefördern. Ist es dem Hund selbst unmöglich, zu erbrechen, provoziert man dieses mit Brechwurzel (Ipecacuanha) oder Brechnuß (Nux vomica), je 1 ml Urtinktur, oder versucht es mit 2 ml Essig und 3 ml Zitronensäure.

Um eine weitere Zerstörung von Zellen zu verhindern, geben wir öfter am Tag die Notfalltropfen. Sie lösen auch den energetischen Schock auf.

Wir versorgen unseren Patienten mit viel Wärme und Ruhe und geben ihm viel zu trinken, um die Giftausschwemmung aus dem Körper zu beschleunigen. Das kann auch Tee sein, zusätzlich zum Trinkwasser, und zwar von der Goldrute und der Brennessel.

Über die Duftlampe beschicken wir

unseren Patienten mit aufbauenden Informationen aus dem Rosenöl.

In speziellen Fällen können wir folgende Maßnahmen versuchen:
Rattengift (Kumarinderivate): Lachesis D 12, alle 3 Stunden, oder die D 30, 2mal täglich, und dazu Cortalus D 12, alle 3 Stunden, oder die D 30, 2mal täglich, Vitamin-B- und -K-Präparate.

Antibiotika und **Chemotherapeutika**: Nux vomica D 30, 1mal täglich, Magnesium sulfuricum D 12, 2mal täglich, homöopathisierte Allopathika (nach der Umkehrregel), wie z. B. potenziertes Penicillin, Sulfonamid, Cortison (Heel, Staufen Pharma).

Insektizide, Pestizide, Herbizide: Okoubaka D 4, mehrmals täglich, Phosphor D 30, 2mal täglich.

Verdorbenes Fleisch, Wurst, Dosenfutter, Fisch: Arsenicum album D 30, 1mal täglich, Okoubaka D 4, mehrmals täglich.

Impfschäden und -unverträglichkeiten: Thuja D 30, jeden 2. Tag, Beryllium D 12, 2mal täglich.

Interessanterweise bietet auch im Vergiftungsfall die Barockmusik ganz allgemein Entspannung und Lösung, etwa von Verkrampfungen seitens des Zentralnervensystems.

Das Programm wird ergänzt durch Präparate, die die blockierten Fermentsysteme wieder reaktivieren und den irritierten Zellmechanismus neu organisieren: Coenzyme und Ubichinon (beide Heel), jeden 2. Tag, Terrakraft, 3mal täglich 1 EL, Sanuvis (Sanum-Kehlbeck) 3mal täglich 10 Tropfen.

Krebs, Tumoren

Die Symbolik

Eines der traurigsten Kapitel der Menschheitsgeschichte, das mit sehr viel Angst und Leid verbunden ist, ist auch mit dem Schicksal so manchen Hundes verknüpft. Der Hund, der zuweilen auf engstem Raum mit seinen Menschen leben muß, reflektiert natürlich die Schwingungsmuster seiner »Rudelmitglieder«, lebt mit und erfährt mitunter dramatische Persönlichkeitsveränderungen. Die so oft zitierten Umweltbelastungen allein sind es auch nicht, die zu Krebs führen. Das psychische Erleben steht im Vordergrund: Einsamkeit, Frustration, Ängste, Unterdrückung und Lieblosigkeit dürfen hier als Schlagworte angeführt werden.

Das Krebsgeschehen entwickelt sich freilich auf verschiedenen Ebenen und bedarf mitunter mehrerer auslösender Faktoren. Grundsätzlich kann aus jeder unerlösten Problematik Krebs entstehen, wobei die Thematik der Erkrankung keinesfalls den Tod des Lebewesens nach sich ziehen *muß*! Viele von uns haben mehrmals im Leben Krebs, ohne es zu wissen! Der Körper wird spielend fertig damit, wenn sich die innere Einstellung und/oder die äußeren Umstände ändern. Der Organismus besitzt im allgemeinen genügend Abwehrkräfte, um mit dem Krebsgeschehen fertig zu werden.

Andererseits bedeutet Krebs oftmals die letzte Möglichkeit, mit einem Problem, einem Unterdrückungsphänomen fertig zu werden, indem es der Organismus abkapseln bzw. abstoßen möchte. Gerade in dieser Phase der größten Chancen, mit dem Tumor Kontakt aufzunehmen, werden die meisten Fehler gemacht.

Eine Operation ist freilich nicht immer auszuschließen, kann sogar lebensrettend sein; sie sollte aber nicht unbedingt am Beginn der Therapie stehen. Das Erkennen der Problematik, die Konfliktlösung, eine Änderung der Lebensbedingungen, Futterumstellung u.dgl. können schon die Heilphase einleiten. Viele Möglichkeiten bietet auch das Reich der Natur, um die Eigenregulation und die Abwehrmechanismen sinnvoll zu steuern.

Krebs ist grundsätzlich heilbar, doch braucht der Patient liebevolle Betreuung und von sich aus die entsprechende Bereitschaft für grundlegende Veränderungen in seinem Leben.

Die alternative Krebstherapie

Neben der seelisch-geistigen Unterstützung muß zunächst alles darauf gerichtet sein, die Abwehrkräfte zu mobilisieren und den Organismus vor Verfall zu bewahren. Der Krebspatient braucht viel Liebe, Ablenkung und sinnvolle Beschäftigung. Mensch und Hund müssen versuchen, die eventuell gemeinsam bestehenden Konflikte zu lösen und der inneren Freiheit den Vorzug zu geben. Ein Tierpsychologe mag da eine wertvolle Anlaufstelle sein, der sich dieser Thematik verständnisvoll annimmt.

Zur Stützung des Immunsystems mag folgender Fahrplan gelten:
- Krallendornextrakt (Radix uncariae tormentosae), 3mal täglich 5 Tropfen.
- Pelargonium reniforme (Umckaloabo) D 5, 2mal täglich (Kontraindikation: offensichtliche Blutungen. In diesem Fall gibt man statt dessen Echinacea D 12 oder Eleutherococcus D 6.)
- Viscum album D 4, 3mal täglich.

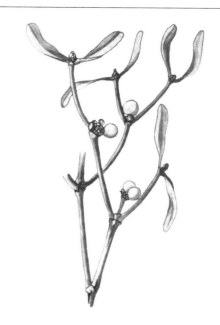

Mistel (Viscum album)

- Carcinominum-(Krebs-)Nosode, Jodum und Interferon, alle in der D 30 beginnend, jeden 2. Tag. Bei Besserung des Allgemeinbefindens werden die Potenzen stufenweise erhöht auf D 50, D 100, D 200, und zwar immer gemeinsam.
- Terrakraft, 3mal täglich 1 EL.
- Zinkorotat-Tabletten, 3mal täglich 1 Stück.
- Vitamin C-Präparat.

Einige der Bach-Blüten mögen sehr hilfreich sein, um die zum Krebsgeschehen führenden bzw. dadurch ausgelösten Gemütszustände zu harmonisieren.
- Centaury hilft, die Abwehrkräfte zu steigern und den Tumor lokal abzugrenzen.

- Crab apple hilft zur Klärung des Geschehens, auch zur Sichtbarmachung des Problems.
- Gentian für die Mutlosen, gibt Zuversicht und Vertrauen, daß alles wieder gut werden kann.
- Holly hilft Schmerzen lindern.
- Mimulus besänftigt das ängstliche Gemüt.
- Oak benötigen willensstarke Tiere, die mit ihrer Krankheit nicht umgehen können und den Ruheimpuls ignorieren.
- Star of Bethlehem: der große Trostspender (für alle Beteiligten).
- Wild Rose, falls das Tier dabei ist, sich aufzugeben, zu resignieren.
- Willow für jene, die mit ihrem Zustand hadern, unleidlich und vielleicht sogar bissig werden.
- Rock Water für jene, die an ihren alten Verhaltensmustern starr und stur festhalten.

Wer will und die Zeit aufbringen kann, mag die Chakren abwechselnd mit blauem und gelbem Licht befluten. Dadurch werden wichtige Energieströme freigesetzt. Einen ähnlich energiestimulierenden Effekt hat die Chakrenbehandlung mit Reiki.

Die Musik von A. VIVALDI, R. SCHUMANN oder PAUL HORN »In der großen Pyramide« mag von so manchem Krebspatienten als heilsam empfunden werden.

Örtliche Behandlungen mit der Magnetfeldtherapie können sehr vielversprechend sein. Die bedrohten Körperzellen werden dadurch resistenter gegenüber den Krebszellen; ihr elektrisches Membranpotential erhöht sich dadurch.

Neuraltherapie: Die Umspritzung eines Hauttumors, mit Lidocain etwa, bringt eine gute Entspannung der Umgebung und unterbindet Fernwirkungen auf andere Organ- oder Gewebebezirke.

Ganz wichtig ist die Regulierung der Enzymtätigkeit. Ubichinon (Heel), jeden 2. Tag 1/2 Ampulle, bietet sich hier sehr gut an. Besteht Blutungsneigung, geben wir noch Citrokehl (Sanum-Kehlbeck), jeden 2. Tag 1/2 Ampulle, dazu.

Die intravenöse Zufuhr eines Ozon-Sauerstoff-Gemisches, 2mal wöchentlich, aktiviert den Zellstoffwechsel und steigert die Zellabwehr gegenüber Tumorzellen.

Der Speiseplan wird umgestellt: Hammelfleisch, Putenfleisch, Fisch; Naturreis, Dinkel, Hirse, Weizenkeime, Mais; Wurzelgemüse und Äpfel.

Wie schon in der Einleitung erwähnt (s. S. 83), sollte auch überprüft werden, ob unser Hund nicht etwa die meiste Zeit seines Lebens auf geopathogenen Zonen verbringt. Davon ist er unbedingt zu entfernen.

Umweltgifte, wie z. B. auch die Ozonbelastung, sind soweit wie möglich vom Krebspatienten fernzuhalten.

Altern und Tod

Jedem Lebewesen, ganz gleich ob Tier oder Mensch, steht ein exakt bemessener Zeitraum auf dieser Erde zur Verfügung; auch wenn das Ende zuweilen unerwartet oder ungerecht erscheint. Es gibt diesbezüglich gewisse Gesetzmäßigkeiten, die man jetzt allmählich zu begreifen scheint.

Zum Glück kennt niemand das Sterbedatum eines Lebewesens, und doch beschleicht so manchen beizeiten ein ungutes Gefühl, wenn sein Vierbeiner schon etliche Jahre auf dem Hunderücken hat und sich die ersten Verschleißerscheinungen abzeichnen. Was wird wohl sein, wenn...?

Die Scheu vor dem Tod ist ein rein menschliches Problem; Tiere kennen sie nicht und fügen sich im allgemeinen geduldig in ihr Schicksal, das da bedeutet, alt und schwach zu werden. Das Sterben ist für die Tiere ein ganz normaler Vorgang, auf den sie sich innerlich vorbereiten, wenn man sie nicht gewaltsam daran hindert. Für sie gibt es kein Festhalten am Leben um jeden Preis. Wie jedes andere Lebewesen in freier Natur möchte auch der Hund für sich entscheiden, wann und wie er diese Erde verlassen möchte.

Nicht das Leben an sich zu verlängern gilt es – das ist uns unmöglich und vom kosmischen Prinzip her auch nicht gestattet –, sondern die Zeitspanne des Alterns vital und gesund zu erleben, sollte unser Streben sein. Jede künstlich und zwangsweise aufrechterhaltene Lebensenergie kann für das betreffende Individuum zur Qual werden und resultiert oft nur aus falsch verstandener, egoistischer Tierliebe.

Natürlich sollten wir jede Möglichkeit wahrnehmen, einem leidenden Tier zu helfen – aber unseren Fähigkeiten sind Grenzen gesetzt, vor allem dann, wenn wir Gefahr laufen, Leben nur aus dem Motiv der Profilierungssucht heraus verlängern zu wollen. Wir nehmen uns sogar das Recht heraus, Tiere aus verschiedenen Gründen »einzuschläfern«. Damit greifen wir aber in die kosmischen Karmagesetze ein und erleichtern lediglich scheinbar unser Gewissen. Die Euthanasie ist keine Erlösung, sondern ein grober menschlicher Eingriff in bestehende Naturgesetze!

Auch das Tier hat letztlich das Recht auf den Tod, der ihm »vorherbestimmt« ist. Das sollten wir Menschen endlich begreifen und respektieren lernen. Die menschliche Angst vor dem Altern und dem Tod ist es, die den letzten Lebensabschnitt des Hundes mitunter stört und den Sterbeakt zur Qual werden läßt.

So möchte ich in diesem Kapitel dem aufgeschlossenen Hundefreund einige wertvolle Vorschläge unterbreiten, wie er seinem treuen Begleiter das Altern verschönern und erleichtern und den letzten Akt würdevoll und sanft gestalten kann.

1. Ab dem 6. bis 7. Lebensjahr verordnen wir dem Hund zunehmend leichtere Kost, reduzieren das tierische Muskeleiweiß und geben pflanzlicher Nahrung den Vorzug. Der Hund hat seinen Zenit überschritten und bedarf keiner gewaltigen Energieschübe mehr, wie in jüngeren Jahren. So wie der alternde Mensch hat unser Freund die Tendenz,

sich zurückzuziehen, und strebt die »Verinnerlichung« an, er wird ruhiger und gelassener. Somit ist er auch nicht mehr so sehr auf exponentielle Nahrung angewiesen. Mager- oder Hüttenkäse, Magerquark, Sauermilchprodukte, Soja, Hirse und Dinkel in wechselnder Folge beherrschen den Speisezettel.

2. Zur Entlastung des nachlassenden Stoffwechsels und zur Verringerung der daraus drohenden »Verschlackung« empfiehlt es sich, 2- bis 3mal jährlich Kuren mit Blutreinigungstees zu machen. In diese Zeit schaltet man vereinzelt Fasttage ein und gibt dem Hund 2 bis 3 Wochen lang 1mal täglich eine Tasse Teegemisch von Brennnessel, Birkenblättern, Goldrute, Holunderblüten und Süßholz.

3. Hin und wieder erhält unser Freund sein homöopathisches Konstitutionsmittel. Das hilft ihm, »strammer« und ohne größere Komplikationen zu altern. Schwächephasen kann man z.B. mit Ginseng D 6 und Crataegus D 1 überbrücken.

4. Im Zuge des Alterungsprozesses ändert sich oft auch das Gemüt in einer Weise, die die Spuren der nicht immer glücklichen Vergangenheit deutlicher werden läßt. Außerdem neigt der alte Hund, so wie der hochbetagte Mensch, zu bestimmten Eigentümlichkeiten, die ein friedliches Zusammenleben stören können. Die Persönlichkeit wird unflexibel, stur und starrsinnig, mißmutige Phasen kündigen »Alterswehwehchen« an.
Dann können die feinen Energien der

Bach-Blütenessenzen vieles wiedergutmachen und noch ein bißchen Fröhlichkeit und Gelassenheit einfließen lassen. Mit den Blüten fühlt sich der Hund zudem vitaler. Folgende Essenzen können im individuellen Falle hilfreich sein:
- Agrimony vermittelt echte Fröhlichkeit und öffnet für die wirksamen Anforderungen.
- Clematis erneuert das Interesse an Gegenwartsbegebenheiten.
- Gentian vermittelt Zuversicht und Vertrauen in die Gesetzmäßigkeiten der Natur.
- Honeysuckle hilft, die Erlebnisse der Vergangenheit zu vergessen und sich mehr dem Unmittelbaren zuzuwenden.
- Mustard für jene, die in vorübergehende Trauer und Depression verfallen möchten.
- Olive gibt dem alten Körper Frische und Kraft, wirkt revitalisierend.
- Rock Water löst innere Starre und macht geschmeidig, eröffnet Zugänge zu neuen Möglichkeiten, das Leben zu genießen.
- Star of Bethlehem läßt alte »Wunden« vergessen, stimmt versöhnlich und tröstet über unangenehme Begebenheiten hinweg.
- Vine für Persönlichkeiten, die dazu neigen, andere zu beherrschen, und die dadurch vereinsamen.
- Wild Rose rüttelt aus der Apathie und Resignation, drängt zu neuen Aktivitäten.
- Willow für jene, die andere als Ursache ihres Leids oder Unglücks verantwortlich machen: Dadurch werden sie unleidlich und sind schnell beleidigt.

5. Wann immer er es sich gefallen läßt, können wir unseren alten Freund mit Reiki beleben; vor allem dort, wo seine Schwachstellen sind.

6. Freunde der Farbtherapie haben die Möglichkeit, mit Lichtenergie zu arbeiten. Abwechselnd, je nach Bedarf, kann man die einzelnen Chakren mit ihren zugehörigen Farben aufladen, reaktivieren. Am besten dann, wenn der Hund in entspannter Verfassung ist.

7. Der musikalische Hund liebt es, hin und wieder mit leiser klassischer Musik verwöhnt zu werden. Wenn es die Atmosphäre zuläßt, haben auch die Beatles oder Bob Dylan gute Chancen, die nötige Stimmung zu vermitteln.

8. Auch seitens der Akupressur oder Akupunktur bieten sich immer wieder gute Möglichkeiten an, blockierte Energien freizumachen und so z.B. chronische Altersbeschwerden zum Abklingen zu bringen.

9. Bei Verdacht auf Übersäuerung (rheumatische und arthrotische Beschwerden weisen beispielsweise darauf hin) setzen wir die rechtsdrehende Milchsäure in Form der Arzneispezialität Sanuvis (Sanum Kehlbeck) ein. 3mal täglich 5 Tropfen regulieren den Säure-Basen-Haushalt.

10. Ein hervorragendes Geriatrikum stellt das Enzympräparat Terrakraft dar. (Kommentar vieler Hundebesitzer: »Der Hund ist nicht wiederzuerkennen.«) Wir geben 3mal täglich 1 EL.

11. Achten wir darauf, daß unser Freund immer genügend Bewegung hat. Es müssen ja keine Gewalttouren sein,

aber der regelmäßige Spaziergang hilft, die Gewebe elastisch zu erhalten, und fördert den Kreislauf.

Hat der allerletzte Akt des Hundelebens unausweichlich eingesetzt, sollten wir danach trachten, unseren treuen Weggefährten in Ruhe und Würde von der Erde gehen zu lassen. Nehmen Sie sich Zeit und ein Herz, und begleiten Sie Ihren Freund bis zum irdischen Ende. Er hat es redlich verdient und mag in Frieden auf die andere Seite der Daseinsebenen hinüberwechseln.

Wenn Sie es können, beten Sie für einen friedlichen und erlösenden Abgang, und halten Sie tröstende Worte für einen liebevollen Abschied bereit. Mit sanften Berührungen und gutem Zureden tun Sie für Ihren scheidenden Hund Ihr Bestes.

Manchmal geht es nicht ohne Todeskampf ab, dann helfen Sie dem Tier mit Notfalltropfen in kurzen Abständen; sie lösen und entspannen und nehmen die Ängste vor dem Unbekannten, dem Neuen. Will unser Freund nicht loslassen, dann benötigt er zusätzlich die Essenz der Walnut. Impatiens und Scleranthus erleichtern die letzte Entscheidung. Mimulus hilft dann, wenn die Angst recht groß ist. Diese Blüten mögen auch uns selbst helfen, wenn wir mit dem sterbenden Tier entsprechend »mitschwingen«.

Hundecharaktere und -typen

Hunde sind von ihrem Wesen her im allgemeinen recht ausdrucksstarke Persönlichkeiten mit ganz prägnanten individuellen Merkmalen. In vieler Hinsicht bedienen sich Hunde ihrer von Natur aus offensichtlichen Mimik, verbunden mit einem mitunter geradezu komisch anmutenden Gebärdenspiel.

Die grundlegende Tendenz, sich dem Menschen unterzuordnen (ein Relikt aus der Vergangenheit dieses Rudeltiers), kommt nur dann zur Ausprägung, wenn der menschliche Partner konsequent und klar seine Führungsposition signalisiert. Die Rolle des Rudelführers ist sonst schnell verloren. Ist der Mensch zu schwach, inkonsequent oder nimmt er gewisse Verhaltensregeln nicht ernst genug, wird er in die Position des ewigen Zweiten gedrängt. Aus dieser untergeordneten Situation heraus ist es schwierig, seinen Hund zu erziehen.

Viele Mißverständnisse können in einer Partnerschaft auftreten, vor allem dann, wenn man sich noch nie mit Hundepsychologie und -erziehung auseinandergesetzt hat, bevor man diese Partnerschaft einging.

In den ersten 6 bis 8 Wochen erfolgt die markanteste Prägung im Hundeleben; doch da sind viele Welpen noch in ihrer Geschwistergemeinschaft eingebunden und sehen im Menschen lediglich einen Mitspieler. Und gerade in dieser wichtigen Zeit werden Fehler des Menschen manchmal unwiderruflich in das Seelenmuster des Hundes eingeprägt. Nur mit viel Mühe, Geduld und Verständnis kann der Hundehalter »Ausbesserungen« im Charakter seines Hundes vornehmen.

Die Homöopathie und die Bach-Blütenessenzen bieten ein weites Feld an Möglichkeiten, je nach der Charakterdarstellung des Tieres, diesbezügliche Mängel oder Unsitten auf sanfteste Weise zu korrigieren bzw. aufzulösen.

Die im folgenden definierten häufigsten Arznei- oder Konstitutionstypen sind meist so klar ausgeprägt, daß man mit etwas Beobachtung und Einfühlungsvermögen jeden Hund dem einen oder anderen Charaktertyp zuordnen kann. Dahinter verbergen sich aber keinesfalls ideologisch starre Formen. Das homöopathische Konstitutionsmittel dient lediglich als Anhaltspunkt zur Klassifizierung eines Typs, wobei die Natur immer wieder Veränderungen unterworfen ist bzw. sich mitunter zwei Seelen in einer Brust vereinigen und einen Mischtyp ergeben.

Das Konstitutionsmittel berührt sowohl die körperlichen Strukturen, kümmert sich um die funktionellen oder organischen Schwächen, als auch die seelische Ebene, wo eben Disharmonien und Blockaden zu seelisch-geistigen und in der Folge zwangsläufig auch zu körperlichen Beschwerden führen.

Das Erkennen und Zuordnen zu einem bestimmten Typ soll schließlich helfen, das Zusammenleben zwischen Mensch und Tier zu erleichtern, wobei es vielfach von Vorteil sein kann, wenn Herrchen oder Frauchen zur gleichen Zeit an ihrer Bewußtseinsentwicklung arbeiten. Nicht selten haben Herr und Hund ähnliche Wesenszüge...

Ignatia

Frech und lieb kann sie sein, die Ignatia-Hündin, voller lustiger Ideen; doch kann ihre Laune von einer Minute zur anderen in mißmutige Ängstlichkeit und sogar Aggressivität umschlagen. Noch nie hat sich die Hysterie so deutlich gezeigt wie in diesem Naturell, das zuweilen auch Rüden eigen ist: Dieselbe scheint zwanghaft zu sein, so daß die Persönlichkeit darunter wahrhaft leidet. Die Nächte sind ihr ein Greuel, und der Vollmond zerreißt ihr das Herz.

Ihre Launenhaftigkeit schlägt sich auch in psychosomatischen Reaktionen nieder, die alle möglichen Gegensätzlichkeiten aufweisen. Ist ihr kalt und will man sie zudecken, läuft sie hinaus in die Kälte. Fiebert sie, mag sie kein Wasser trinken. Geräusche und Gerüche können ihr zuwider sein, leidend und verächtlich zieht sie sich dann zurück.

Am Morgen, vor dem Frühstück, geht es ihr noch am besten. Kommt die Ignatia in Gesellschaft, will sie gern beachtet werden; anderenfalls zieht sie sich still und beleidigt zurück. Die Widersprüchlichkeit zieht sich durch viele Symptome und läßt zumeist keine Einheitlichkeit im Wesen erkennen.

Nux vomica

In der Literatur immer wieder als männliches Gegenstück zur Ignatia dargestellt, beherrscht die Brechnuß die Männerwelt – auch unter den Hunden. Der lustige Raufbold, im allgemeinen von stattlicher, wohlgeformter Statur, hat nur eines im Sinn: Aktivität. Und dieser Tatendrang beherrscht alle Persönlichkeitsebenen. Nur – dem Ruhebedürfnis nachzukommen ist fast genauso wichtig. Ein erholsames Schläfchen zwischendurch wird sehr geschätzt.

Vieles kann Nux vomica aus der Ruhe bringen: Rudelmitglieder, die nicht gehorchen, der Briefträger oder ein Radfahrer, die Verweigerung der Lieblingsspeise oder ganz einfach schlechtes Wetter. Unser Freund erkältet sich nämlich leicht.

Eine wichtige Komponente im Leben eines Nux-Typen ist gutes und reichliches Essen. Davon kann er manchmal nicht genug bekommen, folglich gibt es mitunter erhebliche Verdauungsstörungen, die mit Erbrechen, Durchfall oder auch Verstopfung einhergehen.

Lycopodium

Ein alter Griesgram, der mißtrauisch unter dem Sessel hervorknurrt, mag schon mal ein Lycopodium-Typ sein. Viel Ärger zeichnet seinen Lebenslauf, vor allem mit Artgenossen hat er viele Zweikämpfe ausgefochten. Seine Lieblingsspeisen sind Süßigkeiten, die er aber wegen seiner Magen-Darm- und Leberschwäche oft nicht verträgt.

Er ist einer, dem es schwerfällt, loszulassen, verarbeitete Konflikte auszuscheiden und seine Gefühle zu zeigen. Pflichtbewußt versieht er seinen Dienst, versagt sich aber viel an Lebensfreude. Ab und zu verfällt er in depressive Phasen, obwohl man ihm viel Zuwendung schenkt. Das hängt offensichtlich mit einem Überschuß an Stoffwechselgiften im Körper zusammen.

Mit zunehmendem Alter wächst der Bauch, die Brust wird schmal, und die Sexualität beschränkt sich auf ein Minimum oder noch weniger.

Sulfur

Ängstlichkeit mit Mißmut gepaart, ein Drückeberger mit schlauen Momenten, der immer dann auf Hochtouren kommt, wenn es nur ums reine Vergnügen geht. Leistung in jeder Form ist ihm ein Greuel, obschon er ein treuer Hüter seines Besitzes sein kann.

Der zumeist magere Sulfur-Hund wechselt oft seinen Appetit und zeigt konstante Verdauungsstörungen. Jeder kalte Lufthauch läßt ihn frösteln, und sein Wärmebedürfnis läßt ihn nicht gerade zum stolzen Hofhund avancieren, der immer im Freien lebt.

Seine Vorliebe für Einsamkeit weist ihn nicht unbedingt als Familienhund aus, doch mag er zu seiner Bezugsperson ein sehr enges, fast philosophisches Verhältnis aufbauen. Seine Haut und Schleimhäute reagieren mitunter recht intensiv auf alle möglichen Umweltreize, so neigt er zu Ekzemen verschiedener Natur.

Phosphor

Dieser Typ brilliert zu Silvester, bei Gewitter (oder vorher schon) und bei Schüssen mit zum Teil extremen Angstdarstellungen. Feig ist er im Grunde nicht, sondern gerät in Panik, wenn derartige Ereignisse eintreten. Sonst von eher nobler Ausstrahlung, sinkt der Phosphor-Hund in für ihn bedrohlichen Situationen zu einem Jammerlappen herab.

Sein edles Aussehen verdankt dieser Typ seinem zumeist zarten, feinsinnigen Körperbau und seiner grazilen Wendigkeit. Bewegung ist in allen seinen Fasern, doch zwingt ihn diese permanente Lebendigkeit dazu, immer wieder kurze Ruhephasen einzulegen. Die Phosphor-Intelligenz wirkt manchmal urkomisch, weil der Hund zu geradezu menschlichen Handlungen fähig ist. Am meisten kann der Mensch über sein eigenes Spiegelbild lachen.

Über den guten Appetit, der zu jeder Tageszeit auftauchen kann, mag so mancher schlanke Phosphor-Hund schließlich doch noch ein paar Kilo zuviel anlegen. Seine Nervosität läßt ihn jedoch auch dann nicht ruhen, wenn man meint, er müsse jetzt träge oder müde werden.

Pulsatilla

Der Prototyp des weiblichen Geschlechts ist bei vielen Hundedamen vertreten. Das mütterliche Prinzip ist hervorragend ausgebildet, wird manchmal sogar übertrieben, so daß die Persönlichkeit selbst zu kurz kommen mag. Viele Pulsatilla-Exemplare haben eines gemeinsam: Anhänglichkeit. Anschmiegsam sind sie, treuherzig und geduldig, aber auch eifersüchtiger, aufdringlicher und manchmal sogar hypochondrischer Laune. Im Körperbau wirken sie nicht gerade schlank, lieben es mollig und pummelig. Pulsatilla ist keine Kostverächterin, verträgt aber manchmal kein Fett und hat Probleme mit gierig verschlungenen Süßigkeiten.

Eine konstitutionelle Hormonschwäche bewirkt Brunst- und Geburtsstörungen im Sinne einer Verzögerung.

Sepia

Dunkle Wolken verfinstern zuweilen das ohnehin nicht gerade heitere Gemüt der Sepia-Hündin. Sie liebt es, eher in Ruhe gelassen zu werden, verkriecht sich beim Anblick gewisser Personen und hat auch zu ihren eigenen Welpen keine so innige Beziehung wie etwa Pulsatilla. Im Gegensatz zu dieser neigt die Sepia eher zur Abmagerung und ziert sich am Futterplatz.

Sexuelle Probleme treten gehäuft auf, wenn die Sepia diesbezüglich überfordert ist, Katarrhe der Urogenitalorgane sind recht häufig. Auch die Haut neigt zu ekzematösen Veränderungen, womit die Sepia ihr Bedürfnis nach »nicht angefaßt werden wollen« unterstreicht. Im Alter kann es Probleme geben, vor allem dann, wenn sich an den gewohnten äußeren Lebensumständen etwas Gravierendes ändert. Sepia ist nun mal ein Gewohnheitstier.

Natrium muriaticum

»Das Leben ist nun mal kein Honiglecken«, ist die grundsätzliche Lebenseinstellung des Natrium-muriaticum-Hundes. Vieles wird getan, weil es eben sein muß; aber so richtige Lebensfreude kommt kaum auf. Schwerfällig vor allem in der Auffassungsgabe, läßt sich dieser Charaktertyp gerne bitten, wenn man etwas von ihm haben möchte.

Seine Freundschaften sind rar und ähnlich gestimmt wie er selbst. Am liebsten döst er trübsinnig vor sich hin und denkt über ein schöneres Leben nach. Katarrhe der diversen Schleimhäute unterstreichen seine Unzufriedenheit mit den ihn umgebenden Lebensumständen. Nässende Ekzeme nagen oft ein Leben lang an seiner ohnehin nicht recht erbaulichen Lebenssubstanz.

Graphites

»Altkluger Rüde sucht ebensolchen zum Faulenzen«, könnte eine Annonce in der Hundezeitung heißen. Der ruhige Graphites-Typ liebt es gemütlich, wirkt selbst behäbig und stur und ist ein hervorragender Gourmet. Seine Lebensinteressen beschränken sich somit auf vornehmlich kulinarische Genüsse und Schlafen, wobei er sich einer entsprechenden Familie ganz gern ideologisch anschließt.

Besonders liebenswert ist seine Klugheit, die er jedoch zum Gaudium aller gut dosiert und gezielt nur bei Bedarf ausspielt. Der eher trockene Typ legt sich nicht gern mit Konkurrenten an, wenn sie nicht seinen Vorstellungen entsprechen. Gefühle werden nur wenig gelebt, so daß er mitunter an chronischer Verstopfung und hartnäckigen Hautproblemen leidet.

Acidum phosphoricum

Die Staatstrauer stellt sich persönlich vor: Nichts im Leben dieses Hundetyps erweckt Heiterkeit; pflichtbewußt wird erledigt, was verlangt wird, wenn auch manchmal mit Zähneknirschen. Fühlt sich Hündchen überfordert, knurrt und beißt es sich durch sein Hundeleben und hängt deswegen manchmal an der Kette oder Leine.

Hinterhältig lädt er seinen Frust ab, und nur ein echt gelassener, ruhiger Mensch mit großem Verständnis kommt wirklich gut damit aus. Gelenke sind die Schwachstellen dieses Typs, und auch die Wirbelsäule gibt nur wenig Halt. Acidum phosphoricum liebt es warm und haßt den Winter.

Platinum

Die Schönheit vom Lande ziert sich gerne vor der Gesellschaft und bringt so manchen Rüden mit ihrer kühlen Kokettheit zur Verzweiflung. Gut gebaut und nobel wirkt sie, die Platina, doch Annäherungsversuche sind zumeist zwecklos. Befriedigung findet sie hauptsächlich in sich selbst, wenn sie ihre Überlegenheit auskosten kann. Die meiste Zeit stolziert sie durchs Leben, und es scheint so, als würde sie gerade noch ihren Besitzer akzeptieren. Dieser Typ neigt leicht zu Magen-Darm-Krämpfen, Gebärmutterentzündung und Weichteilrheumatismus.

Calcium carbonicum

Dieser Typ liebt es gemütlich und nimmt für sich in Anspruch, ein geduldiger, gutmütiger Stubenhocker zu sein. Die meiste Zeit verbringt er in der Horizontalen, und lange Spaziergänge sind ihm ein Greuel. Was er zu sich nimmt, behält er gerne und neigt daher zu Stuhlabsatzschwierigkeiten. Seine Philosophie ist es, zu warten, bis etwas interessant genug ist, darauf zu reagieren. So entgeht ihm nichts, auch wenn sich viel um ihn herum tut. Seine Ausdruckslosigkeit gipfelt zuweilen in lächerlich langsam wirkenden Aktionen, in denen ein bißchen Angst vor dem Unbekannten mitschwingt. Emotional glatt, läßt er jedoch vieles zu, »um des Friedens willen«.

Der eher plumpe Körperbau reißt den Calcium-Typen nicht gerade zu Kunststücken hin, im Alter können sich orthopädische Probleme einstellen. Viel Unvergorenes drückt sich an der Haut aus und erscheint dort mit Ekzemen, Warzen u. dgl.

Calcium phosphoricum

Mit diesem Hund kann man seine Freude haben. Körperlich und geistig wendig, wie er ist, gibt es für ihn kaum unlösbare Aufgaben. Das intelligente und von schneller Auffassungsgabe geprägte Tier ist den ganzen Tag lebendig und fröhlich, ein bißchen nervös vielleicht, aber nicht so ängstlich wie Phosphor. Hell und klar wirkt dieser Typ, zielstrebig und trickreich »schwindelt« er sich durchs Leben.

Seine Freunde sind zahlreich, und so bleibt er oft bis ins hohe Alter agil und verspielt. Seine Vorliebe für Fleisch führt zuweilen zu Problemen seitens der Haut, der Nieren und des Verdauungssystems. Sonst ein problemloses Hundeexemplar, vertraut er mit Nachdruck auf die Stärke und Treue seines Besitzers.

Anhang

Abkürzungen

AMB	Arzneimittelbild
Amp.	Ampulle
chron.	chronisch
DD	Differentialdiagnose
EL	Eßlöffel
F	Methode ist nur vom Fachmann anzuwenden
homöop.	homöopathisch
KHB	Krankheitsbild
L	Methode kann vom Laien angewendet werden
Lwo.	Lebenswoche (bei Welpen)
Tct.	Tinctur
tgl.	täglich
TL	Teelöffel
verd.	verdünnt
Wdh.	Wiederholung
Wo.	Wochen

Glossar

Abszedierung: Heranbildung eines Abszesses, womit ein Konflikt aus dem »Inneren« zur Auflösung nach außen getragen wird.
adaptieren: anpassen.
Ätiologie: Krankheitsursache.
Agens (plur. Agenden): medizinisch wirksamer Stoff, krankmachender Faktor.
alimentär: ernährungsbedingt.
Allergene: Informationsmuster (grob- oder feinstofflicher Natur), die bei dafür empfänglichen und dagegen sensibilisierten Individuen Überempfindlichkeitsreaktionen auslösen können; Allergene haben grundsätzlich symbolischen Charakter und lösen ganz allgemein Aggression und Aversion im Organismus aus.
Angina pectoris: »Engbrüstigkeit«, Anfälle von heftigen (Herz-)Schmerzen in der linken Brustseite, die oft in den linken Arm oder den Hals ausstrahlen.
animistische Schulmedizin: eine von den Kräften und dem Geist der Natur durchdrungene Medizin.
Antikörper: im Organismus auf äußere krankmachende Reize hin gebildete Abwehrprodukte (Immunkörper).
antiseptisch: keimwidrig.
Appetit, natürliche Aspektierung des: eine artgerechte Ausrichtung auf die dem Hund angepaßten Nahrungsinformationen.
Aphten: Bläschen und Erosionen auf der Mundschleimhaut.
Arcanum: das verborgene Geheimnis eines Stoffes, die Quintessenz.
aseptische Humeruskopfnekrose: Absterben des Oberarmkopfes ohne bakterielle Beteiligung.
Atrophie: Abmagerung, Organschwund.
Behandlung, multifaktorielle: berücksichtigt das komplexe Krankheitsgeschehen und benötigt daher viele verschiedene Therapiemaßnahmen.
cholekinetisch: den Gallenfluß fördernd.
choleretisch: die Gallensaftproduktion fördernd.
Demodikose: Milbenerkrankung.
Diathese: Krankheitsbereitschaft.
Diurese: Harnausscheidung.

Dysfunktion: Funktionsstörung.
Dyspepsie: Verdauungsstörung.
Dysplasie: Mißgestaltung, Fehlbildung oder -entwicklung.
Effloreszenzen: Hautblüten.
Elixier: weingeistige Tinktur mit Zusätzen von Zucker, Extrakten, ätherischen Ölen u.a. (arab. al iksir = das Wesentliche).
endogen: durch innere Ursachen.
Endstrombahn: das Kapillargebiet, wo sich die kleinsten Blut- und Lymphgefäße im Gewebe verzweigen.
energetisch gereinigtes Wasser: siehe Wasser, energetisch gereinigtes.
Entzündungsacidose: Übersäuerung des Gewebes infolge Entzündung desselben.
Enzympräparate, potenzierte: homöopathisch aufbereitete Enzympräparate.
Epiphysiolysis: Ablösung der Epiphyse (eines randständigen Verknöcherungspunktes) von der Epiphysenfuge und damit Verschiebung zum restlichen Knochen.
Epithelzellen: bedecken als ein- oder mehrschichtiger Zellverband innere oder äußere Körperoberflächen.
Erosionen: oberflächlicher Gewebsverlust auf Haut und Schleimhaut.
Exkoriation: tiefere Hautabschürfung.
exponentiell: gemäß der Tierart.
Extrakt: eingedickter, konzentrierter Auszug aus Pflanzen, mit verschiedenen Lösungsmitteln (wäßrigen, alkoholischen oder ätherischen) hergestellt.
genuin: angeboren, selbständig, ursprünglich.
Geriatrikum: Mittel zur Behandlung von Alterserscheinungen.
Granulom: Granulationsgeschwulst.
Habitus: Besonderheiten der äußeren Erscheinung, die einen gewissen Schluß auf Charakteranlagen zulassen.
hämostyptisch: blutstillend.

Harnzylinder: Bestandteile des Harnsediments bei Entzündung der Harnkanälchen.
Hypertrophie: Vergrößerung der einzelnen Zellen eines Organs.
Imbalance: Unausgewogenheit.
Immundefizienz: zunehmende Immunschwäche.
induzieren: eine Reaktion erzeugen durch Einbringen einer Information.
immunsuppressiv: das Immunsystem unterdrückend.
inapparent: nicht sichtbar, nicht wahrnehmbar.
Inappetenz: fehlendes Verlangen, z.B. nach Nahrung.
Indikation: Heilanzeige, zwingender Grund zur Anwendung eines bestimmten Heilverfahrens bei einem bestimmten Krankheitsfall.
indolent: schmerzlos.
Inkarnation: Fleischwerdung.
Inkrete: im Gegensatz zu den Exkreten von den Drüsen mit innerer Sekretion in den Blutkreislauf abgegebene Hormone.
Insuffizienz: Organ- oder Gewebsschwäche, ungenügende Leistung.
Insultierung: schwere äußere Verletzungen bzw. Gewalteinwirkung.
interponierende Therapie: In einer laufenden Therapie werden »Zwischenmittel«, also Arzneien, die eine Beschleunigung des Krankheitsverlaufs bewerkstelligen, gegeben.
isopathisches Prinzip: »Gleiches mit Gleichem behandeln«, z.B. ein erfrorenes Glied mit Schnee einreiben.
Kallus: »Knochenschwiele«, um Knochenbrüche zu heilen.
Kinetik: (physik.) Lehre von der Bewegung der Kräfte.
konsekutive Erfolgsorgane: die nachfolgenden Erfolgsorgane.
konsensuell: übereinstimmend.

Kontraindikation: Gegenanzeige; Grund, eine Arznei oder ein Heilverfahren *nicht* anzuwenden.
kumulieren: anhäufen.
Läsion: Verletzung, Störung.
Lebensmatrix: das ins Individuum geprägte Lebensmuster.
Liniment: zum äußerlichen Gebrauch bestimmte flüssige, emulsionsartige oder feste homogene Mischung, die aus fetten Ölen und Seifen oder ähnlichen verseifbaren oder emulgierbaren Stoffen besteht.
Linsenluxation: Vorfall der Augenlinse.
livid: blaßbläulich, fahl.
Lumbalsegment: Lendenwirbelsegment.
Lymphom: Wucherung oder Geschwulst lymphatischen Gewebes.
Magenruptur: Zerreißung oder Durchbruch des Magens.
Mediatorstoff: Überträgersubstanz.
Moortränke: in der Apotheke erhältliche Arzneispezialität aus Moorsubstraten.
multifaktorielle Behandlung: berücksichtigt das komplexe Krankheitsgeschehen und benötigt daher viele verschiedene Therapiemaßnahmen.
natürliche Aspektierung des Appetits: artger. Ausrichtung auf die dem Hund angepaßten Nahrungsinformationen.
Nekrose: Gewebstod.
Normergie: normale Reaktionsform des Organismus auf einen Reiz.
Nosoden: nach dem homöopathischen Prinzip hergestellte und sterilisierte Krankheitsprodukte oder von Krankheitserregern (Bakterien, Viren, Ektoparasiten) stammende Produkte oder Kulturen, die *nicht* mehr krankmachend sind, aber die *potenzierte* Information der Krankheit noch in sich tragen. So sind sie in der Lage, im Organismus eine Antigen-Antikörper-Reaktion hervorzurufen. Im Sinne dieser Reaktion werden die Nosoden eingesetzt, um 1. einen alten Krankheitsprozeß zu bereinigen, 2. die Rekonvaleszenz einer bestehenden Krankheit zu beschleunigen, 3. als völlig gefahrlose Schutzimpfung gegen Infektionskrankheiten.
Noxen: Schädlichkeiten, krankheitserregende Ursachen.
Organuhr: Jedes Organ arbeitet nach einem bestimmten Zeitplan und weist Zeiten maximaler und minimaler Leistung auf.
Osteomalazie: Knochenweiche.
Osteoporose: »Knochenspröde«, Brüchigkeit und Löchrigkeit der Knochensubstanz.
Osteosarkom: bösartige Geschwulst, die von einem Knochen ausgeht.
Osteozyten: Knochenzellen.
Otitis externa: Entzündung des äußeren Gehörgangs; O. e. acuta: akut; chronica: chronisch; ceruminosa: durch übermäßige Bildung von Ohrenschmalz; purulenta: eitrig; parasitaria: durch Parasiten (z. B. Milben); mycotoxica: durch Pilze.
Panostitis: die Entzündung aller Gewebe eines Knochens.
paravertebral: neben der Wirbelsäule.
Pasta: Bezeichnung für eine Salbe, in der pulverförmige Bestandteile suspendiert sind; sie hat die Konsistenz eines zähen, knetbaren Teiges.
peroral: über den Mund gegeben.
Phlegmone: flächenhaft fortschreitende Entzündungen des Gewebes und der Lymphgefäße, durch Eiterbakterien verursacht.
potenzierte Enzympräparate: homöopathisch aufbereitete Enzympräparate.
Prostataadenom: vom Drüsengewebe der Prostata ausgehende gutartige Geschwulst.
Purgieren: Ableitung von giftigen Stoffwechselprodukten über den Darm, z.B. mittels Abführmittel.
Resorption: die selektive Aufnahme von Nährstoffen in die Blut- und Lymphbahn.

Retention: Zurückhaltung, Verhaltung.
Rezidive: Rückfall.
Rhagaden: Schrunden, kleine schmerzhafte Spalten in der Haut.
roborierend: kräftigend, stärkend.
Saprophyten: nicht krankmachende Mikroorganismen, die auf toter Substanz (z.B. auf Hautschuppen) leben.
Seborrhoe: »Schmerfluß«, gesteigerte und krankhaft veränderte Absonderung der Talgdrüsen.
Selektionsvermögen: die Fähigkeit, das Futter exakt auszuwählen.
Sepsis: bakterielle Allgemeininfektion, »Blutvergiftung«.
sezernieren: absondern.
Sinusitis: Entzündung der Nasennebenhöhlen.
Sirup: dickflüssige Lösung von Zucker in wäßrigen, alkoholischen oder weinhaltigen Flüssigkeiten, denen der oder die Drogenauszüge beigefügt werden.
Status präsens: gegenwärtiger Zustand.
Stomatitis: Mundschleimhautentzündung.
Therapie, interponierende: In einer laufenden Therapie werden »Zwischenmittel« gegeben, also Arzneien, die eine Beschleunigung des Krankheitsverlaufs bewerkstelligen.
Thrombose: Pfropfbildung, Blutgerinnung innerhalb der Blutgefäße.
Toxine: Giftstoffe.
toxisch: giftig.
Trombidiose: Milbenerkrankung.
Umstimmungstherapie: Umstimmung im biologischen Sinne bedeutet, den gesamten Organismus seinem ursprünglichen Schwingungsmuster (Energiepotential) zuzuführen, das er *vor* der Erkrankung besaß.
Urämie: Harnvergiftung durch Anhäufung harnpflichtiger Stoffe im Blut.
Vegetativum: Sammelbegriff für das vegetative Nervensystem, das autonom, vom Willen unabhängig, arbeitet.
ventilieren: Anreicherung mit Sauerstoff, bessere Durchlüftung.
Wasser, energetisch gereinigtes: Normales Leitungswasser ist üblicherweise energiearm, weil links-drehend (im polarisierten Licht feststellbar). Es gibt heute bestimmte Geräte, die das Wasser für den Haushalt wieder rechts-drehend, also energetisch wertvoll machen bzw. mit positiven Energien aufladen. Das geht auch mit Pyramiden oder einfach mit den Händen, z.B. mittels Reiki.

Literatur

FEDDERSEN-PETERSEN, DR. DORIT: Hundepsychologie. Wesen und Sozialverhalten. Kosmos-Verlag, Stuttgart 2003.
GRIEHM, CHR.: Der homöopathische Haus-Thierarzt. Reprint-Verlag, Leipzig, 1998.
HARRIES, BRIGITTE: Hundesprache. Kosmos-Verlag, Stuttgart 2003.
HAY, LOUISE: Gesundheit für Körper und Seele. Heyne, München 2000.
HORAN, PAULA: Die Reiki-Kraft. Windpferd, Durach 2002.
LAUSBERG, FRANK: Erste Hilfe für den Hund. Kosmos-Verlag, Stuttgart 1999.
LAUSBERG, FRANK: Erste Hilfe für Hunde – für unterwegs. Kosmos-Verlag, Stuttgart 2003.
LINDENBERG, ANNE: Bach-Blütentherapie für Haustiere. Econ, Düsseldorf 1997.
LÜBECK, WALTER: Das Reiki-Handbuch. Durach 2002.
RAKOW, DR. BARBARA: Der homöopathische Hundedoktor. Kosmos-Verlag, Stuttgart 2003.
RUSTIGE, DR. BARBARA: Hundekrankhei-

ten. Kosmos-Verlag, Stuttgart 1999.
SCHEFFER, MECHTHILD: Bach-Blütentherapie, Theorie und Praxis. Heyne, München 2000.
SCHÖNING, BARBARA: Hundeverhalten. Kosmos-Verlag, Stuttgart 2001.
STEIN, PETRA: Bach-Blüten für Hunde. Kosmos-Verlag, Stuttgart 2002.
TAMMER, ISABELL: Hundeernährung. Kosmos-Verlag, Stuttgart 2000.
TELLINGTON-JONES, LINDA und SYBIL TAYLOR: Der neue Weg im Umgang mit Tieren. Die Tellington TTouch Methode. Kosmos-Verlag, Stuttgart 1993.
TELLINGTON-JONES, LINDA: Tellington-Training für Hunde. Das Praxisbuch zu TTouch und TTeam. Kosmos-Verlag, Stuttgart 1999.
TELLINGTON-JONES, LINDA: Tellington-Training für Hunde. Video. Kosmos-Verlag, Stuttgart 2000.
WOLF: Dr. Wolf Tiersprechstunde für Hunde. Kosmos-Verlag, Stuttgart 2003.
WOLFF, HANS GÜNTHER: Unsere Hunde gesund durch Homöopathie. MVS Medizin-Verlag, Stuttgart 2002.
ZIDONIS, NANCY A. und Marie K. SODERBERG: Akupressur für Hunde. Kosmos-Verlag, Stuttgart 1999.

Nützliche Adressen

Akademie für Tiernaturheilkunde
Andre Grafe
Bimöhler Str. 32
D-24576 Bad Bramstedt
Tel.: 0 41 92-89 95 58

Institut für Bach-Blütentherapie
Forschung und Lehre
Postfach 20 25 51
D-20218 Hamburg
Tel.: 0 40 – 43 25 77 10
Fax: 0 40 – 43 52 53
info@bach-bluetentherapie.de
www.bach-bluetentherapie.com

Börsegasse 10
A-1010 Wien
Tel.: 01- 53 38 64 00
Fax: 01- 5 33 86 40 15
bach-bluetentherapie@aon.at

Mainaustr. 15
CH-8034 Zürich
Tel.: 01-3 83 33 14
Fax: 01-3 82 33 19
bach-bluetentherapie@swissonline.ch

Fachschule für alternative Tiermedizin
Husemannstr. 25/27
D-45879 Gelsenkirchen
Tel.: 02 09-20 13 13

Schweizerischer Verband
für Natürliches Heilen (SVNH)
Postfach
CH-3004 Bern

Verband Deutscher Tierheilpraktiker
S. Beyer (Schriftführer)
Seumestr. 22
D-06686 Poserna
Tel.: 01 72 – 3 40 02 93

Matthias Eckert
Lupinenweg 29
D-89233 Neu-Ulm
Tel.: 07 31- 71 44 71,- 71 31 81
(diplomierter Tierheilpraktiker, Mitglied des Schweizerischen Verbandes für natürliches Heilen; Anlaufstelle für Akupunktur und Magnetfeldtherapie)

Bezugsquellen

Biologische Heilmittel
Heel GmbH
Postfach 7 29
D-76484 Baden-Baden
Fax: 0 72 21-5 01-2 80, -5 01-2 30

Blanke, Sabine (THP)
Geschwister-Scholl-Str. 1a
D-63512 Hainburg
Tel.: 0 61 82-6 91 46
(Terrakraft u.a.)

Dietz, Roland (THP)
Vogelpension
Adam-Berg-Str. 23
D-81735 München
Tel.: 0 89-49 39 00
Fax: 0 89-40 82 53
(Terrakraft u.a.)

Immodal Pharmaka GmbH
Bundesstr. 44
A-6111 Volders
Tel.: 0 52 24-5 76 78
Fax: 0 52 24-5 76 46
(Krallendornextrakt)

Paesel & Lorei GmbH
D-Frankfurt/Main
Tel.: 0 69-42 20 95-99
(Krallendornextrakt)

Dr. Peithner KG
Richard-Strauß-Str. 13
A-1232 Wien
Tel: 02 22-6 16 26 44
Fax: 02 22-13 25 53
(Alleinimporteur für Heel-Heilmittel)

Sanco
Am Eichkogel 5
A-2340 Mödling
Tel.: 0 22 36-4 51 68
Fax: 0 22 36-4 68 27
(Terrakraft)

Sanum-Kehlbeck GmbH & Co. KG
Hasseler Steinweg 9–12
D-27318 Hoya

Mineralwerk
Robert Schindele & Co. OHG
A-3122 Gansbach-Kicking
Tel.: 0 27 53-2 89
(Schindele's Mineralien)

Spagyra KG
Mag. pharm. Heinrich Sedlar
Oberfeldstr. 1a
A-5082 Grödig
Tel.: 0 62 46-7 23 70
Fax: 0 62 46-7 31 65 12
(Alleinimporteur für biol. Präparate der Firma Sanum-Kehlbeck)

Terrapharm
W. Terhardt
Postfach 12 04
D-91312 Neustadt an der Aisch
Tel.: 0 91 93-37 11
Fax: 0 91 93-56 53

vitOrgan Arzneimittel GmbH
Postfach 42 40
D-73760 Ostfildern
Tel.: 07 11-44 81 20

Wala-Heilmittel GmbH
Eckwälden/Bad Boll
D-79848 Bonndorf

Register

Abbinden 140
Abkochung 22
Ablatio retinae 100
Abschirmungsgeräte 85
Abszedierung 78
Abszesse 26
Acidum phosphoricum 257
Ackersenf 42
Ähnlichkeitsprinzip 38
ätherische Öle 26
Äthiologie 259
äußerer Gehörgang 101
Aggressionen 165, 222
Aggressionsverhalten 109
Akkomodationsprobleme 88
Akne 227, 228
aktive Bewegungstherapie 65
Akupressur 57
Akupunktur 77
Allergene 234, 259
Allergien 125, 153, 165, 208, 234
Alopezie 230
Altern 250
Altersstar 99
Alveolen 124
AMB 259
Ampulle 37
Analbeutel 163
Anämie 139, 141
anaphylaktischer Schock 137
Angina 117
Angina pectoris 259
ansteckende Leberentzündung 240
Antibiotika 247
Antikörper 259

Aperitif 24
Appetit 24, 109, 145
Appetitverwirrungen 144
Arcanum 22
Arnika 217
Aromatherapie 26
Arrhythmien 132
artgerechter Lebensrahmen 19
Arthritis 208
Arzneibuch, homöopathisches 30
Arzneicharakter 23
Arzneimittelbild 30, 38, 259
Arzneimittellehre 38
Arzneimitteltypen 254
Arzneiprüfungen 30
Ascites 132
Aseptische Humeruskopfnekrose 210
Askaridose 234
Asthma 235
Atemluft 124
Atemnot 125
Atemstörungen 117
Atemwege 124
Atemwegserkrankung 26
Atmung, beschleunigte 125
Atrophie 259
Aufguß 22
Auflagen 55
Augen 87
Augenbutter 90
Augendruck 99
Augenhintergrund 100
Augenlampe 100
Augenlid 3, 94
Augenlider 90
Aura 62
Austrocknung 155

BACH 42
Bach-Blüten, Dosis 47

Bach-Blüten-Herstellung 44
Bach-Blüten-Therapie 42
Bach-Blüten-Verabreichung 50
Bach-Nosoden 43
Bänder 208
bakterielle Otitis 105
Bakterien 239
Bandscheibenvorfall 219
Bandwürmer 161, 234
Baubiologie 84
Bauchchakra 68
Bauchfell 162
Bauchspeicheldrüse 170
Bauchwassersucht 132
Befreiung 52
begleitende Maßnahmen 20
Beinwell 207
Berberitze 168
Bergkristall 85
Bewegung 252
Bewegungsapparat 202
Bewegungsmangel 65
Bewegungstherapie 65
Bewußtsein 12, 15, 20, 32
Bewußtsein, tierisches 15
Bewußtseinsbildung 18
Bewußtseinsebenen 16
Bienenstiche 238
Bindehautentzündung 91, 235
Biokatalysatoren 79
biologische Heilverfahren 19
biologischer Umkehreffekt 32
Bitterstoffe 24
Blähungen 145, 153
Blasengrieß 184
Blasenlähmung 183
Blasensteine 184
Blaulicht 70

Blepharitis 90
Blockaden 45, 46, 57
blockierte Energien 19
Blütenessenzen 42
Blut 139
Blutarmut 139, 141
Blutbild, weißes 142
Blutkörperchen, weiße 142
Blutkreislauf 131
Blutohr 102
Blutreinigung 174
Blutreinigungstee 251
Blutungen, hämolytische 141
Blutverlust 139, 140
Botschaften des Körpers 17
Bradykardie 132
Brechdurchfall 149
Breiumschlag 56
Bremsen 238
Bronchien 124
Brunft 191
Brustdrüsenentzündung 197
Brustfellentzündung 126

C-Potenzen 33
Calcium carbonicum 258
Calcium phosphoricum 258
Cataracta juvenilis 98
Cataracta senilis 99
Centesimale 33
Cerumen 101
Chakren 67
Chakrentherapie 68
Chalazion 91
Charakter einer Arznei 30
Chemorezeptoren 22
Chemotherapeutika 247
Chicory 48
chronische Leiden 34
Citrokehl 141

Cornea 95
Cortisonbehandlung 36
CULLEN 29
Curry-Gitternetz 85

D-Potenzen 32
Dackellähme 219
Dacryocystitis 95
Dämmerungssehen 100
Darm 151
Darmbakterien 42
Darmentzündungen 153
Darmkrampf 158
Darmverschluß 160
Dauerläufigkeit 140, 195
Dekokt 22
Demodikose 233
Dezimale 32
Diabetes mellitus 172
Dickdarm 151
Digitalis 133
Dilution 36
Disharmonien 45
Diskopathie 219
Diskusprolaps 219
Dosis der Homöopathika 34
Drogen, pflanzliche 22
Druckausgleich 101
Duftlampe 26
Durchblutung 26
Durchfall 145, 153
Durst 145
Dünndarm 151
Dysfunktion 259
Dyspnoe 125

Ebene, feinstoffliche 19
Edelkastanie 43
Effloreszenz 225, 260
Einfühlungsvermögen 62
Eigenresonanz 75
Einheit 17
Einschläfern 253

Einsicht 88
Einweihungskrankheit 13
Eisenmangelanämie 141
Eiweiß 83
Eklampsie 214
Ektoparasiten 223, 232
– Behandlung 233
– Prophylaxe 233
Ekzem 25, 225
Elektrosmog 85
Elixier 22, 260
Ellbogendysplasie 210
ENDERLEIN 79
Endobiose 79
endogen 260
Endoparasiten 161
Endstrombahn 260
Energiefeld 16
Energiekörper 62
Energien, blockierte 19
Energiespeicher 164
Enteritis 153
Enzympräparate 79
Enzympräparate, potenzierte 260
Enzymtherapie 79
Epididymitis 186
Epilepsie 216
Epiphora 95
Epiphysiolysis 210
Epistaxis 123
Epulis 112
Erblindung 88
Erbrechen 144, 147
Erfolgsorgan 57
Erhaltungssysteme 34
Ernährung im Alter 250
Erste-Hilfe-Tropfen 47
Erstreaktion, homöopathische 34
Essenz 31
Eustachische Röhre 101
Extrakt 22, 160
Extern-Tinktur 37

Fadenwürmer 234
Farbempfindung 88
Farbsehen 100
Farbtherapie 67
feinstoffliche Ebene 19
Fell 222
Fellpflege 230
Fermente 79
Fleischfresser 83, 108
Fleischvergiftung 149, 247
Flohallergie 235
Flohhalsbänder 233
Flöhe 27, 233, 238
Follikelkatarrh 94
Fortpflanzung 191
Frakturen 206
Freßverhalten 109
Fütterung 83
Furunkel 227, 228
Futter 83
Futterverweigerung 117

Galenica 22
GALENIUS 22
Galle 164
Gallenfluß 167
Gallenproduktion 167
Gallensteine 165
Gasaustausch 222
Gastritis 145, 146, 147
Gebärmutter 193
Gebärmutterentzündung 193
Gebärmutterhalskrebs 193
Gebiß 113
Geburt 198
Geburtenregelung 195
Geburtskomplikationen 200
Geburtstetanie 214
Gefühlsblockaden 18
Gefühlsmuster 46
Gehirn 214
Gehirnerschütterung 215

Gehörgang, äußerer 101
Gehörgangsentzündung 103
Gehörknöchelchen 101
Gehörnerv 101
Gehörverlust 107
Geißblatt 47
Geisteshaltung 18
gelbes Licht 69
Gelenke 208
Gemütsveränderung 72
Gemütszustände 43
geopathogene Zonen 84
Gerbstoffe 24
Geriatrikum 252, 260
Gerstenkorn 91
Geruchssinn 119
Gesäuge 197
Geschichte 11
Geschlechtskrankheit 189
Geschlechtsorgane, männliche 185
Geschlechtsorgane, weibliche 191
Geschlechtstrieb 188
Geschmackssinn 108, 120
Gicht 131
Giftpflanzen 23
Gingivitis 112
Gitternetze 85
Glaukom 99
Gleichgewichtsorgan 101
Globuli 37
Glukagon 170
Grabmilbe 231
Graphites 257
Grauer Star 88, 89, 98
Grenzen der Naturheilkunde 13, 20
Grüner Star 88, 99
grünes Licht 70

Haarausfall 229
Haarbalgmilbe 231

Haarkleid 222
Haarlinge 233
Habitus 260
Hagelkorn 91
HAHNEMANN 29
Halserkrankungen 117
Halsuntersuchung 127
Haltungsbedingungen 83
Hard Pad Disease 246
Harnblase 175, 180
Harnblasen-Entzündung 180
Harnleiter 175
Harnorgane 174
Harnröhre 180
Hartmann-Gitternetz 85
Haut 222
Hautausschlag 225
Hautausschlag, eitriger 227
Hautausschlag, nässender 226
Hautausschlag, trockener 225
Hautelastizität 155
Hautpilz 230
hämolytische Blutungen 141
HCC 89, 96, 240
HD 210
Hecheln 125
Heilenergien 63
Heilmagnetismus 62
Heilmittel 12
Heilpflanzen 22
Heilreaktionen 35, 72
Heilsaspekte 19
Heilsvermittler 18
Heilung 15
Heilungspotential 14
Heilungsverlauf 35
Heilverfahren, biologische 19
heiße Wickel 55
Hepatitis 166

Hepatitis contagiosa canis 240
Hepatopathie 165
Herbizide 247
Herbstgrasmilbe 231
Herderkrankung 78
Heringsches Gesetz der Heilung 35
Herpes-Virus-Infektionen 244
Herz 130
Herz-Kreislauf-Erkrankung 135
Herzchakra 68, 130
Herzerkrankung 131
Herzglykoside 133
Herzschlagfrequenz 132
Heublumenabsud 55
Heuschnupfen 235
Hintergründe der Erkrankung 21
HIPPOKRATES 22
Hitzschlag 137
Hochpotenzen 32, 34
Hoden 186
Hodenabstieg 187
Hodenentzündung 186
Hodensack 186
Hodentumor 187
Höchstpotenzen 34
Hörvermögen 101
Homöopathie 29
homöopathische Erstreaktion 34
homöopathisches Arzneibuch 30
Honeysuckle 47
Honigpflaster 56
Hordeolum 91
Hornhaut 95
Hornhautdefekte 96
Hornhautentzündung 96
Hornhautgeschwür 97
Hüftgelenksdysplasie 210

Humeruskopfnekrose, aseptische 210
Hundecharaktere 254
Hundefloh 231
Husten 125
Hypersexualität 188
Hypertrophie 260

Ignatia 255
Ileus 160
Imbalance 260
Immundefizienz 260
Immunsystem 19, 33
Impfprogramm 246
Impfschäden 247
Impfung 239
Inappetenz 260
Indikation 260
Infektionskrankheiten 238
Infektionserreger 239
Infus 22
Inhalation 26
Inhalationstherapie 27
Injectabila 37
Innenohr 101
innere Stimme 102
Insektenstiche 235, 238
Insektizide 247
Insuffizienz 260
Insulin 170
Intoxikation 137, 208, 246

Johanniskraut 216
Juckreiz 53, 224
Jugendstar 98

Kallus 260
kalte Wickel 54
Karbunkel 228
Karies 113, 115
Kartoffelsack 55
Kataplasma 56
Katarakt 98
Katzenseuche 242

Kauvermögen 114
Kauwerkzeuge 108
Kehlkopf 124
Kennel Cough 243
Keratitis 96
Keratokonjunktivitis 97
Kettenhund 16
KHB 259
Kirlian-Fotografie 62
KNEIPP 13
Kneippwickel 54
Knochen 203
Knochenbrüche 206
Knochenmark 203
Knochensubstanz 203
Kochmethode 45
Körperkontakt 53
Körperreaktionen 20
Körperwärme 139
Kohlendioxid 124
Koliken 153, 158
Komplexmittel 38
Kompressen 55
Konflikt, ungelöster 17
Konjunktiva 91
Kunjunktivitis 90, 91
konstitutioneller Schwachpunkt 16
Konstitutionsmittel 251, 254
Kontaktstörungen 222
Kontraindikation 260
Koprostase 158
Kotanschoppung 158
Krämpfe 153
Kräuterkunde 22
Kraftfelder 78, 85
Kraftlinien 77
Krankheit 15
Krankheitsanfälligkeit 78
Krankheitsbild 15, 17, 30, 38, 86, 259
Krankheitsentstehung 15, 17

Krankheitssymptome 16
Krebs 247
Krebstherapie 248
Kreislauf 130
Kreislaufkollaps 136
Kreislaufschwäche 131
Kristalle 85
Kryptorchismus 188
Kumarin 247
Küchenschelle 200

Lärmbelastung 102
Läsion 261
Läufigkeit 191
Läuse 27, 233
Lauftiere 65
Lebensenergie 45
Lebensführung 83
Lebensrahmen, artgerechter 19
Leber 164
Leberdiät 169
Leberentzündung 166
Leberentzündung, ansteckende 240
Lebererkrankung 165
Leberschrumpfung 169
Leberzirrhose 169
Lefzen 110
Lefzenekzem 110
Lehmpackung 56
Leiden, chronische 34
Leinsamenkompresse 56
Leitfähigkeit 57
Leptospirose 100, 242
Leukom 98
Leukopenie 142
Leukose 142
Leukozytose 142
Libido 188
Lichttherapie 68, 237
Lidbindehaut 91
Lidödem 90
Lidschwellung 90

Liniment 22, 261
Linse 98
Lippen 110
LM-Potenzen 33
Lösung 31
Löwenzahn 171
Lokalanästhetikum 78
LPC 210
Luftröhre 124
Lunge 124
Lungenbläschen 124
Lungenemphysem 126
Lungenkrebs 126
Lungenödem 126
Lungentuberkulose 126
Lycopodium 255
Lyssa 245

Männliche Geschlechtsorgane 185
Magen 143
Magen, verdorbener 149
Magendrehung 144, 145
Magengeschwür 145
Magenkatarrh 145
Magenkolik 145
Magenkrebs 145
Magenruptur 261
Magensäure 143
Magnetfeldtherapie 75
Mandelabszeß 117
Mandeln 109
Mariendistel 166
Mark, verlängertes 215
Massage 52
Maßnahmen, begleitende 20
Maßnahmen, schulmedizinische 20
Mastitis 197
Mazerate 28
medizinische Alternativen 13
Medulla oblongata 215

Meibomsche Drüsen 90
Meridiane 77, 78
MESSMER 62
Mikrokosmos 12
Milben 104
Milchmangel 200
Milchstau 201
Milchzähne, persistierende 116
Mineralsalze 39
Mistel 248
Mittelfindung 38
Mittelohr 101, 106
Mittelohrentzündung 106
mittlere Potenzen 34
Mobilität 202
Moortränke 261
Mucolaginosa 25
Mucokehl-Tropfen 135
Mundgeruch 110, 145
Mundhöhle 108, 110
Mundschleimhautentzündung 110
Musiktherapie 72
Muskelentzündung 212
Muskeln 208
Muskelzittern 214
Mustard 42
Muttermilchersatz 201
Myelose 142
Mykose 230

Nabelchakra 68
Nachgeburt 200
Nachtblindheit 89
Nahrung 144
Nahrungsmittelallergie 236
Narbenbildung 78
Nase 119
Nasenbluten 123
Nasenspiegel 120
Natrium muriaticum 257
Naturkräfte 13

Nebenhodenentzündung 186
Nekrose 261
Nematoden 234
Nephritis 176
Nervus acusticus 101
Nervus opticus 100
Nestbau 198
Netzhaut 100
Netzhautablösung 100
Netzhautblutung 100
Neuraltherapie 78
Neurosen 18
Nickhautdrüsenhyperplasie 94
Nickhautvorfall 94
Nieren 174, 176
Nieren-Reiki 179
Nierenentzündung 176
Niereninsuffizienz 177
Nierenversagen 137
Nosoden 261
Notfall-Reiki 139
Notfalltropfen 47
Nux vomica 255

Obstipation 158
Odkräfte 23
Ödeme 132
Öle, ätherische 126
Ohr-Untersuchung 103
Ohr-Verkalkung 107
Ohr-Verletzungen 103
Ohren 101
Ohrenschmalz 101
Ohrentropfen eingeben 105
Ohrfluß 104
Ohrmuschel 101
Ohrschmalzproduktion 104
Ohrtrompete 101
Ophthalmoskop 100
Orangelicht 70

Orchitis 186
Organsprache 17, 86
Orientierung im Raum 101
Osteomalazie 205, 261
Osteomyelitis 207
Osteoporose 205, 261
Osteosarkom 261
Osteozyten 261
Otitis externa 102, 103, 261
Otitis media 106
Otitis, bakterielle 105
Otorrhoe 104
Otosklerose 107
Otoskop 104
Ozontherapie 81

Pankreas 170
Pankreasentzündung 171
Pankreatitis 171
Panleukopenie 242
PARACELSUS 22, 32
Parasiten, 27, 105, 153, 162
Parodontose 113
Parvovirose 242
passive Bewegungstherapie 65
Pasta 22, 261
Pendelhoden 187
Penis 188
Pentastomide 234
peroral 261
Pestizide 247
pflanzliche Drogen 22
Pflaster 55
Pharmakon 32
Phlegmone 26
Phosphor 256
Photophobie 90
Phytotherapie 22
Pilze 239
Pilzerkrankungen 230
Platinum 258
Posthitis 189

Potenz 32
Potenzen, mittlere 34
Potenzieren 32
potenzierte Enzympräparate 261
Potenzwahl 33
Prießnitz-Wickel 54
Primärglaukom 99
Prinzip, Simile- 30
Projektionsebene 16
Prostata 190
Prostataentzündung 190
Prostataerkrankung 190
Prostatitis 190
Protozoen 233
Psyche 18
Psychoneuroimmunologie 45
Pulsatilla 256
Pyodermie 227

Q-Potenzen 33
Quetschung 208

Rabies 245
Rachen 108, 117
Rachitis 203
Radiästhesie 84
Räudemilben 233
Rattengift 247
Raubmilben 233
Regeneration 164
Reharmonisieren 19
Reiki 62
Reize, umstimmende 33
Reiztherapie 34
Repertorium 38
Rescue remedy 47
Resonanzprinzip 17, 72, 75
Resorption 261
Retina 100
Rezidive 262
Rheuma 131
Rhinitis 121

Rhythmen 130
Rotationen 66
Rotlicht 69
Rudeltier 84
Rückenmark 214

Säure-Basen Gleichgewicht 79
Salbe 22
Sanuvis 135
Saponine 28
Saprophyten 262
Sauberkeit 84
Sauerdorn 168
Sauerkrautauflage 56
Sauerstoffzufuhr 66
Schadstoffbelastung 125
Schafgarbe 172
Scharfstoffe 25
Scheidenentzündungen 192
Scheidenkatarrh 192
Scheinträchtigkeit 195
Schleimstoffe 25
Schlinger 108
Schlund 143
Schnupfen 121
Schock 137
Schocktherapie 138
Schockursachen 137
Schöllkraut 167
Schöpfungsplan 15
Schüßler-Salze 39
Schulmedizin 13
schulmedizinische Maßnahmen 20
Schwachpunkt, konstitutioneller 16
Schwergeburt 201
Schwingungsmuster 72, 75
Schwingungspotential 33
Seelenpotential 17
seelisches Wohl 19
Sehkraft 90

Sehnen 208
Sehnenentzündung 212
Sehnerv 100
Sekundärglaukom 99
Selbstheilungskräfte 13
Selbstidentifikation 53
Sepia 257
Sepsis 117, 262
Sichtweise 18
Simile-Prinzip 30
Sinneszellen 222
Sinusitis 235
Sirup 22, 262
Skelett 203, 204
Skeletterkrankungen 203
Skrotum 186
Sonnengeflecht 68
Sonnenpotenzierung 45
Spannungen 27
Spannungsfeld 17
Speichel 108
Speicheldrüsen 108
Speiseröhre 143
Spondylarthrosis 218
Spondylosis 218
Sprache der Seele 15
Spulwürmer 161, 234
Staupe 89, 96, 240
Stausucht 79
Stechmücken 238
Steinbildung 131
Sticker-Sarkom 188
Stenose 133
Störfeld 78
stock bottles 45
Stoffaustausch 124
Stoffwechsel 130, 174
Stoffwechselaktivierung 66
Stoffwechselschlacken 152
Stomatitis 110
Strahlenflüchter 85
Strahlensucher 85
Stromschlag 137
Stuhl 152

Stuttgarter Hundeseuche 242
Sulfur 256
Sweet Chestnut 43
Symptome 16, 86
Symptomenverzeichnis 38

Tabletten 36
Tabletten eingeben 40
Tachykardie 132
Taubheit 107
tektonische Verwerfungen 85
Terrakraft 79
Thermorezeptoren 222
Tiefpotenzen 34
tierisches Bewußtsein 15
Tinktur 31
Tod 250
Tollwut 245
Tonsillitis 117
Toxikologie 36
Toxoplasmose 233
Tränenapparat 94
Tränenflüssigkeit 94
Tränensackentzündung 95
Transformation 33, 164
Trebiosan 79
Trematoden 233
Trituration 31, 36
Trombidiose 233
Trommelfell 101
Tropfen eingeben 37, 38
Tumor 89, 247
Tumor, Venerischer 189

Ulcus corneae 97
ultraviolette Strahlen 71
Umkehreffekt, biologischer 32
Umschläge 54
umstimmende Reize 33
Umstimmungsprozeß 35

Umstimmungstherapie 262
ungelöster Konflikt 17
Unguentum 37
unregelmäßiger Zyklus 195
Ursubstanz 31
Urtinktur 31
Usui 62

Vaginitis 192
Venerischer Tumor 189
Verätzung 96
Verdauung 24, 151
Verdauungsbeschwerden 152
verdorbener Magen 149
Verdünnung 31
Vergiftungen 153, 246
Verhaltensstörungen 18
verlängertes Mark 215
Verreibung 31
Verrenkung 208
Verschütteln 32
Versöhnung 17
Verstopfung 153, 158
Vervollkommnung 46
Verwerfung, tektonische 85
Vine 45
violettes Licht 70
Viren 239
Vorbetrachtung 11
Vorbeugung 83

Vorhautkatarrh 189
Vorsteherdrüse 190

Wärmeeffekt 52, 69
Warzen 229
Wasseradern 85
Wasserglasmethode 46
Wegwarte 48
Wehen 198
Wehenschwäche 200
weibliche Geschlechtsorgane 191
Wein 45
weißes Blutbild 142
Weiterentwicklung 46
Welpen 201
Weltbild 88
Wesen der Krankheit 15
Wespenstiche 238
Wickel 54
– heiße 55
– kalte 54
– Prießnitz 54
Wirbelsäule 214
Wirbelsäulenversteifung 218
Wohl, seelisches 19
Wünschelrute 84
Würmer 161
Wundheilung 24
Wurfabstand 200

Wurzelchakra 68
Wut 245

Zähne 113
Zahnfäule 115
Zahnfistel 116
Zahnfleisch 109, 113
Zahnfleischentzündung 112
Zahnfleischgeschwülste 112
Zahnstein 114
Zahnstellung 116
Zahnuntersuchung 115
Zahnwechsel 116
Zecken 27, 231, 232, 233
Zeckenzange 232
Zellstoffwechsel 79
Zerrung 208
Zestoden 234
Zirkumanaldrüsen 163
Zonen, geopathogene 84
Zucker 170
Zuckerkrankheit 170, 172
Zunge 108
Zungenwürmer 234
Zuwendung 84
Zwinger 84
Zwingerhusten 243
Zyklus 195
Zyklus, unregelmäßiger 195
Zystitis 180